编 委 会

浙江师范大学
浙江省非物质文化遗产研究基地　编　　　　　第十六辑

非物质文化遗产研究

王巨山　主编

ZHEJIANG UNIVERSITY PRESS
浙江大学出版社
·杭州·

图书在版编目（CIP）数据

非物质文化遗产研究集刊. 第十六辑 / 王巨山主编
. -- 杭州 : 浙江大学出版社, 2023.12
ISBN 978-7-308-24528-9

Ⅰ. ①非… Ⅱ. ①王… Ⅲ. ①非物质文化遗产－研究
－中国－丛刊 Ⅳ. ①G122-55

中国国家版本馆CIP数据核字(2024)第000769号

非物质文化遗产研究集刊（第十六辑）
FEIWUZHI WENHUA YICHAN YANJIU JIKAN（DI-SHILIU JI）

王巨山　主编

责任编辑	平　静
责任校对	闻晓虹
封面设计	周　灵
出版发行	浙江大学出版社
	（杭州市天目山路148号　　邮政编码　310007）
	（网址：http://www.zjupress.com）
排　　版	杭州林智广告有限公司
印　　刷	浙江省邮电印刷股份有限公司
开　　本	880mm×1230mm　1/32
印　　张	13.375
字　　数	378千
版 印 次	2023年12月第1版　2023年12月第1次印刷
书　　号	ISBN 978-7-308-24528-9
定　　价	78.00元

目　录

非物质文化遗产与传统文化研究

非物质文化遗产与乡村振兴研究

非物质文化遗产个案调查研究

非物质文化遗产传承与保护研究

非遗代表性传承人道德义务论 [①]

王巨山 [②]

（浙江师范大学国际文化与社会发展学院，浙江金华，321004）

摘　要：在法律视角下，非遗代表性传承人履行的义务可分解为应当作为的过程义务和实现一定成效的结果义务。缺乏法律和制度约束时，非遗代表性传承人传承活动中的过程义务和结果义务都无法得到有效保证，会导致传承失效失范。因此，要确保非遗代表性传承人履行义务的有序有效，既要完善相关法律制度等外部约束机制，更需通过多种方式不断强化非遗代表性传承人的道德义务，形成"自律性"和"他律性"相统一的道德责任感，从内而外地增强非遗代表性传承人对自身责任与义务的认知和认同，提高身份的荣誉感、职位的责任感和履行义务的获得感，进而为过程义务和结果义务的实践和实效提供更牢固的思想保障。

关键词：非遗代表性传承人；过程义务；结果义务；道德义务；对策

联合国教科文组织推动并主导的非遗保护是全球文化遗产保护的重要组成部分。与物质文化遗产保护有很大的不同，在非遗

---

① 基金项目：国家社科基金艺术学一般项目"中国文化遗产保护史（1949—2019）"（项目编号：18BH153）。

② 作者简介：王巨山，浙江师范大学国际文化与社会发展学院教授，考古学博士。

保护实践中，需要激发遗产持有者的主观能动性进而使其采取积极行动，增强项目的存续力和可见度。换言之，人类精神领域的文化遗产保护实践中，有效激发遗产持有者的主观能动性更有助于促进遗产项目的传承发展。因此，部分非遗保护先行国家很早就建立了以遗产持有者为核心的保护传承机制，如日本（1950）、韩国（1964）、菲律宾（1973）、泰国（1985）等国先后建立"人间国宝"（Living National Treasures）或类似制度体系。1993 年 8 月，在韩国等国家的建议下，并借鉴已有实践经验，联合国教科文组织执行局 142 次会议通过决议，制定《建立国家"活的文化财制度"指导大纲》（"Guidelines for the Establishment of National 'Living Human Treasures' Systems"），建立"人类活财富"制度（"Establishment of a System of 'Living Cultural Properties' [Living Human Treasures] at UNESCO"）。《建立国家"活的文化财制度"指导大纲》阐述了建立背景、"活的文化财"及遴选标准、建立目的，提出"活的文化财"的三种形式——个人（individual nomination）、集体（collective recognition）和团体（group recognition），明确提供资金和技术支持，协助成员国建立"活的文化财"制度。① 活的文化财制度明晰了遗产和遗产持有者的关系，肯定了遗产持有者的积极行动对遗产保护传承的影响和作用②，并以建立制度化体系（Living Human Treasures Systems）确保遗产实践或创新所必需的知识体系和技能得到有效保持，确保"活的文化财"承担起保护、发展和传播非遗的责任。

加入《保护非物质文化遗产公约》后，我国也建立了肯定性

---

① 参见文件 "Guidelines for the Establishment of National 'Living Human Treasures' Systems" 2002 年版，UNESCO 官方网站，http://unesdoc.unesco.org/ark:/48223/pf0000129520，访问日期：2022 年 12 月 7 日。

② 其原文为：Intangible cultural properties can be transmitted through living human treasures. 源于文件 "Establishment of a Systems of 'Living Cultural Properties' (living Human Treasures) at UNESCO" 1993 年版第 3 页，参见 UNESCO 官方网站，http://unesdoc.unesco.org/ark:/48223/pf0000095831，访问日期：2022 年 12 月 7 日。

的非遗代表性传承人制度和四级非遗代表性传承人名录体系，"截至2020年底，文化和旅游部认定了五批3068名国家级非遗代表性传承人，各省（区、市）公布了16432名省级非遗代表性传承人"①。

目前，学术界对非遗代表性传承人的研究多集中在传承人认定与管理制度、传承人口述史和传承人身份认同等方面，而对传承人的责任与义务问题研究较少，具有代表性的是宋俊华从法律视角提出非遗传承保护的内部契约和外部契约问题②。随着我国非遗代表性传承人数量增加和管理日趋完善，非遗代表性传承人的履行义务评估与管理将是传承人制度的核心内容，其不仅影响传承人队伍建设，也关系着管理制度的优化设计和项目保护传承的实效。

一、非遗代表性传承人履行义务问题的提出：
从退出和评估谈起

2021年12月，文化和旅游部发布公告，取消5位国家级非遗代表性传承人资格。查询相关信息，相关5位国家级非遗代表性传承人被取消资格的原因或是存在违背社会道德或违法行为。③云南省是国内较早实施取消非遗代表性传承人资格的省份。2019年，云南省文化和旅游厅发文取消某省级非遗代表性传承人资格，原因为"长期不履行其传承人的职责和义务，不开展非遗传承活动，也不参加任何传承人会议，且自愿放弃省级非遗代表性项目

---

① 《文化和旅游部对十三届全国人大四次会议第6627号建议的答复》，文化和旅游部网站，2021年8月27日，http://zwgk.mct.gov.cn/zfxxgkml/zhgl/jytadf/202111/t20211104_928810.html，访问日期：2022年12月7日。

② 宋俊华：《非遗代表性传承人认定与管理的制度创新与契约精神》，《贵州民族报》2020年6月19日，A03版。

③ 《动真格了！文旅部取消5人非遗传承人资格》，澎湃网，2021年12月31日，https://m.thepaper.cn/baijiahao_16117790，访问日期：2022年11月19日。

代表性传承人资格"①。存在类似情况的还有江西、湖南和浙江等省份，或是因无正当理由不履行义务，或是违反法律法规或者违背社会公德，造成重大不良社会影响，或是自愿放弃或者存在其他应当取消代表性传承人资格的情形。上述事件表明，我国非遗代表性传承人管理制度领域的实践正在发生变化。

首先，基于义务履行的传承人退出机制建立并开始实施。早在 2008 年出台的《国家级非物质文化遗产项目代表性传承人认定与管理暂行办法》就已明确非遗代表性传承人退出机制，"国家级非物质文化遗产项目代表性传承人无正当理由不履行传承义务的，经省级文化行政部门核实后，报国务院文化行政部门批准，取消其代表性传承人资格，重新认定该项目的代表性传承人"。这时的表述还比较笼统、模糊。2011 年，作为我国非遗保护根本遵循的《中华人民共和国非物质文化遗产法》通过并实施，以法律形式确立了非遗代表性传承人的退出机制，并新增"丧失传承能力的，文化主管部门可以重新认定该项目的代表性传承人"。作为我国非遗保护的根本遵循，该条款成为文化行政部门依法行政的依据，但其内容还是比较笼统。2019 年，文化和旅游部修订完善《国家级非物质文化遗产代表性传承人认定与管理办法》，第二十二条列出取消国家级非遗代表性传承人资格的五种情形。相比以往，退出情形从一条增加到五条（见表 1）。此后，各省（区、市）陆续修订的省级非遗代表性传承人管理办法也添加相关条款作为取消非遗代表性传承人资格的条件，与《中华人民共和国非物质文化遗产法》和地方非遗保护条例等共同构成非遗代表性传承人退出机制的实践依据。

其次，非遗代表性传承人评估机制的建立与启动。在我国非遗代表性传承人制度建设中，"闭环管理"一直是制度建设的重要方向。随着非遗代表性传承人退出机制一同建立的还有非遗

---

① 云南省文化和旅游厅：《关于取消阮仕林省级非物质文化遗产代表性项目代表性传承人资格的决定》（云文旅发〔2019〕28 号），2019。

代表性传承人评估机制，且评估结果与是否启动退出机制紧密相关。2019 年修订完善的《国家级非物质文化遗产代表性传承人认定与管理办法》提出，国家级非遗代表性传承人每年都要围绕"义务履行和传习补助经费使用情况进行评估"，"评估结果作为享有国家级非物质文化遗产代表性传承人资格、给予传习补助的主要依据"①。由此国家级非遗代表性传承人评估制度建设取得了实质性进展。在甘肃、浙江、湖南等省份前期试点评估基础上，2021年，文化和旅游部非遗司启动国家级非遗传承人评估。评估主要围绕国家级传承人的义务履行和经费使用展开，具体包括传承活动、后继人才培养、实物资料收集与保存、参与宣传展示、配合相关部门工作及传承补助经费使用等；评估程序分传承人自评和省级文化行政部门审核评估两个环节；评估分优秀、合格和不合格。部分省、市在更早就已开展非遗代表性传承人评估，如浙江省 2020 年启动了省级非遗代表性传承人评估，苏州市 2016 年启动了市级非遗代表性传承人评估。

对非遗代表性传承人履行义务的考察和评价，既是了解非遗保护实践发展状态的客观需要，也是非遗保护制度不断完善的必然结果。但问题随之而来：一是非遗代表性传承人的道德修养和遵纪守法已经成为评价非遗代表性传承人的"硬条件"，如何提升该群体的道德修养及对其重要性的认识？二是绝大部分非遗代表性传承人能够尽职履责，但仍有小部分非遗代表性传承人虽然履行了责任与义务，但结果并不理想，如何提高非遗代表性传承人履行义务的积极性？三是非遗代表性传承人履行义务过程中，如何确保传承行为的有效和传承活动的成效？

二、非遗代表性传承人的责任与义务

建立非遗代表性传承人制度是为鼓励支持遗产持有者发挥主

---

① 文化和旅游部：《国家级非物质文化遗产代表性传承人认定与管理办法》（文化和旅游部令第 3 号），2019。

观能动性，采取积极主动措施，促进项目知识体系的保留、实践方式的传承发展和项目可见度的提升。因此，无论是国际社会的"活的文化财"，还是国内非遗代表性传承人制度，都规定了"活的文化财"或非遗代表性传承人的责任与义务。

联合国教科文组织《建立国家"活的文化财制度"指导大纲》中，使用了"responsibilities"一词来表达"活的文化财"所应承担的责任与义务。responsibilities 可以翻译为"责任，负责，事故责任，职责，义务，任务"，结合上下文语境，我们认为responsibilities 翻译为责任或职责更合适，且该单词不仅表达"分内应当做的事"，同时也有道德上的要求，即负责任的态度（state of being responsible[①]）履行责任。根据《建立国家"活的文化财制度"指导大纲》，"活的文化财"主要承担：（1）延续和发展他们的知识和技能；（2）通过有效的培训项目将他们的知识和技能传授给年轻一代；（3）致力于（通过录音、录像和出版等方式）非遗的建档和记录工作；（4）通过展览展示传播他们的知识和技能；（5）成员国规定的其他责任和义务。[②]

在国内，有两类文件对非遗代表性传承人义务进行了明确表述：一类是法律，即 2011 年颁布的《中华人民共和国非物质文化遗产法》。该法对非遗代表性传承人的义务进行了明确、细致的表述，但并没有对非遗代表性传承人的责任做出表述。另一类是部门规范性文件。依据《中华人民共和国非物质文化遗产法》，国家文化和旅游行政部门到省级文化和旅游行政部门，都出台了相关规范性文件。2019 年修订的《国家级非物质文化遗产代表性传承人认定与管理办法》及各省陆续更新的省级非遗代表性传承人管理办法中，既明确了非遗代表性传承人的责任，也清晰表述了非遗代表性传承人的义务。但都对责任表述比较简略，如《国

---

① *Collins English Dictionary* (Harper Collins Publishers, 2006), p. 494.

② UNESCO, "Guidelines for the Establishment of National 'Living Human Treasures' Systems", 2005.

家级非物质文化遗产代表性传承人认定与管理办法》提及国家级非遗代表性传承人"承担国家级非物质文化遗产代表性项目传承责任"[①]，《浙江省省级非物质文化遗产代表性传承人管理办法》（2020）则指出省级非遗代表性传承人"承担省级非物质文化遗产代表性项目传承、传播、弘扬、振兴等责任"。相比责任的简略表述，相关文件对非遗代表性传承人的义务表述更为详尽、细致，主要集中在开展传承、调查记录、资料与实物保存和展示传播等方面。浙江省还将接受文化行政部门的管理与考核评估作为省级非遗代表性传承人的义务。（见表1）

表1　非遗代表性传承人的责任与义务

文件	责任	义务	取消条件
《国家级非物质文化遗产项目代表性传承人认定与管理暂行办法》（2008）	承担国家级非物质文化遗产名录项目传承保护责任	（一）在不违反国家有关法律法规的前提下，根据文化行政部门的要求，提供完整的项目操作程序、技术规范、原材料要求、技艺要领等；（二）制定项目传承计划和具体目标任务，报文化行政部门备案；（三）采取收徒、办学等方式，开展传承工作，无保留地传授技艺，培养后继人才；（四）积极参与展览、演示、研讨、交流等活动；（五）定期向所在地文化行政部门提交项目传承情况报告。	无正当理由不履行传承义务的，经省级文化行政部门核实后，报国务院文化行政部门批准，取消其代表性传承人资格，重新认定该项目的代表性传承人。国家级非物质文化遗产项目代表性传承人丧失传承能力的，经省级文化行政部门核实后，报国务院文化行政部门，重新认定该项目的代表性传承人。
《中华人民共和国非物质文化遗产法》（2011）	/	（一）开展传承活动，培养后继人才；（二）妥善保存相关的实物、资料；（三）配合文化主管部门和其他有关部门进行非物质文化遗产调查；（四）参与非物质文化遗产公益性宣传。	非物质文化遗产代表性项目的代表性传承人无正当理由不履行前款规定义务的，文化主管部门可以取消其代表性传承人资格，重新认定该项目的代表性传承人；丧失传承能力的，文化主管部门可以重新认定该项目的代表性传承人。

---

① 文化和旅游部：《国家级非物质文化遗产代表性传承人认定与管理办法》（文化和旅游部令第3号），2019。

文件	责任	义务	取消条件
《国家级非物质文化遗产代表性传承人认定与管理办法》（2019）	承担国家级非物质文化遗产代表性项目传承责任	（一）开展传承活动，培养后继人才；（二）妥善保存相关实物、资料；（三）配合文化和旅游主管部门及其他有关部门进行非物质文化遗产调查；（四）参与非物质文化遗产公益性宣传等活动。	（一）丧失中华人民共和国国籍的；（二）采取弄虚作假等不正当手段取得资格的；（三）无正当理由不履行义务，累计两次评估不合格的；（四）违反法律法规或者违背社会公德，造成重大不良社会影响的；（五）自愿放弃或者其他应当取消国家级非物质文化遗产代表性传承人资格的情形。此外，对代表性传承人义务履行和传习补助经费使用情况进行评估，评估结果作为享有国家级非物质文化遗产代表性传承人资格、给予传习补助的主要依据。
《浙江省省级非物质文化遗产代表性传承人管理办法》（2020）	承担省级非物质文化遗产代表性项目传承、传播、弘扬、振兴等责任	（一）开展传承活动，培养后继人才；（二）妥善保存相关的实物、资料；（三）配合文化和旅游主管部门与其他有关部门进行非物质文化遗产调查、记录和研究；（四）积极参与非物质文化遗产公益性宣传等活动；（五）接受文化和旅游主管部门指导、管理和考核评估；定期向所在地设区市文化和旅游主管部门提交传承情况报告；（六）其他非物质文化遗产保护传承的相关义务。	（一）丧失中华人民共和国国籍的；（二）采取弄虚作假等不正当手段取得资格的；（三）连续两次传承活动评估不合格的；（四）违背社会公德和国家法律，造成重大不良社会影响的；（五）其他应当取消代表性传承人资格的情形。此外，定期对省级非物质文化遗产代表性传承人传承活动进行评估，以评估考核结果作为继续享有省级非物质文化遗产代表性传承人资格及相关权益的主要依据。

纵观现有文件的表述，同时出现责任和义务两个关键词，我们有必要区分两个关键概念的内涵与关系。义务是指"公民或法人按法律规定应尽的责任"或"道德上应尽的责任"，或是形容词，表示不要报酬的[①]。责任有两个含义：一是"分内应做的事"；二是"没有做好分内应做的事，因而应当承担的过失"[②]。在日常生活语境下，责任和义务的区分并不十分明显，但将二者置入法律语境

①商务国际辞书编辑部：《现代汉语词典》，商务印书馆，2020，第1255页。
②商务国际辞书编辑部：《现代汉语词典》，商务印书馆，2020，第1329页。

内，二者的区分是比较明显的，义务是应为的行为，责任是必为的行为或"必为性""必为状态"。① 义务一般与权利相对应，责任一般与一定行为的后果相联系。因此，非遗代表性传承人的义务是指其按照法律规定应尽的责任，是应为的行为，而责任与其主体身份和职位相对应的，是必须做好的分内事，是义务或全部完成，或部分完成，或未履行义务结果的转化形态。对照《国家级非物质文化遗产代表性传承人认定与管理办法》（2019）及各省的管理办法，首先提出非遗代表性传承人的责任，再有与权利相对应的义务，义务的履行情况通过评估机制转化为结果，优秀、合格和不合格，是否继续享有国家级非遗代表性传承人资格和给予传习补助。

厘清法律视角下非遗代表性传承人的责任和义务之间的关系，那么，如何强化非遗代表性传承人做好义务履行，达到既定要求和预期效果呢？

三、道德义务：实现过程义务与结果义务统一的重要保障

新中国成立以来，法律上的义务观念经历了从"义务即制裁"到"义务即不利"再到"义务即应当"的演进脉络。② 从法律上考察非遗代表性传承人的义务，主要有传承、保存、传播及其他保护传承义务，这些义务是国家和社会向非遗代表性传承人提出的，以书面形式规定的，应当做或不做的具体行为要求，且与享受的权利紧密联系。应该注意到，在法律视角下，非遗代表性传承人的义务履行还要区分为过程义务与结果义务。过程义务是指非遗代表性传承人遵照既定的要求或标准，完成相应的工作活动；结果义务是强调结果的实现义务，以完成并实现相应的工作成效为

① 参见朱景文主编：《法理学（第二版）》，中国人民大学出版社，2012，第319页；周永坤：《法律责任论》，《法学研究》1991年第3期。
② 王荣余：《义务观念的跨语境实践：1949—2019——以法律义务概念为中心的批判性考察》，《太原理工大学学报（社会科学版）》2020年第1期。

标志。换言之，过程义务是应该做到行为的实施，结果义务是行为转化，过程义务并不等同于结果义务。如非遗代表性传承人带徒授徒是其应当履行的义务，收徒授徒是过程义务，但并不能保证授徒的结果，即如果非遗代表性传承人"出工不一定出力"，那么徒弟可能未必学有所成。在梳理浙江省省级非遗代表性传承人评估材料时，个别非遗代表性传承人还存在"无事迹"可填的情况，这说明个别非遗代表性传承人存在过程义务也不履行的现象。然而，非遗保护既注重行为过程，也注重行为转化为一定的成果或成效。作为优秀的非遗代表性传承人需要履行好过程义务，也要对结果义务负责，即过程义务和结果义务对于非遗代表性传承人而言是同样重要的。过程义务关系着项目的传承传播，而结果义务关系着项目的保护成效与存续发展。

非遗代表性传承人制度建立之初，管理监督机制不健全，也缺乏必要的传承活动评估程序，过程义务的履行基本靠非遗代表性传承人的自觉。作为硬币的另一面，过程义务的履行未必能保证结果义务的实现，即非遗代表性传承人遵照相关要求和标准，完成了相关传承活动，未必形成或达到相应的成效或成果。以上种种情形的出现，排除部分客观因素外，非遗代表性传承人的主观因素也是不可忽视的。如个别非遗代表性传承人不作为、慢作为或消极作为，甚至还有乱作为现象，都是导致上述现象的原因。

"义务要么是法律上的，要么是伦理上的。"① 为确保非遗代表性传承人履行好过程义务和结果义务，对非遗代表性传承人的管理和义务要求就有必要引入道德义务，使其成为非遗代表性传承人履行义务的道德伦理层面要求。所谓道德义务，属于伦理层面、道德范畴的义务，是被主体意识到的道德责任，与法律义务共同成为行为规范的重要组成部分。但与法律义务的要求不同，道德

---

① 王荣余：《义务观念的跨语境实践：1949—2019——以法律义务概念为中心的批判性考察》，《太原理工大学学报（社会科学版）》2020 年第 1 期。

义务依靠行为主体内心价值标准和社会舆论得以实现。[①] 在非遗代表性传承人履行义务时，加强道德义务要求，其必要性在于以下几方面。

（一）有助于提高对自身责任与义务及其重要性的认识，提升实践实效

非遗代表性传承人享受相应的权利，也必然要履行相应的义务。但履行义务的主动性和积极性以及履行义务成效的差异是因人而异的问题。道德义务一方面源于行为主体的认知和认同，另一方面来源于行为主体职位及其对应的社会关系。因此，道德义务就有了自律性和他律性。道德义务的自律性以行为主体内在的认识、认同为基础，认识越深入、认同越强烈，则道德义务的驱动力越强大持久，以主动履行义务为责任，尊重工作活动，主动履行过程义务，要求行为成效，强调结果义务的成果。当自律性不足，道德义务缺失时，容易产生不履责、慢履责和履责成效不足等现象。他律性源于其所处职位和书面约定的义务而使得社区和大众对其工作活动所产生的愿望和期盼，如"代际传承人之间就非遗传承所订的契约""非遗传承内部社区、群体或个人与外部参与非遗保护的社区、群体或个人所订的契约"[②]，因此，行为主体履行义务自然而然受到来自社区和社会的愿望和要求的制约，这种愿望和要求表达了双方共同的期望，也使得行为主体在履行义务中需要强化道德义务。因此，当自律性和他律性统一后，非遗代表性传承人的道德义务便由内而外形成，从而提高非遗代表性传承人的荣誉感和自豪感，为过程义务和结果义务提供思想上的保障，提升实践实效。

---

① 罗昆、刘景琪：《〈民法典〉中的道德义务释论》，《学习与探索》2021年第4期。

② 宋俊华：《非遗代表性传承人认定与管理的制度创新与契约精神》，《贵州民族报》2020年6月19日，A03版。

（二）有助于促进非遗代表性传承人管理制度的不断完善，促进管理

在非遗代表性传承人制度建设中，已经围绕非遗代表性传承人的遴选认定、日常管理、考核评估和动态调整退出等环节建立了具体的工作机制，其中考核评估和动态调整退出机制是制度建设的关键环节和重点。目前，国家级、省级、市级非遗代表性传承人评估实践中，都在设计更为合理的评估指标体系，力图更多维度呈现非遗代表性传承人履行义务所开展的工作及其成效或成果。如《浙江省省级非物质文化遗产代表性传承人评估指标（试行）》中，对收徒授徒有两个维度的要求：一是收徒的实践活动，包括评估期内在学和新增情况；二是授徒实践效果，所授学徒对项目知识体系和核心技艺的掌握及熟练程度。对于浙江省省级非遗代表性传承人而言，"开展传承活动，培养后继人才"① 是《浙江省省级非物质文化遗产代表性传承人管理办法》中规定的其需要履行的义务，在评估考核中将其分解为过程义务和结果义务两个维度进行，即同时考察"做了什么"和"做到了什么"。因此，强化非遗代表性传承人的道德义务，以道德义务确保过程义务和结果义务，无论对非遗代表性传承人还是对文化行政部门，都是制度得以顺利实施的有效支撑。

（三）有助于践行公约精神，确保非遗保护实践遵循正确的道路前进

无论是联合国教科文组织推动建立"活的文化财"制度，还是国内非遗代表性传承人制度，都充分肯定遗产持有者对遗产保护与传承的积极作用和显著影响。2016 年联合国教科文组织通过的《保护非物质文化遗产的伦理原则》中，对非遗代表性传承人在内的相关社区、群体和个人的作用表述有两处：一处是"在保护其

---

① 浙江省文化和旅游厅：《浙江省省级非物质文化遗产代表性传承人管理办法》，文件编号：浙文旅非遗〔2020〕1 号，2020。

自身非物质文化遗产中发挥首要作用"，另一处是"在确定何物对其非物质文化遗产构成威胁（包括脱离情境、商品化和失实陈述）以及确定如何防止并减轻该等威胁时发挥重要作用"[①]。国内的非遗保护也始终强调秉承传统合理利用，反对对遗产项目的歪曲、贬损和滥用。非遗代表性传承人在避免项目滥用、保守行业秘密、提升行业口碑等方面都发挥着重要作用。因此，培养和强化非遗代表性传承人的道德义务，关系保护实践的良性发展，关系公约精神和保护目标的实践。

四、强化非遗代表性传承人道德义务的对策

非遗代表性传承人道德义务具有自律性和他律性相统一的特点。因此，培养和强化非遗代表性传承人的道德义务也需要以自律和他律相结合的方式进行。综观目前非遗代表性传承人管理制度和管理实践，加强非遗代表性传承人的道德义务主要通过如下方式。

（一）进一步完善非遗代表性传承人管理制度，将道德义务要求贯穿于管理各个环节

2008 年的《国家级非物质文化遗产项目代表性传承人认定与管理暂行办法》中使用了"代表性""权威性"与"影响力"等词，这些词是文化行政部门对非遗代表性传承人在道德层面的要求，即不仅在技艺上具有代表性、权威性和影响力，在人格与品德上，也应具有一定的影响力。而在具体义务表述时，使用了"无保留地传授技艺"，"无保留"显然不是对非遗代表性传承人技艺水平的要求，而是对非遗代表性传承人艺德和传承行为的要求。从国家到地方陆续更新和完善了非遗代表性传承人管理办法，新的管理办法是近年来非遗保护实践和非遗代表性传承人管理工作中形成的理念成果和累积经验的固定和规范。与以前相比，新的管理

---

① 联合国教科文组织:《保护非物质文化遗产的伦理原则》，2016。

办法将道德义务表达得更为明确，如《国家级非物质文化遗产代表性传承人认定与管理办法》第五条："应当锤炼忠诚、执着、朴实的品格，增强使命和担当意识，提高传承实践能力，在开展传承、传播等活动时遵守宪法和法律法规，遵守社会公德，坚持正确的历史观、国家观、民族观、文化观，铸牢中华民族共同体意识，不得以歪曲、贬损等方式使用非物质文化遗产。"同时要求非遗代表性传承人遴选时要达到"爱国敬业，遵纪守法，德艺双馨"。《浙江省省级非物质文化遗产代表性传承人管理办法》中，也同样明确了省级非遗代表性传承人的道德履责，与文化和旅游部不同的是，浙江省明确将"爱国敬业，遵纪守法，德艺双馨"作为申请条件的第一条件，这里的"德"包括做人，也包括"做艺"。上述都是规范性文件，对非遗代表性传承人的道德义务要求有必要进一步上升到法律层面，希望在接下来的《中华人民共和国非物质文化遗产法》修订中，在完善非遗代表性传承人管理机制的同时，也将道德义务贯穿于履行义务之中，贯穿于管理的各个环节。

（二）培养非遗代表性传承人树立和强化道德义务观念

文化行政部门在开展对非遗代表性传承人的培训中，应将非遗代表性传承人管理机制和非遗代表性传承人履行义务作为专题内容，通过教育培训使非遗代表性传承人了解自身的权利和义务，明晰自身义务所包含的内容，提高对自身履行义务的重视程度，唤起个人在深刻理解非遗保护及其重要性认识基础上的文化认识、文化信念和道德责任感。

（三）以管理机制强化非遗代表性传承人的道德义务

文化和旅游部已于 2021 年启动国家级非遗代表性传承人评估工作，以浙江省为代表的部分省份也已经完成了一轮省级非遗代表性传承人评估。作为非遗代表性传承人管理的重要一环——评估考核机制进入实质性实施阶段，由此开启了非遗保护评估时代，后续非遗代表性项目评估和传承人评估将在全国全面展开。在各地开展非遗代表性传承人评估时,应将非遗代表性传承人的过程义务和结果义务都纳入考核中,既要评估"做什么",也要评估"做到了什么",并设置由所在地文化行政部门对其履行义务的积极性、主动性和有效性进行客观评价的指标,对非遗代表性传承人的道德义务进行评价。将评估机制与动态退出机制相关联,必然会引起非遗代表性传承人的重视,进而倒推非遗代表性传承人思考如何履行好过程义务和结果义务,履行好应当的责任。这一过程本身就是非遗代表性传承人道德义务提升的过程。

可以肯定的是,非遗代表性传承人履行义务是非物质文化遗产工作的核心和基础。目前开展的非遗代表性传承人评估、项目评估乃至服务国家战略的非物质文化遗产保护计划或工程,都依赖于非遗代表性传承人有序有效地履行义务。在后续非遗代表性传承人队伍建设中,各级文化行政部门应把握队伍建设的关键,解决非遗代表性传承人履行义务的思想问题,采取更为多样的方式方法,提升其荣誉感和自豪感,确保履行义务时过程义务与结果义务的同步实现。

非遗视角下少数民族语言保护与发展研究

——以广西靖西市为例 [①]

李春艳　许廷福 [②]

（宝鸡文理学院历史文化与旅游学院，陕西宝鸡，721013）

摘　要：少数民族语言是构成少数民族非物质文化遗产的重要部分，对其进行合理的保护与发展，有利于增强文化认同、促进文化自觉、提高文化自信、提升我国文化软实力。本文通过对靖西市居民的壮语使用情况进行问卷调查，探究其存在的现实问题，并提出有针对性的措施，以期由小见大，对我国少数民族语言保护和发展工作起到一定借鉴作用。

关键词：非物质文化遗产；靖西市；少数民族语言；保护与发展

少数民族语言是少数民族非物质文化遗产的重要载体，是中华传统文化的重要组成部分。中国是一个多民族的国家，新时代加强少数民族语言的全面摸查和登记、保护与传承工作，不仅有利于加深少数民族对自身民族文化的认识及了解，保护各民族文

① 基金项目：国家社科基金项目"西周金文中的天子礼仪研究"（项目编号：21FZSB022）。

② 作者简介：李春艳，宝鸡文理学院历史文化与旅游学院副教授，历史学博士。许廷福，宝鸡文理学院文化产业管理专业本科生。

化权利，形成文化认同，增强民族凝聚力，更是坚持习近平新时代中国特色社会主义思想，全面、完整、准确地贯彻落实习近平总书记关于非物质文化遗产保护重要指示的强有力实践。

靖西市隶属广西壮族自治区，是自治区壮族人口最大聚集地。《靖西市第七次全国人口普查主要数据公报》显示，靖西市常住人口489163人，汉族人口为11708人，占2.39%；各少数民族人口为477455人，占97.61%，其中壮族人口为475936人，占97.30%[①]，属于典型的少数民族聚集区。本文通过问卷式的社会调查方法，对靖西市壮族居民的语言掌握程度、语言文化态度、语言使用情况和语言文化意识等语言使用的影响因素进行分析，探讨当前靖西市壮语发展所存在的问题，并进一步提出保护和发展的建议。

一、问卷调查分析

本次问卷总共发放295份，基本信息主要包括年龄、户籍和民族3个因素。其中有8份问卷户籍地不属于靖西市，占比2.71%，3份问卷所属民族不为壮族，占比1.02%。笔者将这11份归为无效问卷，故此次问卷调查有效问卷为284份。在有效问卷中，答卷人的户籍均属于靖西市，民族均为壮族。其中，18岁以下58人，占比20.42%；18—24岁160人，占比56.34%；25—49岁42人，占比14.79%；50岁及以上24人，占比8.45%。

（一）语言掌握能力

靖西市内的壮族人口在常住人口中占大多数，但随着时间的推移和社会的发展，使用壮语的人数及频率都有所减少，人们对壮语的掌握情况不容乐观。以下调查数据显示，如若不加重视，壮语可能会随着时间流逝日益衰落。

[①]《靖西市第七次全国人口普查主要数据公报》，靖西网，2021年7月10日，https://www.jingxi.net/read-htm-tid-63190.html，访问日期：2021年7月18日。

通过表 1.1 可以看到，目前靖西市内精通壮语的市民很少，仅占 21.13%，能够较为熟练地使用壮语的人数也只占 34.15%，两者合起来虽有 55.28%，但听得懂不会说以及完全不会的人数相加达到 44.71%。完全不会该语言的人数占 7.4%，而这一比例可能还会逐年增长。

表 1.1　语言掌握程度

题目	您对本民族语言掌握程度为?				
选项	精通	较为熟练	听得懂不会说	完全不会	总数
人数	60	97	106	21	284
比例	21.13%	34.15%	37.32%	7.40%	100%

（二）语言文化态度

语言文化态度是影响人们选择和使用一种语言的重要因素之一。笔者主要从三个维度来了解靖西市民对本民族语言的使用情况。

由表 1.2 可知，靖西市民在日常生活交流中更喜欢使用的语言为普通话，占本次答卷人数的 63.38%，而在日常生活交流中喜欢使用本民族语言的人数仅占 36.62%。

表 1.2　语言文化态度

题目	您平常更喜欢使用的语言为?		
选项	本民族语言	普通话	总数
人数	104	180	284
比例	36.62%	63.38%	100%

通过表 1.3 可知，有 168 位答卷人选择会教下一代使用本民族语言，占总人数的 59.16%，而有 116 位答卷人则选择了不会教下一代人使用本民族语言，占总人数的 40.85%。

表 1.3　语言文化态度

题目	您会教下一代使用本民族语言吗?		
选项	会	不会	总数
人数	168	116	284
比例	59.15%	40.85%	100%

由表 1.4 可知，有 174 位答卷人会积极主动地学习本民族语言，占此次答卷总人数的 61.27%，而有 110 位答卷人则选择不会主动地学习本民族语言，占此次答卷总人数的 38.73%。

表 1.4　语言文化态度

题目	您会主动学习本民族语言吗?		
选项	会	不会	总数
人数	174	110	284
比例	61.27%	38.73%	100%

（三）语言使用情况

就语言使用的社会场景而言，可以从公共场合、家庭、朋友、工作、学校等不同语境去了解靖西市内人们对本民族语言和普通话的使用情况。

从表 1.5 调查数据可知，在家交流时，人们会倾向于使用本民族语言。其中 166 位答卷人选择本民族语言，占总答卷人数的 58.45%，其余 118 位答卷人选择了普通话，占总答卷人数的 41.55%。

表 1.5　语言使用情况

题目	您在家交流所使用语言为?		
选项	本民族语言	普通话	总数
人数	166	118	284
比例	58.45%	41.55%	100%

由表 1.6 可知，在公共场合，人们更倾向于使用普通话来进行交流。有 135 位答卷人选择了本民族语言，占总答卷人数的 47.54%，而有 149 位答卷人选择了普通话，占总答卷人数的 52.46%。

表 1.6　语言使用情况

题目	您在公共场合（靖西市内）更愿意使用哪种语言？		
选项	本民族语言	普通话	总数
人数	135	149	284
比例	47.54%	52.46%	100%

从表 1.7 可知，在靖西市内同朋友交流时，142 位选择本民族语言，142 位选择普通话，这两种语言的选择各占比 50%。

表 1.7　语言使用情况

题目	您和朋友交流（靖西市内）更愿意使用哪种语言？		
选项	本民族语言	普通话	总数
人数	142	142	284
比例	50%	50%	100%

通过表 1.8 可知，有 50 位答卷人会用本民族语言作为工作交流用语，占总答卷人数的 17.61%；有 106 位答卷人以普通话作为工作交流用语，占总答卷人数的 37.32%；有 128 位答卷人选择两者互补，占总答卷人数的 45.07%。而在偏远地区，由于一些人可能不会讲普通话，会存在本民族语言和普通话共用的情况。

表 1.8　语言使用情况

题目	工作时（靖西市内）更愿意使用哪种语言？			
选项	本民族语言	普通话	两者互补	总数
人数	50	106	128	284
比例	17.61%	37.32%	45.07%	100%

在调查中，笔者将在校期间的本民族语言使用情况从使用、偶尔使用、没有使用三个角度来进行设计。"使用"是指在学校学习生活中会经常用本民族语言进行交流学习；"偶尔使用"是指在学校学习生活中只有特殊情况才会使用本民族语言进行交流学习，使用频率较少；"没有使用"则是指在学校学习生活中完全不会使用本民族语言来进行日常交流。从表1.9可知，使用的人较少，仅有74位答卷人选择，占总答卷人数的26.06%；没有使用的次之，有95位答卷人选择，占总答卷人数的33.45%；偶尔使用的占比最多，有115位答卷人选择，占总答卷人数的40.49%。

表1.9　语言使用情况

题目	在校期间（靖西市内）您使用本民族语言?			
选项	使用	偶尔使用	没有使用	总数
人数	74	115	95	284
比例	26.06%	40.49%	33.45%	100%

（四）语言文化意识

语言文化意识即人们对一种语言的认知、思想、情感和价值观。[①] 对于任何一种事物，只有清楚知道它的本质、定位、利害关系，对其保护与发展工作才能更加顺利地进行。关于语言文化意识，笔者主要从两个问题进行调研。

从表1.10调查结果可知，有142位答卷人知道语言属于非物质文化遗产，占总答卷人数的50%，有142位答卷人不知道语言属于非物质文化遗产，占总答卷人数的50%。

---

① 刘永厚、蔡亚梅：《语言政策与规划研究的新发展：语言秩序视角——〈中国崛起中的语言意识形态和语言秩序〉评介》，《汉字文化》2021年第13期，第195页。

表 1.10　语言文化意识

题目	您是否知道语言属于非物质文化遗产?		
选项	是	否	总数
人数	142	142	284
比例	50%	50%	100%

从表 1.11 可知,在对本民族语言有无必要传承下去的问题上,有 184 位答卷人认为有必要传承本民族语言,占总答卷人数的 64.79%;有 100 位答卷人认为没有必要将本民族语言传承下去,占总答卷人数的 35.21%。

表 1.11　语言文化意识

题目	您认为本民族语言有必要传承吗?		
选项	有	没有	总数
人数	184	100	284
比例	64.79%	35.21%	100%

通过上述若干个方面调研数据的分析,我们可以看到,目前靖西市居民对壮语的了解和认同存在不断弱化的现象。那么壮语在保护和发展中存在怎样的困境,为什么会存在这样的现状,成为需要重点思考的问题。

二、非遗视角下少数民族语言保护与发展存在的问题及成因

(一)存在的问题

我国非物质文化遗产保护与发展工作起步较晚,近年来国家对于语言保护工作加大了力度。2015 年 5 月,由教育部、国家语委牵头开展中国语言资源保护工程。2018 年 9 月,中国政府会同联合国教科文组织,在湖南长沙成功举办以"语言多样性对于构建人类命运共同体的作用"为主题的首届世界语言资源保护大会,

语言保护与发展工作进展顺利，社会反响良好^①。但由于语言是一种特殊的非物质文化遗产，各界对其保护工作也产生了分歧，少数民族语言保护与发展工作也存在诸多问题。

1. 认知不强，重视不够

在此次调查中，笔者发现人们对于少数民族语言是否属于非物质文化遗产的认知不强，重视不够。

通过表 2.1 我们可以清楚地看到，58 位 18 岁以下的答卷人有 54 位不知道语言属于非物质文化遗产，占比 93.10%；160 位 18—24 岁的答卷人有 31 位不知道语言属于非物质文化遗产，占比 19.37%；42 位 25—49 岁的答卷人有 33 位不知道语言属于非物质文化遗产，占比 78.57%；24 位 50 岁及以上的答卷人都不知道语言属于非物质文化遗产，占比 100%。

表 2.1　您是否知道语言属于非物质文化遗产？

年龄	是	否	总数
18 岁以下	4（6.90%）	54（93.10%）	58
18—24 岁	129（80.63%）	31（19.37%）	160
25—49 岁	9（21.43%）	33（78.57%）	42
50 岁及以上	0（0.00%）	24（100%）	24

我们不难发现，人们普遍存在对语言的文化属性认知不足、重视不够的情况。18 岁以下、25—49 岁、50 岁及以上的年龄群体中，都有过半的答卷人不了解语言属于非物质文化遗产。语言的保护与发展主要依靠群体传承，人们对其认知不足，会阻碍保

---

① 教育部办公厅：《教育部办公厅关于部署中国语言资源保护工程 2019 年度汉语方言调查及中国语言资源集编制工作的通知》，2019 年 3 月 29 日，https://www.gov.cn/zhengce/zhengceku/2019-10/21/content_5442891.htm，访问日期：2021 年 12 月 1 日。

护与发展工作的顺利开展甚至会产生不利影响。①

2. 使用频率愈低，人数愈少

同以前人们使用本民族语言交流相比，现如今对本民族语言的使用不像以往那么活跃。本民族语言已不再是人们心中的"宝贝"，甚至可以说是沦为了"弃儿"。②

从表 2.2 可以得知，在公共场合人们更倾向于使用普通话作为交流用语。58 位 18 岁以下的答卷人有 33 位在公共场合更愿意使用普通话来进行交流，占比 56.90%；160 位 18—24 岁的答卷人有 80 位在公共场合更愿意使用普通话来进行交流，占比 50.00%；42 位 25—49 岁的答卷人有 25 位在公共场合更愿意使用普通话来进行交流，占比 59.52%；24 位 50 岁及以上的答卷人有 11 位在公共场合更愿意使用普通话来进行交流，占比 45.83%。

表 2.2　您在公共场合（靖西市内）更愿意使用哪种语言？

年龄	本民族语言	普通话	总数
18 岁以下	25（43.10%）	33（56.90%）	58
18—24 岁	80（50.00%）	80（50.00%）	160
25—49 岁	17（40.48%）	25（59.52%）	42
50 岁及以上	13（54.17%）	11（45.83%）	24

由表 2.3 可知，58 位 18 岁以下的答卷人有 48 位在家更愿意使用普通话来进行交流，占比 82.76%；160 位 18—24 岁的答卷人有 21 位在家更愿意使用普通话来进行交流，占比 13.12%；42 位 25—49 岁的答卷人有 28 位在家更愿意使用普通话来进行交流，占比 66.67%；24 位 50 岁及以上的答卷人有 21 位在家更愿意使用普通话来进行交流，占比 87.50%。

---

① 孙春颖:《非物质文化遗产保护中的语言保护：现状与对策》,《云南师范大学学报（哲学社会科学版）》2009 年第 5 期。
② 李海燕:《基于非物质文化遗产传承的少数民族语言保护分析》,《文化创新比较研究》2021 年第 13 期。

表2.3　您在家交流所使用的语言为？

年龄	本民族语言	普通话	总数
18 岁以下	10（17.24%）	48（82.76%）	58
18—24 岁	139（86.88%）	21（13.12%）	160
25—49 岁	14（33.33%）	28（66.67%）	42
50 岁及以上	3（12.50%）	21（87.50%）	24

　　通过表 2.4 可知，58 位 18 岁以下的答卷人有 27 位与朋友交流更愿意使用普通话，占比 46.55%；160 位 18—24 岁的答卷人有 73 位与朋友交流更愿意使用普通话，占比 45.62%；42 位 25—49 岁的答卷人有 24 位与朋友交流更愿意使用普通话，占比 57.14%；24 位 50 岁及以上的答卷人有 18 位与朋友交流更愿意使用普通话，占比 75%。

表2.4　您和朋友交流（靖西市内）更愿意使用哪种语言？

年龄	本民族语言	普通话	总数
18 岁以下	31（53.45%）	27（46.55%）	58
18—24 岁	87（54.38%）	73（45.62%）	160
25—49 岁	18（42.86%）	24（57.14%）	42
50 岁及以上	6（25.00%）	18（75.00%）	24

　　由此可知，越来越多的人在各种社交场合更倾向于使用普通话作为交流用语，过去本民族语言"遍地走"的情况一去不复返，对本民族语言的使用局限于在家日常交流居多。此外，笔者还观察到如今在民族地区，工作时人们使用的交流用语也是普通话居多，在学校这个教育大基地，学生们不仅上课时使用的是普通话，在课余之时也很少使用本民族语言进行交流。家长对小孩的影响作用也至关重要，在许多家庭中家长如不重视引导孩子使用本民族语言，一味地强调孩子多讲普通话，会加剧少数民族语言使用频率愈低，人数愈少的状况。使用频率低，又会间接造成人们对本民族语言发音不标准的状况，尤其从"90 后"开始，往往会出

现在说本民族语言时夹杂着普通话，在与老辈人沟通时听不懂的尴尬局面。①

    3. 保护不规范，宣传不到位

2001年国家颁布的《中华人民共和国国家通用语言文字法》，以法律的形式明确了普通话和规范汉字作为国家通用语言文字的地位，对国家通用语言文字的使用做出了规定。自该法实施以来，普通话和规范汉字在全国各个地区迅速得到普及，打破了全国各地由于语言不通带来的交流障碍。但同时，《中华人民共和国宪法》和有关法律规定，在民族地区实施双语教育。地方政府根据群众意愿和不同区域的实际情况，采用"少数民族语言授课为主，加授国家通用语文课程""国家通用语言授课为主，加授民族语文课程""部分课程用民族语言授课、部分课程用国家通用语言授课"等多种教学模式。②

可是"双语教育"在靖西市的教育系统并没有得到完整、准确、全面的贯彻落实。尤其如今流行普通话单语教育，有时将双语教育换了概念，将民族语言换成了英语，导致学生们将时间和精力更多地花费在英语上，对本民族语言视而不见。因为实施双语教育多为少数民族偏远地区，基础设施差、薪资待遇低，双语教师的人数过少也是难以推进双语教育教学模式的重要原因之一。③

在当今科技发达、数字化技术应用广泛的时代，靖西市少数民族语言的传播和使用主要还是停留在依靠日常生活的交流。用民族语言文字刊登的报纸、书刊基本没有，而用少数民族语言的

---

① 伍和忠、罗文华：《广西地方语言文化与相关课程群建设探究》，《高教论坛》2019年第9期。

② 孟高旺：《非物质文化遗产保护视域下安庆地区方言的保护与传承》，《阜阳师范学院学报（社会科学版）》2019年第1期。

③ 丁萍：《非物质文化遗产保护背景下桂林少数民族语言保护现状及对策研究》，《中共桂林市委党校学报》2017年第4期。

电视、新闻等节目也少之又少，没能充分利用时代进步带来的科技红利来进行少数民族语言宣传和推广。

4. 保护机制体系不健全，经费不到位

专业保护机制、专业保护人员的缺失是目前靖西市少数民族语言保护与发展难以顺利开展、落实的问题之一。靖西市目前设立有靖西市少数民族语言文字办公室，内设机构为办公室、业务股、财会股，无下属单位，少数民族语言保护与发展工作是一项繁重且细致的工作，机构设置过于简单。靖西市少数民族语言文字工作办公室核定人员编制 5 人，全部是参照公务员管理事业编制，工作人员仅有 6 人，专业人员匮乏。① 同时，经费的严重不足也是靖西市开展少数民族语言保护与发展工作遇到的"拦路虎"。除去靖西市少数民族语言文字工作办公室正常支出后，能够投入少数民族语言保护与发展工作的资金捉襟见肘，只有政府的财政补贴，未能发动社会力量广泛参与这一利国利民的工程。如今靖西市并没有专门的少数民族语言记录、整理、展示、交流的平台，没有充分发挥现代多媒体技术对少数民族语言推广与宣传所起到的重要作用。

（二）问题成因

诸多问题的存在是由很多因素共同造成的结果。通过对文献的查阅和对问卷结果的分析，笔者认为产生上述问题的原因可以归结为少数民族语言实用性降低、城市化发展、新媒体技术的影响这三个方面。

1. 少数民族语言实用性降低

随着社会、经济及全球化的快速发展，掌握外语和普通话已

---

① 《靖西市民语办（局、办）2015 年部门决算》，广西百色靖西市人民政府门户网站，2016 年 11 月 23 日，http://www.jingxi.gov.cn/xxgk/fdzdgkmr/jcxxgk/czxx/szbmjsgk/t418297.shtml，访问日期：2021 年 10 月 20 日。

成为人们谋求更好的物质生活所需的必要条件。[①]掌握普通话是在国内不同地区工作交流的必要技能，没有普通话将很难进行沟通，工作将无法开展；同时，掌握一门外语也是寻找工作所需岗位要求之一。以英语为例，在国内因工作岗位的不同，很多企业会将英语水平作为对求职人员的要求之一，需要 CET4 或以上的英语水平。因此，在当今时代，少数民族语言的实用性大大降低，人们对其的需求不像以前一样不可或缺，会将更多的时间、精力投入普通话和英语这两种语言，而不再是少数民族语言。

　　2. 城市化发展

　　1978 年开始，我国经济开始快速发展，东南部沿海地区城市随着经济的快速增长，大批农村外出务工人员涌入。一方面，在城市中交流需要统一的语言——普通话，为了解决在沟通上所遇到的问题，人们逐渐习惯使用普通话，随着时间的慢慢积累，对本民族语言已是渐渐忘却。[②]

　　通过表 2.5 的调研数据我们可以看到，影响四个不同年龄阶段的人群使用本民族语言最为主要的因素便是语言环境。在 58 位 18 岁以下的答卷人中，有 30 位选择了语言环境；在 160 位 18—24 岁的答卷人中，有 122 位选择了语言环境；在 42 位 25—49 岁的答卷人中，有 29 位选择了语言环境；在 24 位 50 岁及以上的答卷人中，有 13 位选择了语言环境。另一方面，城市的教育资源和教学水平更好，较之民族地区，外出务工人员更倾向于让子女留在城市中接受教育。为了适应教育环境，孩子们在教育适龄阶段便主要使用普通话甚至英语，导致了本民族语言生存环境的进一步恶化。

---

① 刘亮：《新时代少数民族语言的传承和保护路径思考》，《现代职业教育》2021 年第 45 期。
② 彭苗、周凌霄、刘亨、伍俊：《非物质文化遗产保护背景下广西方言文化的困境与发展研究》，《中国民族博览》2016 年第 9 期。

表 2.5　影响您使用本民族语言的因素是？

年龄	学校教育用语	语言环境	不会说	其他	总数
18 岁以下	23（39.66%）	30（51.72%）	4（6.90%）	1（1.72%）	58
18—24 岁	12（7.49%）	122（76.25%）	23（14.38%）	3（1.88%）	160
25—49 岁	12（28.57%）	29（69.05%）	0（0.00%）	1（2.38%）	42
50 岁及以上	10（41.67%）	13（54.17）%	1（4.17%）	0（0.00%）	24

　　通过表 2.5 我们还可以得知，四个不同年龄阶段的人群在学生时代或多或少都会受到学校教育用语的影响，其中以 18 岁以下和 18—24 岁的人群最为明显。18 岁以下的未成年人会跟随父母在务工城市适应新的语言环境，而 18—24 岁的人群处于大学教育阶段，会进行跨城市的人口流动，进入新的语言环境。他们在求学路上受到学校教育用语的影响更大。因此，城市化进程的发展是影响少数民族语言保护与发展工作的因素之一。

　　3. 新媒体技术的影响

　　随着新媒体技术的快速发展，以 QQ、微信等为主流的社交软件打破了人们在地域上的社交限制，社交对象和空间变得更为广泛，这使得人们所使用的语言不再是一个地方的语言，而是通用语言。一方面，以 QQ、微信为主流的社交软件并不支持少数民族语言文字，人们所使用的只能是汉字或英文，导致了人们对本民族语言文字使用频率降低；另一方面，人们越来越离不开网络，社交、吃喝住行等都可以通过手机来解决。年轻一代作为网络"原住民"，使用网络语言居多，对本民族语言使用较少，会导致民族语言的传承出现断层的情况。

三、非遗视角下少数民族语言保护与发展策略

　　为了贯彻响应"保护为主、抢救第一、合理利用、传承发展"的非物质文化遗产工作方针，笔者根据此次靖西市少数民族语言调查结果、问题及其成因的分析，结合对文献资料的查阅、整理、分析和对比，针对靖西市少数民族语言保护与发展工作中存在的

问题，提出以下对策。

（一）增强语言教育与宣传

从 1998 年起国家开始推广普通话至今，如今普通话在全国各个地区都得到十分广泛的应用，"请写规范字，请讲普通话"这句宣传标语广为人知。但每个人也应厘清少数民族语言和普通话之间的关系，明白国家推广普通话并不等于不允许使用少数民族语言，而是要辩证地对待两者在国家发展中的不同作用。我们要清楚地知道少数民族语言不论是在过去还是如今都具有重要的文化、社会、历史价值，增强人们对少数民族语言的认识。

在推广普通话的同时，也要注重对本民族语言的学习和宣传。靖西市有关部门要正确认识本民族语言对靖西市的繁荣稳定有着举足轻重的作用，带头学习本民族语言这一特殊的非物质文化遗产。可以试着通过一些行政手段为本民族语言的学习创造良好的氛围以及为宣传工作创造有利条件。

首先，可以在部门、单位、商场、车站等人流量多的地方，张贴少数民族语言属于非物质文化遗产的标语。其次，可以参考广东的做法，在地铁、公交车中采用普通话和粤语双语播报。在靖西市内公共交通工具的到站提示音中，也可以使用本民族语言，与使用普通话并行。最后，可以在当地设立本民族语言广播、电视台，电视剧、电影以及在各个短视频平台中的城市宣传片等可以加入本民族语言元素，推广普通话加本民族语言的宣传方式。[1]让人们时刻处于本民族语言的使用环境内，时刻受到本民族语言的熏陶。人们只有清楚地知道本民族语言是本民族经过长期的发展而形成的文化精华，只有加深对本民族语言的认知，其保护与发展工作才能有序地推进，才能延续传承本民族语言文化。

---

[1] 许念一：《方言保护与文化传承：从电影作品中的方言运用说起》，《文化学刊》2020 年第 11 期。

（二）贯彻落实"双语教育"

少数民族语言保护与发展的基础在于教育。例如，新西兰制定了《毛利语言法案》传承毛利语，立陶宛设立《教育法》保护少数民族语言和文化发展。[①] 在国家推行民族地区实施"双语教育"政策大背景之下，靖西市可以使用"非遗教育传承 PDCD 模式"贯彻落实"双语教育"政策。"非遗教育传承 PDCD 模式"包括纵向渗透（Directive Penetration）、横向共推（Cross Dissemination）、链向传承（Inherit Chain）、活态衍生（Active Derivatives）。[②]

纵向渗透，即学习语言，从娃娃抓起。可以在靖西市内的中小学校里设立与本民族有关的课程，介绍本民族的历史、文化及其语言保护与发展现状，让孩子们了解自己的民族，了解民族的文化，喜欢本民族，从而主动学习本民族语言文化。

横向共推，即语言这种特殊的非物质文化遗产不能仅局限于学校力量，更加需要依靠社会、家庭、群体的力量，对语言的保护与发展进行横向共推。在家庭中，要形成良好的使用本民族语言进行交流的氛围，家长需要为孩子使用本民族语言做榜样，更多地鼓励、引导孩子在家庭中使用本民族语言。同时，还要依靠社会力量，将社会教育资源与少数民族语言的保护与发展结合起来。例如，通过社会力量多举办一些少数民族语言演讲比赛、歌唱比赛等等。

链向传承，即做到理论指导实践，实践检验理论的双向互动。根据语言学家和高校教授的研究成果和实践经验，同中小学校"双语教育"成果结合起来共同发展，进而实现少数民族语言保护与发展工作有序化、科学化、规范化地开展。

---

① 哈正利、杨佳琦：《国外少数民族语言保护经验及其启示》，《广西民族研究》2012 年第 2 期。
② 陈思琦、李雨竹：《非物质文化遗产教育传承"PDCD"模式初探》，《中华文化论坛》2018 年第 4 期。

活态衍生，即习近平总书记说过的"让文化遗产活起来"①。如今少数民族语言使用人数减少、频率降低，因此少数民族语言的保护与发展更需要使其"活起来"，少数民族语言的保护与发展离不开对其的使用。可以在靖西市内的报刊、书籍、电视台等使用双语，举行少数民族语言歌唱比赛等，最大限度地提高少数民族语言的使用人数、频率。

（三）推进少数民族语言数字化

在现代科技发达的今天，数字化技术对人们的生产生活影响十分广泛，在非物质文化遗产的保护工作中也起着十分关键的作用，例如现在流行的线上云游、数字博物馆等等，都是运用数字化技术而实现的，这种新颖的方式也得到了社会各界的良好反响②。以此为例，也应该尝试数字化技术在少数民族语言保护与发展工作中的应用。少数民族语言的传承以口耳相传为主，在如今人们对其使用人数减少、频率降低的情况下，我们可以通过建立少数民族语言数字化资源系统，用数字化技术对少数民族语言进行采集、存储、处理、展示、传播。例如开发一种语言软件，将少数民族语言录音，当人们讲话时可以同声传译为普通话，这样既便于少数民族语言的长久保存，也有利于下一代人的学习。③

（四）建设规范有效保护体系

少数民族语言保护与发展离不开行之有效的保护体系。建议靖西市政府带头建立政府—学校—家庭—社会"四位一体"的保护

---

① 习近平：《习近平总书记系列重要讲话读本》，学习出版社、人民出版社，2016，第203页。

② 黄永林、谈国新：《中国非物质文化遗产数字化保护与开发研究》，《华中师范大学学报（人文社会科学版）》2012年第2期。

③ 卜星宇：《新媒体语境下中国少数民族非物质文化遗产的数字化传承》，硕士学位论文，北京印刷学院，2015，第12—24页。

体系。[①]

首先，政府要更好发挥行政作用，将濒危语言保护工作纳入法制轨道，广泛发动学校和社会力量参与少数民族语言保护与发展工作，深入调查少数民族语言保护情况、使用现状，积极深入各乡镇、各村屯开展调研活动，搜集第一手资料，清楚地掌握少数民族语言在当代使用变化情况；同时，要清晰宣传国家在民族地区推行的"双语教育"政策，让群众清楚地知道国家不单单是推行普通话，更是会保护少数民族的语言权利自由。

其次，学校要完整、准确地贯彻落实"双语教育"政策。语言学习从娃娃抓起，可以在小学阶段便开设少数民族语言课程，举办一些关于少数民族语言的活动，从小培养孩子对少数民族语言的兴趣；鼓励教师和学生、学生和学生之间使用少数民族语言进行交流互动。

再次，家长要为孩子使用本民族语言创造一个良好的家庭氛围。例如，在家主动使用本民族语言与孩子进行交流，积极引导孩子学习、使用本民族语言；外出使用电子设备进行交流时，也使用本民族语言进行语音交流。

最后，可以尝试在社会上多营造少数民族语言浓烈环境氛围。例如，宣传标语等不要单一使用汉字，而采用汉字加少数民族语言文字的双语形式；举办一些由社会力量主办的少数民族语言比赛，为少数民族语言保护与发展营造良好的社会环境氛围。

总之，少数民族语言保护与发展工作任重而道远。尽管当前国家对语言的保护越来越重视，但少数民族语言保护与发展工作中仍存在着诸多亟待解决的问题。其作为中华优秀文化的重要组成部分，需要受到保护，不可因为其使用人数减少、频率降低而抛弃。尤其在民族地区，更需要结合当地实际情况，具体问题具体分析，对本民族语言制定切实可行的保护方案。

---

① 李锦芳：《中国濒危语言研究及保护策略》，《中央民族大学学报》2005 年第 3 期。

闽都喜娘文化传习所传承人培育的实践路径研究[①]

陈祖英[②]

（福建省委党校社会与文化学教研部，福建福州，350108）

摘　要:"喜娘"是汉族传统婚礼中必不可少的重要角色，也是福州古老婚庆中的一个行当角色。为了传承弘扬福州喜娘文化，闽侯世家喜娘"陈氏三姐妹"成立了闽都喜娘文化传习所，致力于培养喜娘习俗传承人。她们精心营造传承喜娘文化的良好氛围，开发喜娘文化传承的系列教材，增强喜娘文化培训的师资力量。传习所通过口耳相传、见习观摩、反复演练等系统化教学，不仅成功培养出具有一定规模的喜娘传承人，扩大了喜娘的从业队伍，提升了喜娘行业的整体水平，盘活了喜娘文化市场，还为当前非遗传承人的培育提供了一个值得借鉴的学习范本。

关键词:喜娘文化传习所；传承人培育；实践路径

喜娘，是指在举行汉族传统婚礼时被雇请的通晓礼仪的妇女。她们能说会道，善于应酬，其主要职责是服侍新人、操持婚礼和礼待客人，是中式传统婚礼中推进婚礼程序和渲染婚礼气氛的重

① 基金项目：福建省社会科学基金一般项目"福建民俗类非物质文化遗产传承人能力建设研究"（项目编号：FJ2021B066）。
② 作者简介：陈祖英，中共福建省委党校社会与文化学教研部副教授，民间文学专业博士。

要角色。在福州，喜娘俗称"伴房嬷"，已传承千年之久。在一些有识之士的努力和推动下，"喜娘习俗"于2017年被列入福建省省级非遗代表性项目名录。为了推动福州喜娘文化的传承和发展，2012年，闽侯县上街镇的"陈氏三姐妹"（陈夏玉、陈秀珍、陈秀兰）成立了闽都喜娘文化传习所，致力于培养喜娘习俗的传承人。经过10年的探索实践，闽都喜娘文化传习所目前已培养了300多名学员，扩大了喜娘习俗传承人的队伍，在培养传承人的路径和方法上渐渐形成了自己的经验。

本文总结和提炼了闽都喜娘文化传习所的传承教学模式，希望为当前非遗传承人的培育难题带来一定启发和借鉴。

一、福州喜娘传承人传统培育概况

喜娘在传统婚礼中主要承担照顾和陪伴新娘、主持婚礼的工作。作为福州一个古老的婚庆行当，自古以来，传统喜娘都是由中老年的已婚妇女充当。喜娘不仅要容貌端正、口齿伶俐，还要熟知传统婚礼中的一整套礼仪习俗，且具有驾驭婚礼场面、左右逢源的本领。在中国传统社会，喜娘作为一种与"三姑六婆"类似的行当，其抛头露面的行径与"大门不出，二门不迈"的古代女子行为准则不符。因此旧时的福州喜娘一般由社会地位低下的疍民且是"全福人"来担当，而早期从事喜娘的妇女文化程度也普遍不高。过去的喜娘主要通过母女或师徒口传心授的方式，以掌握主持婚礼的技巧、说吉祥话等能力。

21世纪初，福州培育喜娘的主要模式仍是口耳相传、师徒相授。师傅首先让徒弟背诵"喝诗"，也称唱诗、喝彩，是福州喜娘在主持婚礼时推进流程、营造氛围、传递祝福、强化仪式感的主要方式；其次师傅教授基本的婚礼程序、规范、地方风俗、注意事项等，并带着徒弟亲身感受婚礼现场，让徒弟仔细观摩师傅主持婚礼的言行举止。学习观摩一段时间后，徒弟就可以独当一面主持婚礼。

但口耳相传的传承方式存在一定的局限性。因为师傅本身的文化程度不高，传承理论素养不高，掌握的传统文化知识和喝诗有限，无法进行理论阐释或对喝诗进行创新，导致传承内容相对狭隘，难以形成较为科学系统的喜娘非遗传承人教育体系。

二、闽都喜娘文化传习所传承人培育实践

福州喜娘这个行当自"文革"后曾经中断数年，但2010年福州首届喜娘电视大赛让喜娘文化重新引起了媒体和学者的关注。闽侯县上街镇的"陈氏三姐妹"在获得首届喜娘电视大赛"金牌喜娘"第一名后，先是成立了"福州陈氏三姐妹世家喜娘文化有限公司"，2012年3月又开办了"闽都喜娘文化传习所"。传习所，顾名思义就是传授技艺、学习知识的场所。"陈氏三姐妹"开办传习所的初衷，就是想让更多的人来学习和弘扬喜娘文化。刚开始时，只要有人愿意学，"陈氏三姐妹"都是热心栽培，随到、随教、随学，在口耳相传培训的同时，还加入礼仪、福州话等教学内容。从2017年开始，传习所以小班制面向社会招生，将几年教学探索形成的喜娘培育模式系统性地推进。

（一）营造良好传承氛围

闽都喜娘传习所是以开展"喜娘习俗"的保护、传承为主要职责，以从事"喜娘习俗"传习、展示、培训、交流为中心的机构，坐落于福州市南门兜新兴大厦。新兴大厦位于鼓楼区八一七中路与古田路交界处，是商业繁华、交通便利的好地段。这个传习所，既是传授教学的地方，也是展示喜娘文化的展厅。在外面走廊的两面墙上，满满当当张贴着喜娘工作流程、"陈氏三姐妹"简介及主持婚礼、参与活动的宣传画。室内的大厅中，有三面墙布置成荣誉墙："喜娘习俗"入选为市级、省级非遗代表性项目名录的牌匾，"陈氏三姐妹"获得的各种荣誉证书或奖牌，参加活动的照片，"陈氏三姐妹"弘扬喜娘文化的重要报道被剪下来细心地装裱在玻璃镜框里。喜娘文化传习的地点就安排在大厅，琳琅满目的牌匾和奖杯，营造了很好的学习氛围，有助于学员提升学习动力。

墙上电子屏幕上同时播放着喜娘主持婚礼的录像，让学员在形象生动的实景中感受喜娘文化的魅力，使学员拥有学习兴趣与热情。

喜娘文化传习所接待的客人主要有东家或准东家[①]，他们前来与喜娘交流，就婚礼前的准备、迎亲当天的具体流程、东家自己的要求等进行充分的协商沟通。准东家是还没确定请哪位喜娘，到传习所来了解有关喜娘的情况。不管是东家还是准东家，荣誉墙的展示能让他们对喜娘文化有直观了解，也坚定了东家请喜娘的信心。在传习所，即便是已结业了的喜娘学员，在没事的时候也喜欢到传习所坐坐。她们约上三五个同伴，从福州的长乐、连江或其他地方汇聚到传习所，向老师说说她们的工作，聊聊主持婚礼时遇到的问题，在无拘无束的交流中分享和学习。传习所不仅为喜娘文化的传承营造了良好氛围，也成为喜娘学员永远的娘家。

（二）开发喜娘文化教材

关于喜娘文化，目前已出版普及教材《风雅喜娘》[②]。此外，"陈氏三姐妹"将她们主持婚礼的现场录像，精心挑选，剪辑成视频，形成完整的视频教材，发给学员在家观看揣摩。根据多年培养喜娘传承人的探索，"陈氏三姐妹"在传统口传心授的基础上，将培养喜娘的课程分为三个等级，即初级、中级和高级。每一级学期为两个月。

初级培训的目标，是顺利毕业的学员可以独立主持普通家庭的婚礼。对于初级喜娘培训，传习所首先安排了喝彩、婚礼流程、礼仪、民俗文化、临场发挥等课程。喝彩是福州喜娘习俗的一大特色，在婚礼的任何环节，喜娘都要流利地唱诵喝诗，所以初级阶段培养的重心之一是喝诗的背诵与演示。其次是要求学员熟悉福州传统婚俗礼规。喜堂的摆设、迎亲流程、拜亲顺序、喜

---

① 喜娘称邀请她们为喜家主持婚礼的雇主为"东家"。

② 闽侯县文学艺术界联合会编：《风雅喜娘》，福建美术出版社，2022。

桌座次的安排等，不仅蕴含着丰富的婚俗文化，也是中华传统文化的具体体现。"陈氏三姐妹"将家族百年来积累的喝彩词汇，根据婚礼进程，按场景顺序依次编成简本教材。教材根据不同的场景各精挑细选一首或两首有代表性的喝诗，从"去接亲""到女方厝""小姐出嫁"到"太平燕""回门见厅"等，总计近30首。

中级培训的目标，是让学员能胜任不同地区和特殊家庭的婚庆执礼。福州十邑虽说乡音相连、风俗相通，但在婚礼的个别仪式环节会有些细微差别，在执礼时是不允许弄错的。比如布置喜堂时准备的"花面"，指的是红纸包着的一卷线面上，要插一朵用红纸和金箔纸制作的"四季花"，摆放在碗里。在新人见厅环节，新人需要拜见的长辈夫妇如果有一位没到现场，有的地区用"花面"代表已过世的长辈，有的地方则代表未能来参加婚礼的亲戚。这些细微区别是"陈氏三姐妹"在数年的婚礼主持实践中，慢慢积累总结的经验。特殊家庭婚礼是指新人是二婚，或是过继，新人的父母双亡或单亲或再婚等，也有相应的习俗规范。传统观念认为，婚礼是一对新人新生活的风水源头，合乎礼节的婚礼仪式关系到新人及其家族的平安吉祥，不能有细节上的任何纰漏。关于各地区的婚俗差异、特殊家庭婚礼执礼的注意事项等，"陈氏三姐妹"均进行了分类与整理。

高级培训是对初级和中级培训内容的升华，并增设了舞台形象、发声课等的培训，致力于将学员培养成气场足、理解透、专业又自信的喜娘，打造一场完美精致的婚礼。"陈氏三姐妹"引导学员进一步深入领会每个婚礼仪式背后的深刻内涵，细化各项婚礼规范，强调学员在主持婚礼的过程中，要真正落实婚礼的礼节、礼貌、礼数和礼仪。现在"陈氏三姐妹"每次给高级学员的参考资料是一张张简易的打印稿，并且不断地完善相关系统知识。

（三）建设喜娘师资队伍

目前闽都喜娘文化传习所已形成一支专业的喜娘文化师资团队。"世家喜娘"第三代传承人林贵英，人老心不老，乐观幽默，常以她亲见亲闻亲历的故事，为学员讲解特殊家庭婚礼的主持注意事项。"陈氏三姐妹"是喜娘培训的主力，整个培训的目的、规划、方案均出自她们三人之手。虽然同为"世家喜娘"第四代传承人，同是母亲林贵英一手调教出来的喜娘，但她们三人性格不同，从事喜娘行当的时间不一样，传承创新出的主持风格也各具特色。"大姐陈夏玉，从1993年起从事喜娘工作，沉稳大方多妙语，属时尚型喜娘；二姐陈秀珍，从2000年起从事喜娘工作，敬业守信，心细如发，属传统型喜娘；三妹陈秀兰，从2003年起从事喜娘工作，不仅普通话说得好，而且还会外语，喜创新爱钻研，属文艺型喜娘。"[①] 因此三姐妹在喜娘教学上各有分工，陈夏玉重点对学员进行临场发挥的训练，婚前接单细节的沟通；陈秀珍重点培训学员的喝诗，传授传统婚礼方面的知识；陈秀兰则重点介绍地方风俗，教导婚礼的流程。母女两代喜娘同时给学员授课，教学内容要更加丰富有趣。

此外，"陈氏三姐妹"还长期聘请民俗专家和高校教授等给学员进行系统培训、授课，已形成常态化的教学。如2013年经"陈氏三姐妹"培训后结业的周为莹，在做喜娘的同时系统学习了礼仪文化，兼职做礼仪培训多年，如今已被聘为喜娘礼仪课程的专职老师。

（四）注重能力实训的教学模式

现代喜娘在传承传统婚俗和传播时代主旋律等方面需要具备更高水平的发展。"陈氏三姐妹"为培养专业又自信的现代职业喜娘，提出了若干更高的工作要求：1.认真细致地指导东家或新人做好婚俗环节的每个仪式，让在场的人体会到婚礼隆重庄重的仪式感；2.注意营造热闹和谐的婚庆喜庆氛围；3.机动灵活地用喝诗宣传移风易俗、感恩孝亲、夫妻恩爱、家庭和睦、社会和谐等伦

---

① 吴军华：《福州喜娘：闽都文化的执守者》，《中国妇女报》2017年3月20日。

理内容。为了能培养出高水平高素质的喜娘传承人，"陈氏三姐妹"在招生条件中明确要求，年龄在18—50岁，乐观向上、思想正直、五官端正，爱好喜娘文化，热爱主持事业。

新入门的学员，首先要学习的是用押韵的语句唱出吉祥话（即喝诗）的能力。想做喜娘，学员最先要过的就是"喝诗关"。陈秀珍老师一次课一般教2—3首喝诗，会简单介绍什么环节喝什么诗，喝诗的意义，之后是教学员实践如何喝诗。陈秀珍老师细心地拆分喝诗时的语速、语调、重音、停顿、手势、眼神等，示范给学员听，领着学员唱喝几遍后，先让学员自行背诵练习，然后学员一个一个地喝给她听。她会不厌其烦指出学员喝诗时存在的问题，耐心纠正。学员最后依次在全体学员和老师面前将当天所学喝一遍，下课后学员继续与老师线上互动，或将自己练习喝诗的视频发给老师，请老师及时指点。

其次，是培养学员婚礼全程的组织能力。初级教材第一部分是喝诗，第二部分是婚礼流程、回门习俗，以及9条注意事项。"陈氏三姐妹"分时段详细给学员介绍婚礼流程中每个环节的意义、仪式重点和注意细节等，先在课堂上示范每个环节，并配上相应的喝诗，随后学员模拟练习，课后还需不断练习巩固。第二次上课时，简单复习后，学员就扮演喜娘，模拟婚礼在不同环节中的实际操练，老师在旁边指导点评。一期学员通常为5人或6人。在模拟演练中，由1名学员扮演喜娘，其他学员根据不同的环节扮演新郎、新娘或喜爸、喜妈等，老师会针对每个喜娘学员的表演指出存在的问题和需要改进的地方。比如有的学员引导词说得模糊，有的学员执礼过程中没有顾及全场，有的学员语气弱、声音小、眼神不自信，有的学员遗失了哪个细节等，老师都会一一指出。每个学员对于婚礼流程的每个环节，也都要在全班师生面前详细演练，同学之间进行互相学习和纠错，学习氛围非常活跃。

再次，培养学员人际沟通的能力。良好的沟通和表达能力是喜娘事业成功的必备条件。举办好一场庄重和谐欢乐喜庆的婚礼，光靠喜娘个人的力量是远远不够的，还需要喜娘与东家有效沟通，与周围人沟通。在传习所，"陈氏三姐妹"将自己多年的职场经验、沟通技巧一一与学员分享。"陈氏三姐妹"教导学员，在与潜在东家交流时要充满自信，大胆地展现自己学到的喜娘文化专业知识，用自己的真诚、自信和专业去赢得潜在东家的认可。确定接单后，喜娘要尽量用商量的语气和礼貌的话语交代东家准备迎亲当天要用的物品，与东家交流婚礼当天的流程和细节等。"陈氏三姐妹"一再强调，每家情况不一样，喜娘一定要在婚礼前与东家进行充分沟通，明确东家的需求，确保婚礼仪式所需要的物品都购置妥当。在婚礼现场，还需要眼观六路、耳听八方，注意察言观色，有时除了口头语言表达外，也可借助肢体语言或动作来交流，确保新人礼仪动作不出错，让婚礼上的亲朋好友开心和满意。

最后，要培养学员在群众面前大方表演的能力。为了培养学员在婚礼现场大胆主持，喝诗不怯场的能力，传习所一方面要求已经背熟喝诗的学员去见习，也就是当"陈氏三姐妹"中任何一位老师去主持婚礼时，学员也跟去现场。通过言传身教，学员能亲身体会老师是如何主持婚礼、如何喝诗的；另一方面是利用一切可能的机会，让学员多多参与各类抛头露面上台表演的活动，锻炼学员的胆识和才气。"陈氏三姐妹"除成立"闽都喜娘文化传习所"外，还牵头成立了"福州市喜娘协会""闽侯县喜娘文化研究会"等组织，经常参与闽侯县文旅局、福州市民间文艺家协会、福建省妇联等单位开展的相关文化活动。如2021年5月举办了"庆建党百年 展非遗风采——闽侯县喜娘专场演出"；2021年7月17日，为庆祝中国共产党成立100周年，迎接第44届世界遗产大会在福州隆重举行，喜娘团队开展"庆建党百年 迎世遗大会"专场文艺汇报演出活动；每年都参与在福州举办的百对新人集体婚礼仪式活动等。此外，由福州喜娘组成的文化志愿者服务队，经常走进社区宣传宪法、消防、疫情防控等知识，以喝诗的形式，结合不同活动主题进行宣传。学员通过参加各种不同主题、不同内容的文艺表演或宣传活动，不断提升喝诗水平，也不断增强主持婚礼的能力。

（五）形式多样的结业考核

闽都喜娘文化传习所开设的课程有闽都文史、民间婚俗、方言、礼仪、声乐、临场发挥等系统课程，通过小班制教学，灵活多样的见习和亲身表演，让每个学员都能真正掌握做喜娘的专业知识与专业技能。经过一段时间的学习后，传习所会安排学员考试，只有通过了考核才会发结业证书。传习所的考试分笔试和面试，笔试主要是考核学员对闽都民间习俗的掌握情况，面试的内容包括背诵喝诗、临场应变、即兴问答、实际操练、综合素质考评等。从 2016 年开始，学员面试评委改由早期结业且社会反响较好的 5 位老学员担任，"陈氏三姐妹"作为导师，仅进行综合考评的打分与点评。这样的面试考核方式，形成了新老学员"相互学习，取长补短；相互提携，共同进步"的"传、帮、带"学习景象。①

三、闽都喜娘文化传习所喜娘传承人的培育成效

经过 10 年的长期招生和常态化培育，闽都喜娘文化传习所在培养喜娘传承人方面取得的成效主要体现在：

一是丰富了喜娘从业人员多元化队伍，扩大了喜娘文化的影响。从面向社会招收学员学习喜娘文化开始，"陈氏三姐妹"就决定突破传统传承的一些行规，不再将学员仅仅局限在家族内部或已婚妇女。所以招收的学员，有的是全职妈妈，有的是有稳定工作的上班族，有刚毕业的大学生，也有资深的摄像师；学员有来自福州五区的，也有来自永泰、连江、长乐、闽清等其他地区的。不管这些学员结业后是专职还是兼职做喜娘工作，都极大地丰富

---

① 《第四批学员结业啦！》，http://www.jpxnc.com/peixunshow.aspx?NewsID=53，2016 年 8 月 10 日，访问日期：2022 年 10 月 10 日。

了喜娘从业人员多元化的队伍，扩大了喜娘文化的传播力。

二是培养了数以百计的喜娘传承人，提高了喜娘行业的整体水平。以前培养喜娘多是口口相传，既没有系统的理论知识，也没能充分理解喜娘文化的意义和价值，导致出现有的喜娘在主持婚礼时示范动作不规范、喝诗粗俗等现象，给人留下喜娘素质不高的印象。传习所培养的喜娘学员既知道在婚礼主持时做什么、怎么做，还明白为什么要这样做，能认识到如今的喜娘不仅是履行婚姻礼仪全过程的主持人，而且要传承好中华优秀传统文化，与时俱进地传播时代主旋律。在新学员第一堂课上，"陈氏三姐妹"就要求学员，既然加入成人之美的喜娘行列学习，首要的是语言文明，要说文明话，随时提醒自己不要讲脏话。在培训学员的过程中，"陈氏三姐妹"更是有意识地对学员进行职业道德教育，强调学员要诚实守信，不能见利忘义，不能因有人出价高就推掉之前答应的东家等。一直以来，传习所以提高现代喜娘的文化和业务素质为目的，不断提升喜娘从业者在传统文化、文史常识、喜娘喝彩、品德修身等方面的综合素养，从而拉升了喜娘行业的整体水平。

三是形成了喜娘文化产业，盘活了喜娘文化市场。传习所面向全社会招收学员，面试通过后的培训是明码标价收费的。传习所培养喜娘传承人收学费，一是聘请专家学者给学员上课，需要支付课酬，二是学员交了钱会更加用心努力地学习。传习所也不定时地进行公益免费课的教学，但参加免费学习的学员通常上过一两次后就没有动力坚持，大多不了了之。交了学费的学员多数是希望学到手艺，能够拥有一技之长。经过自己的努力和老师的指导，很多学员结业后加入喜娘行列，不仅有了经济收入，而且有了文化自信。"陈氏三姐妹"早在2010年时就成立了福州陈氏三姐妹世家喜娘文化有限公司，不少结业的优秀学员签约加入公司，形成了福州喜娘行业实力最强的一支队伍。公司提供的服务不仅有喜娘，还有喜庆用品、婚礼定制、摄影跟妆等配套的一站式服务；有的学员在做喜娘的同时经营婚庆喜铺。正是传习所培养的喜娘学员不断充实着公司的实力，形成了喜娘文化产业，盘活了喜娘文化市场。正如福建师范大学林焱教授所说："传统习俗有的已成为标本或化石，变成一种文化记忆。福州喜娘这一行当在今天不但很有市场，而且还落旧叶吐新芽……'伴房嬷'曾经是低俗、说话不靠谱的形象代言人，而今她们以自己的努力参与社会风尚的再造，赢得了生机。"①

四、闽都喜娘文化传习所传承人培育的启示

随着非遗保护工作的全面展开，很多非遗传习所相继成立。笔者走访过多个非遗传习所，发现有的只是挂了个牌，没有开展实质性工作。其原因是多方面的，比如：没有人愿意学，招不到学徒；代表性传承人年龄偏大，无法教学；代表性传承人教学方式单一等。闽都喜娘文化传习所培养喜娘传承人，既保留了师徒相传的人性化形式，又增添了科学化、系统化的培养方式，对喜娘文化传承起到很好的推动作用。闽都喜娘文化传习所培养传承人的实践路径，给当今非遗传承人培育提供了三点启示。

一是确立代表性传承人培育传承人的主体地位。闽都喜娘文化传习所培训学员的主动权和话语权始终掌握在"陈氏三姐妹"手中。2006年，国家开始推进"非遗进校园"活动；2013年，教育部、文化部、国家民委联合出台《关于推进职业院校民族文化传承与创新工作的意见》，明确指出推动职业教育人才培养与非遗传承相结合；2021年2月，"非物质文化遗产保护"列入普通高等学校本科专业目录。所有这些关于非遗人才培养的实施，虽然也邀请非遗代表性传承人进入校园传经送宝，但大都以学校教育和学者为主。万建中教授在《传承人：非物质文化遗产学科建设的主体》中指出："推动传承人进入非遗学科体制内部并成为建设的主

---

① 《福州喜娘与时俱进创新婚庆习俗　影响力走向全国》，http://m.fznews.com.cn/node/9379/20150104/54a89cdfcd417_5.shtml，2015年1月4日，访问日期：2022年10月10日。

体至关重要。"① 非遗以实践为存在方式，作为某一类非遗知识及相关技能的实际拥有者，代表性传承人在培养传承人上，应该比学者或老师更有发言权。代表性传承人所秉承的非遗经验、常识、记忆、行为技能等构成的非遗知识体系，才是培养传承人所需传授的核心。因此，应该确立代表性传承人培养传承人的主导地位，给予他们在培训传承主体过程中的话语权。

二是鼓励社会团体参与非遗传承人的培养。在闽都喜娘文化传习所，"陈氏三姐妹"总是以团体或组织的形式开展教学活动，团队的规模随之不断扩大，影响也越来越广。近年来，我国非遗保护事业虽然取得了长足进步，但仍存在有些非遗代表性项目后继乏人、无人愿学的现象。中共中央办公厅、国务院办公厅 2021年印发的《关于进一步加强非物质文化遗产保护工作的意见》指出，引导社会力量参与非物质文化遗产教育培训，引导社会力量参与非物质文化遗产保护工作，充分发挥行业组织作用。非遗的集体性、地域性、专业性等特点，也决定了社会团体是保护传承非遗的重要力量。因此应该引导成立某项非遗协会或社会团体，支持社会团体开展非遗教学实践，开展传承人群的职业教育、继续教育，不断提高行业的从业水平和道德水准。

三是加强代表性传承人与地方政府、相关社会组织或行业的交流合作。喜娘习俗除业务上归闽侯县文旅局主管以外，"陈氏三姐妹"还与闽侯县委宣传部、福州市民间文艺家协会、福建省妇联、福州婚庆行、福州电视台等单位或社会组织有联系，经常参与一些力所能及的文化宣传或公益活动。这些活动不仅提高了喜娘文化的知名度，而且提升了传承人或喜娘学员的综合素质。我国的非遗保护工作是由政府主导推动的，《中华人民共和国非物质文化遗产法》明确指出政府在非遗保护工作中应履行的各项职能。一方面，政府文化主管部门应为代表性传承人开展传承、传播活

---

① 万建中：《传承人：非物质文化遗产学科建设的主体》，《中央民族大学学报（哲学社会科学版）》2022 年第 3 期。

动提供必要的传承场所、必要的经费资助等；另一方面，代表性传承人也有义务配合文化主管部门和其他有关部门，进行非遗文化调查、参与非遗公益性宣传等。代表性传承人应主动加强与地方政府部门的交流合作，争取更多的资源和机会传承、传播非遗项目，培训传承人。代表性传承人还可与相关社会组织或行业联系，申请参与他们的相关活动，在交流互动中学习提升，扩大自身非遗项目的影响力和传播力。

场景理论视域下非遗传承型传统村落的更新策略研究 ①

范长存　　张中波 ②

（济南大学美术与设计学院，山东济南，250022）

摘　要： 在快速城市化的背景下，传统村落的发展与更新已成为必然趋势。非遗传承型传统村落作为一种具有浓郁地域文化特色的传统村落类型，在保护和更新过程中面临着诸多现实困境，如村落的整体风貌缺失、非遗承载空间类型杂糅、非遗承载空间功能单一、过度商业化导致非遗文化底蕴缺失等。基于以上问题，场景理论为其问题的分析与解决提供了良好的框架体系，可采取整合非遗要素、建立新型社区、完善物质设施、重构空间风貌、丰富空间功能、吸引多元主体、创新表现形式、营造活动场所，挖掘非遗文化、激发情感共鸣等更新策略，促进非遗传承型传统村落更新工作的有力有序进行。

关键词： 场景理论；非遗传承型传统村落；更新策略

住房和城乡建设部村镇建设司原司长赵晖认为，可以将传统村落分为三种类型，即传统意义上的古村落、保存比较完好的传

---

① 基金项目：国家社科基金艺术学项目"场景理论视域下乡村公共文化空间建构的艺术介入策略研究"（项目编号：22BH144）
② 范长存，济南大学美术与设计学院设计学专业硕士研究生。张中波（通讯作者），济南大学美术与设计学院副教授，文学博士。

统格局和历史风貌的村落和非物质文化遗产丰富的村落[①]。本文将第三种类型"非物质文化遗产丰富的村落"定义为"非遗传承型传统村落"。保护好非遗传承型传统村落，是促进非物质文化遗产活态传承的重要途径。住房和城乡建设部等多个部门联合印发了《关于切实加强中国传统村落保护的指导意见》（2014年），指出要注重"保护非物质文化遗产以及有关物质实物和场所"[②]。《传统村落保护发展规划编制基本要求（试行）》（2019年）也明确指出，要对传统村落中非遗的特征和价值进行深度分析[③]。随着党的十九大报告"乡村振兴战略"的提出，焕发非遗传承型传统村落的生机，成为激发乡村振兴内生动力的重要途径之一。

目前，对保护非遗传承型传统村落的举措初见成效，但在更新过程中出现了空间同质化、非遗特色趋同等现象，导致村落的整体风貌缺失、村落中非遗空间功能和类型单一、非遗项目衰弱等问题。如何创新非遗空间特色，吸引多样人群集聚等，以寻求合理的更新策略，成为非遗传承型传统村落可持续发展亟须解决的问题。对此，场景理论为解决空间中的"文化消费体验"问题提供了完整的框架体系，针对目前非遗传承型传统村落更新存在的问题，能够提出系统性的解决对策，为解决非遗传承型传统村落的发展困境提供了新的思路。

---

① 赵晖：《传统村落可以分类为包括古村落等三大类型》，2013年10月17日，www.gov.cn/wszb/zhibo580/content_2508967.htm，访问日期：2023年1月20日。
② 住房和城乡建设部等：《关于切实加强中国传统村落保护的指导意见》，2014年4月25日，www.gov.cn/zhengce/2016-05/22/content_5075656.htm，访问日期：2023年1月20日。
③ 住房和城乡建设部：《传统村落保护发展规划编制基本要求（试行）》，2019年10月21日，https://hnjs.henan.gov.cn/2019/10-21/1148029.html，访问日期：2023年1月20日。

一、非遗传承型传统村落的发展现状

（一）非遗承载空间类型

为了进一步保护我国传统村落，从 2012 年开始，住房和城乡建设部等多个部门陆续开展了六批传统村落保护工作，将具有重要保护价值的村落列入中国传统村落名录。截至第六批，共将 8171 个传统村落列入中国传统村落名录，其中非遗传承型传统村落分布广泛、数量众多。《中华人民共和国非物质文化遗产法》（2011 年）将非遗分为传统口头文学以及作为其载体的语言，传统美术、书法、音乐、舞蹈、戏剧、曲艺和杂技，传统技艺、医药和历法，传统礼仪、节庆等民俗，传统体育和游艺及其他非物质文化遗产等六大类。[1] 国内的很多研究人员也从不同的角度对非遗进行了分类，苑利在《保护非物质文化遗产公约》分类基础上将非遗分为："民间文学类、表演艺术类、工艺美术类、传统生产知识与技能类、传统生活知识与技能类、传统仪式类、传统节日类、文化空间类。"[2] 非遗种类在非遗传承型传统村落中所占比重不同：有的以一种或多种非遗类型为主，其他类型为辅；有的区域集中了一定规模的非遗传承型传统村落，其非遗种类相似。因此，每个村落中非遗的数量和种类不同，其所承载的空间类型也复杂且多样。

总体来说，从宏观上看，非遗传承型传统村落是一个整体的文化空间；从微观上看，村落中又包含类型多样的非遗承载空间，具体可划分为生活性空间、生产性空间、消费性空间、体验性空间四种类型。

---

[1]《中华人民共和国非物质文化遗产法》，新华社，2011 年 2 月 25 日，www. gov.cn/zhengce/2011–02/25/content_2602255.htm，访问日期：2023 年 2 月 13 日。
[2] 段晓卿：《非遗分类及非遗阶元系统建构研究》，《文化遗产》2018 年第 4 期。

1. 生活性空间

非遗传承型传统村落中的生活性空间，主要是指当地居民进行居住、日常生活的场所。这类空间的物质形态直接反映出当地居民的生活方式以及整个村落的形态格局。从非遗传承的角度来说，此类空间的非遗表现形式主要分为两种：一种是根据当地居民的喜爱偏好，将形式多样的非遗元素或非遗实物运用到建筑室内以及庭院中的物质设施上，凸显出当地非遗特色，起到装饰以及烘托非遗文化氛围的效果；另一种是闲暇时间，当地居民在庭院、院落门口等公共区域进行非遗手工创作或非遗表演。如甘肃省文县哈南村中的担担灯、琵琶弹唱等展演活动，以及云南省玉溪市新平县嘎洒镇花腰傣村落的竹编制作，都是在院落中进行的。

2. 生产性空间

生产性空间的营造是传承非遗文化的重要一环，其空间主要满足非遗生产、制作以及存放等功能，空间的尺度也依据非遗所需的原材料、生产工艺流程等划分空间的布局。传统手工作坊是生产性空间的典型代表，如扎染等以工艺美术类为主的非遗空间依据其取材、捆扎布料、染前处理、染色、染后处理等生产、制作步骤合理划分空间的布局，保证生产、制作和存放的有序进行。

3. 消费性空间

消费性空间是以提供消费者服务为目的的场所，其功能主要是可以进行商业活动。在非遗传承型传统村落更新的过程当中，消费性空间的开展对激活非遗传承型传统村落的内生动力具有重要作用。目前部分村落与旅游开发模式相结合，将村落中沿街建筑更新为商业街，包括民宿、美食馆、饰品店、非遗产品售卖店等消费场所；另外将相关非遗文化以动态的形式展现给消费者，嵌入消费性空间，吸引更多外来游客参与体验、消费。以非遗特色带动消费空间发展，为消费者提供消费体验的同时也为当地居民创造了可观的经济效益。

4. 体验性空间

体验性空间直接体现非遗的文化价值，其空间形式除表现非遗实物之外，主要承载日常的非遗文化活动。在非遗传承型传统村落中，可将体验性空间分为文化展示和文化体验两种形式。文化展示主要以博物馆、展览馆等形式展示村落的民族历史、民族文化、风俗习惯以及历代留存的非遗实物等，营造当地居民的非遗文化记忆与认同的氛围。文化体验主要以活态、立体的表现方式，使多元主体主动参与、体验其中。如在村落中的街巷空间、院落空间、广场、古树旁等公共空间或者文化活动室等室内空间中举行表演艺术类等日常非遗活动；在祭祀祠堂、戏台、活动广场等场所举行传统仪式类、传统节日类等非遗活动，当地居民以及外来人员可以亲身体验场所中的非遗文化，感受非遗传递出的文化价值。

总体来讲，非遗承载空间的四种类型相辅相成，彼此之间存在共性，但同时每类空间又有独特的个性。共性在于都能体现非遗的文化价值，个性在于每类空间的主要功能不同，其非遗呈现形式也多样，所产生的社会效益和经济效益也有所不同。因此在非遗传承型传统村落更新过程中，要明确每类空间的主要功能以及丰富每类空间的非遗呈现形式，非遗才能得到有序传承，非遗传承型传统村落才能得到更好的发展。

（二）村落更新成效

传统村落传承的非遗文化是实施乡村振兴战略的重要抓手之一，是推动乡村振兴实施必不可少的资源和力量。随着传统村落保护工作的相关政策出台，目前我国形成了非遗传承型传统村落保护和非遗传承型传统村落旅游开发两大模式，并取得了显著成效。

1. 形成传统村落保护模式

该模式秉持保护优先、科学规划、活态传承、合理利用的原则，依据相关政策，部分地区推动了传统村落挂牌保护工作，形成了完整的保护管理体系；对于区域集中的非遗传承型传统村落，还开展了集中连片保护利用示范工作，并取得显著成效。如大理白族自治州大理市下关镇刘官厂村委会凤阳邑村、大理白族自治州巍山县永建镇东莲花村等传统村落，对于已经确立挂牌的历史建筑进行了修缮保护和环境治理工作，重现了村落原有的古朴风貌，凸显了大理地域特色；在非遗文化传承保护方面，为大力培养民族文化传人，合理利用村落中闲置空间，建立非遗文化传习班、讲习所，开办扎染技能、白族"三道茶"表演培训班等；为唤起村民的文化自觉，营造非遗文化氛围，建立非遗博物馆、展示馆，目前村落中的基础建设得到明显改善，村民生活水平和质量明显提高。①

2. 形成传统村落旅游开发模式

该模式在遵循保护原则的基础上，为带动区域的经济发展，充分挖掘非遗文化资源，将非遗传承型传统村落更新为星级景区、观光园、度假村等；对区域集中的传统村落，整合村落非遗文化资源，打造村落精品旅游环线。如黔东南州地区启动的"中国乡村旅游1号公路——侗乡传统村落精品旅游环线"，整个路线将10个传统村落串珠成链，沿途嵌入生态民宿、度假营地、观景台、侗乡土灶火塘等配套设施。其中还建立了以非遗侗族靛染为主题的皮林服务驿站，游客可以体验侗族靛染的制作技艺；以非遗侗族大歌为主题的黄岗驿站，游客可以沉浸式体验自助式柴火灶厨房、聆听侗族大歌；以非遗文化侗族油茶为主题的登杠驿站，游客可以观茶树林、品侗族油茶和赏侗族非遗等；以"一榫一卯见匠心"的侗族木制建筑为主题的肇兴驿站，游客可以体验木制建筑文化、侗族原生态风貌，充分整合侗乡传统村落精品优质旅游资源，提升了侗族非

① 《云南大理保护传统古村落成效显著》，《光明日报》2022年1月13日，https://epaper.gmw.cn/gmrb/html/2022-01/13/nw.d110000gmrb202201132-04.htm，访问日期：2023年5月5日。

遗文化的知名度，促进了侗族传统村落的发展。①

二、非遗传承型传统村落更新的现存问题

"传统村落作为文化依存的重要社区，绝大多数非遗种类都扎根其中。"② 因此非遗传承型传统村落具有独特的地域特色，同时映射出独特的地域文化，通过一些保护或更新措施，居民的日常生活环境得到了提升，非遗承载空间也得到了改善。但在更新过程中，由于对村落非遗文化的认识不足，仅仅关注非遗文化物质性层面，忽视了非遗文化的精神内涵表达。这种片面化或浅层化的更新措施不但没有使非遗得到更好的传承，反而破坏了原有村落的空间结构，其主要问题包括以下几点。

（一）村落整体风貌缺失严重

非遗传承型传统村落的整体风貌是承载非遗的物质基础，破坏村落的传统风貌或是打破原有格局容易丧失村落的地域文化，最后导致非遗传承型传统村落无人问津，逐渐走向破败。目前非遗传承型传统村落整体风貌存在的问题主要包括两个方面：一方面是当地居民自发组织的对传统建筑的修缮工作，由于没有统一的规划，对建筑的外观以及建筑室内部分的修缮未遵循"修旧如旧"的原则，对现代材料的误用，"补丁式"的修复弱化了非遗元素的体现，从而破坏了传统村落的整体风貌。另一方面是在非遗传承型传统村落更新的过程当中，一些企业家或设计师团队介入，但由于缺乏对村落文化的深入研究，再加上没有当地统一规划的支撑，导致原有的"文化空间"被大量缩减。如缩减了村落中公共空间（广场、街巷、街口、古树、古桥、景观设施等）的尺度，

---

① 《贵州黔东南：打造侗乡传统村落精品旅游环线助推文旅融合》，中国商报网，2023 年 4 月 30 日，https://www.zgswcn.com/article/202304/20230430142807 1041.html，访问日期：2023 年 5 月 5 日。
② 蒲娇、刘明明：《乡村振兴中非遗"双创"与传统村落过疏化耦合治理》，《海南大学学报（人文社会科学版）》2023 年第 1 期。

随意改造为只为谋取自身利益的空间，破坏了当地居民的生活方式。现代建筑的强行置入，使村落整体风貌变得"不伦不类"，破坏了非遗传承型传统村落的整体格局。

（二）非遗承载空间类型杂糅不统一

由于非遗承载空间的类型单一致使无法满足非遗的多样性，其空间形式无法凸显非遗独特性质。如村落中表演艺术类的非遗体验，大多在街巷、院落、广场、房前、古树旁等公共空间中进行；一些工艺美术类以及传统生产知识与技能类非遗，也同样没有固定的生产性空间，其生产或制作出的非遗产品也在广场、街巷等公共空间供当地居民以及外来人员观赏和购买。此外，每到举行传统仪式类以及传统节日类非遗活动时，也需要占用广场、街巷等公共空间。不同类型的非遗，其所承载空间也应符合非遗不同的性质。然而在非遗传承型传统村落的更新过程中，没有因地制宜地依据不同类型非遗的需要，设置相应的传承空间，出现了不同非遗类型共用同一承载空间的现象；没有统一的规划和布局，导致空间类型混杂。同时这也会使村落中公共空间出现超负荷现象，从而破坏了村落的整体风貌，长此以往，不利于非遗传承型传统村落的更新和发展。

非遗承载空间应与非遗性质相同，在空间装饰上需体现出非遗的文化内涵。然而一些村落中的体验性空间，如博物馆、展览馆、戏台、文化礼堂等，空间内部装饰现代化，无法激发人们的文化认同。室内空间基础设施不完善、陈设以及装饰与非遗性质不符，也体现不出非遗的文化价值。

（三）非遗承载空间功能单一且匮乏

在村落中无论是室外空间还是室内空间，其空间功能的单一带来了非遗展现形式的单一。如生产性空间只满足非遗的生产和制作过程，其非遗主体也只有传承人或当地居民少数人参与，缺少向大众展示的场所以及外来人员的体验式场所。再如，展示馆、展览馆等体验性空间，只满足非遗的静态展示，当地居民和外来人员的"被动式输入"无法实现非遗的文化认同，其空间功能的缺失导致非遗传承受阻。

要实现非遗的活态传承，举行非遗活动是必不可少的，因此营造非遗活动场所是举行非遗活动的重要环节。非遗传承型传统村落会根据当地习俗举办相关非遗活动文化节，唤醒当地居民文化记忆的同时，也向外来人员展示本土的非遗文化。然而在举办非遗活动时，其所承载的空间主要分为两种：一种是在广场上或公共空间中简易搭建临时空间，由于对非遗文化活动的认识不足，其表现形式未能凸显非遗特色，出现形式简陋、不美观、观赏性差、体验性不强的现象；再加上目前公共空间大量缩减的情况下，非遗活动赖以生存的场所被冲击，其文化内涵也逐渐淡化，往日的"韵味"逐渐消失。另一种是为缓解非遗活动承载空间缺失的现象，有条件的村落修建体验性空间，如文化表演空间（文化活动室）等可以承载非遗活动的场所，积极号召当地居民以及外来人员参与和观赏。然而受现代媒体等冲击，空间功能未能满足当地居民的现实需求，村落中的非遗活动空间未得到有效利用，此类空间也在逐渐衰微。

（四）过度商业化导致吸引力不足

非遗传承型传统村落在当地相关政策的扶持下与旅游业相结合，带动了当地的经济发展，促使部分人口回流，一定程度上提高了当地居民收入，同时也刺激了非遗承载空间的更新与发展，为村落增添了新的活力。然而过度的商业开发对非遗传承型传统村落造成了难以修复的伤害。为了迎合消费者对非遗的喜爱，只着重发展能产生经济效益的非遗产品，并且借着"非遗的创新性发展和创造性转化"的缘由进行虚假非遗产品的制作和售卖，其非遗承载空间也与村落生态环境格格不入。如民宿、餐馆、饰品店等消费性内部空间布局杂糅，非遗产品与空间装饰不匹配，商铺外观装饰过于现代化。另外，村落更新过程中，为了满足消费者"食、住、行、游、购、娱"的需求，忽视了当地居民原本的生活方式，对传统建筑以及整体格局造成了建设性破坏，同质化现象严重，致使本土非遗文化意蕴缺失，村落吸引力不足。

三、场景理论与村落更新的关联性分析

场景理论是由芝加哥大学特里·克拉克（Terry Clark）教授为代表的研究团队提出的，该理论以"文化消费"为导向，认为不同要素组合能够形成蕴含多元文化价值和产生不同生活方式的"特定场所"——场景（scenes）。场景理论的理论框架分为客观结构和主观认识两方面。从客观结构方面来讲，通过五种要素分析不同场景的特征表达：第一是邻里，即空间要素；第二是舒适物，即物质设施要素；第三是多样人群，即参与主体要素；第四是多元活动，即人群行为要素；第五是文化价值观，即内驱力要素。从主观认识方面来讲，其蕴含的文化价值观衍生出了合法性、真实性、戏剧性三个维度。合法性是指因符合道德和信仰所得到的快乐，即所谓的"善"；真实性是指认同所带来的乐趣，即所谓的"真"；戏剧性是指令人快乐的呈现方式，即所谓的"美"。[①] 不同的场景蕴含着不同的文化价值因素，多元的文化价值因素吸引着不同的群体参与，产生多元的文化价值观念，从而催生某区域产业集群，刺激当地的更新和发展。

场景理论发生于城市社会转型阶段，将城市看作具有美学意义的地点，从"文化消费"的视角探究城市社会形态，从而刺激城市内生发展动力。虽然场景理论最初是解决城市转型问题的，但其与当前中国乡村发展状况具有很强的关联性，目前我国乡村城镇化以及乡村社会结构的改变，仅靠单一经济驱动无法实现乡村的可持续发展，同样需要以"文化消费"刺激乡村的发展。场景理论作为揭示空间要素维度的理论分析工具，为非遗传承型传统村

---

① 丹尼尔·亚伦·西尔、特里·尼克尔斯·克拉克：《场景：空间品质如何塑造社会生活》，社会科学文献出版社，2019，第37–66页。

落更新问题的分析与解决提供了科学系统的分析思路。

（一）整体性思维

整体性思维主要体现在场景理论的五个构成要素，即邻里、舒适物、多样人群、多元活动以及文化价值观是一个有机整体，着重强调不同要素之间的组合形式以及相互作用的关系。同时，场景理论认为，"作为某一场景的组成元素，便利设施不能被'原子化'（Atomistically）地去理解，因为它是作为整体体验中的一部分而去被消费的"①。"便利设施"即所谓的"舒适物"，要对"舒适物"进行整体化、系统化研究，而不是孤立地看待单个"舒适物"。因此在非遗传承型传统村落更新过程中，"舒适物"可以是一个带有非遗元素的基础设施，也可以是一个非遗场所。单一的非遗场所并不能构成一个特殊的场景，要以整体组合的思维去协调村落中非遗承载空间的布局建设，如从村落的整体风貌，整体性地去规划生活性空间、生产性空间、消费性空间、体验性空间的布局以及协调不同空间中的物质设施，更重要的是考虑用什么方式能够实现不同类型的非遗承载空间的最佳组合形式，产生特定的文化场景，构建非遗传承型传统村落完整的文化图景。

（二）多元性思维

多元性思维主要体现在场景理论满足多样人群的多元需求，也就是侧重从不同消费者的视角出发审视非遗传承型传统村落，这就要求非遗承载空间类型的多元以及非遗形式的多样。一开始，在村落中的非遗承载空间只满足生活性和生产性的需求，其非遗主体数量少，非遗呈现形式单一。随着社会结构的变化，大量青年群体选择外出谋生，基本的物质性需求难以促进非遗传承型传统村落的可持续发展，场景理论框架体系为满足多样人群的多元需求，从"文化消费"视角出发，强调空间类型的多样性以及空间

---

① 吴军、夏建中、特里·克拉克：《场景理论与城市发展——芝加哥学派城市研究新理论范式》，《中国名城》2013 年第 12 期。

功能的复合性，从物质层面上升到文化精神层面，使空间满足多样人群物质需求的同时满足其蕴含的文化价值体验。因此在非遗传承型传统村落更新过程中，首先丰富非遗承载空间的类型，如工艺美术类型的非遗不仅可以在生产性空间中被生产，其生产出的产品还可以通过消费性空间进行展示和售卖。其次各类承载空间不能割裂或分离，要让承载空间满足非遗的多元文化价值，营造多元且丰富的文化氛围和场景体验，比如村落中消费性空间像餐馆，不仅可以提供本土特色美食，还可以提供工艺美术类、传统仪式类等非遗的展示场所和表演场所，满足不同群体的多元文化需求。

（三）动态性思维

动态性思维主要体现在非遗活动场景的组合以及非遗活动中要素之间的互动关系。目前在非遗传承型传统村落更新过程中，非遗文化大多以静态博物馆的方式展现，然而这种单一的更新模式无法激发参与主体的文化共鸣。场景理论根据非遗的文化特征"以动态的方式对舒适物的组合和搭配、位置和结果进行排序，进而引导不同参与主体进行文化体验、文化消费等行为选择"[1]。非遗承载空间不仅要有静态非遗产品展示场所，同时也应融入现代媒体技术带来的动态非遗展示场所，或者增添非遗文化活动场所，创新和活化非遗呈现形式，对不同非遗展现形式进行组合和搭配，进而吸引不同参与主体对非遗文化体验以及非遗文化消费等行为进行选择，促进非遗承载空间、非遗物质设施、参与主体、非遗文化活动、非遗文化价值观等场景构成要素之间的互动共生，助力非遗传承型传统村落的可持续发展。

---

[1] 李和平、靳泓、Terry N. Clark、蒋文：《场景理论及其在我国历史城镇保护与更新中的应用》，《城市规划学刊》2022 年第 3 期。

四、非遗传承型传统村落的更新策略

非遗传承型传统村落存在整体风貌缺失、非遗承载空间类型杂糅、非遗承载空间功能单一、非遗活动场所缺少、过度商业化等问题，场景理论为非遗传承型传统村落更新存在问题的分析与解决提供了系统有效的分析框架与方法，可采取建立新型社区、完善物质设施、吸引多元主体、营造活动场所、强化文化价值观等措施，促进非遗传承型传统村落更新的有力有序进行。

（一）整合非遗要素，建立新型社区

非遗传承型传统村落更新的核心内容就是让村落中的非遗得到更好的传承。村落中物质文化与非物质文化存在共生关系，因此要整合非遗传承型传统村落物质文化和非物质文化要素，建立新型"生态（社区）博物馆"模式。"生态（社区）博物馆"被称为"没有围墙的博物馆"，有别于传统博物馆，是强调"对自然环境、人文环境、有形遗产、无形遗产进行整体保护、原地保护和居民自己保护，从而使人与物处于固有的生态关系中并和谐地向前发展的一种博物馆新理念和新方法"[1]，这就可引申为在村落中要对其非遗、非遗主体、非遗载体以及当地居民的生产生活方式进行原地保护。"生态（社区）博物馆"的建立，为解决非遗传承型传统村落风貌缺失等问题提供了一种新型模式。

首先，对传统村落中现有非遗承载空间如传统建筑、街巷、活动广场、院落、公共空间等场所进行合理改善和规划，对传统村落中所有非遗种类进行深度挖掘并归纳整理；其次，合理规划和整理后，依托当地本土特性，对非遗内涵进行深度分析，为其承载空间的更新提供文化支撑；最后，将非遗文化内涵映射到村落的物质设施、承载空间以及当地居民生产生活方式中，将当地无形的文化进行"有形化"活态展示，形成"点、线、面"非遗空间格局，打造传统村落"非遗场"。

---

① 苏东海：《苏东海思想自传》，文物出版社，2016，第 300 页。

例如广西龙胜龙脊村依托当地的物质与非物质文化要素建立了"龙胜龙脊壮族生态博物馆",龙脊村整合当地自然资源和人文资源,将其归纳为建筑、生活习俗、山歌艺术、节庆习俗等要素并进行分析,然后将其映射到整个村落以及村民的生产生活中。①贵州从江小黄村侗族生态博物馆同样如此,其"侗族大歌"作为生态博物馆的核心非遗类型,将不可移动的鼓楼、风雨桥、溪流和山川作为"侗族大歌"的人文自然环境,完整地实现了原地原址原貌的本真保护,这使其成为没有围墙的活态博物馆,形成了非遗传承型传统村落"新型社区"模式;对于区域集中的非遗传承型传统村落,还形成了贵州生态博物馆群落"4+2"模式,"4"就是指梭嘎苗族、镇山布依族、隆里古城汉族以及堂安侗族生态博物馆,"+2"就是指由中国民族博物馆主导援建的西江千户苗寨 + 从江小黄村侗族生态博物馆。贵州生态博物馆群落的实践产生了世界级的影响力,成为促进非遗传承型传统村落更新的有效途径。②

(二)完善物质设施,重构空间风貌

完善非遗传承型传统村落的非遗承载设施是最基础性的要求。非遗物质设施不可随意置入空间,而是要体现特定文化价值且与村落整体风貌相融合。针对当前非遗传承型传统村落非遗承载空间类型杂糅以及功能单一等问题,可从以下几方面进行完善。

第一,完善已有的非遗物质设施,丰富非遗承载空间功能。对现有非遗承载空间的物质设施进行修复和更新,根据传统村落的空间尺度和布局,建立创意工作、创意生活、创意体验为一体的联动机制,也就是形成生活性空间、生产性空间、消费性空间、体验性空间为一体的联动场所,创新非遗传承方式,丰富非遗承

---

① 胡顺成、麦西、吕妍:《文旅融合背景下龙胜龙脊壮族生态博物馆文化旅游发展状况调查与思考》,《民博论丛》2021年。

② 覃代伦:《生态博物馆:民族文化遗产保护传承、研究利用的最佳模式选择——以贵州、广西生态博物馆群落为主要案例》,《贵州文史丛刊》2020年第3期。

载空间的功能。

第二，合理利用村落中闲置场所，建立不同类型的非遗承载空间。结合当地的相关政策和村落中的历史文化背景，建立生活性空间、生产性空间、消费性空间、体验性空间等不同类型的场所，弥补非遗承载空间的缺失，并提炼非遗文化要素进行艺术化处理，运用到具体的物质设施以及空间装饰和外观的塑造中。如陕西省宝鸡市凤翔区城关镇六营村，被称为中国泥塑第一村，通过"非遗＋旅游"的模式，几乎家家户户都在从事泥塑的制作和销售，形成泥塑生产、收藏、演示、展示、销售为一体的民俗艺博园，同时建立凤翔泥塑传习所、生产性保护示范基地、非遗工坊、手工艺品专业合作社等多种形式的非遗承载空间，将当地非遗外化于形，满足物质设施功能多样化的同时，丰富了非遗承载空间类型。①

（三）丰富空间功能，吸引多元主体

"传统村落要传承下去，就必须先留住人，留住生活。"② 因此人群是非遗传承型传统村落承载的主体，是非遗传承型传统村落持续传承的重要活力源泉。场景理论认为"以原生地方空间为阈限，搜集整理地域性非遗，概括凝练其核心价值，通过创造性转化将其嵌入地方场景空间的构建中，吸引相关的非遗主体前来进行文化实践"③，为非遗的良性传承提供独特的环境支撑。

参与村落中非遗传承保护实践的主体包括传承人、当地居民、企业、设计师团体、政府以及外来游客等。从空间更新角度来说，打造非遗地方性场景，吸引非遗传承主体的联动机制，其主要表

---

① 赵明楠、秦毅：《陕西省宝鸡市凤翔区："泥耍货"变成"聚宝盆"》，《中国文化报》2023 年 3 月 31 日，第 4 版。

② 阮仪三：《传统村落，未来在哪里》，第一财经，2020 年 1 月 24 日，https://mp.weixin.qq.com/s/Rpz-Cx6TzDsguK-wad5Ruw，访问日期：2023 年 5 月 5 日。

③ 郭新茹、陈天宇、唐月民：《场景视域下大运河非遗生活性保护的策略研究》，《南京社会科学》2021 年第 5 期。

现形式可分为以下三方面。

　　第一是提供场景空间的工作机会。依据非遗的多样性塑造特定的多元文化场景，从而建立多样的空间类型。非遗主体根据自身的文化背景和生活方式选择合适、多样的工作形式，如生产性空间像非遗作坊等，需要满足非遗传承人生产制作的场所，同时也需要满足设计师团队进行创意工作的场所，还需要满足外来人员参与手工体验的场所。

　　第二是塑造特定场所多元的工作以及生活方式。随着现代社会的发展，人们更关注满足自身的精神需求，所以对参与非遗的多元主体而言，更多的是追求"愉悦"的体验，追求参与非遗创作中的自我实现价值，因此塑造蕴含多元非遗元素的多样性空间，营造出非遗多元主体所需要的快乐、自由以及舒适的工作生活方式，是带动非遗传承型传统村落发展必不可少的条件。

　　第三是非遗承载空间向"第三空间"转变。许多非遗活动都是在田间地头、房前屋后、广场等公共空间中进行，如老人时不时唱一曲，年轻人或孩子耳濡目染、潜移默化地完成了传承。但孩子们大部分时间都在学校，其传承受阻。"第三空间"的营造为这一问题提供了解决方案，让非遗进学校、非遗进企业、非遗进度假区等形式，赋予"第三空间"特定的文化价值，在特定文化场所中得到文化认同以及社会认同。其目的是让更多的多样人群认识和了解当地非遗，从而吸引他们集聚到传统村落中，激发非遗承载空间更新的发展动力。

　　例如大理市喜洲镇周城村，被称为"白族扎染之乡"，在扎染传承人的带领下，将村落中闲置厂房更新为扎染博物馆、游客体验馆，为当地居民提供了工作机会。当地居民以实地讲解的形式向游客介绍大理非遗文化，还让游客体验扎染制作过程。这不仅为参与非遗的工作者提供了舒适的工作或生活方式，还为游客提供了愉悦的体验过程。大理还建成了13个非遗进校园示范学校，每年在学校组织开展的非遗活动逾40场，让非遗走向公众视野[①]，吸引更多的多样人群集聚到大理市喜洲镇周城村中，"走出去，引进来"的方式实现了人群与非遗空间更新的良性循环。

（四）创新表现形式，营造活动场所

传统村落中部分非遗是静止的、不可移动的，如果当地居民或者外来人员体验非遗文化，只是进行单调的参观、拍照等行为，很难对当地的非遗文化留下深刻印象，而只有在非遗活动中才能实现人与人之间、人与村落之间、人与非遗文化之间的互动，实现自身的文化诉求。因此针对非遗活动缺乏以及非遗活动场所类型单一等问题，创新非遗活动或丰富非遗活动场所类型是活化非遗的关键所在，同时也能唤起当地居民、传承主体等的文化自觉以及激发消费者等参与主体的文化认同。一般举办非遗活动的主体可分为三类：第一是由当地居民或传承人自发组织的非遗文化活动，第二是由政府或企业组织的传统仪式类或传统节日类非遗活动，第三是由设计师团体等创意人群开展的非遗展示活动。

首先，合理规划三种非遗活动主体举办非遗活动的空间布局，建立空间管理组织机制，避免产生场所杂糅现象。其次，丰富非遗活动形式，可深度剖析参与主体的年龄结构，举办适宜不同年龄段参与主体的非遗活动，如针对学生群体可举办手工体验类非遗活动，针对中年群体可以举办品鉴美食、欣赏戏曲等非遗活动，针对老年群体可举办鉴赏非遗古物或开展养生文化交流会等非遗活动。最后，营造适宜不同类型的非遗活动空间，空间的设计要表现出非遗活动的文化内涵，避免空间形式出现同质化现象。总的来说，非遗活动承载空间的营造还要依托村落的历史文化资源，彰显有别于其他非遗传承型传统村落的独特之处。

[①] 张帆、杨文明、李茂颖：《让非遗文化绽放迷人光彩》，《人民日报》2023年3月31日，第6版。

（五）挖掘非遗文化，激发情感共鸣

"非遗由文化记忆转化为文化资本和资源，成为了一个地区'文化消费'的重要内容"①，因此非遗传承型传统村落更新的价值实现，需要多角度解读非遗文化，以打造丰富多元的场景来体现合法性、真实性以及戏剧性三个维度的文化价值，从而起到强化地方感和社区认同的作用。

第一，合法性用来诠释多样人群前往非遗传承型传统村落的行动目的。要想实现这种行动目的，必须让非遗文化符号所体现出的文化价值观是具备合理性、合规性的。具体措施可从深挖村落历史文化，构建非遗叙事脚本，讲好非遗故事等方面展开。非遗故事不仅要注重非遗的本土性、唯一性，还要为唤醒当地居民的乡愁寻求一种虚拟的载体，更要构建出人们的个体记忆、群体记忆和社会记忆的稳定发展关系，②营造非遗故事场景化空间，激发非遗参与主体的文化认同。

第二，真实性强调非遗传承型传统村落的独特性、原真性。重点体现村落的本土性，需要通过生活化的场景来营造非遗承载空间的真实性。例如榆林市佳县赤牛坬村建立的大型原生态实景剧《高高山上一头牛》，以陕北的农耕文化为主题，以村落的田间地头为舞台，以黄牛、骡子为"特邀演员"，以农具为道具，以村民为演员，通过村民的自编自导自演，呈现给观众一种身临其境的、震撼的、真实的赤牛坬村村民生产生活的场景。③

第三，戏剧性强调非遗传承型传统村落展示自身的方式。通过营造体验性强、地方原真性高的展现形式，构建非遗文化场景。

---

① 姚佳昌、王金平：《村落遗产的价值认知与保护发展反思》，《文化遗产》2022 年第 5 期。

② 李若婧：《场景理论视角下合肥特色街区文化传播研究》，《安徽开放大学学报》2022 年第 2 期。

③ 赵波：《佳县赤牛坬村："乡村记忆"留心底　"真金白银"进口袋》，《陕西日报》2020 年 7 月 28 日，第 1 版。

具体可在生活性空间、生产性空间、消费性空间、体验性空间中增加具备互动性、体验性和娱乐性的非遗活动，打造戏剧化场景体验。如东莞市茶山镇南社村"围绕'逛古建、听粤曲、赏非遗、品美食'，打造'一古建一特色''一祠堂一文化''一路线一体验'，形成传统美食制作体验、非遗大讲堂、茶山·南社传统文化月等"[①] 多种特色情景化体验，为当地居民和游客提供沉浸式、戏剧化的场景体验。

五、结　语

场景的塑造创新了非遗的呈现形式，同时为承载非遗的传统村落构建了多元空间，使传统村落不仅可以满足当地居民的日常生产生活，还可以通过场景的营造吸引多元主体，使其产生文化认同，促进情感交流。基于场景理论，采取建立"生态（社区）博物馆"、完善村落物质设施、吸引非遗传承主体、营造多元文化活动、挖掘文化价值观等策略，将有助于促进非遗传承型传统村落更新工作有力有序的开展。

---

① 李健武:《以文旅融合赋能高质量发展》,《东莞日报》2022 年 5 月 19 日, 第 A05 版。

传统手工技艺的生产性保护

——以聊城牛筋腰带制作技艺为例[①]

胡梦飞　　甄思辰[②]

（聊城大学运河学研究院，山东聊城，252059；聊城大学历史文化与旅游学院，山东聊城，252000）

摘　要： 牛筋腰带是聊城传统特色产品，也是全国知名的民间工艺品，具有较高的实用价值、艺术价值和收藏价值。近年来，聊城牛筋腰带的保护、传承和发展取得了显著成绩，但同时也面临诸多问题和挑战。日益发达的机械化生产在带来高生产率和高效益的同时，也对牛筋腰带这项传统技艺的真实性和完整性造成了一定破坏。如何正确处理生产效益与非遗保护的关系，成为摆在相关部门和非遗传承人面前的一项重要课题。针对这一情况，相关部门要加大宣传和推介力度，完善保护机制和手段，在切实保护传承主体的同时，兼顾企业经济效益。非遗传承人也要在转变传承体制、培养后备人才的同时，积极拓展营销渠道，创新发展理念，使牛筋腰带这项传统技艺在新时代得到更好的保护、传承和发展。

---

① 基金项目：山东省 2022 年社科规划研究专项项目"大运河国家文化公园（山东段）建设原则与策略研究"（项目编号：22BLYJ05）。

② 作者简介：胡梦飞，聊城大学运河学研究院副教授，历史学博士。甄思辰，聊城大学历史文化与旅游学院中国史专业硕士研究生。

关键词：聊城；牛筋腰带；传统技艺；生产性保护

牛筋腰带，又名凉带，是山东聊城的传统产品，也是全国独产的民间工艺品。它精选自鲁西优质上等牛皮筋，经过手工切割、编织等多道传统工艺精心编制而成。牛筋腰带以其凉爽透气、束腰健身的独特功能，以及疏密相间、制作精美、古朴典雅的外观式样深受人们的喜爱，具有较高的实用价值、艺术价值和收藏价值。在聊城众多的特色产品之中，牛筋腰带做到了传统与现代的完美结合，呈现出浓浓的地方特色，成为聊城传统手工艺品中的佼佼者。作为聊城地区最具代表性的非遗技艺之一，如何对其进行生产性保护，是相关部门和从业者面临的重要现实问题。

"生产性保护"是非物质文化遗产的保护方式之一，也是近年来非遗保护中最具争议性的话题。非物质文化遗产生产性保护是指在具有生产性质的实践过程中，以保持非物质文化遗产的真实性、整体性和传承性为核心，以有效传承非物质文化遗产技艺为前提，借助生产、流通、销售等手段，将非物质文化遗产及其资源转化为文化产品的保护方式。目前，这一保护方式主要是在传统技艺、传统美术和传统医药类非物质文化遗产领域实施。[①] "生产性保护"概念的提出始于 2006 年。当年，文化部副部长王文章在《非物质文化遗产概论》一书中提出生产性保护的理念。2008年 6 月 15 日，在青海举办的"国际唐卡艺术及非物质文化遗产保护论坛"上，首次把"生产性方式保护与唐卡艺术发展"作为论坛的主题之一。2009 年 9 月 11 日至 13 日，由文化部和江苏省人民政府主办，中国非物质文化遗产保护中心、江苏省文化厅、苏州市人民政府和吴中区人民政府共同承办的"非物质文化遗产生产性保护座谈会"暨"第三届非物质文化遗产保护论坛·苏州论坛"在苏州举行。时任文化部副部长周和平在会上肯定了非物质文化

---

① 姚小云、刘水良主编：《武陵山片区非物质文化遗产保护与旅游利用》，西南交通大学出版社，2015，第 211 页。

遗产生产性保护的必要性和可行性，强调了非物质文化遗产生产性保护要适应时代的要求。2010年底，文化部发出关于开展国家级非物质文化遗产生产性保护示范基地建设的通知。2011年11月，文化部公布了第一批国家级生产性保护示范基地名单，标志着我国非物质文化遗产生产性保护工作正式启动。2012年2月2日，文化部正式印发《关于加强非物质文化遗产生产性保护的指导意见》，对开展非物质文化遗产生产性保护的重要意义、方针和原则、工作步骤、工作机制等问题进行了全面的部署，正式将生产性保护确定为我国非物质文化遗产保护的重要方式之一。① 之后，学者们对"生产性保护"这一概念和方式进行了探讨，做了大量研究，并取得了丰硕成果。②

传统技艺包含的内容极为广泛，不同类型的非遗技艺面临的现实状况不同，其生产性保护策略亦有所区别。本文在探讨聊城牛筋腰带发展历史及工艺特点的同时，重在分析其传承现状及存在的问题，并在此基础上提出传承和发展的具体举措和建议，以求为同一类别非物质文化遗产的保护、传承与发展提供参考和借鉴。

一、聊城牛筋腰带概述

牛筋腰带是东昌府区独有的一种民间传统工艺品，始创于清初，成熟于乾隆年间，现主要分布于东昌府区南部古运河两岸的凤凰工业园、凤凰办事处及古楼办事处、柳园办事处等地。③ 相传乾隆八年（1743），乾隆皇帝南巡至东昌府，当地官员将牛筋腰带呈献给乾隆皇帝。乾隆皇帝细观，见其呈漆黑或深棕色调，坚实

① 荣跃明主编：《文学与文化理论前沿》，上海社会科学院出版社，2016，第308页。

② 卢杰、李昱、项佳佳：《非物质文化遗产濒危评价及数字化保护研究》，华中科技大学出版社，2018，第18–23页。

③ 李宗伟主编：《山东省省级非物质文化遗产名录图典（第二卷）》，山东友谊出版社，2012，第316页。

硬挺，典雅大方，堪称民间极品，遂钦赐"御封"，因此牛筋腰带又名"乾隆带"。[1] 后又几经传承，改进工艺，成为百姓喜爱和馈赠亲朋好友的民间艺术精品。

牛筋腰带的生产工艺能在聊城发展起来，客观上缘于聊城临河而立的地理位置及其工商业的发展，主观上离不开聊城人民的创造精神。在过去，聊城男女均用一块大布折叠四五折而成的厚布带来束腰，尤其是壮劳力劳作时扎束可以增强力气，但夏天由于出汗多，加之布带的厚度，往往容易生痱子，令人苦恼。明清时期，有些在聊城经商的南方客商夏天时会扎束一种用蒲草编织而成的腰带，聊城人民受到启发，发明了一种用纸（将毛头纸捻成一条细纸绳）手工编织的腰带。这种纸捻腰带为家庭节约了布匹，也解决了长痱子的痛苦，逐渐成为一种商品，出现于"聊城柳园大集"上，风靡一时。但是这种材质的腰带不耐用，后来人们便在其中间和左右两侧各编入一根牛筋皮线（弓弦批子）以增加其拉力。渐渐地，人们淘汰了原始的纸捻腰带，代之以牛筋和牛皮为原料手工编织而成的腰带，就是我们现在使用的牛筋腰带。[2]

牛筋腰带选用鲁西优质黄牛皮、牛筋为原料，经过浸泡、净皮、刀割成线、手工纺织、挤压整形、手工着色等多道工序精心加工而成。其花样繁多，有"单鱼鳞""双鱼鳞""菊花""一条龙""金钱花""五带龙"等数十个品种。牛筋腰带以花纹细腻、色泽美观著称，具有清凉透气、束腰健身的独特效能，使用方便，男女皆宜，久用能防止皮炎，具有很高的实用价值和较好的保健作用。牛筋腰带为手工切割，手工编织，历史悠久，古朴典雅，做工精细，具有较高的文化品位和收藏价值。从欣赏的角度看，牛筋腰带花样众多，颜色各异，以疏密得当的点线构成简洁明快

---

① 陈清义编：《聊城运河文化研究》，山东画报出版社，2013，第 254 页。
② 于海广主编：《探寻、追忆与再现：齐鲁地区非物质文化遗产调查与研究》，山东大学出版社，2007，第 100 页。

的图案、舒展大方的造型，配以黑或深棕的色调，给人以古朴大方之美感，又具有较高的艺术价值和审美价值。[1]

民国时期，牛筋腰带受到上海、北京、天津等大城市人们的喜爱。当时在聊城即有许多个体分散制作的作坊。但其技术、原料均受到各方面的限制，发展比较缓慢。1956年，莘县皮麻社开始生产牛筋腰带，人员约300名，加工点十几处。1957年，聊城县建立文具腰带生产合作社，同年销往日本500打，反响良好。1959年，该社产品被国家定为正式产品，并注册商标"古楼"牌。1964年，茌平县被服厂增加了牛筋腰带生产。多年来，产品于全国各地流通畅销，甚至走出国门，销往日本、新加坡、缅甸、菲律宾、马来西亚和印度尼西亚等国家。1979年，年产达105万条（莘县、茌平因原料问题停产），厂外加工者近3000户，成为当地家庭副业的主要来源。[2]1979年，由文具腰带生产合作社发展而成的聊城工艺美术厂，创出以杭产丝弦为原料的杭弦腰带。1985年，还建立了莘县工艺品厂，恢复牛筋腰带生产，注册商标为"燕塔"牌。近年来，郑怀仁、张庆洪、梁成贵、邹福智、张元杰等人不仅继承了传统的制作工艺，而且在此基础上应用了现代科技手段，并对着色工艺进行了改进，增强了色彩的附着力和耐磨性，提高了产品的内在品质，生产工艺和部分花型获得了国家专利。如今产品已远销北京、上海、香港、澳门、石家庄等城市以及东南亚国家，创造了可观的经济效益。

二、传承和发展现状

牛筋腰带不仅是聊城的传统产品，也是全国独有的民间工艺品。从王公大臣的奢侈品到寻常百姓的消费品，牛筋腰带凝聚了一代又一代聊城人的智慧，传承至今，从未断代。目前，牛筋腰带制作技艺已传至第五代，其中第一代为邓氏，生卒年月不详，

---

[1] 于平主编:《传统技艺》，山东友谊出版社，2008，第189页。

[2] 曲东涛主编:《山东省二轻工业志稿》，山东人民出版社，1991，第139页。

东昌府区古楼办事处邓园村人。第二代为周氏，男，生卒年月不详，柳园办事处前罗庄村人。第三代为张庆洪，男，1921年7月出生，凤凰街道办事处张飞村人。第四代为张元杰、梁成贵、邹福智等人。第五代为张亚文（女）、梁丽（女）、史延昌等人。[1]2006年，牛筋腰带制作技艺被列入聊城市第一批非物质文化遗产名录。2009年，其被列入山东省第二批非物质文化遗产名录。

目前东昌府区有四家牛筋腰带制作企业，都集中在凤凰工业园张飞村，分别为梁成贵的聊城市御封工艺腰带制品厂、张元杰的聊城市圣帝御封牛筋腰带厂、邹福智的聊城市东昌府区御封牛筋腰带厂和米保坤的聊城市米氏牛筋腰带厂。近年来，梁成贵的聊城市御封工艺腰带制品厂成为生产传统牛筋腰带的专业厂家。该厂在充分挖掘传统历史工艺的基础上，不断对其改进和完善，先后开发出"老板带""鸳鸯带""一条龙""乾隆带""金钱花"等数种图案花色的系列产品，在国家专利局注册了生产工艺专利和四个产品花型专利，现又研制开发出百余种花色的真皮领带与之配套组合，既为佩戴、收藏的精美珍品，也是馈赠亲朋的难得礼品。

牛筋腰带制作工艺属于非物质文化遗产中的传统技艺，有悠久的发展历史，在聊城地区有很好的民间基础，自产生之日起基本没有间断。它的技术成果表现为一种具体的产品，并有较好的使用价值，对项目的保护和弘扬来说是非常有利的条件。但其手工工艺流程，特别是其中的关键环节，目前也在逐渐发生变化，正在对它的发展造成一种潜在的威胁。例如，割皮条这道关键工艺，坚持用手工加工的越来越少，使用机器加工的越来越多，加工成本低、速度快、产量大，是企业生产的方向。目前在聊城制作牛筋腰带，生产越来越集中到几家企业，企业生产讲究流水作业，产品由多个加工户手工协作生产，但一个加工户往往只承担

---

①2020年11月17日，笔者对牛筋腰带制作技艺省级传承人张元杰进行访谈。

某一工序，像过去那样一个家庭作坊完成加工全过程的越来越少，这对完整地保留这项传统工艺是极为不利的。[①] 在当今时代，日益发达的机械化生产，带来了高效益，却也成了制约传统手工业发展的致命伤，牛筋腰带同样也不例外。如何改变这一现状，保持传统技艺的真实性和完整性成为亟待解决的大问题。

三、传承与发展举措

当代社会的飞速发展以及国家对优秀传统文化的重视，为非遗语境下民间传统手工艺的传承和发展创造了良好的条件，同时也衍生出一系列新的发展理念和思路。针对聊城牛筋腰带制作技艺的保护、传承和发展，笔者认为可以采取以下措施。

（一）加大宣传力度，提供政策扶持

民间工艺的传承与发展是一项需要长期坚持的工作，短期内很难见到明显的成效，需要全社会的广泛参与。首先，政府积极发挥主导作用，依托相关法律法规，结合牛筋腰带自身实际情况，建立健全非遗保护机制。其次，政府要在资金方面提供一定的支持，以此调动非遗传承人的积极性和创造性。最后，更关键的是要发挥社会各界的整合优势。学界从事传统工艺的研究者应当对传统技艺的文化内涵和社会价值进行深入挖掘，从而为政府相关部门的决策提供科学的理论依据。同时，网络、电视、报纸等新闻媒体应加强牛筋腰带制作技艺的普及和宣传工作，打造聊城独一无二的文化名片，唤起整个社会的非物质文化遗产保护意识，提升聊城牛筋腰带的影响力和知名度。

（二）以人为本，切实保护传承主体

国家权力和民间力量在非遗生产性保护过程当中缺一不可，二者之间不存在相互竞争和排斥的关系。但是，应当明确的是，我国非物质文化遗产保护是一种国家行为，在生产性保护过程当

① 曲东涛主编：《山东省二轻工业志稿》，山东人民出版社，1991，第139页。

中，更应当切实把握好"政府主导、社会参与、明确职责、形成合力"的工作原则。只有保证了国家权力的主导性作用，才能够确保非物质文化遗产的生产性保护不会因一时、一人之小利，而损害长久的、社会的效益。另外，政府也不能取代非物质文化遗产的传承载体，更不能干扰正常的市场行为和秩序，生产性保护只有充分尊重非物质文化遗产承载者的意愿，发挥其能动作用，才能够保证非物质文化遗产持久的生命力。[1]

"非物质性"是非物质文化遗产的最大特性，它往往没有具体的物质形态，只是以知识、文化或者技艺等不可触摸的形态留存于非物质文化遗产持有者脑海中。[2] 经过匠人对这些意象的技艺、知识的"加工"，其最终具象化在人们面前，使人们切实地感受到它们的存在。相对于物质文化遗产而言，非物质文化遗产的传承具有"活态化"的特点，即只要拥有传承人，那么这项非遗就会持续存在，故传承人存在与否对于非遗的保护、传承与发展至关重要。

具体到聊城牛筋腰带来说，一方面，要为非遗传承人从事传承工作提供力所能及的帮助和支持，为其免除后顾之忧；另一方面，深化理论研究，介绍多方经验以指导牛筋腰带的保护实践，促进传统技艺得到更好的保护、传承和发展。另外，还要引导专家、企业家、行业协会等多元主体参与民间工艺的传承与发展，齐心协力扭转民间工艺逐渐衰落的趋势。此外，相对于代表性传承人所拥有的政策性优待而言，其他传承群体往往受到一定程度的忽视，这一现象并不利于非物质文化遗产的传承和发展。聊城牛筋腰带除代表性传承人外，还有众多家庭或个人从事生产工作，要建立范围更广的传承人受益机制，切实保障非遗传承人的权益。

---

[1] 麻国庆、朱伟：《文化人类学与非物质文化遗产》，生活·读书·新知三联书店，2018，第115–116页。

[2] 苑利、顾军：《非物质文化遗产保护前沿话题》，文化艺术出版社，2017，第8页。

（三）正确处理保护与利用的关系，兼顾企业效益

非物质文化遗产的"生产性保护"提出伊始，便备受争议。在当前的研究中，不乏反对的声音，其中最大的争议在于市场的过度开发导致的对非物质文化遗产的扭曲和破坏，这是当前非物质文化遗产保护实践中切实存在的问题。在支持"生产性保护"非物质文化遗产的学者中，有的也同样提出了防止过度开发的忠告。可见，关于"生产性保护"，无论是在理论上还是实践中，都仍需不断探索，不断总结经验，严格处理好保护与利用之间的关系。[①]"生产性保护"的宗旨是以保护带动发展，以发展促进保护。其作为非物质文化遗产保护的核心范畴和重要理念，都以保护与传承为出发点和落脚点，实质是走"可持续"的保护和发展道路，从而使非物质文化遗产拥有旺盛的生命力。

牛筋腰带是聊城地区的传统产品，过去都是一家一户个体生产，从生牛皮到成品要完成全部工序，方法也完全是传统的手工方法，生产量小，规模小，市场影响也不大。现在则大多是建厂生产，有了规模，生产是由加工户分别承担，各自完成一道或几道工序，每户的生产质量由厂里检查验收。虽然在生产方法上多种生产工序还是手工进行的，但企业需要讲求成本和效益。比如割皮条这一环节，现在既可以用传统方法，也可以购进机器割制牛皮筋（皮条）。又如过去给编织好的腰带上色涂漆，主要是自己调配，但现在多是从市场上买成品。从工厂生产来说，对生产工序的改进，可以提高产量、降低成本，但对保持传统工艺来说并不是好事。手工工艺的关键环节目前逐渐发生变化，对其自身的发展造成一种潜在的威胁。针对牛筋腰带传统制作工艺的真实性和完整性受到一定程度的破坏、关键环节逐渐发生变化这一现状，我们要正确处理保护与利用的关系，在对传统工艺实施原生态保护的基础上，兼顾企业经济效益，保障非遗传承人的利益诉求，

---

① 汪欣：《中国非物质文化遗产保护十年（2003—2013 年）》，知识产权出版社，2015，第189页。

最终实现非遗保护和企业发展的良性互动。

（四）转变传承体制，培养后备人才

传统工艺产业是一门注重发挥个性创造能力的产业，其保护和传承离不开专业性的人才。当今社会，民间工艺作为一种集审美、艺术、实用于一体的技艺形式早已超出其"唯经济"的价值取向。这种技艺形式需要纳入主流教育范畴，开展专业人才的培养，培养手工艺大师，使民间工艺的传承由原来单一的"学徒制"传授模式向"学校制"和"学徒制"相结合的双重传授模式转变，最终使其得以更好地传承与发展。

我们要充分利用牛筋腰带有市场需求这一有利条件，进一步扩大宣传，提高销售量，这是保护这项传统工艺的重要途径。同时从长远保护和传承来说，能有计划、有针对性地在目前的牛筋腰带产地，选择能系统、全面掌握手工艺全过程的几个家庭或个人，政府或主管单位给以适当扶持，在保证其产品销售的前提下传承发展非遗技艺，使该项技术后继有人，不要等到它濒临灭亡之际再给予拯救保护。[①] 此外，还可以由企业出资，政府提供一定支持，在职业院校和中小学课堂中开设相关课程，在培养后备人才的同时，也在一定程度上为牛筋腰带做了推广和宣传。

（五）拓展营销渠道，创新发展理念

如今民间传统手工艺品的市场不断萎缩，手工艺人难以以此来进行正常生活，这就导致很多工艺濒临失传，甚至已经失传。只有能够流通于市场中，获得大家认可的手工艺品才是真正好的手工艺品。因此，传统手工艺的发展离不开成熟的销售手段。牛筋腰带生产厂家不仅仅要使生产工艺提质增效，还要全方位、多角度地争取政府、媒体和电商平台及各行各业的支持，与之通力合作，拓宽销售渠道。要积极参与政府和业内相关协会、团体所

---

① 于海广主编：《探寻、追忆与再现：齐鲁地区非物质文化遗产调查与研究》，山东大学出版社，2007，第107页。

组织的各类研讨会、培训班等主题会议、活动，从而掌握了解国内外研究现状及相关成果，开阔行业视野，预测未来发展。要及时准确地发现自身存在的不足，积极借鉴同行的科学经验，灵活地调整发展策略。要通过建立"生产合作社"的方式，明确各方责任，通过引导性政策吸引农村人员参与，从而扩大生产规模，改善牛筋腰带生产分散和销售渠道狭窄的局面。同时，还可以与聊城相关旅游景区形成合作关系，设立非遗展示平台以及产品销售点，以此来增加牛筋腰带的曝光度，从而进一步扩大市场占比，反哺非遗技艺的传承。

四、结　语

"生产性保护"作为一种制度化的非物质文化遗产保护方式，一直是非遗学术界关注的焦点之一。从生产过程的角度来说，生产是投入与产出的问题；但从非遗保护的角度来说，生产是非遗的特征和属性。非物质文化遗产是在生产与再生产的过程中传承的，它的生产成果既有精神的又有物质的。生产性保护是根据非物质文化遗产的生产属性而提出的保护方法。一经提出，就引起了文化主管部门的高度重视，并在主管部门的大力推动下成为非物质文化遗产保护制度体系中的重要内容。[①]在全球化的今天，我们如何保护非物质文化遗产，有多种选择与实践。中国政府建立的非物质文化遗产四级名录体系、文化生态保护区的划定、非物质文化遗产传承人制度的确立等都是行之有效的保护方式。这些保护方式主要由政府主导的外部力量来推动实现，因此会表现出一些被动和消极的情况。如何激活非物质文化遗产自身的文化能量，让它在政府提供的良好环境下健康传承发展，是我们应该思考的问题。非物质文化遗产的性质决定了它在生产性保护方面有着独特的优势，对其进行生产性保护是在当前社会环境下非物质

---

① 王静：《沂蒙精神与非遗的产业化创新》，山东大学出版社，2018，第65—66页。

文化遗产活态传承的有益实践。①

　　非遗生产性项目的发展首先要立足于对传统的遵守和保护上，这是这些项目能成为民族遗产在国家层面得到保护的根本和基础。但是这些生产性项目的保护、传承与发展，必须与当下社会发展和人们生活紧密相连，只有这样保护才具有广泛的基础，才能顺应时代的发展。②复苏传统手工艺、促进手工业发展的关键，就是使之适应当代社会文化发展的需要。③当前传统手工艺面临着传承和保护难的困境，其中一大重要的因素就是工业社会发展的冲击。④历史上，传统技艺的发展与生产工具的不断改进相辅相成，由此形成不同时代的技艺生产机制。当代对各类智能机械工艺、机器生产工艺的依赖越来越大，也意味着人们从生产管理到操作机制上都需要有所转变和适应。牛筋腰带作为聊城最具代表性的非遗技艺之一，已经有着数百年的发展历史，但其在取得长足发展的同时，也面临诸多问题和挑战。我们要在保护非遗技艺真实性和完整性的同时，兼顾企业经济效益，在非遗保护与企业发展两者之间找到平衡点，通过社会各界的共同努力，最终使这项传统技艺在新时期得到更好的保护、传承和发展。

① 宋俊华、比尔·艾伟（Bill Ivey）、黄永林编：《文化对话：中美非物质文化遗产论坛》，中山大学出版社，2017，第 174 页。

② 雒庆娇：《甘肃省少数民族非物质文化遗产保护研究》，商务印书馆，2015，第 289 页。

③ 李颖：《生产性保护视角下非遗传承与创新发展的思考》，《人文天下》2016年第 17 期。

④ 钱永平：《UNESCO〈保护非物质文化遗产公约〉述论》，中山大学出版社，2013，第 265 页。

文化空间视角下周村古商城非遗资源保护现状与对策①

徐金龙　　韩昕冉②

（华中师范大学国家文化产业研究中心，湖北武汉，430000）

　　摘　要：周村古商城作为以儒商文化为基础的独特文化生态空间，聚集了丰富的非遗资源，但这些资源往往只作为独立个体而发展，并没有基于这一文化空间进行整体性研究。本文从文化空间视角入手，从整体性角度出发，探讨周村古商城非遗资源的特点和价值，分析目前古城内非遗资源保护存在的问题和不足，进而探索周村古商城非遗资源的保护策略。建议通过完善管理机制、加强教育培训促进传承、加强宣传和打造品牌助力传播、优化配置资源以进入市场、加强产学研合作等手段，促进周村古商城整体非遗资源的有效保护，实现传统文化和经济发展的双赢。

　　关键词：文化空间；周村古商城；非遗资源保护

　　山东省淄博市周村素有"旱码头""金周村""丝绸之乡""天下第一村"的美誉，历史文化底蕴深厚、非遗文化资源丰富。周

---

　　① 基金项目：2022 年度中央高校基本科研业务费（人文社科类）高水平后期资助项目培育专项项目"非物质文化遗产资源转化研究"。
　　② 作者简介：徐金龙，华中师范大学国家文化产业研究中心副教授，文学博士。韩昕冉，华中师范大学国家文化产业研究中心文化资源与文化产业专业硕士研究生。

村古商城是一座依靠古代商埠文化发展起来的古城，主要由大街、丝市街、银子市街等古街组成，被誉为"中国活着的古商业建筑博物馆群"。周村古商城拥有多项省级和国家级非物质文化遗产，如周村烧饼制作技艺、福王红木手工雕刻技艺、周村芯子等等。这些非遗将周村古商城打造成了一个非遗资源丰富、文化氛围浓厚的文化生态空间。目前，关于淄博周村古商城的研究大多聚焦在古城的发展历史与保护更新以及文化旅游资源的开发等方面。

关于周村古商城的历史发展研究，吕振以时间为轴线，从 20 世纪上半叶周村社会经济的发展进程中得出周村古商城衰落的主要原因在于周村未完成从传统向现代的转型，为区域经济的发展提供了借鉴。[1] 王本成分析了周村丝绸行业由盛转衰的原因，为周村古商城未来发展提供了历史借鉴。[2]

关于周村古商城的古城保护与更新研究，路畅认为，古商城地块中居民的传统生活方式是古商城中不可缺少的具有灵性的"精神"和"物质"象征以及区别于其他街区的特色所在，其保护与更新应当合理规划思路，加大对古建筑的维护。[3] 王伟在新型城镇化背景下探究周村古商城新的发展路径。[4]

关于古商城的文化旅游资源开发研究，李红梅从文化产业角度探究周村古商城的产业化发展策略。[5] 徐昊岳、王瑜等详细阐述了周村古商城的旅游产业和文化资源，探讨周村的文化旅游资源

---

[1] 吕振、索龙嘎:《近代周村衰落原因初探》,《学理论》2009 年第 25 期。
[2] 王本成:《论周村开埠与丝绸业的兴衰（1904—1937）》,硕士学位论文,华中师范大学中国近代史研究所和历史文化学院,2009,第 30–39 页。
[3] 路畅、周冰:《周村大街古商城地块的保护和延续》,《硅谷》2009 年第 3 期。
[4] 王伟:《新型城镇化背景下淄博周村古商城的保护与开发》,硕士学位论文,华中师范大学国家文化产业研究中心,2018,第 39–47 页。
[5] 李红梅:《淄博周村古商城文化产业化发展策略初探》,《吉林艺术学院学报》2013 年第 4 期。

如何与文创产品有机结合进而实现活化与利用。①

综上，学界对于周村古商城的研究始终是从古城保护以及文旅资源开发等方面入手，着重聚焦的是关于古商城建筑、文旅资源开发以及相关的产业化发展等具体方面。周村古商城中聚集了丰富的非物质文化遗产资源，但这些资源只作为独立的个体而存在，基于古商城文化空间对其中非遗资源的保护与开发进行的研究则相对稀缺。本文从文化空间视角展开，将周村古商城看作整体的文化空间，在非遗保护的背景之下对其非遗资源的保护与开发进行整体性研究，一定程度上能够丰富对周村古商城的研究。

一、周村古商城文化空间的非遗资源形态及价值

"文化空间"的概念首先由法国思想家亨利·列斐伏尔在著作《空间的生产》中提出，凸显了空间具有"文化价值"。2003 年，联合国教科文组织颁布的《保护非物质文化遗产公约》中对非物质文化遗产进行了定义："非物质文化遗产"指被各社区、群体，有时是个人，视为其文化遗产组成部分的各种社会实践、观念表述、表现形式、知识、技能以及相关的工具、实物、手工艺品和文化场所。② "文化空间"自此成为非物质文化遗产的一种类型。文化空间是文化多样性的堡垒、诗意的栖居对象、身体化的空间，它的核心价值是家园精神和精神家园。③ 周村古商城至今仍完整保存着明清时期的古商业建筑，其中分布的各类博物馆、展览馆、文化馆以及古代府邸将其构成了具有古代商业特色的儒商文化空间。

---

① 徐昊岳:《文创视角下山东省旅游产业融合及再开发》，硕士学位论文，天津大学建筑学院，2019，第 55–84 页。王瑜:《周村古商城文化旅游资源开发研究》，硕士学位论文，山东艺术学院，2021，第 59–81 页。

②《保护非物质文化遗产公约》(2003)，中国非物质文化遗产网，2003 年 12 月 8 日，https://www.ihchina.cn/Article/Index/detail?id=11668，访问日期: 2023 年 7 月 9 日。

③ 向云驹:《再论"文化空间"——关于非物质文化遗产若干哲学问题之二》，《民间文化论坛》2009 年第 5 期。

作为承载着儒商文化的特色文化空间，古商城中聚集了丰富的非物质文化遗产资源，通过对这些非遗资源加以保护与开发，能够产生不可估量的文化效益和经济效益。

（一）周村古商城文化空间的非遗资源形态

1. 周村烧饼制作技艺

周村烧饼源于汉代的"胡饼"。清朝光绪年间，从事烧饼生产的桓台郭氏来到商业发达的周村城，在鱼店街创办了一间聚合斋烧饼铺饭店。他对周村烧饼加以改进，最终形成了现在具有酥、香、薄、脆四个特点的周村烧饼。周村烧饼是老少皆宜的休闲美食，而周村烧饼的制作技艺传承多年，对于研究古人的饮食风俗和习惯、了解当时当地的民俗文化具有重要的价值和意义。2008年，经国务院批准，周村烧饼制作技艺被列入第二批国家级非物质文化遗产代表性项目名录。

2. 锦灰堆

"破烂"汇集为宝，成为一种"别出心裁"的独特的艺术门类，这便是锦灰堆。[1] 锦灰堆在历史上还被称为"八破图""集破"或"集珍"，也被称为"打翻字纸篓"，是指以残破的古籍书叶、被污染的书画、残笔剩墨、老旧报纸等为表现内容的工笔绘画形式，[2] 其主要特点为"破"，因此具有破碎感和遗憾之美，给观者带来了历史的沧桑感和丰富的文化想象空间。郑达甫先生画了 60 多年，是这一领域公认的前辈，上海 20 世纪三四十年代流行的锦灰堆之作，大多出自郑先生的手笔。周村区的耿玉洲为更好地传承和保护锦灰堆这一优秀的传统技艺，近几年来专攻锦灰堆的创作技法，在不断学习前人绘画技法的同时，不断研发自己特有的创作技法，成为新中国成立后锦灰堆艺术第一位传人，同时也是锦灰堆艺术

---

① 路衍：《锦灰堆，文人废纸篓里的稀罕物》，《收藏·拍卖》2021 年第 1 期。
② 李峰：《"非书胜于书、非画胜于画"——锦灰堆的审美内涵及其传承拓展》，《中国书法》2017 年第 16 期。

的第三代传承人，并将这种技艺传给了他的儿子耿学知。耿学知成为第四代传承人，并在周村古商城中传播着这门独特的非遗。2013年，锦灰堆被列入山东省省级非物质文化遗产名录。

3. 周村芯子

芯子，又称抬阁、铁枝等，是一种古老的民间艺术表演形式，在山东、内蒙古、江苏、广东等地广泛流行。[①]周村芯子是一种独有的传统民间舞蹈，距今已有400多年的历史，在每年正月十四、正月十五会在周村演出两天。其中需要用到的道具有"旗络伞扇"，旗子上需要写明表演队伍的名称，"络"是旋络，又称花幡，伞和扇都是用丝绸等材料编制或者扎制而成的，而"丝绸的织染技艺"便是非物质文化遗产项目。在表演的时候，需要锣鼓齐鸣，演奏的曲牌以各种民间曲调为主，如"凤点头""急急风"等，手法有快长槌、慢长槌等，而铜响乐器的制作技艺也是一项非遗。周村芯子的表演基于当地的传统民俗，将一些家喻户晓的民间传说以其独特的方式和形态展现出来，如"劈山救母""天仙配"等等。它代表着文化的传播交流与融合，塑造出属于淄博市的"民间形象"，展现了山东省独特的民间艺术审美，2008年被列入第二批国家级非物质文化遗产代表性项目名录。

4. 丝绸织染技艺

《左传》记载，周村古称於陵，春秋时期已经比较繁华，丝绸业已经开始发展。"千年商埠旱码头，北方民俗第一村"，因此周村又被称为"旱码头"，自春秋战国以来，是中国重要的丝绸生产基地和商贸中心。明清时期，周村丝织手工业仍具规模，为当地五大行业之首。乾隆年间，《淄川乡土志》记载："蚕丝本境天然之大宗，每届春令，比户饲之，……本境虽能缫丝，而售与周村商

---

① 王笋、潘学海：《周村芯子：村民的民间俗信与记忆的承载与塑造》，《明日风尚》2021年第3期。

贾织造。"① 可以看出，植桑养蚕已成为当地的主要行业。

清朝末期，周村已经发展成为当地的一个丝绸中心。丝绸织染技术使得周村能够成为商业中心，促进了当时社会经济的极大发展，帮助周村古商城发展成为著名商埠。2013 年，周村丝绸染织技艺被列入山东省非物质文化遗产名录；2021 年，经国务院批准，被列入第五批国家级非物质文化遗产代表性项目名录。

（二）周村古商城文化空间的非遗资源保护利用的价值

1. 文化价值

非物质文化遗产的多数项目都是地域性民众集体智慧的结晶，不同地域、不同民族的非物质文化遗产是特定的自然内化为心灵并形成本民族的集体意识，与外化为一种生命美的艺术形式相结合的结果。② 周村古商城中许多非物质文化遗产资源反映了当地人们长期生活发展的成果，并且极大地展现了本地的文化特色，因此保留传承下来的非物质文化遗产资源具有巨大的文化价值。深入开发周村古商城的非遗资源，能够提高当地居民和外来游客对本地非遗资源的理解和认知程度，从而提高非遗文化的传播能力。对非遗资源进行创造性转化开发，在一定程度上是对非遗资源的一种保护，能够促进非遗资源以其他形式呈现，深入人们的内心，而不仅仅只是以一个"名字"的形式存在。

2. 经济价值

具有生产性特征的非物质文化遗产项目，自诞生之日起就具有经济性特质。非物质文化遗产源于人们的生活，具有经济性、消费性和娱乐性等特性，因此能够产生极大的经济效益。对周村

---

① 国梦之媒:《周村省级非物质文化遗产——周村丝绸织染技艺》，2018 年 7 月 29 日，https://m.sohu.com/a/244006960_100136698?ivk_sa=1024320u，访问日期：2023 年 4 月 5 日。

② 黄永林、纪明明:《论非物质文化遗产资源在文化产业中的创造性转化和创新性发展》，《华中师范大学学报（人文社会科学版）》2018 年第 3 期。

古商城的非物质文化遗产资源进行转化与开发，能够进一步利用其经济价值，带动周村古商城周边产业链，从而带动整个周村经济的发展。而且非物质文化遗产资源本身就是一种品牌，具有品牌文化和商业价值。例如"周村烧饼制作技艺"的传承与发展，已经形成一种"品牌"，人们提起淄博的特产，就会想到周村烧饼，因此品牌对于一个地区的文化和经济的发展具有很强的影响力。而周村古商城中有许多非物质文化遗产资源，缺少对于品牌的打造和宣传。加强周村古商城非遗资源的转化和"品牌性"开发，有利于更加深入地挖掘文化资源的内涵，促进当地文化产业的发展。

3. 传承与传播价值

2005 年，我国发布了《国务院办公厅关于加强我国非物质文化遗产保护工作的意见》，其中对文化空间进行了明确阐释，"文化空间，即定期举行传统文化活动或集中展现传统文化表现形式的场所，兼具空间性和时间性"。[①] 周村古商城承载着独特的儒商文化，仍保存着完整的明清时期的商业建筑，且古商城地块中的原住居民传统的生活方式具有精神性与物质性的双重特性，使依托于古商城而产生和发展的非物质文化遗产资源得以在这一文化空间中呈现，继而不断地传承与传播下去。非物质文化遗产是依附于人本身而存在，以声音、形象和技艺为表现手段，并以心口相传作为文化链而得以延续的宝贵财富，其最大的特点在于"活"。周村古商城将周村烧饼制作技艺、周村芯子、丝绸织染技艺等非物质文化遗产汇聚在共同的文化空间中，使这些非遗资源能够得以进行活态传承与利用，同时加强了人们对传统儒商文化的了解。

---

① 《国务院办公厅关于加强我国非物质文化遗产保护工作的意见》，2005 年 3 月 26 日，https://www.gov.cn/zhengce/content/2008-03/28/content_5937.htm，访问日期：2023 年 7 月 9 日。

二、周村古商城文化空间非遗资源保护存在的问题

（一）物质生产空间开发不足

对于存在于周村古商城内部的非遗资源来说，它们不仅仅作为一个单独的非遗项目而存在，自身还存在于以儒商文化和古城文化为基础的周村古商城的整体的文化生态空间中。因此，应当基于周村古商城这一整体来探索非遗资源的产业化。

其一，古商城的管理机制、基础设施的建设与规划存在不足。许多民俗、非遗展馆的人员服务态度懈怠，不能对游客起到引导与宣传作用；作为 4A 级景区，却缺乏电子游览式的开发模式，也没有对古商城中独具特色的非遗文化资源进行特殊标注和解释，因此人们不能直观地了解到古商城中的非遗资源有哪些、在什么位置、有什么特色。

其二，缺乏"联动发展"的品牌化探索。古商城中的非遗资源虽处在一个文化空间中，却是各自独立发展的状态，彼此之间没有联动，因此无法形成以周村古商城为整体的非遗资源品牌，实现非遗资源的集约化、产业化发展。品牌代表着一个地区的优秀文化，缺乏品牌的打造与宣传，也会影响当地文化产业的发展。

（二）非遗资源生存发展环境堪忧

周村古商城非遗资源保护还存在着生存发展环境堪忧的问题。非遗项目、非遗文化以及非遗资源的生存、保护、传承和发展，最离不开的就是良性的文化发展环境和发展空间。

1. 对非遗资源缺乏足够的理解和认知

周村古商城的原住居民和来此参观游览的游客对于古商城中非遗资源的了解不足，认知不够充分。来此参观的游客存在不了解本地非遗资源的情况是可以理解的，但是本地居民对于自己居住生活的地区的非遗资源都有什么、其发展现状和文化内涵认知不清，就难以形成当地的文化认同和文化自信，很难让周村古商

城的非遗资源传承和发展下去。

例如,在锦灰堆非遗展览馆中,展示锦灰堆作品处门可罗雀的景象和门口娱乐小游戏的热闹形成鲜明对比,一项有着悠久历史文化内涵的非遗的展馆却要依靠门口的小游戏来吸引游客。由此可见,周村古商城内的非遗资源由于传播方式、展示手段的不足等,导致了游客的认知缺失,游客对于非遗资源的文化、历史和相关故事其实并不了解,而展览环境和导引牌的粗劣更让人们丧失了了解的兴趣与文化体验。

2. 政府部门工作有待进一步加强

如前文所述,部分游客或许对于古商城中的非遗资源的文化内涵和历史故事是了解的、有兴趣的,而当地政府对于这方面的关注过少,对于其生存环境的保护开发仅仅是流于表面的;对于其中非遗资源生存与发展的政策支撑和扶持力度是不足的;对于当地特有的儒商文化资源和历史悠久的民俗资源、非遗资源的宣传是比较单调的。

在景区开发方面,古商城没有针对本地特色开发出一些具有文化内涵和非遗资源特色的文化品牌,在某些非遗展览馆的附近,缺乏具有相关非遗特色的店铺。"周村烧饼制作技艺"作为一个非遗项目,周村烧饼作为周村特产,使得古商城中周村烧饼制作的店铺有许多,而其他非遗相关的店面却无人问津,像"馍馍酱"这样具有"百年淄味"的店铺也难以经营下去。店铺的选址、非遗资源的宣传和体验、相关的研学活动、高校的教育教学等等这些都需要政府牵头统一协调和布置。

(三)非遗资源活态传承空间失衡

周村古商城中的非遗资源同许多非物质文化遗产的发展一样,普遍面临着后继乏人的问题。而在周村古商城的非遗资源的保护中,其非遗传承人存在着失配失衡的问题。

一方面,基于周村古商城这一文化空间,"失配"是因为许多非遗资源无法找到合适的传承人继承和发展下去。例如,"周村芯子"这一非遗资源，就面临着后继无人的问题。周村芯子没有家族和谱系传承，年纪大的老一辈艺人们通常是因为自己真正喜欢这项技艺才去学习和发扬它，而没有传给自己的后代，他们收的徒弟也是自愿加入的爱好者①，不会想到要把这项技艺传承下去。而像锦灰堆这样需要掌握精湛技术的非遗技艺，更少有人愿意去学、去做，现在的传承人对于这项技艺在传承方面的主动意识不够强烈，创新性严重不足。

另一方面，"失衡"是因为在非遗资源转化发展的过程中，出现了"老龄化"现象，即传承人通常是老一辈的艺人，而缺少年轻一辈的传承人来继承和发扬。在经济与科技高速发展、快餐式消费盛行的现代化社会，许多年轻人更想要一份就业前景广阔、赚钱多的工作，而不愿让自己投入需要耗费大量时间精力且需要精湛技艺的非遗项目，造成了非遗的发展过程中缺乏生机。当代年轻人缺乏老一辈身上的文化自信和文化认同感，以及对传统文化极度热爱的深厚感情，成为非遗资源保护与开发过程中急需解决的问题。

三、周村古商城文化空间的非遗资源保护对策

（一）完善管理机制，以教育培训促传承

一方面，政府的支持对于周村古商城的非遗资源保护和发展起着至关重要的作用，是其保护和传承的有力保证。首先，政府部门应当加强和完善管理机制，健全相应的管理机构，对城区内非遗资源发展环境进行规划与改造，打造一个有组织、有特色的周村古商城非遗资源发展基地。其次，政府应当在这一过程中扮演"协调者"的角色，协调好古商城中的社会效益与经济效益之间的关系。政府应当依托周村古商城的非遗文化资源优势，加大人力、财力、物力的投入力度，吸引企业投入资金，改善投融资机

① 杨光东:《周村芯子的艺术与文化》,《齐鲁艺苑》2021 年第 4 期。

制，为古商城文化品牌的打造和非遗资源的转化发展提供经济支撑和保障。

另一方面，政府应当采取积极措施，带头促进古商城非遗资源的传承和开发，对非遗传承人和非遗文化进行保护。例如，对一些非遗技艺进行资金上的支持，对其进行大力宣传，让更多的人知道这项非遗；其次要对非遗传承人进行妥善安置，并通过走访等方式，让他们意识到技艺传承的重要性，在自己传承与发扬这项技艺的同时，寻找合适的"继承人"，让这项技艺后继有人。另外，政府还要对年轻人开展传统文化和非遗资源方面的教育，让年轻人认识非遗并重视非遗，如在古商城中开设"非遗课堂"，让更多的年轻人了解、喜欢和愿意学习传统技艺。

（二）加强宣传工作，以品牌优化促传播

基于周村古商城这一独立的文化空间，其中的非遗资源想要进行创造性转化和创新性发展，必须依托于古商城这一整体，彼此之间联系起来。古商城中的糖人、糖画、手工皂、锦灰堆、周村烧饼等项目，可以与周村芯子、西塘村舞狮等能够展现当地传统民俗文化风情的非遗资源联动起来，依托周村古商城内部的大染坊、民俗展览馆等项目，衍生出独具特色的周村古商城品牌文化和故事，摆脱同质化，形成各具特色又相互联系的周村古商城文化品牌，实现物质文化遗产与非物质文化遗产的双重保护。

周村古商城在确定其整个要打造的文化品牌框架之后，接下来要做的便是加强宣传工作，以品牌优化促进城区内文化资源的有效传播，从而扩大古商城的文化影响力。促进宣传工作可借助各种形式，例如周村古商城曾是著名电视剧《大染坊》《闯关东》《旱码头》以及著名导演张艺谋的电影《活着》的拍摄地，因此可借助广告、影视宣传等等，吸引受众来此，对当地的文化资源进行宣传和普及。加强周村古商城非遗品牌的打造，对于整个淄博市乃至山东省的非遗资源的保护与利用都有极其重要的意义。

（三）合理利用资源，以优化配置入市场

周村古商城中存在非遗项目发展不平衡的现象。例如，周村烧饼制作技艺展馆与售卖店铺众多，但像周村芯子、锦灰堆等非遗展馆却无人问津，而像福王红木手工雕刻技艺、铜响乐器制作技艺等等更是没有单独的展馆，以至于该非遗项目逐渐"荒废"，不为人知。面对此类现象，应当对古商城中的非遗进行统一规划和管理，投入相应的人力和财力，对项目进行重新规划和修改，使之能够在古商城这一独立的文化空间中真正地运作起来，从而实现资源价值的最大利用，促进非遗资源的转化。

与此同时，要了解消费者市场，提高游客和当地居民的满意度。根据马斯洛需求层次理论，当人们较低层次的需求得到满足之后，便会追求更高层次的需求。在当今经济与科技高速发展的社会，人们更加追求"自我实现"。人们参观旅游景点等不仅仅想满足于表面的观看，更希望能够有沉浸式的体验。因此周村古商城中的其他非遗项目，应当以周村烧饼制作技艺展馆为例，设计和开放游客体验式项目，让游客真正体验到非遗的魅力，才能够让这些非遗被更多人了解，促进非遗资源的优化配置和传播。

（四）推进产学研合作，以文化价值提升经济价值

以往对于非遗资源的保护，通常是由政府和研究机构进行，但非遗往往具有地方性特色，仅仅依靠政府保护远远不够。周村古商城应当利用自身的非遗资源优势，联合高校与企业开展非遗研学活动，推进产学研一体化，在宣传当地非遗文化的同时，介绍其城区内著名的物质文化遗产，以达到双重传播与保护的目的。

企业应当将周村古商城的非遗资源作为生产资源以获取经济效益，支持非遗保护工作的开展，同时可以提供锻炼人才实践能力的机会。[①] 对于学校来说，保护与传承非遗文化最有效的方式便

---

① 梁嘉：《产学研合作模式下的非物质文化遗产保护》，《美术文献》2019年第12期。

是"非遗进校园""让非遗走进课堂"。周村古商城可联合学校开展一系列非遗研学教程,向青少年介绍和普及古商城内的非遗资源与物质文化遗产资源,激发学生了解传统文化的热情,从根本上促进非遗文化的传承和物质文化遗产的保护。另外,周村古商城中原先设有的"非遗小课堂"教室大多已荒废,政府应当采取措施对这些教室进行整修和恢复,联合学校开展研学游活动,让学生在古商城这一文化空间中,了解非遗资源,并且能够亲手实践一些手工技艺,激发学生的兴趣。而科研机构则可以为非遗资源转化提供研发上的技术支撑,成为学校与企业的强有力的后盾。

非遗的保护与开发是一项系统的工程,需要多元化的保护主体和全社会的广泛参与。而产学研合作模式能够让产业、学校、科研机构等联合起来发挥各自独特的优势,以文化价值增强其经济价值,促进周村古商城非遗资源的保护与发展。

四、结　语

非物质文化遗产文化空间具有自然与社会双重属性,表现出独特的地域性、民族性与场域性自然空间特征,鲜明的延续性、周期性与时点性时间形态特性,极强的制度性、情感性与综合性社会组织特性,以及突出的公共性、共享性和多样性文化活动特性等多重特征,[1] 而非物质文化遗产不仅是人类文明的记忆载体,体现中华民族文化特征的鲜活样本,而且还是当代文化产业开发的重要资源。[2] 周村古商城文化空间展现了独特的儒商文化,为非遗资源提供了赖以生存的文化空间,基于文化空间视角对周村古商城及其非遗资源保护展开研究具有重要的理论意义和实践意义。但是,关于周村古商城非遗资源保护的研究往往局限于其中单独

---

① 黄永林、刘文颖:《非物质文化遗产文化空间的特性》,《华中师范大学学报(人文社会科学版)》2021 年第 4 期。

② 黄永林、纪明明:《论非物质文化遗产资源在文化产业中的创造性转化和创新性发展》,《华中师范大学学报(人文社会科学版)》2018 年第 3 期。

一个非遗项目的研究，不能从整体的文化生态空间出发来研究周村古商城非遗资源的保护、文化传播、商业经济价值等，容易限制整个文化空间中非物质文化遗产资源的创造性转化和创新性发展。文化是展现一个历史古城独特性的载体，古城的风俗文化等非物质要素和其他物质要素一起构成了独一无二的文化生态空间，而保护非遗的关键就是保护它生存的文化生态空间和其空间内的各类物质文化遗产。周村古商城是中国古代流传下来的宝贵财富，古城所蕴含的非遗文化是先人智慧与情感的结晶，传达着古代生活浓郁的烟火气，蕴含着民俗民间文化的精粹，是历史的延续和民族情怀的传承。通过对古商城非遗资源的整体建构，能够将非遗文化融入现代生活，用整体和创新的思路讲好周村故事，传递儒商文化，展示齐鲁形象，以保护促发展，以开发促传承，实现传统文化和经济发展的双赢。

三秦非遗民俗与节庆旅游关联性开发研究[①]

易　露　余　洁[②]

（西北大学文化遗产学院，西北大学经济管理学院，陕西西安，710127）

摘　要：非物质文化遗产是文化资源的重要组成部分，而节庆旅游以富有地方特色的节日、事件和资源为依托，是对地域文化的凝练与传承，也是非遗民俗活化利用的重要途径。本文基于关联耦合理论，从非遗民俗与节庆旅游开发的关联要素与耦合关系出发，分析非遗民俗和节庆旅游在时间、空间和精神方面呈现的关联耦合性，从演进规律、区域耦合、精神文脉、功能构建等方面提出三秦非遗民俗与节庆旅游的开发思路，以民俗节庆旅游带动区域振兴，实现文化传承、社会功能延续以及地域文化与自然生态可持续互惠发展。

关键词：三秦；非物质文化遗产；民俗文化；节庆旅游；关联耦合

三秦地区厚重的人文底蕴孕育了上千项非物质文化遗产（以

① 基金项目：科学技术部"一带一路"创新人才交流外国专家项目"扩大丝路文化国际影响力　促进遗产旅游可持续发展研究"（项目编号：DL2022040003L）阶段性成果。
② 作者简介：易露，西北大学文化遗产学院考古学（文化遗产管理）硕士研究生。余洁，西北大学经济管理学院副教授，政治经济学博士。

下简称非遗），从文化整体观的角度来看，兵马俑、大雁塔、明城墙等物质文化遗产较著名，而非遗的知名度相对较弱，其活态性的特点也更易受到文化多样性的冲击。随着旅游业的深入发展，非遗民俗节庆旅游已经成为各地社会经济发展的重要支撑，但由于保护和开发不当，导致文化遗产环境不断恶化、破坏程度不断加深，令非遗面临着生存挑战。因此，本文利用关联耦合理论，从三秦地区非遗民俗与节庆旅游关联性开发的角度进行研究，以期达到对历史遗存整体性保护与民俗旅游可持续发展的目的。

一、关联耦合理论在文化遗产中的应用

关联耦合理论（Relevance Theory）最早在基础物理研究中产生，现较多地应用于城市设计领域，目的是建立有序、连续的连接系统。关联耦合理论的"关联"指系统中要素之间所产生的相互作用的规律，"耦合"现象体现出内部各要素的相互影响状态。[①]学者运用关联耦合理论为旧城更新、城市公共空间整合、地域特色和地方认同构建提供了技术策略和创新思路。

近年来，"关联耦合"理论得到了更广泛的实践，不局限于城市规划、景观设计和旧城更新等方面，同样为文化遗产、文化场所的保护与发展提供了新的思路，逐步成为规划区域整体结构、传承历史文脉、保持传统文化特色、唤醒场所记忆的重要方法。关联性联系和动态性关联的属性，对于文化价值的表达和相互影响的逻辑关系十分重要。特定区域的历史文化和地理生态环境造就了特定区域的文化生态系统，彼此关联的文化生态一旦遭到破坏，原生文化就会遭到侵蚀，最终导致退化、丧失甚至影响记忆。

非遗作为一个多元素结合的有机整体，对非遗的保护利用、传播传承、发展管理不仅要关注其表现形式，更要关注其生存发展的时空规律、功能价值、生态环境等因素。节庆旅游作为一种

---

① 冉恩宇:《基于关联耦合理论的古城城墙与城市空间关联性研究》，硕士学位论文，河南大学土木建筑学院，2020，第12页。

新的旅游产品形式，与非遗相结合，可以实现两者的耦合性和关联性，是保护活化的重要途径。通过耦合发展民俗节庆旅游，协调好各要素的关系，实现区域振兴、文化传承、可持续发展以及社会功能的延续。在非遗民俗节庆发展过程中，"关联"指构成非遗民俗节庆的各要素之间的有机联系，而"耦合"则是其内部各要素之间相互影响、相互作用产生的综合性规律。

二、非遗民俗与节庆旅游开发的关联要素与耦合关系

（一）非遗民俗与节庆旅游的关联要素

民俗是民众在长期的社会实践中创造、传承并享用的文化事象，反映着人民群众的心理情感、社会生活、宗教信仰、精神风貌、审美情趣等内容。[1] 非遗涵盖着民俗文化，而在民俗活动中又包含了非遗的其他门类，[2] 如戏剧、舞蹈、曲艺、杂技等。而节庆旅游是以富有地方特色的节日、事件和资源为依托，经过组织者和策划者安排设计为吸引游客而举办的能直接引起当地经济、文化共同发展的旅游活动，是对地域文化的凝练与传承。非遗民俗和节庆旅游之间的关联性主要表现在：一是资源关联，即区域吸引物和民俗资源具有相似性和重合性，节庆与当地特色文化载体结合，极利于开展旅游活动和发展旅游产业；二是利益相关者关联，非遗民俗与节庆旅游同属于社会文化活动和文化现象，二者创造和活动的主体是相同的，即包括传承人、居民、政府人员、游客、企业等与之相关的人群；三是服务质量关联，区域节庆旅游所建立的主客互动、地方依恋、地方归属等服务质量[3] 都会在一定程度上影响游客对区域文化和非遗民俗的感知；四是要素关联，

<hr>

① 钟敬文主编：《民俗学概论》，上海文艺出版社，1998，第 12 页。

②《非遗保护中的民俗文化》，中国非物质文化遗产网，2011 年 8 月 18 日，http://www.Ihchina.cn/Article/Index/detail?id=8095，访问日期：2021 年 8 月 12 日。

③ 唐贤伦、陈品玉、殷红梅等：《我国供给侧结构性改革背景下的全域旅游发展理论体系研究》，《改革与战略》2017 年第 9 期。

非遗民俗和节庆旅游需要通过人才、政策、资本及科技等要素关联，才能形成民俗节庆旅游及相关产业的综合竞争优势，为发展提供综合支撑体系。

（二）非遗民俗与节庆旅游的耦合关系

民俗节庆与旅游产业耦合程度高，节庆旅游为非遗民俗的传承和发展提供了表演和展示的舞台，并与区域文化互相影响、相互交融，使非遗民俗在节庆旅游中传承、发展。非遗民俗和节庆旅游的耦合关系表现在：一是区域耦合，民俗节庆的开展以区域为载体，且集多种活动于一体，具备了综合性的社会功能；二是效应耦合，非遗民俗与节庆旅游之间具有集聚效应、互动效应和共生效应，三种效应的连续共同作用推动了民俗与旅游的耦合，催生了节庆旅游产业[①]；三是产业耦合，节庆产业和旅游产业都体现了鲜明的文化产业特征，具有天然的交融性，不仅丰富着当地人民的业余文化生活，也为企业、服务业规模化开发利用创造了平台；四是价值耦合，节庆旅游成为了解特定群体文化、传统、情感和审美形式最便捷的途径，充分展示了非遗民俗在教育、文化、经济等方面的价值和功能。

（三）非遗民俗与节庆旅游的关联利用模式

1. 主题公园模式

主题公园是围绕特定主题进行规划设计，为满足游客多样化休闲娱乐需求而建造的具有创意性游园线索、策划性活动方式和参与性体验活动内容的综合旅游场所。[②]非遗民俗类主题公园重点打造以地域特点和民俗礼仪为主的体验式文化娱乐，并加入了实景歌舞演出、民俗风情体验等活动项目。主题公园模式的核心，

---

① 潘文焰：《节事资源旅游产业化的机理与路径研究》，博士学位论文，华中师范大学社会发展学院，2014，第22、53页。

② 董观志：《主题公园发展的战略性趋势研究》，《人文地理》2005年第2期，第44页。

是展现不同地区、不同文化的多样性，使非遗民俗资源成为园区中重要的创意资源和文化元素。这既是提升城市的文化品位、大力发展文化产业的举措，也是激发、重塑非遗文化，使其在现代社会以一种新方式生存和发展的生产性保护。

2. 文化生态保护区模式

文化生态保护区是对具有重要价值和鲜明特色的文化形态进行整体性、真实性保护的特定区域。[①] 保护区关注文化生态系统各要素的关系和相互作用，发掘民俗文化交融共生的基础，重视人的主体性和非遗文化生态的和谐关系，为民俗节庆文化保护利用提供了安全屏障，创造良好的生态土壤和生存空间。文化生态保护区使非遗活态存在于其所属的区域及环境中，是实现非遗活态传承、可持续性保护、促进文旅深度融合的重要载体，对于维护文化生态系统的平衡和完整、创建非遗传承环境、营造民俗节日氛围等具有重要意义。

3. 非遗生态博物馆模式

非遗生态博物馆发挥了博物馆的典藏、研究、展示和教育四大基本功能，并从对物的研究扩大到对人、社会和文化生态环境的研究。传统静态博物馆对优秀传统文化进行收集、记录、分类、建立档案，但由于优秀传统文化本身无形性的特质，在展示形式上受到时空限制，无法满足游客在参与体验方面的需求，因此诞生了非遗生态博物馆模式。非遗生态博物馆是将整个社区作为博物馆空间，通过与社区、地方政府的互动，不断增强群众的文化自觉，使其认识历史文化遗产的珍贵价值，以期对社区的自然遗产和文化遗产进行动态、原生态的整体保护与传承，共同营造人文与生态和谐统一的一种模式。[②]

[①] 中国非物质文化遗产网：http://www.ihchina.cn/shiyanshi#target1，访问日期：2021年8月23日。

[②] 余青、吴必虎：《生态博物馆：一种民族文化持续旅游发展模式》，《人文地理》2001年第6期。

（四）非遗民俗与节庆旅游的耦合特征

1. 非遗民俗丰富了节庆旅游的内容和形式

非遗民俗具有文化、审美、精神以及历史等方面的价值，是文化资源的重要组成部分，而节庆旅游是以文化为主要特征的旅游形式，非常契合非遗民俗的特点，两者存在互动发展的可能性和必要性，能够在开发和保护之间形成良性的互动循环。非遗保护有利于增强区域旅游资源吸引力、市场影响力、旅游产品竞争力，为非遗旅游开发和产业打造提供独特的资源基础。非遗不仅是节庆旅游的主要吸引物，还可以融入旅游各环节中，既丰富了节庆旅游的内容，保证了非遗长期传承和发展，同时对挖掘深层次的文化，提高节庆旅游的档次和知名度也起着非常重要的作用。

2. 节庆旅游为非遗民俗的保护利用提供了舞台和载体

非遗作为活态化的无形遗产，其保护的普遍性困境是分布分散、财政资金不足、缺乏传承人、生存空间丧失等，而节庆旅游的开发正好提供了解决这些问题的办法，为非遗找到新的生长土壤。民俗节庆活动与区域联系较为密切，在固定的时间和地点举办活动为非遗民俗提供展示的"舞台"，解决了非遗传承的时空限制，同时把分散、凌乱的民俗遗产整理利用、创新并加以推广。民俗节庆旅游作为地方文化和旅游形象的塑造者，可以丰富旅游活动内容和产品体系，促进相关产业的发展和区域旅游设施、基础设施的完善，优化居住环境，为当地带来经济、文化和社会等效益。

3. 双方协同互动促进了文旅经济持续健康发展

节庆旅游作为文化活动，使非遗保持古今联系的文化传承性，又具有服务当代社会的价值和功能，同时也是特定群体寄托情感以及自我表达的载体。非遗通过挖掘文化内涵，为文化产业提供创意素材、塑造特色品牌、创造新业态，从而满足文化旅游转型升级的需求。文化产业发挥对非遗的吸纳、传播、营销作用，提供非遗传承保护的经济基础和群众基础，两者互相需要、互相补充、互相促进。节庆旅游作为文旅融合的重点项目，通过促进非遗民俗文化资源和旅游产业的耦合发展，能够弥补淡旺季差异、优化社会环境、激发民族自豪感、满足深层次的旅游需求、提升文旅产业发展的质量和优化发展路径，树立良好的区域旅游目的地形象和文化品牌效应，从而增强区域文化软实力和经济硬实力。

三、三秦非遗民俗与节庆旅游开发的关联耦合发展规律

"三秦"这一名称始于楚汉之争，[①] 现常将包括陕北、关中、陕南在内的陕西省称为三秦。悠久的历史孕育出以西安鼓乐、安塞腰鼓、宝鸡民间社火、华阴老腔、陕南民歌等为代表的国家级非遗 87 项，以西安市为高密度集聚区向周围发散型集聚分布，整体呈现出大体聚合、实际分散的特征。[②]

（一）非遗民俗节庆在时间耦合上的历史变迁规律

随着社会的发展与变化，非遗民俗传承上表现出停滞不前、内部高度消耗、文化生态链条断裂等问题。而非遗民俗是在历史上产生、发展并遗留至今的，这种关联性构成了完整的历史事件链条。通过非遗民俗节庆与时间耦合研究，对其发展阶段、演进过程和文化成因进行挖掘，有助于探索三秦区域范围内非遗的内在逻辑和演化规律，对遗产认知、价值以及非遗文化和节庆活动的构建具有重要意义。

1. 关中和陕北地区的非遗传统民俗可追溯到史前时期

史前时期，人类受自然因素限制较大，仅凭借生活经验从事掠夺性活动。原始农业出现以后，随着对自然规律的认识和把握，相应的禁忌、祭祀、祈福、占候、庆祝活动相伴而生，成为最早

---

① 司马迁:《史记·秦始皇本纪》，中华书局，2006，第 41–58 页。
② 王一丹、杨永春:《区域"非遗"特征及合作开发模式研究——以陕、甘、新三省区为例》,《资源开发与市场》2021 年第 8 期。

节庆风俗的因素。陕北地区的黄龙狩猎，是远古先民们抗击自然的生产生活方式。关中地区宝鸡民间社火是从祭祀土神的社日和祭祀火神的迎神赛会活动逐渐演变产生的巡游演艺活动。中华民族生生不息的历史表明，传统民俗节庆的内容和项目并不是人们灵机一动的机械反应和对自然物的简单模仿，而是几千年来经过无数先哲的精心培育逐渐形成的，是认识自然和改造自然的必然结果，成为继承和彰显中华民族传统文化的重要载体。

2. 夏商周时期中国传统节庆在三秦地区起源发展

传统节庆是重要的民俗事象，是中国民俗文化的载体和非遗的重要组成部分，为非遗的传承和发展提供了场域空间和文化氛围。春节、社日节、端午节、重阳节等传统节日皆起源于上古原始信仰、祭祀文化及天象、历法等人类社会精神生产活动。三秦地区早在旧石器时代早期就有人类居住，产生了丰富的史前文明，基于人类对自然的敬畏而产生的原始信仰，具有一定周期性与规模性的宗教祭祀活动逐渐固化成为早期的传统节庆。[①] 因此在夏商周这一时期传统节日在三秦地区起源发展，依托传统节日所形成的节庆活动，充分体现了中华民族先祖们对"天人合一"观念的升华。

3. 秦汉到隋唐时期陕南地区非遗传统民俗逐步形成

随着社会、政治、经济和文化条件的变化，秦汉到隋唐时期是中国本土文化创建并和异域文化交融的时代，为传统节日和民俗的定型创造了条件，传统的岁时月令体制逐渐向世俗的岁时节日体系过渡，到东汉魏晋时期，岁时节日体系基本形成，[②] 此后一直沿袭两千多年直至今日。民众由于宗教信仰和祭祀习俗的需要，使非遗民俗初具雏形，陕南镇安元宵灯会源于汉魏时期民间开灯

---

① 沈思涵:《非物质文化遗产保护视域下节庆文化传承发现研究》,《长江大学学报（社会科学版）》2018 年第 3 期。
② 李冬芹:《传统民俗节庆的旅游创新研究》,硕士学位论文,华中师范大学城市与环境科学学院,2013,第 21 页。

祈福，南郑协税社火高跷始于唐，并从单一的宗教祭祀活动发展成大型民间文化活动，传统民俗逐渐形成普及性、群众性、全民性、广泛性的特点。

4. 宋元明清时期三秦地区非遗传统民俗普遍形成

宋元明清时期虽然三秦地区失去了全国政治、经济、文化中心的地位，但仍作为西北地区的军事重镇而受到重用。这一时期，三秦地区的非遗文化呈现出百花齐放的态势。西安城隍庙迎城隍民俗、定边赛驴会、药王山庙会、船张芯子、蜀河太平灯、子午山三月三庙会等众多非遗民俗在这一时期开始形成并发展成熟，加之由于佛教、道教的盛行和传播，宗教性质的节日众多，岁时节日与宗教节日融合，使非遗民俗更加丰富多彩。社会安定、政治统一、经济繁荣与科学技术的日新月异，造就了更多崭新的宋元明清时期的非遗内容。

（二）非遗民俗节庆在区域空间耦合上的群落分布规律

1. 三秦区域内部受地貌影响形成局域性非遗民俗

自然地理环境对区域文化的形成具有重要作用，所谓"一方水土养一方人"，其直接影响当地群众的生产生活，并潜移默化地影响人的思想行为。位于黄土高原的陕北地区的人们继承了华夏礼乐文明，也承袭了因长期的边塞生活而形成的豪放粗犷之风，因此形成的唢呐、陕北秧歌、宜川胸鼓、安塞腰鼓等非遗黄土风情浓厚。关中地区处于渭河平原地带，由于地理环境和丰沛的水源，众多朝代以西安作为政治、经济、文化中心，历史文化熠熠生辉，这些深厚的传统历史文化所凝结成的非遗主要以各类庙会、社火为主。陕南地区位于秦岭以南，在秦岭和大巴山之间，汉江川流而过，具有明显的南方地区自然特征，以渭南地区的戏曲、安康的民歌和商洛的花鼓最为突出。自然地域的分布差异定然导致节庆旅游吸引物在三个板块上呈现不同的风格，而非遗又植根于这些沃土之中，因此形成了三秦内部局域性的非遗民俗。

2. 三秦边缘邻近外省的区域形成外域性非遗民俗

三秦地区的民俗文化内涵有着鲜明的地域特点，尤其是在与外省交界的地域，文化特色、生活习性、语言口音和习俗呈现出相互交融的态势。陕北地区定边县在文化生态方面具有多样性的特点，所形成的定边民歌、道情皮影戏、定边说书等民俗文化在不同时期由周边地区渐次传入当地，传入之后又逐渐呈现本土化流变趋势，最终呈现出"多元""混杂"的特点。① 关中地区凤县民歌带有明显的地域特色：其东北部接近关中，唱腔中包含关中眉户和碗碗腔的风格；南部接近巴蜀，近似江南歌调；西部与陇南两当县相接，有陇南"花儿"调韵味；中部则为地方山歌韵味的"土著调"。② 这无一不是适应和融合的结果。陕南地区紫阳民歌，具有地方特色又兼荆楚、川渝、江南等外来元素，形成南北融汇和北地南腔的特点。特定的自然地理环境是人类生存发展的先决条件，也是产生不同地区文化传统、文化面貌和风俗民情的重要基础，从而形成了具有外域性区域特色的非遗民俗文化。

（三）非遗民俗节庆在精神文脉耦合上的地域文化特色

1. 边塞文化的交融孕育陕北民俗的粗犷豪迈

陕北地区处于草原文化、农耕文化以及三晋文化、秦文化、河套文化的包围之中，文化中渗透着粗犷豪迈的边塞气质，通过不断地融合，成为汉文化和其他少数民族民俗交流融合的"绳结区域"。因此陕北地区的非遗民俗文化多呈现情绪奔放、节奏欢快、优美质朴的特点。陕北秧歌起源于古代傩戏，逐渐形成了集汉民族特点和西北少数民族特点于一体的秧歌民俗文化，反映当地群众思想信仰、风俗习惯、情感性格，成为黄土高原最具典型

---

① 唐巾嫒：《多元化非典型性民间音乐杂聚群落个案》，硕士学位论文，陕西师范大学音乐学院，2009，第4页。

② 《凤县民歌》，陕西省非物质文化遗产网，2019年3月27日，http://www.sxfycc.com/home/index/library_detail.html?id=690，访问日期：2021年7月20日。

性和代表性的传统民间歌舞。霸王鞭主要分布在靖边、定边等地区，从秦汉以来，这里一直是屯兵戍边之地，其舞蹈形态与陕北地理和文化环境有着密不可分的关系，在长期发展过程中形成了古朴大方、刚柔兼备、跌宕起伏的动态特征。[1] 连年的征战使陕北地区文化主旋律为金戈铁马、大气磅礴、威武豪迈，因而陕北非遗民俗从内涵到外部表现，都深深打上了边塞的烙印。

2. 陇右文化和中原文化共同交汇形成关中民俗的淳朴自然

关中地区是中华农耕文化和历史文化的发祥地之一，处于丝路文化、黄河文化、陇右文化、中原文化之中，拥有深厚文化底蕴，形成了以泥绘彩塑、木版年画、社火脸谱、古琴艺术等为代表的传统技艺，以唐代乐舞、周至龙灯等为代表的传统舞蹈，以彬县灯山会、药王山庙会为代表的庙会，这些均有着历史传承性和代表性。关陇地区的社火文化具有深厚的文化积淀，社火与巫术思维和崇拜信仰相结合，表现出人神天地和谐共生。秦腔是中国西北地区传统戏剧之一，在发展过程中与各地民间音乐结合，逐步影响全国各地戏剧剧种。其唱腔既有高亢激烈、朴实自然、浑厚深沉的风格，又兼具缠绵悱恻、深沉哀婉、细腻柔和以及轻快活泼的特点，活跃于民间庙会、民俗礼仪和祭祀风俗活动中，具有鲜明的地域文化特征和独特的审美风貌。这些人文环境和自然地貌为非遗文化的传承和发展提供了良好的条件和环境。

3. 荆楚文化、巴蜀文化与关中文化相融合形成陕南民俗的柔和细腻

陕南地区属于荆楚文化、关中秦文化、川渝巴蜀文化、中原晋豫文化的融合地带，其中汉中、安康、商洛分别更偏向于巴蜀文化、荆楚文化和中原文化，而生长在这里的非遗广泛汲取了相邻地域民族艺术文化的养料和成分，从而形成了独具特色的文

---

[1] 晁玥:《陕北霸王鞭舞研究》，硕士学位论文，西北师范大学舞蹈学院，2014，第38页。

化特征。三秦地区由于地形地貌迥然不同，也孕育出不同的民歌形式。陕北民歌高亢悠长，关中平原有"八百里秦川尘土飞扬，三千万老陕齐吼秦腔"一说，而陕南地区民歌则有着委婉细腻、情感柔和的特点，如汉中镇巴民歌、商洛道情戏、安康紫阳民歌、旬阳民歌等，受秦川关中文化、荆楚文化、巴蜀文化和晋豫文化滋养，同时又有别于其他民歌种类，逐渐形成了博采众家之长，具有多风格、过渡性和交融性的民间文化特色。

四、三秦非遗民俗文化与节庆旅游的开发思路

（一）时间耦合：实现非遗民俗与节庆旅游传承创新发展

非遗源于过去，同时又要求活态保护传承于当代社会，对非遗的展示和解读不能仅仅固定于某个时间点上，而是要从过去到当代进行动态化的呈现，拉近非遗内容与利益相关者的距离。[①] 在传统节庆中关联各种节俗内容，使各非遗民俗在一定的时间段内得到耦合发展，如在各地举办社火、灯会活动的基础上融入传统曲艺（秦腔、姜马察回音乐、板胡艺术）、传统戏剧（八岔戏、道情戏）、民间美术（户县面塑、长安泥塑、凤翔木版年画、香囊制作、剪纸）、传统饮食（羊肉饸饹、肉夹馍、酿酒磨油）等非遗文化。在现代节庆中，将景点、非遗重新包装并向外推介，形成文化旅游主题，开展非遗作品展、锣鼓秧歌表演、社火表演等活动，实现时尚与传统相辉映，民俗与现代耦合呈现，将厚重与活力、现代与历史、传统与科技完美地结合在一起。非遗与节庆旅游的传承创新耦合，体现了时代发展的需求，解决了现代社会非遗发展过程中的传承、保护、利用等问题。合理把握这种关联性并加以运用，能够有效提升城市整体形象和突出区域文化特色，创建适宜居住、文化氛围浓厚的空间环境，对区域规划建设产生积极影响。

---

① 杨红、张烈：《非遗专题展览的叙事方式研究》，《文化遗产》2021年第4期。

（二）区域空间耦合：建立三秦地区与周边区域民俗节庆文化生态片区

我国西北地区城市独特的地理位置和人文历史变迁，为三秦地区与周围区域非遗节庆合作提供了依据和支撑。通过优化非遗旅游的空间布局，形成三秦地区非遗旅游的三大板块：首先是包括榆林、延安在内的陕北非遗旅游板块，在发展红色旅游的基础上融入陕北窑洞营造技艺、剪纸、腰鼓、秧歌等具有黄土风情的非遗，打造内外联通的非遗民俗节庆旅游；其次是以西安为旅游核心区的关中旅游板块，充分发挥周秦汉唐文化优势，打造以"历史文化＋民俗文化"为主题的非遗民俗节庆，展现出西北地区的原生态特征和深厚的文化底蕴；最后是包括汉中、安康、商洛在内的陕南非遗旅游板块，结合金丝大峡谷、黎坪、南宫山、牛背梁等国家森林公园和瀛湖等生态旅游优势，以生态文化旅游带动非遗节庆的发展，加大乡村旅游、生态旅游与非遗节庆旅游的融合力度，立体化展示和活态传承非遗价值和市场基因。关于周边区域非遗民俗节庆旅游的开发，以各地的优势非遗为增长极，通过建设主题公园、民间艺术保护基地、文化旅游景区等文化生态片区的方式带动边缘区域的发展，如与甘肃伏羲大典、夏河拉卜楞大法会、香巴拉旅游艺术节、藏族香浪节和青海、宁夏的花儿艺术节，以及与藏戏、舞蹈、民歌、皮影、武术、剪纸等非遗民俗耦合，实现文化资源耦合与优势互补，为非遗创新发展注入更大的内生动力，形成空间上呈有机联系、连续分布的遗产片区和遗产群落，增强市民和游客的非遗场景化体验。

（三）精神文脉耦合：强调非遗民俗节庆传统文化与现代生活方式的契合

三秦地区非遗文化资源传承久远，并结合当地历史文化和地理文脉，形成了具有差异化的地域文化特色和典型的符号系统。通过对非遗独特文化内涵的深入挖掘、整理、开发利用，创新推出具有特色和生活美学价值的非遗文化系列体验活动，有效凸显和强化地域特色，如新春美食节、社火巡游、民俗大庙会、迎新春灯会、文化赛事等，激活公众对文化遗产的民族记忆和情感共鸣，促进三秦民俗旅游品牌形象的形成。推进非遗民俗开发利用融入三秦地区文化产业整体发展，并使科技创新与西安鼓乐、马勺脸谱、凤翔泥塑、皮影戏、剪纸、澄城刺绣、临渭草编、南郑藤编等非遗项目和作品开发相融合，打造非遗民俗文化亮丽的名片，构建非遗与区域、社区深度互动的新场景、新空间，实现非遗旅游开发与保护的协同发展。并在充分挖掘地方文化的基础上，组织本地居民积极参与，让居民成为非遗文化的传承人和传播者，使非遗节庆旅游成为弘扬民族文化以及丰富人民生活的文化活动。利用非遗优势，吸引潜在创意群体聚集，打造适合区域居民休闲娱乐、文化体验的场所，为推进文化繁荣发展做出积极贡献。

（四）群落功能耦合：实现传统聚落和节庆旅游"活起来"

当下历史文化遗存和非遗正在被现代城市发展挤压，形成离散、孤立的碎片，严重危害到区域历史文化脉络和功能的延续。对非遗进行旅游开发，提升其融入现代社会生活的程度，实现群落功能耦合，是非遗摆脱濒危的困境，实现自我生存的重要途径。因此遗产功能要素应从动态发展的维度审视，将过去、现状和未来进行关联重构，既延续已有的功能及各种意义，同时适应传统聚落发展的需要，实现遗产内部结构与周围环境相融。利用传统节庆旅游，如清明炎帝黄帝祭典、春节主题节庆、端午赛龙舟节，现代节庆活动，如西安城墙马拉松、秦岭生态旅游节、丝路狂欢节、铜川玉华宫冰雪节、法门寺国际文化旅游节以及各类体育竞赛活动和农业采摘节等，以非遗民俗文化、传统历史文化、生态文化和地方特色元素为基础，激发三秦地区区域活力，使物质文化遗产的"形"和非遗的"神"融会贯通，重构并形成特色民俗文化品牌。通过消除空间隔离、人群分异的状态，打破空间功能的单一性，营造地段的活力，扩大非遗影响范围，使非遗民俗节庆在区域内部实现"活起来"，从而实现社会关系和功能的整合，为非遗和文化空间赋予持久性的活力。

五、结　语

关联耦合是多个要素在多重系统联系中，相互依赖、协调、促进的良性动态关系，其突出关联要素的系统性，强调系统的完整性和层次性。[①] 非遗民俗的关联性是长期以来人类文化在当地自然环境下和谐共生而形成的，因此非遗民俗节庆开发也应强调人与自然和谐共处、协调发展的关系。在适应自然、保护自然的前提下，依据三秦区域的文化特色和差异性，合理开发利用非遗民俗节庆，将历史文化要素与现代文化元素融合，实现自然生态和社会协调持续的发展。运用关联耦合理论和方法，以非遗民俗与节庆旅游的关联性为突破口，以物质文化遗产为载体，使非遗民俗和社会发展中的各要素和谐、有序地关联耦合，以实现非遗民俗可持续保护利用与区域社会经济、文化发展双赢的目标和最优化发展。

---

① 肖洪未：《关联性保护与利用视域下城市线性文化景观的构建》，《西部人居环境学刊》2016年第5期。

智慧旅游背景下云南瓦猫资源的重塑与赋能 [①]

王欣媛　田　野 [②]

（昆明理工大学艺术与传媒学院，云南昆明，650504）

摘　要：挖掘并激活云南瓦猫资源，以日常生活语境重塑文化传承，用文旅思维赋能产品创新，为云南特色民俗资源的数字化发展与文旅产业升级提供思路。综述云南智慧旅游发展的现状和特点，对云南的旅游资源和发展战略规划进行学理和量化分析，运用文献研究法和田野考察法对云南瓦猫的造型特征和文化语义进行整合分类；以市场调研数据为依托，分析总结当前云南瓦猫的设计手法和功能运用，以此对云南瓦猫资源的重塑和赋能进行探索和实践。将瓦猫和云南部分地域文化特色相结合，打造具有地方特色和鲜明时代精神的城市形象；用创新设计推动中国民俗文化的发展，加强国际文化旅游的交流和合作，弘扬中华文明。

关键词：智慧旅游；云南瓦猫；旅游资源；城市形象

云南位于中国西南地区，得天独厚的地理环境和温暖的气候孕育了云南丰富的文化资源，吸引着万千游客慕名而来。2022 年

[①] 基金项目：国家社科基金项目"茨以载道：元代江南文人群体住居空间营构理法"（项目编号：22FYSB023）。
[②] 作者简介：王欣媛，昆明理工大学艺术与传媒学院设计学专业硕士研究生。田野，昆明理工大学艺术与传媒学院副教授，工业设计博士。

·108·

5月，云南省人民政府印发《云南省"十四五"文化和旅游发展规划》。该规划确定云南省文化旅游发展的总体目标，主要包括打造旅游高质量发展的新格局，扩大优质文化产品的新供给，加强文化遗产的传承与利用，提高文化和旅游开放合作新水平，强化数字化科技新驱动，进一步优化布局，努力打造一环两带六中心的旅游优质发展新模式，培育若干世界级国家级旅游产品与业态。其重点之一就是推进文化与旅游融合发展。[1]

据云南省文旅部门数据，2022年1—5月，全省共接待旅客2.85亿人，比上年同期增加3.3%，旅游总收入3189亿元，同比增长1.1%，分别恢复到2019年的85.5%和73.0%，主要指标均超过全国平均水平；旅游业固定资产投资317亿元，同比增长36.2%。数据表明，云南旅游产业市场为云南的发展和建设带来了巨大的经济效益和消费人群，而旅游产业市场中文化资源的重塑和赋能就愈加凸显其重要价值。因为文化资源是人们在进行文化生产或文化活动时使用的一切资源之和，是人类生存与发展的宝贵资产，任何文化组织及活动都要从社会中获取资源才能生存和发展。因此，在智慧旅游的总体发展趋势中，笔者的研究团队对云南旅游业发展存在的问题进行学理和量化分析，提出相关的解决措施，为实现云南"十四五"文化旅游发展规划的目标提供理论基础和智力支持。基于智慧旅游，将云南少数民族文化融入现代设计，构建非物质文化遗产的文化保护机制，创造具有本土文化、精神文化和生活文化特色的时代。

瓦猫是云南特有的民间镇宅神兽，本身具有明显的民族特色与文化寓意。其作为原始宗教的文化象征，是云南各先祖们自然崇拜、宗教文化、审美意识的集合体。当地人民通过仪式赋予和

---

[1]《云南省"十四五"文化和旅游发展规划》，2022年5月30日，http://www.gov.cn/xinwen/2022–05/30/content_5693025.htm，访问日期：2023年4月5日。

激活瓦猫的象征意义，使之成为超自然象征符号。[1] 作为符号意识的瓦猫，在展示当地人民独特文化内涵的同时，也阐释了当地人民独特信仰的传承之道。瓦猫的生产依附于当地的瓦窑厂，但随着经济的发展，人口逐渐从农村向大城市转移，瓦窑厂也因为环境整顿而被大量拆除，传统的手工制造砖瓦与土窑烧制砖瓦的历史被画上了句号。受到多种因素的制约，尤其是在当代社会思潮的影响下，瓦猫原先的镇宅驱邪、控风水的作用，已经长期游离于实际生产生活之外。

本文将瓦猫融入人们的日常生活，使之具有世俗符号化的语义以摆脱原始宗教的束缚，并通过功能创新迭代来推动非遗传承和发展；同时借助现代传媒手段，将瓦猫打造为云南的特色 IP，将其作为云南省的代表物，和文化创意产业有机结合起来，打造以民族文化自信为根基，以和谐融合为氛围的云南瓦猫名片。

一、智慧旅游的发展

智慧旅游是利用云计算、物联网等新技术，通过互联网或移动互联网，借助便携的终端上网设备，主动感知旅游资源、经济、活动和旅游者等方面的信息并及时发布，让人们能够及时了解这些信息，及时安排和调整工作与旅游计划，从而达到对各类旅游信息的智能感知、方便利用的效果，通过便利的手段实现更加优质的服务。[2] 当前我国经济已由高速增长阶段转向高质量发展阶段，旅游业已经成为国民经济新的增长点。与此同时，旅游理念也在逐渐发生着变化，人们对自由行、自驾游、文化游的需求与日俱增。因此，2017 年云南省发布了一款基于智慧平台的旅游软件：游云南。该软件的使用推进了数字经济建设，促进实体经济与数

---

[1] 曾艳：《民族旅游商品"瓦猫"的象征符号解读》，《旅游纵览（下半月）》2012 年第 14 期。

[2] 叶铁伟：《智慧旅游：旅游业的第二次革命（上）》，《中国旅游报》2011 年 5 月 25 日，第 11 版。

字经济结合，推进互联网、大数据、人工智能与实体经济的深度结合。借助一部手机"游云南"的推广，智慧旅游背景下云南的旅游业也在积极转型升级，各城市策划了如洋人街集市、城墙集市、文化院落活化利用、非遗项目体验等特色文化体验活动。当前云南智慧旅游取得了初步成功，不仅要充分总结以往智慧旅游的成功经验，还要聚焦未来旅游高质量发展与数字云南的要求，以更高站位、更高层次、更多维度，把智慧旅游推向一个新的高度。

二、云南文化资源开发的瓶颈

《云南省"十四五"文化旅游发展规划》中明确指出，要将推进文化与旅游融合发展作为全省重点项目之一。云南少数民族众多，地理位置独特，自然资源富饶，社会资源富裕，文化资源富足而厚重。无论什么资源，在被人们发现和使用前都处于隐形状态，因此，是不具有经济和文化价值的。所以，对于资源认识来说，最重要的是要具有发现资源、将隐性变为显性的能动的资源意识。

就目前来说，云南省对于资源的转化能力还较弱，旅游产业的发展更多是依靠当地的自然景观和生物多样性资源，人文资源的输出相对较少。但是，文化在旅游中的地位和作用恰恰是第一位的，它是影响游客行为的关键因素之一，也是提高旅游品质的一个重要环节。然而，当前云南省促进旅游和文化融合的能力还存在顾此失彼等问题。因此，将云南优秀的民族文化——瓦猫与旅游业结合，运用智慧旅游系统的推广功能，将旅游作为载体，文化作为内驱力，在休闲旅游的同时传递云南特色，以功能创新迭代，促进非遗传承与发展的内在要求就迫在眉睫。同时，借助现代传媒手段的推动，促进传统瓦猫技艺传承人自我表达意识的觉醒，将其作为重要资源加以保护利用，以结合云南省传统民间工艺和现代艺术实现非遗的活态传承，并作为时尚流行元素，纳入大众消费领域。在传承民族传统技艺的基础上进行创新性开发，用文旅思维对云南瓦猫的设计进行赋能，提高其附加值，形成独特的文化产业品牌，打造以和谐融合为氛围的城市名片，突破云南文化资源发展的瓶颈。

三、云南旅游 IP 形象选择

旅游 IP 形象的打造能使人们直观地理解一个旅游城市的意义和精神，推动着城市的进步。在当今这个信息时代，旅游 IP 形象成为宣传一座城市的重要手段之一。为了打造最具云南特色的旅游 IP 形象，团队发放了 285 份问卷调查，共收回 268 份。根据问卷调查结果，25% 的受访者认为瓦猫更适合成为云南旅游 IP 的形象代表（见图 1）。

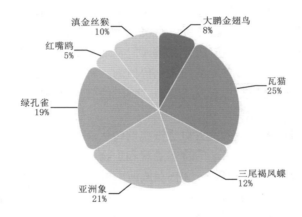

图 1　云南旅游 IP 形象选择结果

虽然云南特有的野生动物有滇金丝猴、三尾褐凤蝶、亚洲象、绿孔雀等，但多数受访者认为这类生物的活动范围并没有遍及云南省各地，且和人们的日常生活关联性不大，作为全省的旅游 IP 形象代表不够全面；同理，红嘴鸥虽然是昆明的城市名片，但它有太强的季节性，且不是中国特有生物，不能代表中国；大鹏金翅鸟虽是云南省博物馆的代表物，象征智慧和勇敢，只是为了避免其佛学内涵在传播过程中出现歧义和偏差，所以也不能作为云南省的旅游 IP 形象。而瓦猫作为云南独有的镇宅神兽，蕴含着丰富的文化内涵，其范围遍布云南各个地区，人们对其具有普遍的认知度和接受度，同时昆明地铁四号线是官方发布的瓦猫专线，可见瓦猫在官方和民间都有广泛的认知基础。若能将其转化成日常生活中的猫，融入民众的日常生活，赋予其世俗符号化语义，并将其从原始宗教发展中解放出来，则可使之成为云南旅游 IP 形象的代表。

四、云南瓦猫的艺术特征

瓦猫是一种手工制的陶制品，制作材料多为泥土，主要分布于昆明、大理、玉溪、曲靖、楚雄等地区，因地域、造型特征各异，故称谓各异（见表1）。昆明地区称之为瓦猫，丽江称其为四不像。而在中国的传统文化中，虎与猫同源，大猫即为老虎，且《风俗通义·祀典》引用了《黄帝书》中神荼郁垒执鬼以饲虎的一段，说虎能"执搏挫锐，噬食鬼魅"。因为瓦猫神似老虎，所以楚雄叫镇山虎；瓦猫通常置于屋脊的正中间，因脊与吉同音，且吉有吉祥之意，大理一带则称之为降吉虎、镇脊虎。不同地区的瓦猫呈现的造型特征各有不同，但其原始的语义都是相同的。文章将从瓦猫的形象性、制作方法以及审美性总结云南瓦猫的艺术特征。

表1　云南各民族瓦猫的造型特征

地域、民族	造型特征
呈贡（汉族）	部分为黑釉，器身为筒状或罐状。头部有"王"字，耳朵尖立，目大且突出，怒视前方，鼻子处呈倒三角状，牙齿突出，口大张。面部左右两侧有胡须，尾巴上翘卷曲于身后，胸前有八卦牌。
呈贡（彝族）	无釉黄土制或琉璃釉制，头顶有涂了红漆的"王"字。耳朵尖立，目大且突出，怒视前方。嘴大张，吐红舌，菱形八卦牌放于胸口处，四肢粗壮如虎，身上有鳞纹，背部有龙刺状配饰。
鹤庆（白族）	无釉黑土制，在所有瓦猫中最抽象。四肢粗壮，尾巴直立上翘，身有鳞纹，嘴大开，舌头外伸，上颚极大，下颚小，口内有四齿，眼睛鼓暴，耳朵竖立，怒目而视。

地域、民族	造型特征
宾川（白族）	器身均为实心，由瓦泥块削制与捏制而成。大部分外形与土猫相似，少部分像虎。面部向外部突出，鼻子较小，置于面部中心。眼珠有两种：一种是在眼窝中嵌入泥球；另一种是烧制完成后粘玻璃球。
剑川（白族）	黑陶制，因烧制工艺不同呈现出独特的风格。耳朵尖立，口大张，牙齿一般为三颗短牙，四颗长牙，猫尾长如狮尾，器身整体结合了剑川木雕的纹样装饰。
曲靖（汉、彝族）	多为陶制，少量石制。整体侧面像放大版的昆虫，尾部和瓦片相接，身体呈直立状。前肢搭在菱形八卦图上，目大凸起，眼眶凹陷较深。两颊胡须如尖刺，背后有单瓣贴身赤翼。
文山（壮族）	身形较小如陶罐，上釉，头部呈倒三角状，耳朵直立，目大且凸眼珠点黑釉，嘴大张，上下牙齿各四颗，舌外伸，脖子处系铜铃，前肢交叉并合，后肢分开，底座为三层圆形土坯。
楚雄（汉、彝族）	外形写实，更接近家猫，憨态可掬，灵巧敏捷，神似澳大利亚袋鼠。尾部上翘，略像老鼠。
石屏（彝族）	灵巧可爱，头部圆润，器身均为灰陶素胎，呈蹲伏状，嘴巴紧闭，目大而凸，脚趾凸显，鼻子挺直。
元阳（哈尼族）	器身整体呈长方形，耳朵较为突出，眼睛凹陷，鼻子凸出，嘴巴紧闭较小，身子和头部的界限较模糊。

（一）云南瓦猫的形象性

云南瓦猫的造型极具特色，耳朵尖立，两耳中间有一角，被称为天赐母骨，寓意生命是父母所给予的，要感恩、孝顺父母；双目怒瞪，日月同辉，以吸收天地精华；其口部造型十分夸张，极具张力，口部的大小占据整个器物的一半以上面积，有吃风屙金、招财纳福的寓意。通过艺术手段的处理，将大张的口平面化、抽象化处理后，以方形和三角形呈现。上下牙齿各六颗，其中四颗平牙、两颗尖牙，六为大顺，有牙金满仓、招财纳福的寓意。舌头朝外置于嘴巴中部，连接喉管，中空直接连接瓦猫的屁股；脸颊两侧有六道胡须，代表各行各业蒸蒸日上、欣欣向荣的美好祝愿。瓦猫猫手呈微微抬起状，寓意抓金抓银回家乡；脚下有瓦当，脚踏实地走四方。

（二）极具特色的制作方法

云南瓦猫均采用纯天然原料和纯手工制作，其生产过程需十七八道手工工艺，每道工艺均经过严格审核，最大限度确保自然环保。烧制时运用封窑熏烟渗炭的高温烧制方式，在土窑中将上等的云南松木烧制成黑色精炭，使陶体完全吸附浸润碳分子，使土和火达到完美融合，所烧陶品乌黑如漆、明亮如镜、坚硬如瓷、有声如磬，尽显云南陶器制品的精妙，极具鉴赏价值。又因云南少数民族较多，受此影响，瓦猫的制作融合了各民族文化特征。在眼睛、眉目、胡须和胸前的花纹等细节上均不相似，呈现出不同地区不同特征的瓦猫形态。

云南瓦猫的制作工艺如下（见图2）：

第一，取土浸泡、发酵。制作瓦猫的泥土是从附近的山上取的，经过磨碎、筛细，减少了泥土中的杂质，使其更加细腻，提高黏度。将筛选后的泥土用水浸泡，形成泥块后用塑料布包裹发酵。

第二，捏制瓦猫雏形。发酵完成的泥块经过工人的反复踩踏，陶土更加细腻柔软，更好塑形。首先以揉、搓、捏等技法制作腿和猫身：猫身有孔，直通猫口和猫尾，猫腿制作完成后与猫身黏结。其次制作瓦猫底部的泥片：用手拍打至厚度均匀，扣置于瓦片上，将瓦猫四肢底部沾上泥浆，与瓦片连接。随后用手蘸水修整瓦猫的身子、腿部，直至光滑。再而制作面部：将泥团捏成心形或者伞状的泥片，捏出鼻梁。后捏制猫牙，猫牙一般为四颗长牙、八颗短牙，上下牙留有一定的距离，上排短牙齿两侧为尖刺状的长牙。牙齿制作完毕后制作猫眼，眼睛部分将泥揉成泥球，粘至瓦猫面部顶端外两侧。然后捏制猫耳，猫耳呈三角状，用竹片将耳部划出竖条细纹。所有部件粘好后，用铅笔从猫口通过猫身，捅出尾部的圆孔，将长如狮尾的猫尾与猫身连接。因为云南瓦猫又称独角兽，所以将捏制好的角粘至鼻梁上端并调整形状。

第三，用工具刻画细节。用竹片、刻刀等工具在瓦猫上画出装饰纹样并进行最后的修整。

第四，装窑烧制。云南瓦猫采用阴干的方式存放，因强光暴晒会使瓦猫开裂。在半干时，用塑料刷子和鹅卵石将瓦猫打磨至光滑，然后装窑烧制。窑为馒头窑，烧制的木材是当地的松木，窑温控制在800—960℃，封窑烧制。在高温环境下松木的烟火和碳分子渗入瓦猫内部，形成了别具艺术特色的云南瓦猫。

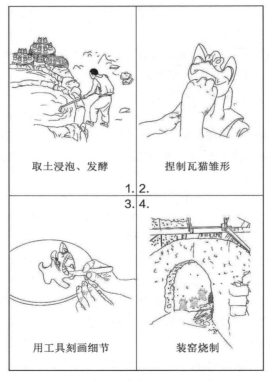

图2　瓦猫制作工艺手绘图（作者自绘）

（三）云南瓦猫的审美性

云南有 25 个少数民族，各民族都有特殊的地理环境、经济状况、神话传说、民俗习惯和生活经验。这些不同历史时期形成的文化形态，不仅体现了各民族共同创造的精神文明成果，而且也表现出各民族所特有的艺术风格和审美情趣。但由于各民族都生活在同一个地区，文化的交融也让瓦猫的造型受到了其他民族文化的影响。秦汉以来，大批汉族人相继移民迁滇，汉民族的迁入带来了传统屋脊兽文化，随着历史的发展和社会的变迁，在不同时代都会出现新的特点。明清封建帝王推行改土归流，使汉族文化渐成主流。因此，瓦猫造型与汉式屋脊兽相似，可视为汉式屋脊兽在白族地区的转变。[①] 关于瓦猫的起源有很多说法，笔者在资料收集整理期间发现，云南瓦猫的造型与《山海经》中的天狗极其相似。据《山海经·西山经》记载："又西三百里，曰阴山。浊浴之水出焉，而南流注于蕃泽，其中多文贝。有兽焉，其状如狸而白首，名曰天狗，其音如榴榴，可以御凶。"从外观造型来看，天狗同狸猫相似，头部为白色，叫声也和猫叫差不多，有趋吉避凶的作用，与瓦猫在传统住宅文化中的作用是一致的。1997 年在泉护村发掘出土的动物标本中发现了猫的遗骨，[②] 也证实了早在公元前 4000 年我国就已经有了猫的存在，并且，中国的本土猫大多为狸花猫、橘猫等。结合猫的习性来看，狸花猫有灵性、适应能力强、动作敏捷、捕猎能力强，常常蹲坐于房顶观察四周情况，与瓦猫的摆放位置也有相似之处。人之所以造物，是对时间的信任；器物的参与，是人存在过的凭证。云南瓦猫以《山海经》中的天狗为原型，在此之上结合了众多自然实物的特征，目的是让其更有神力，也让瓦猫的造型更加独特，呈现出人民对于美好生活的向往和追求（见图 3）。

---

① 陶书霞：《云南屋脊兽艺术的多元特质分析》，《思想战线》2011 年第 2 期。
② 王炜林：《猫、鼠与人类的定居生活——从泉护村遗址出土的猫骨谈起》，《考古与文物》2010 年第 1 期。

《山海经》中的天狗　　　　　云南瓦猫

图3　云南瓦猫与天狗的外形对比（作者自绘）

五、云南瓦猫设计实践

根据前期的市场调研和问卷调查结果可知，受访者都偏向于将瓦猫打造为云南省的旅游 IP 形象，以此作为云南省的吉祥物和宣传名片。因此，团队以瓦猫为主体，设计了 20 余个方案，其中选取了最具代表性的两个设计方案进行探讨：（1）打造云南瓦猫 IP 形象，借助智慧旅游平台的推广，引领云南省旅游产业闭环，在此基础上释放出潜在文旅融合红利；（2）以云南省 8 字形大环线为基础，提取瓦猫造型特征，将其与各城市的特色元素相结合，打造具有地方特色的城市名片。

瓦猫作为云南特有的民间镇宅神兽，既是原始宗教中的文化象征，又是云南自然崇拜与宗教文化及审美意识的集合体，承载着丰富的民俗文化信息。瓦猫与中国传统民俗文化有着千丝万缕的联系，加之它具有极强的地域性特征，这使得其承载着丰富而又复杂的文化内涵和价值取向。同时，由于云南是多个少数民族融合的地域，不同民族的文化必定会导致瓦猫的差异性。例如：同样是出于镇宅辟邪保平安的目的，昆明地区的瓦猫选择了八卦元素，文山地区的瓦猫选择了铜铃元素，曲靖地区的瓦猫选择了泰山石敢当元素。而无论元素如何变化，手工艺人所制作的瓦猫最终要进入市场，流入云南各民族群众的家中。但是由于政府对瓦窑厂进行了严格的环境整顿，大量的砖瓦被拆除，一些土窑也随之消失。由于受原始社会生产力水平较低的限制，先民们赋予瓦猫镇宅驱邪和看家护宅等功能，已长期与现实生产生活相脱离。[①] 瓦猫作为一种精神寄托和图腾，也被赋予了新的内涵。所以通过对瓦猫文化的研究，阐释瓦猫文化的民俗意义和传承机制尤为重要。

根据市场调研结果，市面上关于瓦猫的产品以小摆件居多，但在设计手法上均处于中低级，外观造型上沿用了云南瓦猫的旧有造型，在此基础上缩小身体，突出头部的体积，弱化瓦猫凶狠的视觉感，呈现出天真可爱的特点。由于创作者的风格、喜好不同，其呈现出的作品也独具个人特色，但是由于此类作品只是保留了瓦猫的外观造型，瓦猫的历史语义已经缺失，对于民族文化的宣传意义不大。通过淘宝和京东的收集、统计，以及到云南各地区进行实地调研，当前云南对于瓦猫资源的整合和重塑仅停留在文创产品设计方面（见图4），且售卖点主要为云南大理和昆明，其余地区的宣传和创新极少。开发具有云南特色的旅游IP形象，在目前市场上具有很大的可能性。

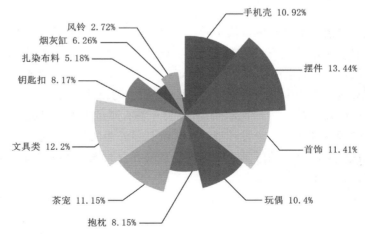

图 4　云南瓦猫衍生产品特性分类

---

① 王稼、田野、陈柏宇：《日常生活视野下鹤庆瓦猫的语义转化与应用》，《包装工程》2021 年第 8 期。

（一）云南瓦猫 IP 表情包

"表情包是一种利用图片来表达感情的方式，是在社交软件活跃之后，形成的一种流行文化。"[1] 凭借社交网络技术的日益发达，表情包既可以传递信息，还能透过滑稽的、萌感十足的画面俘获大众。表情包在网络上的流行，不仅是因为人们对于表情的喜爱，还在于它可以拉近人和世界的距离，表达出自己的情感。特别是在互联网时代，年轻群体崛起，表情包的内容也不断丰富，在互联网上占据着越来越重要的位置，成为时下社交中必不可少的一种存在。当前，表情包在互联网上已经有了很高的关注度，甚至有很多品牌将自己的产品和服务以表情包为媒介进行宣传，以达到吸引粉丝的目的。为更好宣传云南省丰富的旅游资源，团队设计并推出了瓦小猫系列表情包。

瓦小猫系列表情包是为云南旅游量身定做的一套文创产品。该系列共 16 个表情，以云南瓦猫的原型，提取云南各民族瓦猫的共同特点，剔除瓦猫传统的语义，让瓦猫从屋顶走入人们日常的方方面面。经过卡通设计，瓦猫的造型、神态、动作都更贴近家猫，更能凸显瓦猫的活泼可爱，丰富云南瓦猫的使用途径，也满足日常生活情境下表情包的使用。该系列表情包当前可分为两个系列：瓦小猫生活篇和瓦小猫拜年篇（见图 5）。其中生活篇以常规表情为主，穿插了工作、学习、生活中的奋斗、冲鸭、比心、狂敲键盘等贴近日常生活的动作。拜年篇有鸿运当头、招财进宝、红包雨等动作。卡通设计消减了传统瓦猫外观的狰狞凶狠，给人喜庆、活泼可爱的感觉，既保留了瓦猫吞金厨银、招财纳福的语义，又赋予了瓦猫时代意义。

---

① 李尚昆、李若兰、张志鑫：《基于微信表情的营销策略研究》，《科技风》2019 年第 32 期。

瓦小猫生活篇　　　　　　　　　　　瓦小猫拜年篇

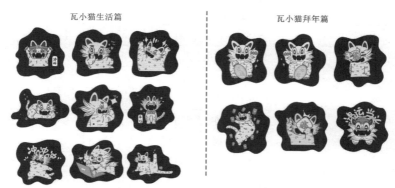

图 5　瓦小猫系列表情包（作者自绘）

　　此外，瓦小猫系列表情包将继续结合其他场景进行设计创作，如旅游篇、美食篇、运动篇等。以衣食住行、吃喝玩乐为设计点，将云南省的旅游景观和文化资源与瓦小猫系列表情包结合，借助常用的聊天工具和智慧旅游平台进行宣传推广。瓦小猫系列表情包的设计，不仅是云南旅游业宣传方式的创新，更是云南民俗文化在全新领域的传承和发扬。

　　从设计形象、输入表情包、入驻社交媒体宣传推广到跨越边界开实体店，IP 的打造是推动旅游目的地建设、创建品牌优势、支撑旅游持续发展的重要手段。提升旅游 IP 形象的知名度和影响力，不仅能带来旅游和其他实体经济的增长，还能拉动周边产业的发展，如北京 2022 年冬奥会吉祥物冰墩墩和北京冬残奥会吉祥物雪容融。而国创表情包 IP 发展以及商业化表现具体如何体现？根据这两个问题，团队对淘宝、天猫的表情包销量和微信的表情包赞赏量进行了统计分析（见表 2 和表 3）。

表 2　淘宝、天猫表情包衍生店铺销量

IP	商品名	售价（元）	销量（笔）
我不是胖虎	胖虎带娃盲盒	69	6000+
	虎年限定	399	3000+
	小虎的日常盲盒	69	4000+
	百变胖虎系列盲盒	59	2000+
	2022 虎年福盒	59	3000+
	2022 年台历	19.9	2000+
	沙发靠垫	66	900+
	帆布包	59	700+
小蓝和他的朋友	小蓝晚安陶瓷杯	59	1000+
	小蓝和他的朋友锤锤乐	19.9	88
	小蓝玻璃杯	39	69
	小夜灯	53	1000+
	小蓝新青年毛绒公仔	27.9	51
	毛绒公仔挂件	14.9	62
悲伤蛙	帆布包	65	200+
	80cm 毛绒公仔	109	100+
	180cm 毛绒公仔	379	100+
冰墩墩、雪容融	纪念章	168	100+
	摇摆手办摆件	128	700+
	钥匙链	58	10000+
	22cm 毛绒公仔	198	2000+
	DIY 钥匙扣	88	3000+
	玩偶包	178	1000+

表3　微信表情包商城赞赏数

IP	表情包	赞赏人数	免费或付费下载
不鸭不咋样	不鸭不咋样的生活	17712	免费
	不鸭不咋样的夏天	3560	免费
	不鸭不咋样的生活2	6637	免费
	不鸭不咋样的生活3	4367	免费
	不鸭不咋样的生活4	6080	免费
	不鸭不咋样的生活5	2741	免费
	不鸭不咋样的生活6	2283	免费
小蓝和他的朋友	小蓝和他的朋友	32168	免费
	小蓝和他的朋友过冬天	7229	免费
	小蓝和他的朋友2	12281	免费
	小蓝和他的朋友4	3419	免费
	小蓝和平精英	1613	免费
	小蓝之G胖日常	4838	免费
花栗鼠	Toby是只鸭	10459	免费
	Toby的日常	5193	免费
	Toby的日常2	6570	免费
	Toby的日常3	6154	免费
	Toby的日常4	4517	免费
	Toby的日常5	1913	付费1元
	Toby职场篇	3060	免费
冰墩墩和雪容融	冰墩墩和雪容融	未开通赞赏	免费
	冰墩墩和雪容融的日常		免费
	冰墩墩和雪容融国庆		免费
	冰墩墩和雪容融春节		免费

　　根据市场调研结果，淘宝、天猫表情包衍生店铺的商品在百元内的基本为抱枕、手机壳、水杯、毛绒公仔等，与强粉丝属性

的动画、游戏 IP 不同，表情包 IP 衍生商品并非为粉丝提供情感寄托服务的收藏层面的硬周边，而是追求和目标用户消费需求相吻合的、既具有使用功能又具个性化的产品。例如冰墩墩、雪容融 IP 开发的衍生品，在北京 2022 年冬奥会期间就出现"一墩难求"的现象，多款产品在几天时间内销量过千笔。冰墩墩钥匙链、冰墩墩盲盒、冰墩墩 10cm 手办摆件、冰墩墩 22cm 公仔，10 天内分别在奥林匹克旗舰店卖出了 10000+ 单、1000+ 单、3000+ 单和 2000+ 单。其中，卖出了超 10000+ 单的冰墩墩钥匙链，单价 58 元，因为体积小便于携带且做工精致，成为超高销量产品。这些现象表明，以表情包为代表的文化创意产业已成为当下最热门的经济增长点之一，其商业价值潜力巨大。这些高销量的单品背后，更多的是 IP+ 商品的带动。

表 3 中微信表情包的商城赞赏数是对多位艺术家微信表情包平台上发布的表情包进行的不完全统计。这些 IP 表情包的内容设计都是非常系统化的，甚至还会推出节假日特别系列等，它们之间有很多共同点：一套表情包通常为 24 个，要是一套红了，那么这个系列的产品也就广为人知；其中以"不鸭不咋样"为例，不鸭不咋样当前共有 13 套系列表情包，均为免费下载内容，共收到赞赏 44316 次。表情包内容的设计越来越系统化，以日常生活场景为主，除了节假日特别系列外，不鸭不咋样等 IP 在设计时也兼顾新形象传播带动。以付费的方式下载表情包的较少，大部分为免费下载，换言之，艺术家们更加关注用户使用以及 IP 传播，而不是一次下载收入。基于上述调研结果可知，瓦小猫系列表情包将借助微信、云南智慧旅游平台进行推广和宣传，同时融合云南省在地文化、非遗文化以及文旅故事，用拟人化方式激活云南瓦猫意象。在此基础上，与潮流品牌联合，制作同系列公仔、手办、日常用品等文创产品，唤起年轻群体对云南传统文化的关注，拓展传播效益，使云南瓦猫文旅品牌深入人心。

（二）云南瓦猫城市名片设计

城市名片是一种视觉表现形式，可代表城市形象与城市标志。一座城市的文化、精神与内涵均可通过一张城市名片呈现。用城市承载文化，用文化丰富城市内涵，从而为瓦猫的发展营造更多的机遇。基于云南省大滇西8字形大环线的打造，团队将云南瓦猫资源进行整合梳理，从内在和外在两方面对其重塑实践。内在消减瓦猫的宗教语义，转化和赋予其世俗的、可传播的文化语义，扩大云南瓦猫的影响范围。外在保留云南瓦猫原始的猫造型，在动态体征和形象上改良为传统的宠物猫形象，更温顺可爱，也让人更容易接受此形象。

团队根据8字形旅游大环线所途经的各个城市风貌、人情的特点，将JOKER、桃缘、蕉阳、招福开运、鸿运当头、绽放与迪庆、丽江、德宏、昆明、红河、西双版纳一一对应。对应的原则是在8字形大环线总共16个城市中筛选出在衣食住行层面与城市文化推广层面均具有典型性与代表性的城市，这些城市可以凸显西北环线和西南环线圈层内的旅游特征。基于此，团队将不同民族和地区的特点汇总梳理，提取瓦猫的主要造型特征，将二者结合，打造出具有地方特色的城市名片。具体方案如下。

JOKER·迪庆——以迪庆藏族自治州的跳神面具为切入点，提取其狰狞的造型特征和绚丽的色彩，将云南瓦猫的造型与之结合，使之更具有传播性。因为藏族跳神面具本身具有非常浓厚的宗教意义，常用于以祈福消灾为目的的宗教活动，被视为神灵的象征。当神职人员在活动中佩戴面具时，能与鬼神沟通，祛除邪魔病灾，祈求人寿年丰。因此将跳神面具和云南瓦猫相结合，通过艺术手法的修饰，使其脱离宗教语义，在配色方面沿用迪庆藏族自治州跳神面具的色彩，打造属于迪庆的城市名片。城市名片设计和配色来源如下（见图6）。

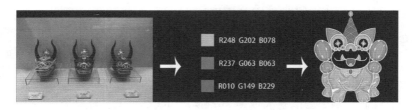

图 6 迪庆城市名片配色来源

桃缘·丽江——云南丽江拥有近万亩的桃花,每年3、4月进入盛放期,成片的桃红花海,像一片彩霞留在山间湖畔。将瓦猫和粉嫩的桃花相结合作为丽江的城市名片,既可以宣传丽江万亩桃林,又能提升云南瓦猫的认知度;并且桃花也有招桃花的寓意,借此打造富有浪漫氛围的丽江旅游新方向。城市名片设计和配色来源如下(见图7)。

图 7 丽江城市名片配色来源

蕉阳·德宏——德宏地区的饮食文化喜欢将芭蕉叶作为食物和餐具之间的承托物,每样菜品中基本都会见到芭蕉叶。以云南德宏芭蕉花的造型为设计元素,芭蕉中空,喻世间事物本无自性,诸事都具有不变不灭的本性。绽放的花瓣使瓦猫看起来阳光可爱,积极向上,也喻示着人们对于自由的向往和渴求。将此设计作为德宏的城市名片,既展现出热带地区的植物特色,又蕴含着德宏人民的热情,用瓦猫大笑的嘴巴喜迎八方来客。城市名片设计和配色来源如下(见图8)。

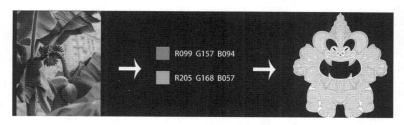

图 8　德宏城市名片配色来源

　　招福开运·昆明——联合国《生物多样性公约》第十五次缔约方大会（COP15）于 2021 年在昆明召开。COP15 在中国举办，是国际社会承认中国在生物多样性保护方面所取得的成绩，也是对我国生态文明建设成果的肯定，此次大会也让昆明展现出各方面的实力和所取得的成绩。[①] 要借助此次大会的成功，推动各行业的转型发展，打造属于昆明的城市名片，加强对外投资贸易，招揽更多的人才助力昆明发展。同时，昆明也是重要的面向南亚、东南亚文化与贸易交流的桥头堡。因此，团队以门神为设计灵感，用左右对称的方式加以瓦猫的造型设计而成。瓦猫举起的手臂和招财猫类似，有招财进宝之意。怀中抱有金币，雕刻招福和开运的文字。造型上将瓦猫狰狞的面部特征进行调整，消减了传统瓦猫的锐气，并增加了红色的螺旋花纹加以装饰，使得瓦猫呆萌可爱，更受欢迎。城市名片设计和配色来源如下（见图 9）。

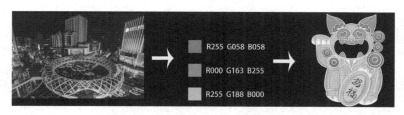

图 9　昆明城市名片配色来源

① 云南省人民政府外事办公室：《【COP15】盛会为何花落昆明？》，2021 年 5 月 10 日，http://yfao.yn.gov.cn/wsdt/jlhz/202105/t20210510_1051395.html，访问日期：2023 年 2 月 8 日。

鸿运当头·红河——红河建水是一座历史文化底蕴厚重的古城，具有 1200 年的建城历史，不仅是中国四大名陶之一的紫陶发源地，还拥有全国第二大文庙，其城市文化底蕴不言而喻。所以在城市名片的设计中要充分利用红河丰富的文化，凸显城市特色，彰显城市魅力。因此，团队以传统设计的状元帽为设计元素，瓦猫的眉部用龙纹进行修饰，使猫毛呈现出向上的动态感，有状元高中、努力进取的寓意，借此打造出极具文化内涵的红河旅游新路线。城市名片设计和配色来源如下（见图 10）。

图 10　红河城市名片配色来源

绽放·西双版纳——孔雀是西双版纳的吉祥物，也是百鸟之王，在傣族人民心中象征着吉祥、幸福、美丽和善良。将开屏的孔雀尾和瓦猫进行结合，以孔雀身体上的克莱因蓝为主色，增加视觉记忆点，开口大笑的瓦猫不仅可以吸收四方的福气，还给人喜庆的感觉。孔雀开屏，前程似锦；瓦猫开口，吉祥如意。二者的结合也将为西双版纳旅游业带来新的发展规划，成为西双版纳独树一帜的城市名片。城市名片设计和配色来源如下（见图 11）。

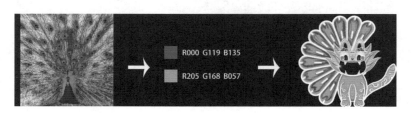

图 11　西双版纳城市名片配色来源

将各个城市的特色代表物和云南瓦猫相结合，为丽江、迪庆、德宏、昆明、红河、西双版纳打造专属的城市名片，赋予其新的意义，用设计助力云南大滇西8字形大环线的发展。

　　同时，团队将各个城市名片的IP形象制作成系列首饰（见图12）。材料上选择用925纯银和低温珐琅工艺。之所以选择低温珐琅工艺，是由于低温珐琅在烧制时成功率高，能最大限度地还原色彩，且相较于高温珐琅成本可控。但是随着时间的增加，低温珐琅工艺所制作的饰品色彩会发生一定的变化。从设计的角度来看，这种演变是一种岁月的印记，会为饰品增添独特的魅力。

JOKER　　　　　　　桃缘　　　　　　　蕉阳

招福开运　　　　　鸿运当头　　　　　绽放

图12　城市名片系列首饰

　　将虚拟形象落地生产，线上线下双轨推广，不仅可以扩大云南瓦猫的影响范围，也能让更多的人关注云南民俗文化的发展。云南瓦猫资源的重塑让瓦猫去除了宗教的意义，从原有的狰狞可怕的外在形象转变成傲娇、可爱的家猫形象。在智慧旅游的背景下，扩大和延展云南瓦猫的影响力，为云南旅游业的发展增加文化属性，赋予非物质文化遗产新的活力。

六、结　语

云南瓦猫是一种流行于民间屋脊文化中的瓦制饰物，是云南地区非物质文化遗产中闪耀的宝石。本文以大滇西旅游 8 字环线的打造为背景，以智慧旅游平台为媒介，对云南瓦猫的起源、文化内涵、造型设计进行研究，打造属于云南的旅游 IP 形象和独具地方特色的城市名片及衍生产品。该系列产品已被云南省文旅厅采纳作为 COP15 生物多样性文创设计展品。目前，团队正积极同云南省文旅厅对接协调，争取后期投放推广工作的支持，将其市场化，以实质性行动推动云南省智慧旅游的发展。

传承不忘根本，续写锐意创新。在智慧旅游发展的背景下，借助社交媒体平台的宣传和推广，将云南民族民间工艺美术审美、民俗文化内涵和现代审美需求相互融合，在保留云南瓦猫的造型特点及美好寓意的同时，注入现代审美元素，进行资源的重塑和赋能，以创新设计推动中国民俗文化的发展，推动云南旅游业的发展，以便让更多的人了解云南瓦猫，了解云南优秀传统文化和少数民族民俗文化，充分发挥旅游 IP 形象和城市名片对目的地旅游产业的促进作用。

非物质文化遗产叙事与传播研究

戏仿"非遗":"大妈"广场表演短视频
及其叙事特征

陈映婕 ①

（浙江师范大学国际文化与社会发展学院，浙江金华，321004）

摘　要：戏仿"非遗"的短视频具有草根性、受众年轻化、风格诙谐、传播高效等特征。它一方面使"大妈"污名化的媒介形象持续固化与发酵衍生，并投射了国人一直关注与批判的"劣根性"问题；另一方面选材于具有广场性、口头性和表演性的女性骂架民俗，并做了去语境化的文本技术处理。视频创作者利用"非遗"热门标签，以戏仿的叙事体裁对民间"不雅之俗"给予否定式的冷嘲热讽，获得网民的关注、共情、支持或反对；视频观看者同时运用夸赞式反讽、诙谐式解析、联想性衍生、反话正说等网络叙事技巧，创作出难以统计的新的戏仿体文本，以实现彰显草根力量、反叛传统和集体狂欢的亚文化功能。

关键词：戏仿；非遗；大妈；广场表演；叙事特征

一、走红：非遗"标题党"短视频

中国非物质文化遗产（以下简称"非遗"）的数字化传播，除

---

① 作者简介：陈映婕，浙江师范大学国际文化与社会发展学院副研究员，民俗学博士。

了以官方作为主体进行的各类文化传播外，还蔓延至喧哗热闹的大众文化领域。在网络语境中，不仅可以看到官方发布的非遗政策、新闻动态和数据库、知识精英发表的非遗学术成果，不经意间还可能会浏览到一些冠之以"非遗"标题但游离于官方对非遗定义之外的大众网络创作。这类创作具有草根性、创作者与受众年轻化、匿名性、风格诙谐、文本去语境化、传播高效等特征。带有狂欢性质、戏仿"非遗"的网络文本，在一定程度上可能会削弱官方主导的非遗话语，需要加强辨识和管理，但其作为一类拥有相当规模受众的大众文化现象，从中亦可以一窥网络语境中的民间思想动态和亚文化发展现状。

2016—2023 年，在知乎、爱奇艺、B 站、网易、搜狐、腾讯、163 等知名平台上持续出现以"大妈"或"大妈 + 非遗"为关键词的娱乐短视频，获得极高的播放量与转发量。2016 年 5 月 21 日，腾讯视频中最早出现了一则题为《实拍大妈吵架手舞足蹈》的新闻短视频，其中拍摄了两位老年女性当街吵架的社会场景，并加以娱乐化评说，总播放量达到 2.8 亿次。2018 年，自媒体中涉及"非遗"内容的作品数量开始明显增加。2018 年 1 月 22 日，腾讯视频平台出现《实拍农村老太太，隔空对骂喷口水，网友：非物质文化遗产》的短视频，标题中明显添加了"非遗"的标签。2018 年 2 月 27 日，发布在西瓜视频上的《这是我见过最正宗的"泼妇骂街"》，此时已有网友评论其中的内容为"中国民间非物质文化遗产"。

2020 至 2022 年，以"大妈吵架 + 非遗"为标题的视频数量急速增加。2020 年 7 月 15 日，B 站的 UP 主"小石昊天"发布了题为《大妈吵架——一种即将逝去的非物质文化遗产》的短视频，时长 3 分 46 秒，获得了 979.5 万的播放量，43.7 万点赞，11.4 万次转发，弹幕数 3.7 万条。这段视频被多位 UP 主转载，直到 2022 年 11 月 3 日仍有 UP 主在不断转发，其中多个视频均获得了超百万的播放量。在抖音平台，播放量最高的短视频为"右键套扑腾"于 2020 年 12 月 28 日发布的《大妈花式吵架合集——致敬即将逝去的非物质文化遗产》。该合集共 6 集，共 962.4 万次播放量，单集最高点赞数达 23.9 万。根据"巨量算数"平台的统计，抖音全平台相关视频的点赞量超 157 万，播放量超 7000 万次，数据相当可观。

"大妈＋非遗"视频的第一个高峰期出现在 2021 年 1 月 13 日，话题热度指数达 35.6 万；2022 年 5 月 22 日，出现了第二个高峰期，当日话题热度指数为 16.9 万。[①] 两次高峰期的热门视频中均出现"即将消失的非物质文化遗产""建议申遗"等关键词。有的短视频中甚至直接出现了"非遗大妈"的网络标签，特指那些在公共场合、以传统姿态吵架骂街的农村中老年女性群体。如知名网红"papi 酱"在"小红书"发布的一则《各种各样的吵架选手》的短视频，其中出现了一类"非遗大妈型"，戏仿了农村妇女吵架时夸张的语言和肢体动作，获得了 19 万播放量。

自媒体不断衍生出了二次创作、娱乐"热梗"和网络流行语。在 2021 年的一则短视频中，一位夜间在街边经营水果摊的大妈与一名男子发生了争吵，大妈一边跺脚一边用手做击剑动作，并大喊："退！退！退！"随即，"退退退"这三个字单独作为"热梗"引发全网模仿，以极快的速度席卷了各大社交网络评论区。据"巨量算数"话题数据统计，"退退退大妈""退退退"等话题视频的点赞量总计近 4000 万，播放量近 17 亿次。该词后被网民们用于多个话语场景，只要碰到不喜欢的人和事，都可以表达为"退退退"。"百度百科"收录了这一网络热词并进行了诠释，"'退！退！退！'出自视频中大妈和男子的唇枪舌剑，引申传递的是一种'放下怨气和偏见'的乐观心态，从某种程度上而言，也是对一些纠纷和冲突的淡化"。[②]2022 年 12 月 8 日，该词入选 2022 年的"十大网络流行语"榜单。

---

① 此处感谢浙江师范大学文化产业管理专业 2019 级叶雅琦同学对相关网络数据所做的统计与整理工作。

② 参见"百度百科"中词条"退！退！退！"，https://baike.baidu.com/item/退！退！退！。

众所周知，中国的非遗代表性项目名录是由官方严格认定、层层把关选择出来的民间优秀传统文化，"大妈吵架"根本不可能成为"非遗"，在许多人眼中，甚至是农业社会遗留下来的村落"陋俗"，无法登上大雅之堂。但是，这些真实又惊人的网络数据又让我们不禁联想，当此类"伪非遗"以一种"不正经"的狂欢化文本姿态出现时，为何能在较短的时间内获得高关注度和高传播率，其背后又有着怎样的民间集体认知和运行机制。

二、大妈：污名化的媒介形象

"大妈"一词既来自真实的日常称谓、性别群体和社会事件，也成为被脸谱化、狂欢化、戏仿与降格的网络流行语与大众文化现象。"大妈概念的内涵转变主要是由一次次典型的传播事件所勾画，而大妈概念的社会化过程，也是由传统媒体和网媒同时间段的重复转发、高频次的网民搜索和舆论哗然所共同推动的。"①2013年，《华尔街日报》专门创造了"dama"一词，以关注中国大妈群体对黄金市场的影响。②"她们曾是柴米油盐酱醋茶的代名词，可今年以来，凭借牵动国际黄金市场、抢购海外房产的种种魄力一举'杀入'国内外舆论场。"③"百度百科"随即添加了"中国大妈"词条，诠释为"来自美国媒体调侃国内中年女性大量收购黄金，从而引起世界金价变动而来的一个网络新兴名词"，意指"那些热情但冲动、精力充沛但经常盲从、擅长利益计算但缺乏能力眼光

① 吴迪：《"大妈"是怎样走红的——"群像类"社会流行语的建构及流变》，硕士学位论文，武汉大学新闻与传播学院，2018，第3页。
② 吕波：《大妈与华尔街黄金战争：如果参与也许就输了》，2013年12月24日，中国新闻网，https://www.chinanews.com/fortune/2013/12-24/5657991.shtml，访问日期：2023年4月20日。
③ 张紫赟：《中国网事：2013年"中国大妈"很忙》，2013年12月7日，人民网，http://politics.people.com.cn/n/2013/1207/c70731-23776744.html，访问日期：2023年4月20日。

的女性群体"。① 随着"大妈广场舞冲突事件"不断得到国内外媒体的报道和公众聚焦，"大妈"形象开始进一步被"污名化"，自私贪小、不守公德、不尊重他人隐私、盲目跟风、低俗审美等都成为其主要标签。可以说，"大妈"这一象征符号投射了国人长久以来所关注与批判的"民族劣根性"问题。而当下大众对"国民性格"的讨论也从知识精英式的反思，一直延伸到了当下的网民群体、新兴媒体和各种自由体文本。

在网络短视频领域，持续衍生出无数以"大妈"为题材的内容，如"惹不起的大妈""网红大妈""抖音大妈风格""丝巾大妈""文眉大妈""房东大妈"等等，进一步固化了"大妈"这一被大众传媒建构起来的媒介形象，同时宣泄了网民的各种情绪。"因为自媒体准入门槛低，导致了一些新闻信息和评价的随意发布，影响了受众的判断，致使很多社会群体的真实形象无法客观、完整地呈现给受众，产生并深化了对某些社会群体的'污名化'现象。"② 短视频网红群体充分地运用"大妈"群像和热点事件进行娱乐创作，博取可观的流量资本。网红"戏精牡丹""唐马鹿""董代表"等创作的大妈主题短视频均获得高播放量，如"唐马鹿"创作的"大妈系列"共 33 个视频，总播放量超过 100 万。

将"大妈"和"非遗"联系在一起的网络短视频，便是基于对"大妈"媒介形象的持续发酵与不断衍生。"整体上来看，中国网络恶搞视频制作粗糙，但是它们所具有的时间短、紧贴流行文化等特点却为其广泛传播奠定了基础。"③ 它们往往会取一个博眼球、显得"高大上"的娱乐化标题，如"国家级非物质文化遗产——大妈 rap 现场""非物质文化遗产：大妈的艺术！""中国非物质

---

① 参见百度百科"dama"词条，https://baike.baidu.com/item/DAMA/16567595?fr=aladdin。
② 龚文彬、陈坤：《微博中的污名化现象探析——以"中国大妈"为例》，《文史博览》2015 年第 4 期。
③ 郭俊涛：《中国网络恶搞视频传播的探索性研究》，硕士学位论文，厦门大学新闻传播学院，2009，第 1 页。

文化遗产——宝藏大妈""带你回忆一下非物质文化遗产中国大妈""中国大妈吵架，可以直接申请中国非遗"等等。但这些视频内容与真正的"非遗"都没有任何关系，字幕中甚至都未提及"非遗"一词，大多数都是文不对题，是纯粹的"标题党"，也将"大妈"的"小丑"形象暴露得无以复加，使"大妈"群像更为固化，一味走向娱乐化。

三、骂架：广场民俗与身体表演

视频中大妈们在公共场合中"骂架"时夸张的身体表演，源于具有"广场"性质的民间习俗，其中既有口头语言的内容，如惯用骂人话和诅咒，也有仪式性的身体表演，如巫术仪式般的剧烈动作。"广场"一词来源于巴赫金的狂欢理论，其中提出了广场语言或广场因素的概念，他认为："广场集中了一切非官方的东西，在充满官方秩序和官方意识形态的世界中仿佛享有'治外法权'的权力，它总是为'老百姓'所有的。"[①] 广场包括了那些不拘形迹的民间言语现象，如骂人话、指神赌咒、发誓、诅咒、集市上的骗子和药贩的吹嘘等。因此不能从现代意义和标准去理解广场民俗的动作与形象，将它们一味地看成是粗鄙和粗俗的。

广场民俗具有典型的非官方性、日常生活化和口头表演色彩，而非物质文化遗产除了具有鲜明的官方认定和地域代表性等重要特征之外，也具备民间性、日常化、活态性、身体性等基本特性。因此很多娱乐短视频将大妈骂架民俗冠之以"非遗"来进行调侃与娱乐，也是利用了这二者的一些共性。

大妈骂架的广场民俗表现出鲜明的"表演"特性。这里所说的"表演"并不是普通意义上的表现与展示，而是"情境性的行为，

---

① 巴赫金：《巴赫金全集》第6卷，李兆林、夏忠宪等译，河北教育出版社，1998，第175页。

在相关的语境中发生，并传达着与该语境相关的意义"①。在传统社区生活中，骂架并不是一个短暂的冲突事件，其由公共场域、表演角色、事件起因、口头俗语、身体表演和事件延续等诸多因素共同组成，是具有时空结构性的完整表演。

1. 公共场域

骂架民俗绝不是一对一的私人行为，它具有很强的"公共性"，需要当众表演、公众围观、社区舆论、权威干预等诸多公共因素，是模式化的习俗惯制。视频中展示的环境均为农村的公共空间，如田间地头、农户家门口、村中道路、工地、农村小店、集市摊位等，暗含广场民俗主要发生在草根社会或农村熟人社会。但事实上，骂人与吵架的广场民俗普遍存在于现代社会的各个阶层，并不分农村或城市，是具有稳定性的传统惯制，因此视频会带有对"农村"或"农妇"的刻板印象和贬低降格意味。

2. 表演角色

短视频中的主角几乎清一色都是农村中老年妇女，从衣着到气质都是典型的农村样式，两位女性呈一对一的阵势。在传统农村社区，已婚女性在广场民俗中具有特定的意义与功能。她们作为个体家庭利益的代表者，通过公开化的语言冲突和身体表演，迅速传播事件信息，将"小事化大"，使个人之间的生活纠纷扩大为村庄事件，以争取来自村庄内部的道德支持、资源分配和权威介入。如果没有观看表演的民众在场，个体间的现场表演便失去意义。因此骂架农妇的身边都有一定数量的"吃瓜群众"，或男或女，有的纯看热闹，有的做出欲劝架状，但并不真劝，有的甚至开怀大笑，希望表演持续下去。正因为有了观众在场的剧场效应，表演者会努力地延续表演时间，使用各种习惯技能，并力图仪式性地分出胜负。

---

① 理查德·鲍曼:《作为表演的口头艺术》，杨利慧、安德明译，广西师范大学出版社，2008，第31页。

3. 事件起因

为了实现娱乐效果，短视频制作者对表演现场做了"去语境化"的技术处理，没有或无法交代引发女性骂架的具体原因，而是让观众一眼看到就是夸张的口头与肢体表演。而在农村的熟人社会中，引起人们一对一式正面冲突的背后，往往涉及一个社区的结构性问题，并且有一个或长或短的事件酝酿过程。"（文化表演）通常是有计划的事件，事件的场景是有限定的，明显与其他事件相区别，并且是非常公开的，事件中牵涉最为形式化的表演形式以及最为出色的表演者。"[1] 社区内任何有可能导致道德失衡、资源分配不公的大小事件，如偷窃、通奸、口角、嫉妒、占便宜、贫富、告发、谣言等，都可以造成以女性为代表的公开发生冲突的民间表演事件。"'骂'已经不只在纯粹仪式性的范畴里发生作用，而成为某种实在的政治治理手段，但它同时仍具有某种意义上的表演性，是嵌入在日常生活中的程式化交流表达方式。"[2]

4. 口头俗语

民间骂詈语属于一类方言口语，具有禁忌性质和攻击色彩，是"不拘形迹的广场言语的一种特殊言语体裁"[3]。视频中的中老年农妇均操方言，快速地使用模式化的骂人惯用语，即脏字和成套的骂法，有时句子不断重复，以增强情感与气势，有的句子相当长且复杂。现场的骂詈语并不是突然出现的，一定是表演者在社区环境中常年耳濡目染和自身反复运用的综合结果。民间口语的运用并不是随心所欲的，都有较稳定的"程式"，包括方言骂詈语，都有其自身的语言规律，因为"我们不断重复地使用的语言，

---

[1] 理查德·鲍曼：《作为表演的口头艺术》，杨利慧、安德明译，广西师范大学出版社，2008，第32-33页。

[2] 张晖：《"骂社火"、道德治理以及乡土社区公共性》，《探索与争鸣》2007年第4期。

[3] 巴赫金：《巴赫金全集》第6卷，李兆林、夏忠宪等译，河北教育出版社，1998，第20页。

并不是我们特意记下来的那些词和短语，而是那些用惯了的词和句子"[1]。汉语中的詈词包括以物名骂人、以鬼神之称骂人，有强烈的种族（性）意识，体现种种社会等级差别和歧视（如身份、职业、性别等）。[2] 考虑到视频的视听效果和严格的网络审查制度，视频创作者对这些现场语言都做了技术处理，隐去令人难堪的"粗话"，添加了背景音乐，如播放节奏感较强的动画主题曲或摇滚音乐，造成很强的诙谐、嘲讽的娱乐效果。

5. 身体表演

视频中的大妈们除了口头骂詈语之外，还伴随着具有喜剧色彩的、夸张的身体表演。一系列连续性和重复性的身体动作是女性广场民俗的组成部分，具有狂欢性、仪式性和游戏性，富有民间喜剧色彩。这些广场肢体动作包括：在地上打滚、一边跺脚一边做击剑状、原地叉腰并蹦跳、拍打自己的屁股、一边拍手一边用腿踹向对方、用手不停地拍大腿、一个人跑另一个人追等。为了增强表演性，有的还同时使用工具或农具，在一定距离内威吓对方，貌似有些暴力，实则不会造成对方的身体损伤。典型的仪式性殴打，包括手拿日常用具（如扫帚）或农具（如铁锹）做击打对方状，向对方远远地扔砖头，抓起地上的沙土向对方扬去，把脸盆扔在地上发出响声，脱下自己的鞋向对方扔去，等等。可以说，广场民俗自身所具有的喜感、闹剧、滑稽风格，与网络短视频所要追求的娱乐和戏谑风格是高度一致的。

四、戏仿：否定式的网络叙事

从创作与叙事的角度来看，非遗"标题党"的恶搞短视频本质上来源于网络叙事中的流行风格——戏仿。"戏仿"一词要追溯到

---

① 阿尔伯特·贝茨·洛德：《故事的歌手》，尹虎彬译，中华书局，2004，第49页。
② 陈伟武：《骂詈行为与汉语詈词探论》，《中山大学学报（社会科学版）》1992年第4期。

古希腊，喜剧学家阿里斯托芬"善于使用谐摹手法，戏拟悲剧中的诗句和宗教仪式中的祝词"①。巴赫金是第一位把戏仿纳入理论并进行文化审美分析的学者，认为"从十一世纪起，戏仿创作把官方教义和宗教仪式的所有因素，把严肃地对待世界的所有形式全都吸引到诙谐游戏中"②。"戏仿"将官方的、严肃的、正经的、权威的元素和内容，运用一些叙事技巧，如夸张的模仿、反话正说、物质—肉体下部、贬低和降格等，实现民间草根式的消解经典、反叛传统、集体狂欢的多重功能。"网络恶搞是以青年为背景的，以戏仿、拼贴、反讽等方式对现实、大众问题，进行碎片化、非线性的叙事，追求一种颠覆性的审美乐趣。"③戏仿式的叙事与创作所要达到的目的，并不是给予积极的肯定，恰恰是进行明确的否定。从这种意义上讲，"大妈＋非遗"式的娱乐短视频并不一定会完全混淆网民对于非遗的正确认知。

一方面，短视频的创作者之所以会选择"大妈"群体与"骂架"事件，也是因为其具备草根性、日常性、街头化和口语化等特点，显得无比"接地气"，与"高大上"的事物毫无关联，是人人"够得着"的素材与话题。创作者自身并不认为大妈骂架是真正的"非遗"，不过是工具化地借助"非遗"这一官方热门事物，对农村妇女的"不雅之俗"进行否定式的冷嘲热讽，以获得观众的关注、共情、支持或反对。他们运用第三人称的叙事视角，以与视频主角毫无关系的身份进行创作，将大妈吵架的素材不分时间与空间地进行个人化的剪辑处理，能够从其中任意一个故事焦点切入，具有充分的叙事自由。

另一方面，短视频观众对于网络戏仿这一体裁也极为熟悉，

---

① 罗念生:《罗念生全集》第 8 卷，上海人民出版社，2004，第 101 页。

② 巴赫金:《巴赫金全集》第 6 卷，李兆林、夏忠宪等译，河北教育出版社，1998，第 98 页。

③ 王珊珊:《网络恶搞的叙事特征研究》，硕士学位论文，重庆师范大学文学院，2013，第 30 页。

对创作背后的目的是心知肚明的。对于短视频所要传达出来的意义和功能而言，创作者与观看者是高度默契的。观众并不是普通意义上的看客，同时也是一个新的创作者群体，并且在网络无限的时间与空间中持续不断地涌现出来。他们不仅以转发、收藏、点赞的形式，复制和创新原文本，还热衷迅速"接梗"，进行更多戏仿文本的持续创作。在评论区，网络新创作者往往会运用各种叙事形态，如口语化短句、角色扮演、表情包、图片、超文本、网民互动等，对原文本进行编辑、拼贴、游移和消解，以达到全民娱乐的效果。由此，"大妈＋非遗"短视频衍生出了难以统计的戏仿文本，呈现无限蔓延的全民狂欢叙事。

1. 以夸赞进行反讽

运用文学的、学术的、官方的经典语句，进行总结与概括，貌似正面夸奖与赞美，实则进行冷嘲热讽的否定。典型的文本如"国产神剧""比的就是耐久力、持续力，一节更比六节强""比的是胸襟，谁先生气谁就输""古语有云：一鼓作气，再而衰，三而竭""好优美的汉语""吵架是个体力活，也是个技术活""国内 rap 的雏形，健身的另一种形态""感谢战地记者提供的珍贵资料"。

2. 诙谐的细节解析

以"内行人"的角色与身份，聚焦事件的若干细节，进行貌似认真而理性的剖析，实则给予否定意义的评价。典型的文本如"吵架光用嘴还不行，还要会跳舞""试图抓住对方面前的空气，让对方窒息而死""吵架的时候用脚跺地、用手指天是通天地的意思，让你受到神明惩罚""吵架，一场行为艺术，集唱、跳和 rap 于一身，并需要极其强大的肺活量"。

3. 联想产生类似事件

由"共情"引发对类似事件的经验性联想，形成一个完整的、呈现细节的民间故事文本。典型的文本如"我们那边两个大妈吵架，每天早上一起来就搬个小板凳，在门口一坐对骂，中午去吃饭，下午接着对骂，晚上吃饭，吃完饭之后再骂，然后再去睡觉""我老家一个邻居一骂能骂几天，除了吃饭睡觉都在骂，有次冬天丢了只鸡，整整骂了三天"。

4. 衍生戏仿新文本

游离视频主题，衍生出"我们的大妈""我的奶奶"和"我"的第一人称叙事文本群，个人风格突出。典型的文本如"其实好可悲啊，我们的大妈不也是从温柔小姐姐过来的""奶奶们不容易，是生活，是家庭，才让珍珠成了鱼眼珠""我的奶奶一直教育我不能说脏话，什么情况都不能说，但有一天我奶奶的三轮车被蹭了……""我就是小时候家教太严了，导致词汇量严重缺乏，吵架屡屡败下阵来"。

5. 借"非遗"反话正说

对视频的"非遗"标签进行发挥，貌似是对大妈进行肯定与鼓励，实则以反讽的方式否定了视频内容是"非遗"，并不认为大妈骂架是对民族优秀文化的继承。从此类评论中出现的术语，如"申遗""传承""方言保护""濒危"等词，可以看出网民对于非遗有一定基本认知与判断。典型文本如"吵嘴文化是一项非遗""建议把大妈吵架申遗""非遗：中国老说唱""大妈们的对骂，是对方言的一种保护""让我们为这些努力宣传这项非遗的人加油""她们在进行文化传承""这种充满活力舞动的吵架就快要濒危了，非遗没有传承啊"。

6. 道德评价式批判

评论者内容不属于戏仿体裁，直接进行道德层面上的批判，认为视频主角"愚昧无知"，以及创作者"麻木""三观不正"。这类文本数量并不很多，在评论性文本中不占主流。典型的文本如"不客气地说，一个人如果没有受到良好的教育，干出视频里的事是不分年龄的""是要多麻木，才会对这种事不以为耻，反而配上这种雄壮激情的音乐""有些人的三观是真的一言难尽""旧时代恶毒系肢体语言文化遗产"。

五、结　语

由草根自发生成的颠覆性审美与全民狂欢叙事已经成为网络亚文化的主流形态之一。巴赫金的狂欢理论成为我们观察与解析虚拟语境下大众文化生态的一个重要学术工具，其中的"广场""戏仿""降格"等成为解读网络大众娱乐现象的流行术语。借"非遗"标签对大妈广场民俗进行调侃、反讽和降格的网络短视频，只是网络戏仿体裁创作中的一个典型案例，遵循着互联网时空语境下娱乐化文本的基本样式与创作规律。

"非遗 + 大妈"主题的短视频质量相对粗糙，画面也有些混乱，剪辑手法单一，对其中的女性广场表演做了去语境化的技术处理，无法呈现一个完整的事件过程或叙事流程，纯粹追求娱乐化的视听效果。但是这类"短平快"的普通娱乐作品却获得动辄千万甚至上亿的点击、转发与评论，成为值得我们关注的大众文化现象，从中亦可以窥见网络语境中的民间思想动态和亚文化发展趋势。被网络污名化的"大妈"媒体形象，一定程度上投射了国人长久以来所关注与批判的"劣根性"问题，而大众对"国民性格"的讨论也从知识精英、传统媒介、学术领域，一直延伸到了当下的网民群体、新兴媒体和各种自由体文本。

虽然并不是所有的民间习俗都可以成为非物质文化遗产，但是二者的交集也是很明显的。非物质文化遗产除了具有官方价值认定、地域代表性等主要特征之外，同时也具备民间性、活态性、身体性等基本特性。民间社会中具有广场性质的口头俗语和身体表演，有着扑面而来的乡土性、口语化和日常性等特征，但无法成为官方与学者认可的非遗。短视频将大妈骂架民俗冠之以"非遗"来进行调侃与娱乐，也是利用了这二者的一些共性。"非遗"作为官方主导的公共文化话语，具有主流性、权威性和正统性，在狂欢叙事流行的网络语境中很容易成为被借用、发挥和调侃的创作素材，并得到一定程度的消解与弱化。

非遗叙事与地方重构

——以蒲壮所城"拔五更"为例①

林敏霞②

（浙江师范大学国际文化与社会发展学院，浙江金华，321004）

摘　要：在资本与科技驱动下呈加速度增长的现代性，给予人们便利的同时，也造成人与自然、人与地方、人与人自身的割裂。人们虽能足不出户而"坐拥天下"，却也因此丧失了与其所存在空间的"地方感"，在"没有附近"的世界里生活。文化遗产与地方性的天然联系，使得文化遗产保护成为对抗现代性此种碾平世界特性的一种力量。遗产叙事是这种力量的有效表达。遗产叙事不仅是民族国家宏观政治层面上构建现代性的身份政治与认同的手段，也是个体重塑地方感的重要载体和方式。通过浙南蒲壮所城的"拔五更"非遗叙事的相关分析，探讨非遗叙事在地方感重构、群体认同、空间正义和遗产保护规制上所具有的启发意义。

关键词：非遗叙事；地方重构；蒲壮所城；拔五更

---

① 基金项目：2022 年浙江省哲学社会科学重点研究基地省社科规划重点课题"旅游符号视域下江南乡村文化资源景观化开发研究"（项目编号：2022JDKTZD07）。

② 作者简介：林敏霞，浙江师范大学国际文化与社会发展学院副教授，人类学博士。

一、失落的"地方": 从地方中心到边缘农村

朱元璋建立明朝后, 实施了"防外"和"杜内"军事性设置, 辖境内遍设都司、卫、所, 以震慑地方。为了配合"海禁"政策以及抵制沿海倭寇海盗来袭, 明太祖朱元璋还沿着中国海岸沿海一带整饬要塞, 设置卫所, 并派驻重兵进行稽查, 形成了一个沿海的卫所军事防御体系。蒲壮所城是这个沿海卫所军事防御体系中的一座, 位于浙江省温州市苍南县, 由原来的金乡卫下的蒲门所和壮士所合并而成, 称为蒲壮所。

作为军事性设施的卫所, 许多在历史的变迁中演化为地方经济文化中心, 蒲壮所城亦不例外。进入清代后, 随着沿海的战事和防卫情况的变化, 蒲壮所城原有的军事功能逐渐消退。清顺治年间废除军卫制, 实行绿营兵制。而后, 沿海一带经历"迁界"之变, 到康熙、乾隆时期, 社会转为稳定, 人口繁衍, 人丁兴旺, 明初所建立的蒲壮所城已经由原来的纯军事性设置, 转为蒲门的政治、经济、文化、宗教的中心。在这里, 宗祠林立, 寺庙繁多, 诗书兴盛, 文人辈出。"展复"后的蒲壮所城逐渐发展成一个"一亭二阁三牌坊, 三门四巷七庵堂, 东南西北十字街, 廿四古井八戏台"的人文聚集的文化地理空间。民间这一谚语所反映的蒲壮所城不再是剑拔弩张、时而硝烟的军事机构, 而是透露出生活殷实、人文鼎盛的地方经济文化中心。即便当中涉及因军事需要而建造的城门以及街道、水井等, 其实也都已经被作为一个地方认同的景观性标志以及生活设施来展示。蒲城是蒲门一带的"城里", 在蒲城城墙之外的地方则都是乡下。一直到 20 世纪 80 年代, 蒲城在整个蒲门乃至苍南地区, 都是热闹的"城里"。

历史上一个地方从中心到边缘的原因有很多。进入现代化建设以来, 一个地方的兴衰往往与工业化、城市化的推进有关, 一个地方的兴起往往会造就另外一个地方的衰败。蒲城也是如此。20 世纪 70 年代, 马站镇开始兴建。1985 年春, 马站镇开始实施《集镇总体规划》, 整个镇的建设进入了高潮。随着马站镇的兴起,

它逐步取代了蒲城，成为蒲门地区的政治、经济和文化的中心。这种转变，使得从明清以来一直到 20 世纪七八十年代都是蒲门地区的中心所在地的蒲城，在马站新兴居民眼中只是"一座破城"而已。

除了马站镇的兴起使得蒲门地区的地方中心由蒲城转移到马站镇，更为深层次的原因是市场经济深度发展，使得地方的生活和生产的价格被外部市场定价，传统的手工或者农业生产相对成为低效益的、低收入的产业。在传统耕读传家时代，生活较为殷实的蒲城人不得不外出开店办厂。从 20 世纪 90 年代中期开始，越来越多的蒲城人离开家乡到外地去开店做生意。到了 2004 年，蒲城有 2860 多人外出做生意，约占蒲城总人口数的 40%。笔者在田野调查时所走访的家户中，基本上每一家都有人在外地开店做生意。外出者以中青年为主，有时候五六十岁的父母也会跟着自己的子女一起外出帮忙打理店面，留在本地的主要是 60 岁以上的老人和小孩，其中尤以不识字的中老年妇女为多。

一位 30 多岁到杭州开店的蒲城人，他的观点基本上能代表在市场经济条件下蒲城外出开店做生意的人如何看待自己以及蒲城这个地方：

……蒲城毕竟是农村，这里交通不方便，台风也多，很难吸引外面的资金，要发展是比较困难的。能在城市里面定居，以后对孩子教育、前途都有帮助。

十几年前，我们这些人还没有出去的时候，我们这里真的算得上一个繁华的小镇。这边放电影、那边唱戏，十字街上各家店铺也人来人往的，天天热闹得很，就像你看到的过年时候的那番情景。现在五分之三的人都出去了，剩下不是老的、弱的，就是小的，自然就热闹不起来了。

其实，一个地方要消失也很快。像云亭原来也是一个乡，有上万人，也是繁华热闹的地方了，也就是十年光景吧，这个乡已经不存在了。还有一些山上的村落，像牛乾，基本上就是一些老人了。你可以说，等这些老人去世之后，这个村也就消失了。

不过，我想，蒲城会好一点，毕竟历史悠久，而且现在又是国保单位，不会像云亭那样子。①

上述这段谈话充分显示了去外地开店赚钱的人的心态，以及对蒲城的看法：蒲城曾经是一个热闹繁荣的地方，但是现在不行了，人们不得不往外谋求生路。即便蒲城现在是国保单位，但他对蒲城未来的发展显然不是很有信心，或者说并不是很乐观，甚至潜意识当中认为，它可能会像周围的一些乡镇一样日渐衰败，只不过速度上要慢一点。

笔者在田野调查过程中也对一些中老年人进行了访谈。他们的年龄从四五十岁到七八十岁都有，四五十岁的很多中年人都曾经帮助他们自己的儿子到外地去打理鞋店，六七十岁的老人则常常感叹："现在我们这里人都出去了，不热闹了。""原来城里每年十月份有物资交流会，好不热闹，马站、苍南整个县做买卖的都来，车子都拉不进来。……现在出去的人都不回来，大世界看过了，看小农村……我们的眼光就比不上年轻人，外面的世界多大我们不知道。"②

在田野调查期间，笔者前后有两次因身体不舒服而到马站镇里看医生。这个医生很惊讶我居然隔了几个月后还在蒲城，他说："蒲城有什么好看的，你还来，还待那么长时间，不就是一个破城吗？"在新兴的马站镇居民看来，蒲城真的只是一个衰败的地方。这个曾经的蒲门地区经济、文化、政治的中心，现在已经彻底让位给了距离它3.5公里的马站镇。

由此可见，蒲城从新中国成立以来一直到改革开放以后，已经陷入了多重的困境中。首先，在蒲门区域范围内，它的地域中心地位被马站所取代；其次，在全国性市场经济发展背景下，它

---

① 访谈人：林敏霞；访谈对象：ZCL；访谈时间：2008年8月23日；访谈地点：蒲城乡HZM家中。

② 访谈人：林敏霞；访谈对象：XPC、CZ；访谈时间：2008年7月31日；访谈地点：蒲城城隍庙。

自身也陷入人多地少、没有更多产业来吸收劳动力以创造财富的困境。向外寻求发展遂成为市场经济困境下的很多蒲城人的选择。蒲城由原来的地方中心转为一个彼时人们眼中"衰败落后的破城",本质上也是现代性推进下的城市化、工业化所带来的结果,是现代性碾平各个地方力量的一种表现。

当地方被现代化进程如此碾平或者破坏的时候,生活于一方的人们的地方感,即人们的"地方依恋、地方认同、地方意向"①,也随之遭到破坏。对此现象的一种反动,则是伴随现代性而来的对人类文化遗产保护的不断兴起。

可以说,文化遗产与地方性的天然联系,使得文化遗产保护成为对抗现代性此种碾平世界特性的一种力量。遗产叙事是这种力量的有效表达。遗产叙事不仅是民族国家在宏观政治层面上构建现代性身份政治与认同的手段,也是个体重塑地方感的重要载体和方式。蒲壮所城在传统农耕时代所留下的丰厚的文化遗产恰好成为其对抗现代性力量的一种载体,其中独具地方特色的、具有 600 多年传承的"拔五更"仪式是典型。因此,通过浙南蒲壮所城的"拔五更"非遗叙事的相关分析,可以探讨非遗叙事在地方感重构、群体认同、空间正义和遗产保护规制上所具有的启发意义。

二、蒲壮所城的晏公信仰及其仪式

(一)晏公信仰的一般情况

和中国许多民间神祇一样,晏公信仰也较为广泛地存在于多数省市。根据宋希芝先生的调查,"全国 2/3 的省区市建有'晏公庙'、'晏公祠'、'晏侯庙',或是祭祀晏公的'水府祠''小圣庙'。主要分布在江西、江苏、安徽、福建、浙江、湖北、湖南、上海、四川、云南、贵州、广东、广西、海南、山东、山西、河北、宁夏、甘肃、陕西等 20 个省份,共 97 所。唯东北地区未见

---

① 唐文跃:《地方感研究进展及研究框架》,《旅游学刊》2007 年第 11 期。

有记载，明显呈现出南多北少的分布格局。主要集中分布在江苏（23处）、江西（10处）、安徽（8处）、福建（7处）等省"①。在小说、戏文里头，晏公也常出现。《金瓶梅词话》第九十三回："此去离城不远，临清马头上，有座晏公庙。那里鱼米之乡，舟船辐辏之地，钱粮极广，清幽潇洒。"清代李渔《连城璧》子集："晏公所执掌的，是江海波涛之事，当初曾封为平浪侯，威灵极其显赫。"其《比目鱼》第四回："那平浪侯晏公，是本境的香老，这位神道，极有灵验的。每年十月初三，是他的圣诞，一定要演戏上寿。"②

关于晏公信仰的起源，宋希芝和胡梦飞先生概括为五种："晏戌仔死而为神说""孝子为神说""朱元璋敕封为神说""妈祖收伏为神说""许天师点化为神说"。③笔者认为，五种起源说都有一定道理，其中"朱元璋敕封为神说"最能解释晏公信仰从地方性神灵变为全国性信仰神祇这一现象。

一般而言，能成为全国广泛地区信仰的神祇，除了其自身灵验性之外，更重要的一个因素在于它的灵验性能得到"正统"的认可，从而使其进入王朝的祭祀体系。王朝在进行帝国统治过程中，对于祭祀体系的管理和控制是必然的。譬如明王朝就下令对民间原有神祇进行了访求审查，除了春祈秋报、二次祭祀、社稷山川风云雷雨城隍诸祠之外，"境内旧有功德於民、应在祀典之神"④也都要祭祀。一旦被认为是"应祀神祇"，除了祀典有记录，被记录到史书以及志书的可能性也大大提高。晏公就是一位被列入官方祀典的"应祀神祇"，同时《三教源流搜神大全》《陔余丛考》《宋史》《铸鼎余闻》《新搜神记》《通雅·姓名》《檐曝杂记》《七修类稿》《光绪嘉兴府志》，以及民国《平阳县志》等史书或杂记中都有

① 宋希芝：《水神晏公崇信考论》，《江西社会科学》2014年第11期。

② 曲文军：《〈汉语大词典〉词目补订》，山东人民出版社，2015，第480页。

③ 宋希芝：《水神晏公崇信考论》，《江西社会科学》2014年第11期；胡梦飞：《中国运河水神》，山东大学出版社，2018，第93-96页。

④（明）李东阳编纂：《大明会典》卷9《行移勘合》，国学典籍网，http://ab.newdu.com/book/s46595.html，访问日期：2021年11月6日。

对晏公的记载。

根据学者吴远飞的考证，迄今最早关于晏公的书面记载见于宋代蒋叔舆编纂的《无上黄箓大斋立成仪》，其中提到"都督晏元帅平浪侯"[①]。关于晏公最早的说法是他是三国时吴国的赤乌人，但记载比较混乱。比较明确的关于晏公的记载见于宋代不著撰人《三教源流搜神大全》卷7中题为"晏公爷爷"一节：

公姓晏，名戌仔，江西临江府清江镇人，浓眉虬髯，面如黑漆。平生疾恶如探汤，人少有不善，必曰："晏公得无知乎？"其为人敬惮如此。大元初，以人材应选入官，为文锦局堂长。因病归，登舟即奄然而逝。从人敛具一如礼。未抵家，里人先见其扬骖导于旷野之间，衣冠如故，咸重称之。月余以死至，且骇且愕，语见之日即其死之日也。启棺视之，一无所有，盖尸解云。父老知其为神，立庙祀之。有显灵于江河湖海，凡遇风波汹涛，商贾叩投，即见水途安妥，舟船可稳，绳缆监牢，风恬浪静，所谋顺利也。皇明洪武初诏封显应平浪侯。[②]

这则记载是"死而为神说"的一个代表记述。晏公是元代江西官员，死后显灵于江湖，是基于其灵验性而得到地方民众祭祀的神灵。上述刊本的《三教源流搜神大全》中关于晏公的记述最后简要地提到了"皇明洪武初诏封显应平浪侯"一句。由此大致可以推断，在元代民间显灵的晏公，到了明代得到朱元璋的敕封，使其从江西的地方水神上升为全国性的水神。而晏公之所以能得到朱元璋的敕封，与朱元璋本人的经历有直接的关系。明代郎瑛所撰《七修类稿》卷12中比较详细地记述了晏公和朱元璋及汤和的事迹（着重号为笔者加）：

----

① （宋）蒋叔舆：《无上黄箓大斋立成仪》卷54，载《道藏》第9册，第434页。

② （宋）不著撰人：《三教源流搜神大全》七卷《晏公爷爷》，长沙中国古书刊印社印本，民国二十四年，第20页。

渡江取闽

至正十七年，天兵既取建业，命将四出，攻取京口、毗陵、浙西等处。时毗陵乃张士诚之将张德为守，徐达屡战不利。太祖闻而亲率冯胜等十人往援，皆扮为商贾，暗藏军器，顺流直下。时江风大作，舟为颠覆，太祖惶惧乞神。忽见红袍者拖舟转仰沙上。太祖曰："救我者何神？"默闻曰："晏公也。"又曰："有船可济。"视之，江下果有一舟来，太祖呼之，即过以渡。开至半江，舟人执利刃示太祖曰："汝等何处客人？知吾名否？"太祖微笑而邓愈应声曰："艄公，毋送死耶！我等图大事者。汝欲富贵，当降以去！"舟人曰："汝非朱官人乎？"愈曰："然。"舟人遂拜曰："吾辈江中剽掠。昨夜闻人呼我：'弟兄，明晚有朱官人来，授汝一生富贵。'今可知其豪杰也！"……又，吴四年二月，汤和既定方氏，欲由海道胜兵取福建，遇蓝面渔翁曰："子勿杀吾，指子攻之之路。"一宿倏抵福城，降至崇安，陈友定遣宁武战，和大败，参军胡琛为乱军所杀。和正无计间而渔翁又至，曰："明日子与沐英挋次出战。"明日，汤诈败，继之沐英夹攻，宁武死，友定闭门，为和云梯攻陷，平闽不过一月也。呜呼！前之渡江，神之救护圣君如彼；后之取闽，神之助引名臣如此，平治一统，岂非皆天之所为耶？

封晏公

国初江岸常崩，盖猪婆龙于下搜抉故也，以其与国同音，嫁祸于鼋，朝廷又以与元同音，下旨令捕尽，而岸崩如故。有老渔(过)，曰："当以炙猪为饵以钓之。"钓之而力不能起，老渔(他日)又曰："四足爬土石为力，尔当以瓮通其底，贯钓缗而下之，瓮罩其项，必用前二足推拒，从而并力掣之，则足浮而起矣。"已而果然，众曰："此鼍也。"老渔曰："鼍之大者能食人，即世之所谓猪婆龙。汝等可告天子，江岸可成也。"众问姓名，曰晏姓，倏尔不见。后岸成，太祖悟曰："昔救我于覆舟，云为晏公。"遂封其为神霄玉府晏公都督大元帅，命有司祀之。予以《尔雅翼》曰："鼍状如守宫，长一二丈，背尾有鳞如铠，力最遒健，善攻碕岸。"正符此也。又知晏公之封自本朝。①

上述有关晏公的事迹，即救护朱元璋渡江、助引汤和平闽、制服扬子鳄筑牢江岸，被郎瑛编撰在"国事类"中，亦可见是民间神灵信仰得到正统认可的一个佐证。

清代赵翼《陔余丛考》卷35"晏公庙"重点参考了《七修类稿》，记录了晏公救朱元璋渡江以及治猪龙婆而免江岸崩的事迹，云："常州城中白云渡口，有晏公庙，莫知所始。及阅《七修类稿》，乃知明太祖所封也。"② 清光绪年间的《铸鼎余闻》当中也有类似的记载："入明，太祖渡江取张士诚，舟将覆，红袍救上，且指示以彼舟，问何人，曰晏姓也。太祖感之，遂封神霄玉府都督大元帅，仍命有司祀之。"并"洪武初以其阴翊海运封平浪侯"。③

由此可见，晏公爷从江西地方性水神演变成全国性的水神，是通过皇帝敕封而获得正统化的过程，也是明王朝通过民间信仰神祇祭祀管理，把地方纳入帝国统治当中的例子之一。得到王朝敕封的神明，具备了象征正统的"魅力"，在地方上对具有正统性地位的神灵进行祭祀，成为地方标志自身正统地位的一个文化手段。

（二）蒲城晏公信仰及其仪式

1. 蒲城晏公信仰

早在蒲壮所城建立之前，蒲门沿海一带已经存有晏公信仰。蒲壮所城是明代设立的沿海卫所，祭祀被明太祖朱元璋敕封为"平浪侯""神霄玉府晏公都督大元帅"的水神晏公更是在情理之中。晏公不仅是地方上最受民众喜欢和爱戴的神灵，有关晏公的迎神赛会也是当地最有特色的一种仪式。

晏公神庙在蒲城有两座：一为西晏公庙，位于所城的西门；一

---

① （明）郎瑛：《七修类稿》卷12，上海书店出版社，2009，第127-128页。

② （清）赵翼：《陔余丛考》卷35，商务印书馆，1957，第774页。

③ （清）姚福均：《铸鼎余闻》卷2，巴蜀书社，1899，第107-108页。

为东晏公庙，位于所城的东门附近。因此，西晏公庙中的晏公爷也被称为西门晏公，东晏公庙中的晏公爷则被称为东门晏公。西门晏公及其神庙的历史要稍久于东门晏公。学者金亮希根据流传的历史故事对西门晏公和晏公庙的来源进行了整理：

南宋时，蒲城称"上材"，溪边有一小神宫，神像只有30厘米高，小宫低小，人进出不方便。元末，蒲城至李家井原是海湾对岸，沿山麓一带百姓靠农业和渔业为生。当时，李家井的一位讨海人（渔民）出海到蒲城不远的一个呑口捉鱼，从天亮一直到中午，每次撒网总是捉不到一条鱼。一天，回家之前又撒下网，待拉网时，感觉有点重，他很高兴，拼命收网。等网拉上船时，就愣了，网上没有半条鱼，只见一根木头在里面。于是，把木头扔到海里，再次下网，还不见什么鱼虾，又是这根木头。一连数次都是这样，纳闷了，并自言自语道："木头，木头，今天我一条鱼都捉不到，你要是想跟我走归（回去），也要给我捉一些鱼，好称头，让我挑担走啊！"说完接着撒了一网，一会儿真的拉上一网的鱼，他高兴极了。在下材园山尾（今沿浦镇）靠了岸，挑着鱼和木头去上材（今蒲城）菜市场卖。路过今蒲城西门街头的一座小神殿前，木头变得沉重起来，那讨海人无法挑着行走，只好放下担子歇一会儿。当再次挑担时，就再也挑不起来了，便对木头说："你不想走，先在这儿休息一会儿，等我把鱼卖了再带你回家。"等讨海人卖完鱼后，回到木头放置处，又搬不动那木头，于是他又对木头说："你真不愿走，只好把你放在这儿了。"便把木头放在那里，顾自回家了。这时，周围的人提出好多的不同建议。木头到底作何用处？有一位木匠出来说："这截木头想留在小神殿里，当今晏戌子显灵于江湖、海滨，为何不塑尊晏公神像来供奉？"顿时，在场的人异口同声地应答："好啊！好！"接着便由木匠动斧，慢慢做成1米高点的晏公坐像，想安置在小神殿内。因小殿太小，于是又将小神殿扩大重建，供奉晏公为该殿主神，原来的小神移到晏公的旁边，明初建城时便特意围在城内，这便是晏公与西晏公殿的由来。①

由此推测，民间的神灵信仰之所以得到传播，最原始的动力还在于神灵自身的灵验或灵威。西门晏公之所以在元末被地方上的人塑像立庙加以祭祀，是因为当时他已经屡屡显灵。蒲城西晏公庙和晏公神像的这段传说，也刚好证明前面所说的，在得到明太祖朱元璋敕封之前，他已经在地方显灵，当地民众为其塑像和建庙早于卫所的建立，祭祀晏公是一个纯民间性的行为。被纳入国家祀典之后，他的神格提高了，明初建所城时特意将西晏公庙围在城内。这也是在空间形态上表现出来的神祇认可。和城隍信仰一样，得到国家认可的民间信仰已不纯粹是民间性的行为了，而是国家推行文明、教化地方的一种方式，也是民间在帝国文明秩序中确定和提高自身地位、保持对文明中心认同的一种方式。

蒲城的晏公信仰伴随着晏公得到明王朝的敕封变得更加兴盛。和其他地方的晏公信仰相比较，蒲城晏公信仰有着自己的地方特色：第一，它是和卫所相联系的。建造所城时，特地把最初的晏公庙纳入城中，位于西城门边上，成为卫所祭祀的神祇之一。

第二，除了西晏公庙之外，在卫所的东边还建有一座东晏公庙。一座小所城同时建有东西两座晏公神庙，这也是全国少有的，反映出了晏公信仰的兴盛。地方上认为东西晏公庙在职司上还有所分工，西门晏公主要保佑平安和渔事，东门晏公主要是管农事。关于蒲壮所城为何有东西两座晏公神庙，亦成为当下构建地方历史记忆和想象的巨大发挥空间。

第三，每座晏公庙里面晏公爷的神像多达四尊，地方上亲切地称他们为大老爷、二老爷、三老爷、四老爷。② 据说，原本每

① 金亮希：《苍南县蒲城"拔五更"习俗——2002年正月迎神赛会活动纪实》，载徐宏图、康豹主编：《平阳县苍南县传统民俗文化研究》，民族出版社，2005，第445–446页。
② 另一种叫法是将西门四座晏公称为西门大扇、西门二扇、西门三扇、西门四扇，东门称为东门大扇、东门二扇、东门三扇、东门四扇。

个神庙里面只有一尊神像，那就是老老爷。他最初是大老爷，后来因年迈而"退休"，成为老老爷。他平时坐在大老爷左边，不参与拔五更活动，也没有自己的头家。"在职"的四位老爷，大老爷的体积最大，坐像约1米高，二老爷、三老爷、四老爷体积渐次而小，最小的四老爷坐像约0.5米高。一座神庙中摆放这么多同一个神祇的雕像，一种说法认为那是民众们觉得庙里的晏公多了，保佑的能力就更强大了，侧面反映出晏公信仰在当地的兴盛。

第四，东西晏公庙的各位老爷都有自己"头家"和"头家组织"，也叫"首事"和"首事会"。首事们的分组单位被当地称为"扇"，具体有东关大扇、东关二扇、东关三扇、东关四扇、西关大扇[①]、西关二扇、西关三扇、西关四扇。

笔者推测，正是因为信众多，大家都想成为晏公爷的头家，于是头家们就分了组，相应地就出资塑造了对应的老爷坐像，这也形成了蒲城晏公庙的一种独特的创设：东西晏公庙中会有大小不同四座晏公神像。

历史上，每位晏公爷都有自己的田地和房产，其所出作为老爷活动主要经济来源。根据金亮希先生的调查，目前东大扇有五亩田，二扇有三亩，四扇有二亩半。[②]每一位老爷都有自己的头家组织，参加头家组织的头家们有责任和义务负责参与老爷相关的各类事务，尤其是每年的重点活动"拔五更"。首事们要在12月中旬左右，从东西两宫推举出11名首事，组成拔五更活动的首事会，负责总体的指挥、协调和调度。11名首事组成中，一般情况下是两宫大扇各5人，二、三、四扇各2人，并从中选出3人为总负责人，牵头领导拔五更的筹备、活动程序和范围制定，元宵

---

① 笔者调查期间，西关大扇还分为西关大扇西门街组、西关大扇城北组、西关大扇西门外组。

② 金亮希：《苍南县蒲城"拔五更"习俗——2002年正月迎神赛会活动纪实》，载徐宏图、康豹主编：《平阳县苍南县传统民俗文化研究》，民族出版社，2005，第455页。

灯彩等各类制作，秩序维护、各方的协调统筹和接待，赠品和红包账务收支和公布等工作。这是一个神祇信仰得以长久维系的组织基础和物质基础。（见表1）

表1　2008年公布东西晏公庙首事组织和人数

首事	东晏公庙各扇首事				西晏公庙各扇首事					
分组	东关大扇组	东关二扇组	东关三扇组	东关四扇组	西关大扇西门街组	西关大扇城北组	西关大扇西门外组	西关二扇组	西关三扇组	西关四扇组
人数	60	40	21	32	17	27	21	55	46	50

注：首事人数不是固定的。2007年的普查表记录，共约580人（不定），东西宫各290人，各宫又分大扇120人、二扇60人、三扇50人、四扇60人。

每一位首事后面至少代表一个家庭，由此上述晏公爷的首事组织和人数亦体现晏公信仰在蒲城广泛的群众基础。这与其自身的灵验性有直接关系，其中有一件涉及整个地方，即"求雨"。蒲城宗谱中有相关记载，笔者在田野中也获得了相关的口述资料。

根据《倪氏宗谱》中记载，明嘉靖二十年五月初一开始干旱，城内聚集首事，先是设坛于城隍庙求雨。六月十六日到双涧请龙王，但是到了七月十五依然干旱不沛。于是当时年逾古稀的倪一水，诚心到坛，对众首事宣说，要求下午移坛到晏公庙，自己次日斋戒作疏文，诣潭投告。如此求雨，无不应验。后来城中民众遵照此法，移坛到晏公庙，一水先生作疏文，于次日"五更投文，忽油然作云，立刻倾注，田已优渥矣"①。设坛城隍庙求雨未成，而把坛转设到晏公庙并求雨成功，从一定程度上反映了晏公爷的灵威性以及他在蒲城备受推崇的地位。

除了嘉靖年间的求雨文字记录，还有一则笔者田野期间获得的有关1953年左右的晏公求雨的口述资料：

天干旱，没有下雨，火都烧起来。就求雨。一开始到五顶山，东门老二、西门老二、太阴官娘、城隍爷，四尊都是穿白衣，四尊都抬到城隍庙里面，明天要求雨。还有一个龙头。要走路的，求雨那天太阳晒得很厉害，都没有戴帽子上山。打三个杯，做求雨……

第二天太阳还是很大的，龙抬在前面走，雨就跟在后面……到了城隍庙的时候雨就下得很大。到了第三天，雨有半桶水那么多。

---

① 参见《一水先生求雨文》："嘉庆二十年（1815）五月初一起旱，城内聚集首事设坛城隍庙祈雨。六月十六日到双涧请龙至，七月十五末，沛公年七十，诚心到坛谓首事曰，众位，若下午移坛入晏公庙，弟明日斋戒进城，自作疏文诣潭投告，无不应验。即午全振辅公冒日上潭，五更投文，忽油然作云，立刻倾注，田已优渥矣。"其疏曰：伏以赞天地之化生，其德斯大，应下民之呼吁，其灵乃昭。然，应呼吁无如早救槁苗而赞化生，惟在亟行时雨。本年旱魃肆灾，非瓯一郡，官民祈祷，非蒲一村。如昊天不佣耗斁下土，何四地均蒙恩赦而独靳此尾都，抑民实不谷，罗致鞠讻，而一都口计万余。宁乏二三良善，降罚同时开恩？异日，此中情节，简在圣心。如不可求驾不宜轻出，倘容感格恩，更望其早施。未经苦告固置不闻，既切哀号当生怜悯，胡为驾临弥月大沛未沾？仰望万家，密云徒叹，非敢冒干实所不解，呜呼。山川涤涤，蕴隆虫虫，蒙灌溉而望，今岁之西，成田不漏，百受炎赫而待来年之东作户计，几千槁者无望，其苏生者尚虞其死。念罄室之空悬，惨民生之无赖，某等因势迫时穷计无复出，缘为三叩灵官，再敢渎听，伏冀恩赐，周观垂怜，涸辙及时降泽，油然浡兴之苗，过此施恩已属芊绵之草，替天行道，速显灵通，下民托生，亟为俯膺。谨投。

……把这个求雨的告示贴到哪里雨就下到哪里。①

蒲城关于晏公灵验性的记述还有很多。每年捐赠服装给参加拔五更活动的华彬彬夫妇，认为自己开在福建的公司之所以近20年来都非常顺利和平安，业绩每年都递增，是因为有自己家乡晏公爷的庇护。因此，他们虽然远在福州经营内衣厂，但没有一年中断过参与晏公拔五更的仪式和对仪式的捐赠。

2. 独特的正月迎神赛会

上述之外，最能体现地方上对于得到朝廷敕封的晏公信仰的兴盛现象，应该还是极具地方特色的晏公爷迎神赛会。

晏公的正月迎神赛会别具特色，独一无二，历经几百年，至今依然长盛不衰。迎神赛会的形式具体起源于何年何月，已经无从考证。一说是源于明初建城后，为了锻炼士兵身体，每年举办赛跑活动，逐渐变形成了迎神赛会两队竞跑的形式，并延续了下来。②一说是明末清初沿海"展界"之后，大概在清雍正、乾隆年间，人们的生活日益安定，为了完善晏公爷迎神赛会的活动，当时地方上一批知识分子参与精心设计，成了东西二队相互竞赛，相互促进，年复一年，日久成为定例。③无论出于何种原因，有着东西两座晏公庙，并形成东西两队晏公竞跑的迎神赛会，成为蒲城最为热闹也最具特色的民间信俗活动。

整个迎神赛会（即现在所称的"拔五更"）是从正月初四开始，一直持续到正月十九才结束，前后长达16天时间，大体分为这么几个程序：

---

① 访谈人：林敏霞；访谈对象：ZAG；访谈时间：2008年3月24日；访谈地点：ZAG家附近。

② 金亮希：《苍南县蒲城"拔五更"习俗——2002年正月迎神赛会活动纪实》，载徐宏图、康豹主编：《平阳县苍南县传统民俗文化研究》，民族出版社，2005，第436页。

③ 林培初：《蒲城元宵迎神民俗纪实》，载张思聪主编：《温州民间文艺理论》，西泠印社出版社，2005，第215页。

初四上午东西晏宫殿还杠还红、晏公下殿及坐硬轿、做下殿福道场，下午晏公与民同乐，晚上游街串巷（找巷）、拔天申（试跑）；

初五、初六的白天晏公与民同乐，晚上继续游街串巷、拔天申；

初七上午晏公换坐软轿，下午受拜受礼，晚上进行游街串巷、落人家[①]；

初八至十二的白天出乡讨红（收红包），晚上游街串巷、落人家，在初十、十一或者十二当中选择一天晏公回娘家探亲[②]；

十三、十四，白天受邀出巡、讨红、化香烛钱，晚上闹花灯、抬阁、游四门、看戏；

十五白天依然（在城内）讨喜彩、化香钱，晚上六点到七点半开始闹花灯、抬阁，七点半到九点半的时候晏公爷换坐硬轿、做"落公馆"，九点半到十一点吃五更饭，十一点到十一点半左右做五更福道场，十一点半到十二点光景开始东西殿两队晏公神的赛跑，即"拔五更"，抢杠（抢杠是头家首事之外的人家，包括外地的人来抢的），完毕，大概凌晨以后半小时内游四门；

十六上午晏公受礼、东庙做斛，午后晏公洗澡，接着便送甲香，晚上七点到八点半游四门、放鞭炮，八点半到九点抢红，九点半到十点，上殿福道场、安香火（西殿到此结束），十点到十二点东庙打爻杯、问卦、安香火；

十七上午整理物品、准备午宴，中午吃福酒，下午结账和张贴公布表，十七到十九的晚上，东庙西殿各派代表到对方庙殿进

---

① 即有家户要求晚上把晏公爷的神像请到家中，一来可以保佑家庭人丁，二来当晚晏公爷也无须回到庙中。

② 即最初打捞到雕塑晏公爷木头的李家井，那里被认为是晏公爷的娘家。

行相互礼拜。①

由此可见，晏公神显灵于蒲城并成为当地最主要的地方神灵，一方面是神灵自身的灵验性所致，另一方面它经由帝国敕封所获得的正统性，也使得实践晏公信仰成为地方获得华夏正统的一种文化标志。历史上的拔五更除了是根据地方历史创设的具有自身特点的仪式之外，也是通过仪式创设把自己纳入传统帝国文明体系的文化实践。"换而言之，晏公信仰在蒲城的发展以及有关他的仪式活动，是地方精英借助神灵的灵威性和正统性，对其进行的一种文化创设活动，它既是地方自主性的一种信仰活动，也是地方华夏化的一个组成部分。"②

事实上，在任何一个文明体系中，当文化被作为区分的手段和方式时，那么，具有正统性象征的仪式活动，不仅是地方本身获得正统性的方式，同时也是进行自我认同，建立地方中心，区分中心与边缘的方式。在蒲门，蒲壮所城正是在实践这种被帝国所鼓励的仪式活动，并且力图在规模、形式、气氛上都能接近华夏或者说正统。于是，在帝国的一个边陲地区，蒲壮所城通过对华夏文明中心的认同，把自己整合为华夏的一个组成部分，并以此来成为地方的中心。这个地方中心，既在华夏体系之内，又有其自身的自主性。③

---

① 林敏霞：《文明的进程：一座所城的文化与仪式》，博士学位论文，中央民族大学民族学与社会学学院，2009，第46页。（另外，整个仪式的详细过程可参见：金亮希：《苍南县蒲城"拔五更"习俗——2002年正月迎神赛会活动纪实》，载徐宏图、康豹主编：《平阳县苍南县传统民俗文化研究》，民族出版社，2005；张琴：《蒲城"拔五更"》，载张琴：《乡土温州》，浙江古籍出版社，2003；林培初：《蒲城元宵迎神民俗纪实》，载张思聪：《温州民间文艺理论》，西泠印社出版社，2005。）
② 林敏霞：《文明的进程：一座所城的文化与仪式》，博士学位论文，中央民族大学民族学与社会学学院，2009，第46页。
③ 林敏霞：《文明的进程：一座所城的文化与仪式》，博士学位论文，中央民族大学民族学与社会学学院，2009，第46页。

三、作为非遗的拔五更叙事与实践

蒲城拔五更如此独特的迎神赛会仪式，使其在 2007 年成功申请成为浙江省第二批非物质文化遗产名录。作为非遗的拔五更，一方面需要在叙事上与国家军事文保单位的蒲壮所城及其抗倭历史文化达成一致或者强化关联，另外一方面也面临如何进行"非遗"保护和传承的实践问题。

（一）拔五更与抗倭叙事构建

如前所述，关于蒲城为何以及何时建有东西两座晏公庙，并形成东西两队晏公正月迎神赛会，历史上并没有留下明确的文字记录，也没有明晰的传闻或故事。在拔五更只是单纯作为地方信俗加以实践的时候，这段历史的缺失并不构成问题。然而一旦蒲壮所城被确立为国家级文保单位、历史抗倭文化名城，地方就需要对东西两座晏公庙以及拔五更起源的历史加以更加清晰的描述、推测，以论证其与抗倭历史文化之间的相关性。这种叙事的建构在拔五更从"前非遗"到"非遗后"的过程中有着较为明晰的轨迹。

在笔者田野期间，蒲城退休教师林培初先生，也是文保会发起人之一，曾经提供给笔者他自己书写的关于蒲城拔五更起源的文字，这段文字具有一定的推测性，同时还不是那么"军事性"，更多体现的是地方老人对于作为农耕时代经济文化中心的蒲城的"历史想象"。这段文字后来被收录于 2004 年出版的《温州民间文艺理论》一书时，依然以"蒲城元宵迎神民俗纪实"为题目，而非"拔五更"为题目。与此同时，其文内表述的观点具有"前非遗时代"的社会记忆（着重号为笔者加，以下同）：

明代由于沿海一带经常受到倭寇骚扰，人民得不到安居乐业，全部精神投入抗倭。入清以来，清王朝又因控制郑成功北上，对当地实行"迁界"，于是美满家园成为废墟。康熙二十三年复界，回乡重整家园，经过 20 余年的努力整顿，人民生活开始从动乱转向安定，并逐渐走向富裕，祈神保太平的愿望更加强烈。当时又加上地方上一些人士的精心设计，为了要完善活动体系，与此同时又出现了东晏公主管农事，于是形成了东西二队相互竞赛，相互促进，年复一年，日久成为定例。这一套民俗活动，约在清雍正、乾隆年间形成，200余年来一直照例延续到今天。①

另外，笔者在田野中随机访谈了蒲城当地老人，其叙述亦是显示农耕时代的社会历史想象，在细节上并无更为明确的描述：

大概是到了乾隆的时候，逢盛世，农业丰收，人口增加，家家户户都富裕起来了。这个时候，想当首事（头家）的人增加了，只有一个老爷还是不够，于是逐渐增加到了四个。后来，又建立了东晏公庙（按：但是关于何时，为什么建立则没有说），两边的正月十五赛跑就开始了。②

同样具有"前非遗时代"社会记忆的描述，体现在原温州非遗中心主任杨思好先生早年对蒲城的田野调查中。他的调查和笔者上述这段调查记录基本上是一致的：

至于为什么盖上两座庙，一座庙为何供养4尊晏公爷，蒲城人尚不能明确作答，亦无文字资料可查证，只知道西庙修建时间早于东庙。据当地乡绅考证并卷（撰）写纸上悬挂在西庙的修庙时间表，西庙建于南宋（1127—1279），最早是个小神庙，元末明初重建，明万历年间（1573—1620）再次重建庙宇。至于"拔五更"源于何时、何事，何时与"庙公"发生联系，亦已失。蒲城人说，郑成功二入蒲城筹饷，为了断绝蒲城与郑成功的关系，清廷于顺治十八年颁下"迁海令"，强迫蒲城人内迁十里以外，并且一把火烧尽城内房舍、书籍等等，直至康熙二十三年才准予回迁，这就使蒲城的历史出现断代，回迁前的文字记载尽失。蒲城人只知道自回迁始，蒲城便有两座晏公庙，每座庙里供奉4尊晏公爷，

---

① 林培初：《蒲城元宵迎神民俗纪实》，载张思聪主编：《温州民间文艺理论》，西泠印社出版社，2004。
② 访谈人：林敏霞；访谈对象：蒲城老人（佚名）；访谈时间：2008年3月；访谈地点：蒲城城内。

每年正月十五"拔五更"。在寺庙林立的蒲城,"晏公爷"的地位最为尊贵,始终是"拔五更"活动的主角。①

同样,在 2006 年开展的浙江省民族民间艺术资源普查登记表中,对于拔五更之起源、起因亦表示无法确认:

明洪武二十年(1387)信国公汤和奉明太祖之令修建蒲城。拔五更,是蒲城独有的大型民俗活动。起源于何时,已无法确认。根据城内传说、实物佐证和活动形式推定,应源于明抗倭时期,演绎至今数百年,除十年"文革"外,年年举行,从不间断。②

2007 年,在第二批浙江省非物质文化遗产名录申报书中,依然记录着拔五更起源是"谜团":

拔五更活动世代相传,年年举办,除了"文化大革命"期间,从未间歇。由于历史悠久,起源于何时,现已无法确认,根据民间传说、实物佐证和活动形式推定,应源于明抗倭时期。……对于晏公的信仰相关的民风民俗均较为独特,拔五更活动本身与周边地区的民俗活动也大不一样,没有任何相似相近的地方,拔五更的形成、发展也仍然是一个谜团……

但是,这份非物质文化遗产名录申报书在拔五更的价值论述部分,已然明确肯定了拔五更与抗倭历史文化之间的关联,认为:"其中含有的抗倭精神和抗倭文化,更是先进文化建设的良好积淀。拔五更活动周期长、内容丰富、形式独特,其基本内容表现了明代抗倭民兵练兵和庆祝胜利的情景……""拔五更活动又是一项与抗倭战争有密切联系的民间活动,其中所蕴含的抗倭文化与抗倭精神,富有丰富的爱国主义内容。"③

在正式的非遗申报书之外,较早把蒲城东西两座晏公庙迎神赛会与军事性因素相关联的叙事见于金亮希先生《苍南县蒲城"拔五更"习俗》一文中:据说"拔五更"活动是明初建城后,为了锻

---

① 杨思好:《蒲城的"拔五更"调查报告》(未刊稿)。
② 《浙江省民族民间艺术资源普查登记表》,2006。
③ 第二批浙江省非物质文化遗产名录申报书之"蒲城拔五更"。

炼士兵的身体，每年举办赛跑活动，逐渐变形成了迎神赛会两队竞跑的形式，并延续了下来。①

随后，伴随蒲壮所城国家文物保护单位保护和发展工作的不断开展，作为国保单位内部的非物质文化遗产"拔五更"，在缘起叙事上就越来越明确地和抗倭历史文化联系在一起。

录制于 2017 年、获评 2019 全国非遗影像展十佳推荐影片的纪录片《拔五更》，则更加明确地把这一仪式与抗倭军事历史文化联系在一起。其中一位文旅局的领导也是该纪录片的总监制之一如此口述：

> 民间晏公信俗我们沿海地方都有，唯独我们蒲城有拔五更的民俗活动。一方面，蒲城这里是灾难多发的地带，它是祈求神灵的护佑。另一方面，是倭寇海盗经常会骚扰蒲城，所以，拔五更有现在军训的这种元素在里面。②

该纪录片中的另外一位口述人，也是该纪录片的民俗顾问蔡瑜，则更为详细地推测了仪式的历史成因：

> 拔五更的历史，我觉得这个应该先是有晏公信俗。晏公信俗在明代，它是属于这种受到朝廷政权的推广的。从目前这些史料来看，明代，特别是卫所这一条线，它对晏公信俗的记载还是相当丰富的。蒲壮所，或者说最初的叫作蒲门所，那么它作为这个会所系统里面的一个环节，自然也不可或缺晏公信俗。后来因为这个壮士所的并入，就导致了蒲壮所至少是出现了两支部队，那么两支部队，它就极有可能出现了两方的这个晏公。所以我觉得蒲城之所以有西关和东关的两处晏公庙，和当年壮士所并入蒲门所有很大的关系。这个关系可以成立的话，两支队伍进行拔五更

---

① 金亮希：《苍南县蒲城"拔五更"习俗——2002 年正月迎神赛会活动纪实》，载徐宏图、康豹主编：《平阳县苍南县传统民俗文化研究》，民族出版社，2005，第 436 页。
② 华松国（时任苍南县风景旅游局副局长）在 2017 年录制的《拔五更》纪录片中的口述。

的活动，应该是壮士所并入蒲门所后才形成的。①

由此可见，随着时间的推移，关于蒲壮所城拔五更起源的叙事文本不断地强化与蒲壮所城抗倭历史文化的关联。笔者详述蒲城拔五更的各个叙事文本，并非意在批判所谓"虚假"想象和建构的问题，恰恰相反，笔者甚至认同这种推测和建构。学界已经承认没有所谓绝对真实或者本真，真实自身也是一个社会建构的概念，具有情境性。在建构主义的旅游情境中，学者们认为真实分为传统真实、替代真实和再生真实。② 其中传统真实的界定指涉文化、仪式相关要素和符号是能被识别和标志该民族或族群相对客观的真实。蒲城的地方学者在对拔五更等起源叙事中，其指涉的要素也是基于明代抗倭卫所的客观真实，即便是一种建构，也是一种偏向于传统真实的建构，历史是在这种建构中层层积淀的。蒲城正是在文保单位和非遗保护的特定条件下，借助地方的传统真实来建构和强化自己的历史叙事，夯实地方认同的基础。

（二）非遗视角下"拔五更"的保护和发展

笔者 2008 年在蒲城做田野调查的时候，关于晏公爷拔五更仪式，记有这么一则田野笔记：

显然，这次出游规模远不如金亮希记载的 2002 年出游情况。至少在队伍规模上，少了东庙的大旗、四个虎头牌、二十多个扮戏的，只有香亭而没有香斗，没有彩车。最糟糕的是，东门四扇的老爷一开始居然还组织不到人抬，另外一种说法是没有时间上来（按：就是南下做生意的人回蒲城的意思），或者没有通知到位，来晚了。我心里面感到难过。

不过，除了到各地的庙点拜访外，那些结婚、生子、上大学的人家前面还是很热闹的，不仅老人家迎拜，也不乏年轻人点香叩拜老爷，倒是有点令我感到一种温馨和感动（联结在一起的地

---

① 专栏作家蔡瑜在 2017 年录制的《拔五更》纪录片中的口述。

② 韩璐、明庆忠：《少数民族节庆仪式展演的文化象征与建构主义旅游真实性研究》，《旅游论坛》2018 年第 4 期。

方感）。

我看到抬老爷软轿的人，多数是 50 岁以上的老人，只有少数几个是年轻人，其中一个是从三亚回来的西门大扇的头家华煌。我有点心疼这些老人。而且由于人数少，也不像过去每扇老爷严格都有两班替换人员来换班。

我很担心，在若干年之后，为老爷挑担的人是不是还能叫齐。有些老人解释，年轻人都不想抬，太辛苦了。华煌也说，自己现在都不干体力活，这个担子挑起来实在是很辛苦。

另外太阴宫的金阿公也和我谈到，"我们以前天天干活，身体很好，有力气。现在年轻人出门坐车，重体力活干不了，怕吃苦，懒了。所以拔五更的年轻人就少了"。

老爷是不能放在地上的，整个出乡的过程，我没有看到老爷被放到地上过，实在抬不动的时候，就由现有有限的人顶换解决。①

这是笔者作为田野者的一次直观观察和部分访谈的记录。当时非物质文化遗产的概念还不像现在这么普及，因此，这份记录更加直观地反映了在市场化、城市化、现代化进程中，拔五更仪式实践和传承上出现的参与主体老龄化、年轻参与主体身体实践能力下降等非遗传承中的共通性问题。这种直观的观察也在拔五更的申报书上得到了印证。申报书在谈及拔五更"濒危状况"的一栏中写道：

拔五更活动老一辈组织年龄老化，年轻人大多出外工作，活动组织后继无人。拔五更活动中的"公婆跳""大头福娃"等具有特色的民间性文化活动项目后无继者，拔五更活动濒临消失。②

不过和实践主体的身体参与程度和水平下降相反，"出钱的人还是有的，就是没有人出力了。出钱是无所谓的，香火还是很旺

---

① 田野笔记资料，2008 年 2 月 16 日。
② 第二批浙江省非物质文化遗产名录申报书之"蒲城拔五更"。

盛的"①。

随后几年间，笔者依然继续关注着蒲城拔五更后续传承和发展的情况。在全国非遗保护热和文旅发展战略的推动下，整个苍南县也在积极开展文旅产业和非遗保护工作。蒲壮所城及其拔五更一直是苍南县文旅产业和非遗保护工作的重要组成部分。

2012 年，位于蒲壮所城内的龙门村被列为浙江省非物质文化遗产旅游景区（民俗文化旅游村），其所依托的最主要非物质文化遗产项目便是拔五更。同年，村人集资重修晏公古戏台。接着又利用原来的古建筑，修建以"一馆两堂五室六堂"为基本格局的龙门村文化礼堂，礼堂中专门设立了省级非物质文化遗产"拔五更"民俗展示馆，以时间为脉络，向村人、游客展示拔五更的历史和文化。2016 年，龙门—金城村入选第五批浙江省历史文化名镇名村名录。龙门村的总体环境得到了更大的改善。在这一改善的过程中，结合拔五更，提炼出了"龙门精神"村落文化核心。2017年拍摄的纪录片《拔五更》在"人文中国——家园奖"获全国纪录片二等奖，又获评 2019 全国非遗影像展十佳推荐影片。2018 年，又出版《蒲城乡土建筑》《蒲城历史任务》《蒲城拔五更》等文化遗产丛书。

2016—2021 年，每年的苍南县政府报告以及旅游业发展报告中，都提及如何把蒲城的拔五更融入整体的文旅开发、品牌节庆活动。苍南县政府和文广新局明确地把打造文旅体节庆活动品牌作为政府工作计划，重点培育一批具有苍南特色的旅游节庆品牌，包括马站采摘节、蒲城拔五更、畲族三月三、矾都明矾节、金乡卫城抗倭文化节等一批品牌节庆活动，蒲城拔五更一直是重点被提到的非遗项目。

截至目前，苍南县的文旅事业已经得到了相当的发展。在2020 年新冠疫情暴发之前，全县上下紧紧围绕打造"浙江山海生

---

① 访谈人：林敏霞；访谈对象：JQY；访谈时间：2008 年 2 月 19 日；访谈地点：蒲城太阴宫。

态旅游目的地"目标的全域旅游已经呈现较为强势的发展势头。2017年年初，苍南被列入全省首批全域旅游示范县创建名单。前三季度全县接待游客820万人次，旅游总收入66亿元，同比分别增长41%、29%，创历史新高。① 在苍南县的总体规划中，希望到2025年，游客总人数达到2500万人次，旅游总收入达到250亿元，旅游业增加值占全县GDP比重达到12%。②

蒲城拔五更作为民俗类的非遗，具有强时空性。在非物质文化遗产保护和全县全域旅游发展的推动下，近年来也吸引了越来越多的游客、记者、摄影师来到蒲城，尤其是在春节拔五更期间来感受蒲城特有的年味。在旅游业的促动下，整个蒲城对于拔五更的保护和延续也从原来的自发重新变得自觉。③

四、结语：非遗叙事、地方与空间正义

一个地方社会有其自身的历史、文化和仪式，但它的历史、文化和仪式又和更大的社会结构、文明联系在一起。拔五更是蒲城最具标志性的一项民俗实践活动，一方面来自历史上民众对于晏公灵验性的直观感受和尊崇，另外一方面也因为传统帝国的正式敕封，使得实践晏公信仰具有正统性，是地方社会在传统时期把自己和华夏文明中心相互联系的一种文化方式。进入现代社会以后，历经传统的"断裂和复兴"，在"非遗"的语境中，蒲城的晏公信仰以"非物质文化遗产"的身份，再一次获得了"正统"的身份。借着非遗的符号正统性，蒲城的地方学者也积极地建构着

---

① 《苍南（马站）全域旅游暨蒲壮所城保护与利用高峰论坛举办 各路专家共商苍南旅游发展大计》，2017年11月28日，苍南新闻网，https://www.cnxw.com.cn/system/2017/11/28/013189047.shtml，访问日期：2022年2月23日。
② 苍南县发改局：《苍南县产业发展"十四五"规划》，2022年1月11日，苍南新闻网，http://www.cncn.gov.cn/art/2022/1/11/art_1229566222_4013371.html，访问日期：2022年2月23日。
③ 2020年新冠疫情以来，晏公爷已经有三年没有下殿，拔五更活动也停了三年。

拔五更和蒲壮所城抗倭历史文化关联的传统真实叙事，强化地方社会的地方历史感和认同感。

在资本与科技驱动下呈加速度增长的现代性，给予人们便利的同时，也造成人与自然、人与地方、人与人自身的割裂。人们虽能足不出户而"坐拥天下"，却也因此丧失了与其所存在空间的"地方感"，在"没有附近"的世界里生活。我国提出的生态文明发展、乡村振兴、非遗保护等战略有着内在一致的逻辑性：是对现代工业化、城市化、资本化发展的一种批判性的、挑战性的思想和实践。三者都蕴含着对"地方"的诉求。

生态文明发展需要内含着对于工业化、制式化发展的反思、反动；生态文明发展的立足点，在于对"地方"的重新定义：它需要的是一种生态正义类型的"地方，而不是产业化的、工业化的资源地。地方性，意味着空间正义，意味着物质、文化关系的总和，意味着人文地产景的一体性，意味着'恋地主义'或'恋地情结'"①，在固定的地点上所形成的一种生活样貌。

地方性包含了地方感，文化遗产是地方性的，具有家园属性。通过积极的非遗叙述建构地方、强化地方，成为对抗现代性此种碾平世界特性的力量和途径。

---

① 段义孚：《恋地情结》，志丞、刘苏译．商务印书馆，2018，第5页。

纪录片对非物质文化遗产的活态保护与传播

姜常鹏　徐　鸿[①]

（浙江师范大学艺术学院，浙江金华，321000；山东省莱阳市融媒体中心，山东莱阳，265208）

摘　要：纪录片以真实性的过程展示和艺术阐释始终在非物质文化遗产保护与传承中扮演重要角色。只是仅停滞于对非遗项目的动态记录和静态保存并不能充分发挥当下纪录片的功用。"活态保护"首先要对非遗项目所蕴含的无形的思想价值和精神意义进行阐释，其次应维持遗产与现实生活间自然自在的状态，最终实现以传承人为核心的活态保护与传播。因此需要突破既有观念，把纪录片作为一类工具，探索它对于非物质文化遗产活态保护与传播的各种可能。

关键词：非物质文化遗产；活态保护；影像转述；传播形态

影视艺术与非物质文化遗产（以下简称"非遗"）的保护传播具备天然关联，因为非遗是无形文化遗产，但却是"可视"的。尤其在视听文化时代，作为媒介的影像成为记录和保存非遗项目的主要途径。其中纪录片以真实性的过程展示和艺术阐释始终在非遗保护与传承中扮演重要角色。中共中央办公厅、国务院办公厅于 2021 年 8 月印发的《关于进一步加强非物质文化遗产保护工作

[①] 姜常鹏，浙江师范大学艺术学院讲师，戏剧与影视学博士。徐鸿，山东省莱阳市融媒体中心编辑、记者。

的意见》中明确指出，要实施非物质文化遗产记录工程，支持加强相关题材纪录片创作，以此加大非物质文化遗产的传播普及力度。只是依然停滞于对非遗的动态记录和静态保存，并不能充分发挥当下纪录片的功用，也无法满足大众参与体验的需求。纪录片对非物质文化遗产的保护应转向"活力"的激发与存续，开拓适宜环境，促进非遗的活态保护与传播。

一、纪录片与非物质文化遗产的活态保护和传播

纪录片是较早参与非物质文化遗产记录与保存的影视艺术形态，如《定军山》（1905）、《北方的纳努克》（1922）便属于非遗题材纪录片，其中也暗含非遗纪录片的制作理念和摄制方式。其真实性特征可以实现非物质文化遗产的记录、保存与展示；艺术性阐释则能够运用视听语言对非遗项目进行阐述和传播，投合大众接受习性。在新媒体语境下，纪录片拥有了更多样的文本形态与互动方式，如跨媒介形态、纪录短片、直播纪录片、互动体验形态，这为我们重新思考纪录片如何保护和传播非物质文化遗产提供了可能。

因为在关于非遗题材纪录片的研究中，诸多论者并没有充分考虑非物质文化遗产的内在规律及其多元杂糅、活态流变的核心特质，这导致研究视野被局限于"以非遗项目作为表现主体和审美对象，运用声画语言加以记录和表现的纪录影片"[①]，却忽视了像《舌尖上的中国》《我在故宫修文物》《了不起的匠人》等那些真正促进非遗活态保护与传播的纪录片。如《舌尖上的中国》（第三季）让章丘铁锅重新"活"了起来，许多观众实地拜访制锅作坊，一时间"一锅难求"；《了不起的匠人》采用"边看边买"方式，既展示非物质文化遗产从无形到有形的过程，又链接当下需求，呈现了非遗项目的活态流变性。

因此，虽然《留住手艺》《传承》《指尖上的传承》等正统非

---

① 陈敏南：《"非遗"题材纪录影片的叙事策略》，《当代电影》2012年第5期。

遗题材纪录片通过多样化的叙事手法完成了非遗项目的影像阐述，但我们仍需重新思量纪录片在非物质文化遗产保护和传播中的角色与作用。一个文本中只有部分事件或人物指涉非遗项目，却能够利用新的媒介和形态让非物质文化遗产获得较好的传播效果，这本质上是一个研究视角的转换问题。即应从非物质文化遗产的活态性、流变性特征出发，把纪录片作为一类工具，探讨它对于非遗保护与传播的各种可能，而不是仅从数量有限的非遗题材纪录片中归纳其文本叙事策略或模式。各类型题材的纪录片一般会有边界区分，但是非遗纪录片比较特殊，它在内容上会与文化类纪录片、人类学纪录片、民族志纪录片有重叠交融。它们有时并不从非遗保护立场出发，但文本中的内容又会切实促进非遗项目的保护与传播，所以那些并没有以非遗项目为表现主体的纪录片也应进入研究视野。

如此一来，便能够找寻到一个更为合理的考察视角，即由非遗本真立场出发，把纪录片作为一类媒介和工具，探究它对于非物质文化遗产活态保护与传播的功用。因为非物质文化遗产的"非物质"性并不是指与物质绝缘，而是指重点保护和传播的应是物质因素所承载的非物质的、精神的因素。[①] 由此与物质文化遗产的静态性和不可传承性相比，非物质文化遗产是活态遗产，更加注重活态性保护。例如在呈现章丘铁锅时，重点关注的应是制造过程里的人为技艺及其蕴含的价值意义，而不是仅对制作工具或劳动成果进行展示。这正契合纪录片注重过程展示的特质，再辅之以文字述说，可以完整阐释非物质文化遗产所含有的知识技能与精神意义。此外，非物质文化遗产通常与民众生活密切关联，因而活态传播也是推动其保持顺应时代的流变性，继续成为大众生活的一部分。《了不起的匠人》以短纪录片形态融合"T2O"模式便是如此，让非物质文化遗产项目链接民众实际需求，促进它们

---

① 王文章：《非物质文化遗产概论》（修订版），教育科学出版社，2013，第42页。

的活态传承与传播。全媒体时代下纪录片拥有跨媒介形态、纪录短片以及多样的互动体验方式，为非物质文化遗产融入日常生活提供更多渠道。

由此来说，纪录片对非物质文化遗产的活态保护主要在于将遗产项目的实践过程及其蕴含的无形思想价值和精神意义进行展示与阐释，解决某项非遗活动"如何做""为什么这样做"的问题；[①] 活态传播则应扶助实现非遗项目与时代生活的活态联结，非物质文化遗产源于生活，最终也需扎根于当代生活才能够实现活态保护和传承。二者共同作用，才有可能触及非遗活态保护的本质——保护遗产持有者活态的记忆和技艺。[②] 因而从"活态"视角考察纪录片对非物质文化遗产的保护与传播，能够消解以往非遗题材纪录片研究重文本、少互动、弱体验的局限，从非遗本身立场出发探索纪录片保护与传播的功能。

二、展示与阐释：纪录片对非物质文化遗产的活态保护

非物质文化遗产的特质是无形和非物质性，对此进行展示、传播和保护，首先要依托某些手段与载体进行物质化转述，诸如文字、图画都曾是非物质文化遗产的重要呈现载体。新媒介语境下，视听影像逐渐变为记录和展示非遗项目的主流形式，而纪录片独有的真实特性则让其成为国内外文化遗产领域进行影像转述的主要实现方式。[③] 因为非物质文化遗产的价值并不主要通过最终的物质形态来体现，而是内含于从无形到有形的动态过程里。纪录片作为工具对非物质文化遗产的活态保护，首先就表现于真实性的过程展示。

---

① 吴南：《中国传统手工艺术活态传承机制研究》，中国纺织出版社有限公司，2020，第 46 页。

② 孙发成：《非遗"活态保护"理念的产生与发展》，《文化遗产》2020 年第 3 期。

③ 杨红：《非物质文化遗产展示与传播前沿》，清华大学出版社，2017，第 127 页。

（一）过程展示：直观呈现非遗项目"如何做"

一般而言，展示是将一种事物清楚明白地表现出来的过程。纪录片《了不起的匠人》（第二季）第一集《黎族阿婆的泥与火之歌》中，围绕黎族原始制陶技艺，向观众展示其挖土、捣土、筛土、和泥、做底、盘筑、塑形、修坯、制树汁、平地堆烧、洒树汁的烧制流程；《传承》（第二季）中细致呈现鄂温克族人寻找丢失的驯鹿技艺、簖网捕蟹技艺等均是如此。但作为影像艺术的纪录片，是在具体项目的展示中能够对内容及其流程进行组织和编排，调配多样的视听语言构思非遗项目的展示方式。如《传承》展示寻找驯鹿技艺时设置了悬念，呈现簖网捕蟹时使用了水下摄影；《指尖上的传承》讲述苏绣时采用了交叉蒙太奇。相比于实体空间中的静态展示或演示，影像叙事显然在展示效果上更具艺术性和便捷性，能够借助丰富的影像手段对非遗项目的实践流程进行直观呈现，解决其"如何做"的问题。此为非物质文化遗产活态保护的基础环节，让非遗项目得以真实动态地保存，既可以协作纪录片进行内涵阐释，也可以为活态传播的实现奠定基础。

（二）内涵阐释：深度阐明非遗项目"为何做"

在文化遗产领域，"展示"与"阐释"息息相关。阐释指所有旨在提升公众意识、提高对文化遗产了解的潜在活动[1]，某种程度上，成功的展示是进行有效阐释的基础。纪录片对非物质文化遗产的活态保护同样如此，文本中对非遗项目呈现过程的组织与编排，正是为了更好地阐释它蕴含的精神内涵和文化意义。非物质文化遗产的核心是无形的精神性、思想性内容，对其阐释的重心即在于保持某一种思想或精神诉求的延续。[2] 由此才能避免仅把

---

[1] 杨红：《非物质文化遗产展示与传播前沿》，清华大学出版社，2017，第4页。

[2] 吴南：《中国传统手工艺术活态传承机制研究》，中国纺织出版社有限公司，2020，第22页。

物质表象当作非物质文化遗产的误区，而是将"为什么做成某物"作为文本阐释的核心问题。仍以《黎族阿婆的泥与火之歌》一集来说，纪录片在展示原始制陶技艺流程的同时，通过解说、歌谣以及传承人自述等方式回忆旧时卖陶情景、表达母女情感和对自然的敬畏，以此阐述羊拜亮老人的制陶缘由和心路历程，以及制陶技艺之于黎族人民生存、生活的意义，传达出的则是技艺本身所蕴含的劳动人民的勤劳与智慧。而观者们在弹幕中表达的"陶，传承千年的东西真的不能丢""哪里可以买到？很质朴，很喜欢这种感觉"等内容即表明，通过对制陶技艺本身所蕴含的文化意义和精神内涵的平实表达，纪录片成功激起大众的生活情感和参与欲望，为非遗融入现代生活、实现活态保护提供可能。

纪录片对非遗项目的阐释方式也是多样的。首先，可以使用解说进行直接阐释，提升大众对非遗项目的理解和认知。但采用该种阐释方式时应避免声画割裂，以及仅关注非遗项目生成的艺术品而忽略艺术行为的错误倾向。对实践过程的阐释，才是纪录片实现非遗活态保护的关键环节。其次，可以让传承人进行自主阐释。《我在故宫修文物》《了不起的匠人》等纪录片便是如此。这能够缩短观者与文化遗产间的距离，增加文本说服力，促使受众体会非遗与生活的联结互动。此外还可以像《指尖上的传承》那样进行故事化阐释，或如《指尖上的中国》那样实施体验式阐释。它们携带的参与互动特性，能够对非遗项目进行实时的过程展示和阐释。

可见在纪录片对非物质文化遗产的活态保护中，展示与阐释须相互补充、配合，才能解决某个非遗项目"如何做""为什么这样做"的问题，引导受众思考该类非遗当前或未来的价值意义。像《留住手艺》便过于关注艺术品而忽略艺术行为，让观者难以全面理解传承人的行为方式及缘由。因此过程展示是文本进行阐释的基础，而阐释则让纪录片的展示不流于表面。展示与阐释的目的在于让大众知晓相关非遗项目仍在当代日常生活中延续，并能够满足相应生活需求。两者相互配合，共同营造文本语境，不至于产生像博物馆展示那样把非遗项目与原生地割裂的状态，在叙述上依然能够保持文化遗产与原生地之间实时动态的联系。

三、参与和体验：纪录片对非物质文化遗产的活态传播

对于非物质文化遗产来说，无论最终是否生成符合时代需求的艺术品，在依靠介质完成转述的同时，也需要相应媒介及形态对其进行有效传播，吸引更多大众参与，如此才能促使非遗项目融入日常生活。就像《舌尖上的中国》对章丘铁锅工艺的展示传播那样，播映后铁锅销量同比增长近 6000 倍，[1]并于同年 7 月入选济南市市级非物质文化遗产项目，让锻打技艺得到规范与保护。这充分表明纪录片作为展播媒介对非物质文化遗产的传播效用。因而此处的"活态传播"即指纪录片如何扶助非物质文化遗产维持与时代生活的活态联结，解决其"活下去"的问题。如果说文本的展示与阐释是在纵向时间维度上实现非遗项目的活态保护，那么把纪录片作为媒介便是在横向空间维度上促进它们的活态传播。在非遗活态保护研究中，论者们也都会提及"努力恢复生活流，从社会空间出发，让非遗活动在现实生活流中自然流溢"[2]的方法，因而在新媒体语境下，纪录片能够以何种形态或方式，把非物质文化遗产与当代生活空间相关联，实现"活起来""活下去"，即成为活态传播的考察重心。

（一）纪录短片形态中的活态传播

该种形态的盛行源自新媒介时代传播者赋权大众所激活的"微资源"，个体可以通过便捷的方式发布作品或与作者文本进行互动，并产生大众媒体的传播效果，较好地适应了非线性传播方

①《〈舌尖上的中国 3〉章丘铁锅走红：天猫销量增长近 6 千倍》，2018 年 2 月 23 日，网易新闻网，https://www.163.com/dy/article/DBB4RQMR0518E1NR.html，访问日期：2021 年 10 月 21 日。
②陈勤建：《回归生活：非遗保护的理论与实践研究》，上海人民出版社，2018，第 3 页。

式。例如福建南平手艺人彭传明，以时长 8 分钟的短视频来复原胭脂、南葛庐、蔷薇水等项目的古法技艺并上传抖音平台，受众可以实时评论交流或分享转发，实现了极好的传播效果，截止到 2022 年 5 月，共吸粉 843 万、获赞超 4000 万次。短片形态允许个体受众通过移动媒体和交互界面自由协调传受时空，以便在各类短小的时空间隙里接受一部结构完整的纪录短片，而不是定时、定点地进行仪式化观看，迎合了大众微传播、微协调的生活方式。因此短纪录片形态能够让非遗信息最大限度地渗入民众群体生活中，保证其不脱离生产者和享用者而独立存在。《风味原产地》《听起来很好吃》等纪录片均采用短片形态，将遗产项目灵活地置于群体生活中，允许大众在任何时空、任何媒体上自由接受和读解。《风味原产地》系列短片还同时于主流媒体、各圈层自媒体、社交网站等不同媒介上进行传受活动。"看一次饿一次！这节目没售后的吗？""看完觉得马上就要去一趟！"等众多评论，即表明其文本形态充分契合了观者的接受习惯，并成功激发了他们参与体验的欲望。该片上线 Netflix 后，境外观众也认为"单期时长 10 分钟的节目本身就是一块尺寸完美、精致可口的文化蛋糕"，甚至有部分观者还表示想要二次观看节目，并做笔记学习制作中国美食。[1] 可见时兴的新媒体文化并不会阻碍传统文化的发展，对媒介及形态的合理使用，能够保证非遗信息在大众日常生活中的动态流通，保持非物质文化遗产与时代生活的活态连接。

（二）跨媒介形态中的活态传播

所谓纪录片的跨媒介形态主要指制作者将与纪录片原文本相关联的内容参照各类媒介特性，采用相应的形态和风格分布至不同媒介渠道中，以配合完成纪录片的各类传播方式。例如前文所说的《风味原产地》即是系列纪录片《风味人间》的延伸文本，它

---

[1] 刘翠翠：《〈风味原产地〉被 Netflix 买断全球版权 开创国产纪录片出海先河》，2019 年 2 月 14 日，https://www.sohu.com/a/294887265_99906731，访问日期：2021 年 10 月 31 日。

以纪录短片的形态对原文本指涉的地域美食继续进行探索。此外还延展出清谈节目《风味实验室》,邀请导演和嘉宾共同探讨美食蕴含的文化意义;以及主要以图文或短视频形式展示食物制作流程的《风味菜谱》。由此而言,纪录片的跨媒介形态偏重各类媒介文本间的补充与合作,以此把文本内容广泛渗透至不同的接受群体。其对非物质文化遗产活态传播的效用也在于通过跨媒介的文本组合,将某类非遗扩展为热点话题或文化语境。例如《舌尖上的中国》《风味人间》促成"美食热",《我在故宫修文物》《上新了·故宫》促成"故宫热",《了不起的匠人》《大国工匠》构建起"工匠精神"。这能够让大众沉浸于各类非遗项目的文化语境中,并经由不同的媒介渠道消费和感知非遗产品及其精神内涵。

以《风味人间》第三集为例,原文本对非遗项目叫花鸡进行展示和阐释后,导演与嘉宾还会在节目《风味实验室》中共同讨论"火烤"方式和"鸡肉"食材之于人民生活的价值意义;《风味菜谱》则细致呈现制作叫花鸡所需的食材与流程。纪录长片、清谈节目、图文菜谱等共同合成跨媒介的文本,以不同形态文本的延展形成跨媒介的"内容雪球",进而将文本的"叙事世界"向文化语境扩展。因此纪录片的跨媒介形态能够带动起一种不同于单一媒介的舆论氛围,甚至成为一次影响广泛的媒介事件,为文本所展示的非物质文化遗产开拓适宜的生存环境,并给大众参与体验提供渠道,由此激发和延续其活力。

(三)互动体验形态中的活态传播

非物质文化遗产保护的核心是延续其承载的观念和意识形态,因为思想与观念是流动的,所以学者们提出活态保护的方法。但这种需要活态传承的、形而上的东西最终仍要依托具象的艺术品或艺术行为才能被展现,因此无论对非遗项目采取何种保护措施,都应回归现实生活,保存、创造或延续适宜生存的环境。纪录片作为一类活态保护途径也不例外,它能够在真实性基础上将遗产项目的阐释延伸至现实生活中,为接受者创造切身体验的通道。《了不起的匠人》采用"边看边买"的方式即是如此。依托交互媒介，受众在读解文本的同时可以通过链接即时购买同款产品，真实体验成为文本内容在现实媒介里的延展。第一季节目收官时，"边看边买"商品的展示数量共7000万次，下单金额高达240万元。① 再如《风味人间》的制作方在线上线下同时售卖相关食材，并举办复刻"风味美食"系列活动，让用户在线下场景体验"风味"。纪录片互动体验的形态保证非遗活动不脱离其原生环境，虽然文本是由视听语言营造的虚拟语境，但纪录片的真实性可以将内容与现实社会联结，让非遗活动回归日常生活。只有更多民众参与和体验了遗产项目，才能为其提供应有的经济基础和生存环境，实现活态保护和发展。

如果说影像表述过程中的展示与阐释是对遗产活动及其意义价值的提炼，那么纪录片多样化的媒介形态便有效契合了大众新的生活方式和文化观念。自带真实深度的参与和体验避免了仅是通过媒体形成吸引他人的噱头，所关注的依然是文化传承本身。

四、结　语

非物质文化遗产包括口头传说与表述，表演艺术，社会风俗、礼仪、节庆，有关自然界和宇宙的知识和实践，传统手工技能等许多类型。纪录片仅是众多保护传承方式中的一类，它能够对非物质文化遗产实现活态保护与传播乃是基于自身的真实特性。依靠真实的过程展示能够完成非遗项目的活态阐释，因为媒介形态的多样性能将文本内容延展至现实生活，让受众深度参与和体验非遗活动，推动非物质文化遗产回归日常生活。纪录片在非遗保护和传播体系中应该占有举足轻重的地位。从上述较为成功的案例来看，它与新兴媒介的融合可以为非物质文化遗产的活态存续创造相应人文环境和市场需求。因此短视频、直播纪录片、VR 纪

---

① 王琳玲:《系列微纪录片〈了不起的匠人〉中传统手工艺的活态传承研究》，硕士学位论文，兰州大学新闻与传播学院，2020，第 33 页。

录片、交互式纪录片等，都可以成为非遗活态保护与传承的有效途径。非物质文化遗产本身就是活态流动的，我们应做的便是寻找恰当有效的方式对其进行转述和传播，其中纪录片是一类可以信赖和值得探究的方式。

传统视域下非遗纪录片的
"中国叙事"研究①

潘路路②

（浙江师范大学艺术学院，浙江金华，321004）

　　摘　要：传统视域下的非遗纪录片注重在中华民族传统历史的语境下彰显中国非遗的传统性。此类纪录片通过梳理中国非遗的历史发展，讲述中国非遗的传统故事，强调中国非遗同中华民族传统历史之间的互动关系，建构非遗的"中国叙事"，以此实现中华民族共有的文化谱系建构，从而唤醒受众对中国传统文化的文化认同。与此同时，历史人物的影像召唤也是传统视域下此类纪录片建构中国叙事的方式之一，不仅有助于提升共有文化谱系唤醒个体文化认同的速率，也为中国非遗的保护与传承提供裨益。

　　关键词：非遗纪录片；传统视域；中国叙事

　　近年来，随着国家政策的持续引导和创作者的不断努力，有关中国非物质文化遗产（以下简称"非遗"）的纪录片日渐增多。此类纪录片以中国非遗为创作素材，通过非虚构的纪实方式系统记录并加以艺术化的再创作，展示中国非遗的客观面貌，传递中国非遗的价值内涵，不仅为中国非遗的保护与传承做出了贡献，

---

① 基金项目：国家社科基金项目"新时代中国非虚构文艺创作研究"（项目编号：20BZW042）。

② 作者简介：潘路路，浙江师范大学艺术学院讲师，艺术学博士。

也对中国传统文化的弘扬大有裨益，具有重要的艺术价值和文化价值。

中国非遗与中国传统文化紧密相连，是中国传统文化的重要组成部分，其形式与内涵均体现了中国传统文化深厚的精神意蕴。因此，基于传统视域创作中国非遗纪录片，不仅是对各项非遗本身的关注与聚焦，也是对中国传统文化的一次重申与强调。更为重要的是，这也为中国传统文化的弘扬提供了绝佳的契机。

整体来看，讲好非遗传统故事，建构非遗"中国叙事"是传统视域下中国非遗纪录片保护传承中国非遗、弘扬传统文化的重要方式。中国非遗历经千百年的传承，其传统性的特质不言而喻。传统是世代延续的历史累积，历史作为人类社会经历事件的综合，其存在的形式是过去式的，它只能被接近，而不能被完全复原。如何在这种传统性的视域下接近中国非遗并讲好中国非遗的传统故事？此类纪录片所采用的方式即是在中华民族传统历史的语境下建构非遗的"中国叙事"。

具体来说，中国传统历史语境架构了一个阐释中国非遗的"语义场"，它为此类纪录片审视相关中国非遗，提供了一个来自中华民族传统历史的视域，为影片的阐释锚定了时空坐标。这种语义场的建立，能使观众的理解沿着大一统的"中华民族"的认知框架与中国传统历史的阐释体系进行延展，继而在历史叙述的过程中摸清中国非遗的发展脉络，感知其中蕴含的传统文化意蕴，并由此升起对中国传统文化的文化认同。这一过程主要由历史化叙述来实现，即对该项中国非遗的历史进行文本化的处理，通过纪录片的叙事，将其转化成一个可被解读的叙述文本。"除了以文本的形式，历史是无法企及的，或换句话说，只有通过先文本化的形式，我们才能够接触历史。"[1] 将历史转化为文本的过程主要体现为历史的重塑。这里的重塑并不是指改变客观历史。正如詹

---

① Fredric Jameson, *The Political Unconscious*, Cornell University Press, 1981, p.82.

明信所言，"我们并没有随意构造任何历史叙事的自由"①。因为中国非遗纪录片作为一种影像文本，对相关非遗的历史梳理同样将成为中国非遗历史的一部分，即是基于媒介历史的角度予以探讨。而我们也应当注意的是，"历史并非完全如新历史主义所宣称的那样是一种带有虚构性的语言阐释"②，因为"历史毕竟是一种不言的过去的存在，以文本形式呈现的历史尽管是叙事的结果，尽管会留下许多的断裂和空隙，但历史作为一种'缺席的本原'是不可能一笔勾销的，'在'的历史文本是以'不在'的无言的历史为依据的"③。这便如影像中"缺席的在场"往往是凭借"显在的在场"从侧面出现在观众的认知场域，"因为它是确实被再现的事物，它又是缺席的，因为它仅仅是被再现的"④。

　　具体而言，传统视域下中国非遗纪录片围绕某项中国非遗，梳理与之相关的中国非遗本身的发展历史，讲述中国非遗的传统故事，并依照社会历史事实，将中国非遗纳入大的中华民族的历史体系中进行审视，站在中国传统历史的角度重新看待相关中国非遗的传承发展情况，在大的中华民族传统历史与小的中国非遗历史的互文中重塑相关中国非遗的历史文本，建构非遗的"中国叙事"，以此编织出一张足以唤起广大中华民族群体文化认同的共有文化谱系。这张文化谱系"作为一种确认我们身份的手段，作为了解我们潜能的线索，作为我们对他人印象的基础，以及作为未来可能性的一些启示"⑤，帮助当下的中国人印证内心萦绕的"我

---

① 詹明信：《晚期资本主义的文化逻辑》，陈清侨等译，生活·读书·新知三联书店，1997，第 252 页。
② 王晖：《时代文体与文体时代：近 30 年中国写实文学观察》，人民出版社，2010，第 95 页。
③ 王先霈主编：《文学批评原理》，华中师范大学出版社，1999，第 225 页。
④ 让·米特里：《电影美学与心理学》，崔君衍译，江苏文艺出版社，2012，第 73 页。
⑤ 孙莉：《纪录影像与历史再现：史态纪录片研究》，陕西师范大学出版总社有限公司，2014，第 117 页。

是谁，我从哪里来"的哲学命题。正因"文化认同是一种基于共同历史和文化遗产，将人们联系在一起的集体认同形式"，① 此类纪录片也借此强化广大观众对中国传统文化的倾向性共识，再次询唤广大中华民族群体对中国传统文化的归属感与认同感。

一、非遗发展历史的影像梳理

如前所述，传统视域下中国非遗纪录片首先注重对各项中国非遗本身的历史梳理，这是历史文本化的必要过程，也是重塑非遗历史、讲述非遗传统故事的重要基础。只有对某项中国非遗的历史进行清晰爬梳，深化相关非遗的历史感，才能实现其与中华民族传统历史的对接，从而建构非遗的"中国叙事"。与此同时，对相关非遗项目本身的历史梳理也是体现其传统性，彰显其丰厚传统文化底蕴的重要途径，有助于促进观众对中国传统文化的文化认同。

例如纪录片《诗画江南》，围绕传统造园技艺，将历朝历代各座著名的古典园林纳入其中，介绍古典园林建筑的发展历史，梳理了一张中国古典园林的历史图谱。春秋时期的夏驾湖、姑苏台、馆娃宫、古凤池园，南朝的戴颙宅园，唐朝的辋川别业，宋朝的西湖、沧浪亭、半山园、艮岳、同乐园，明朝的坐隐园，清朝的个园、瘦西湖，中国历史上各朝的著名园林建筑在纪录片《诗画江南》中一一登场，不同时代的造园技艺所流露的特征被厘清，继而呈现在观众眼前，显现了这一中国非遗的传统性，也彰显了其深厚的传统文化底蕴。

纪录片《园林》在介绍传统造园技艺的历史发展时，也梳理了艮岳、拙政园、上林苑等中国传统古典园林的基本历史信息，展示了该项中国非遗悠久的发展历史。纪录片《景德镇》围绕景德镇

①He J, Wang C L, "Cultural identity and consumer ethnocentrism impacts on preference and purchase of domestic versus import brands: An empirical study in China". *Journal of Business Research 68*, no. 6 (2015).

手工制瓷技艺，依照时间顺序梳理了景德镇制瓷技艺的发展历史，诸如景德镇的命名由来、青白瓷的制作历程、景德镇分工制瓷的历史、瓷器挛窑和瓷器商号的发展过程等等。相关非遗技艺的历史叙述增强了该项非遗本身的历史感，也丰富了观众对此的认知，更为影片对接中华民族传统历史提供了基础。

纪录片《瓷都景德镇》也是如此，该片依照历史顺序，从命名景德镇的宋朝开始，梳理历朝历代景德镇瓷器的生产历史并介绍不同时代景德镇瓷器的主要特质，例如宋代的青白瓷，元朝的青花瓷，明朝的斗彩瓷，清代粉彩瓷、颜色釉等，凸显了该项中国非遗悠久的发展历史与丰厚的传统文化内涵。

纪录片《天书秘境》围绕河图洛书的起源与发展展开叙述。上古时期，洛阳孟津县境内的黄河中浮出龙马，背上的"河图"为伏羲所获。伏羲由此创造了八卦，并成为之后《周易》的成书来源。《周易》的出现吸引了古今无数学者为之着迷，其中也包括亚圣朱熹。朱熹为了对《周易》的研究能推陈出新，命弟子蔡元定入蜀寻找河图洛书，而后根据这两幅图编撰了《周易本义》。纪录片《天书秘境》对该项中国非遗的历史梳理强化了河图洛书的传统性，体现了其悠久的发展历史，也显露了该项中国非遗丰厚的传统文化蕴藏。

纪录片《武夷山茶文化》聚焦武夷岩茶制作技艺，介绍了该项中国非遗的发展历史。武夷岩茶是武夷山著名的茶叶品种。传说武夷山最早发现茶树的茶洞为彭祖的居所，彭祖的长生不老正是因为武夷山的茶。武夷岩茶于唐代开始大面积种植，因其独特的口感也被称为晚甘侯。

此外，纪录片《屈原》《王昭君》《西施传说》《凤舞神州》《惠能大师》等作品围绕屈原传说、王昭君传说、西施传说、六祖惠能传说等中国非遗，介绍了各项民间传说的历史发展。千百年来，人们通过口耳相传，将上述传说故事代代延续。传说源于历史，上述中国非遗纪录片在讲述传说起源的同时也是对其发展历史的一次梳理，从而彰显了相关中国非遗的传统性。

纪录片《京剧》《昆曲六百年》《大戏黄梅》等作品也将各项中国非遗的发展历史进行了梳理。纪录片《京剧》从该项中国非遗诞生开始，按时间顺序梳理了京剧艺术自清朝至新中国成立的发展历程，将京剧艺术史上的重要事件一一展现在观众眼前，例如：徽班进京促成京剧诞生；京剧第一次进入紫禁城演出；京剧长篇大轴《三国》的上演；京剧戏班明星制的确立；谭鑫培因演唱了京剧传统戏《卖马》受到慈禧的重赏与加赐；京剧电影《定军山》的上映；海派京剧的兴起；梅兰芳的走红与赴美演出；中华戏校的成立；四大名旦的成型；女性演员的出现；新中国成立后京剧演员地位的提升；等等。种种关于京剧艺术史的叙述完整再现了京剧的发展历程，纵向延展了京剧的历史深度，也强化了该项中国非遗的传统性。纪录片《昆曲六百年》以时间发展为顺序，从元末明初到 21 世纪初，讲述了昆曲艺术的发展历史，包括昆曲的诞生、昆曲鼎盛时期《牡丹亭》的出现、梨园总局的设立、南洪北孔的确立、折子戏的发展、清末昆曲的没落与地方戏曲的兴起、昆曲传习所的创立、新中国成立后对昆曲的保护等等，从而体现昆曲悠远漫长的发展历史。纪录片《大戏黄梅》亦是如此，该片对黄梅戏的历史进行了仔细梳理，展示了该项中国非遗从诞生至今百年来的发展过程。

《中国书法五千年》《汉字五千年》《翰墨春秋》等中国非遗纪录片都对汉字的书法历史进行了梳理。例如《翰墨春秋》按照汉字的历史，讲述商代的甲骨文，春秋战国时期的大篆，秦朝的小篆，汉朝的隶书、草书，魏晋时期的楷书、行书的形成与发展。书法的历史在该片中得到了详细且全面的复述，令人不禁感慨汉字书法历史之悠久，以及中国传统文化的源远流长。

二、非遗纪录片与中华民族共有文化谱系编织

传统视域下中国非遗纪录片注重将中国非遗的发展史与大的中华民族的历史进程相对接。此类纪录片站在大一统的中华民族的立场，挖掘中国非遗与中华民族传统社会历史之间的内在关

系，在实现中国非遗历史文本化重塑的同时，建构非遗的"中国叙事"，协同编织中华民族共有的文化谱系——基于相关中国非遗所延伸而来的，指向中国传统文化的，广大中华民族群体共同经历、集体拥有且贯穿历史始终的文化系统。正如钱穆所言："文化就是我们的人生，只是并不指我们每一个人个别的人生，乃是指的一个大群集体的人生。此一大群集体的人生，乃是我们的共同人生"①。中国非遗作为中国传统文化的重要组成部分，代表的也正是每一个中华民族个体共有的"人生"。此类纪录片通过这种共有文化谱系的编织，唤醒大众对中国传统文化的归属意识，从而实现个体对中国传统文化的文化认同。

纪录片《景德镇》将其叙述的陶瓷技艺的发展过程融入中国宋元明清的历史进程，在大历史的统摄下探究瓷器发展的历史动因，实现瓷器历史的文本化重塑，并以共有的文化谱系唤醒广大受众内心的文化认同。在该纪录片的叙述中，瓷器发展的每一步都有历史活动遗留的痕迹。瓷器不仅是非遗技术创造的成果，更是历史行为的注解。景德镇是由于宋真宗对青白瓷器的喜爱而用自己的年号为其命名的。景德镇分工制瓷的出现是因北宋灭亡导致的北方战争使制瓷业在南方迅速发展，南宋对商贸的重视进一步推动了制瓷技术的分门别类。这一系列同大历史之间的对话，不仅让观众感受到非遗与中国传统文化之间的密切关系，也借此将观众纳入中华民族共有的文化谱系，从而激发观众的文化认同。

纪录片《诗画江南》深入挖掘了沉淀在各座园林深处的传统历史印记。在此过程中，该片还搭建了古典园林与中华民族传统历史的对话结构，将园林艺术史与中国传统历史直接对接，在大的中华民族传统历史进程中揭示园林发展的历史动因，从而实现共有文化谱系的建构。在纪录片《诗画江南》中，园林的敕建与消亡是历史的一种注释，也是传统历史发展的必然结果。园林发展历程中每一个独特的印记都有中华民族传统历史予以诠释。例如

---

① 钱穆：《中国文化精神》，九州出版社，2012，第2页。

夏驾湖的建造、姑苏台的扩建、馆娃宫的设计是因吴王奢靡享乐得以出现，而姑苏台、馆娃宫的损毁又是因为吴王夫差沉迷美色，于公元前473年被越国灭国所致。苏州一带用于园林建造的人面瓦当神态各异，富有文化特色，而后此类瓦当被兽面形制所替代，其原因是公元280年西晋灭吴，后来永嘉南渡，独具吴地特色的人面瓦当逐渐消失，兽面瓦当成为主流。西湖作为公共园林的出现是因为宋朝经济的发展以及白居易、苏轼等行政官员的疏浚与开发。沧浪亭是因为在政坛上遭到政敌弹劾被贬为庶民的苏舜钦在举家南迁途中购买孙氏废弃之地而建成。半山园的建造是因王安石变法失败被罢相贬官。每一座古典园林的出现都有一股来自历史深处的力量在推动，古典园林的发展史不仅指向园林本身，更涉及了更大、更复杂的中华民族传统历史。"故事不是我们说出来的，而是文字无声化雨在历史深处的传达。"① 这种与大历史的对话结构实现了园林历史的文本化重塑，建构非遗"中国叙事"的同时也推动了共有文化谱系的编织，有助于促进个体对中国传统文化的文化认同。

纪录片《园林》也是如此。该片将传统园林的兴亡与中国传统历史的发展相勾连，在历史中解读园林，在园林中玩味历史。宋徽宗沉迷山水画中的世界，想要在现实世界中将其复原，于是命人建造艮岳。靖康之变，金兵南下，艮岳毁于战火。王献臣官场失意还乡建造了拙政园，文徵明为其作画，而后王氏子孙在一场豪赌中输了拙政园。明末清兵入关，拙政园为镇将所占。文徵明曾孙文震亨不愿投降清朝，绝食自尽。每一座园林的起承转合背后都藏有大的历史因素，纪录片以此实现了非遗历史与中华民族传统历史的对接，也因此建构了一张有助于唤起广大受众文化认同的共有文化谱系。传说源于历史的发展，历史也印证着传说。

纪录片《屈原》《王昭君》《西施传说》《凤舞神州》《惠能大师》在叙述传说的过程中也将传说本身与中华民族传统历史做了

---

① 邱茂泽：《中国叙事通义》，中山大学出版社，2013，第178页。

对接。相关传说中，故事发展的每一步都有史实在推动。屈原的投江是因楚王听信谗言而导致楚国被灭，昭君出塞是基于政治的联姻，西施被献给夫差则是越王复国的计策。传说中的每一个故事都有真实的历史与其交织，上述纪录片将传说的历史进行文本化重塑，展示此类非遗与中国传统历史之间的互动关系，也意在增进观众的文化认同。

纪录片《京剧》在整理京剧发展历程的同时，也将其置于中华民族传统历史的发展脉络中进行对接。京剧的命运与中华民族传统历史的发展有着紧密关系，京剧艺术的每一次转折与起伏都有历史的力量在左右。京剧的发展反映了艺术本身的逻辑，也映射了历史变迁的痕迹。纪录片《京剧》梳理京剧发展史上的重要事件，更讲述此类事件背后的历史内因，以历史阐释京剧的变迁。例如徽班进京是为了给乾隆祝寿；慈禧对京剧的喜爱是看中其教化的功能；海派京剧与京剧改良的出现是因为资产阶级改良运动；京剧的演出关系到革命是受革命时代潮流的影响；中华戏校的解散源于抗日战争的爆发；京剧的没落是新文化运动造成的一种结果。诸如此类有关京剧的传统故事叙述，体现出作为中国非遗的京剧艺术与中国传统历史之间的互动和交织，京剧的命运折射出传统历史发展的图景，传统历史的变迁也影响着京剧的发展与传承。正是这种对话逻辑使得该片对京剧历史的文本化重塑得以实现，京剧也因此被纳入中国传统文化的阐释体系中，成为影像建构"中国叙事"，编织共有文化谱系的重要基础。在此过程中，观众被带回一个神圣化、历史化的传统时空，从而唤醒内心对中国传统文化的文化认同。此外，《昆曲六百年》《大戏黄梅》等讲述戏曲类中国非遗的纪录片也是如此。

纪录片《中国书法五千年》《汉字五千年》《翰墨春秋》等将书法的历史纳入中国传统历史的发展历程中进行审视。每一种字体的演变都有历史的因素从中影响：甲骨文的出现源于先秦时期巫师的占卜，大篆小篆的字体风格源于秦朝祭祀场合的要求，隶书的出现是为了便于战时政令文书的抄写传达，楷书的形成源于石窟造像的镌刻，草书的运用则是为了日常的便捷与高效。此类纪录片将书法的发展历程与中华民族传统历史相对接，不仅推动了该项中国非遗历史的文本化重塑，也有助于通过非遗的"中国叙事"，编织中华民族共有的文化谱系，唤起受众内心的文化认同。

三、历史人物的影像召唤与非遗的中国叙事

传统视域下中国非遗纪录片在对相关中国非遗的历史进行文本化重塑，建构非遗的"中国叙事"的过程中，也会"召唤"具体的历史人物来为中国非遗"站台"，提升相关非遗历史文本化重塑的真实性，并在此基础上将小的非遗历史同大的中华民族传统历史紧密串联，阐释其中的传统文化内涵，提升共有文化谱系唤醒个体文化认同的有效性。与此同时，历史人物的依次出场也使得此类中国非遗纪录片的叙事更显张力。正如伯纳德所言："故事讲述的张力在于我们愿意让历史的证据以及相关范围内持有各种观点的人们的经历来说话。"[1] 例如纪录片《诗画江南》对园林历史的重塑依赖截取的历史真实事件，更依靠被征用的历史人物。影片通过真实人物装点每一座园林的历史叙述，继而在一种合理的、惯性的、合乎逻辑的大叙事的阐释体系中完成对园林历史的真实重塑，建构非遗的"中国叙事"并实现共有的文化谱系建构。

在此过程中，中国非遗纪录片依靠历史人物的出场串联园林与中华民族传统历史，阐释其中蕴藏的传统文化精神，以此激活受众对中国传统文化的自信与认同。在这种阐释体系中，园林建造的前因后果随着一位位历史人物的出场而变得真实可感。这既成为中国非遗纪录片叙述的主体脉络，也成为影像实现相关中国非遗历史文本化重塑的重要佐证。园林相关的历史事件更像是历史碎片，散落在传统中国历史的长河中。有关园林的历史片段因这部分历史人物的出现而更为可信，继而在每一位历史人物的推

---

[1] 希拉·柯伦·伯纳德：《纪录片也要讲故事》，孙红云译，世界图书出版公司，2011，第55页。

动下组成一个完整的园林历史图景，成为我们对园林的基本认知与总体印象。寿梦、夫差、戴颙、王维、陆龟蒙、苏轼、苏舜钦、王安石等历史人物被纪录片按需征用，并按历史发展的顺序在各项历史事件中悉数登场。园林千百年的历史正是在这些人物的往来中被重新陈述，该项中国非遗历史的文本化重塑也因此得以实现。与此同时，王维、苏舜钦、王安石等历史人物远离官场、寄情园林的事迹所传递的隐逸文化亦是中国传统文化的优秀内涵所在。纪录片《瓷都景德镇》《景德镇》对历史人物的征用也是如此。宋真宗、忽必烈、朱瞻基、朱见深、乾隆等人的出现明晰了陶瓷发展背后的历史推动力的来源，也为该项中国非遗历史的文本化重塑提供了真实的佐证。历史人物的出现完善了相关中国非遗的文化谱系建构，增强了纪录片的叙事张力，强化了故事内容的真实性，陶瓷这一中国传统文化的重要代表也由此强化了其自身的文化归属，有助于提升观众的文化认同。

纪录片《园林》中对白居易、王维、杨志、高太尉、宋徽宗、文徵明、文震亨等人的征用也加强了小的中国非遗历史同大的传统历史之间的关联性，有助于增强观众对中国传统文化的文化认同。"叙事不是再造一个外在客观假象，而是融会贯通的人文理解。"[①] 该片讲述的白居易的"中隐"理念能让观众知晓传统园林是从何时有了实用的属性，而且也可从中感受到造园技艺背后所蕴含的丰富的中国传统文化精神。此外，该片有关文震亨的叙述不仅从侧面加强了园林的历史纵深，也传递了中国文人内在的精神气节与爱国主义情怀。

纪录片《京剧》对引用历史人物也颇为重视。该片依靠历史人物推动对京剧艺术发展历程的阐释，京剧的命运发展因历史人物的出现而变得清晰可感。同时，也正是这些历史人物的登场，为该片的历史重塑提供了真实的佐证。京剧的发展史也在此过程中因一位位历史人物的出场而被串联成册，整体且细密地以共有的

---

① 邱茂泽：《中国叙事通义》，中山大学出版社，2013，第 198 页。

文化谱系的姿态展示在观众眼前。慈禧、孙中山、郑正秋、田汉、梅兰芳……历史人物伴随着京剧的演变与中国传统历史的发展悉数出场。该片在此过程中呈现了京剧的历史脉络，叙述了京剧在传统历史进程中的沧桑往事，也阐释了京剧这项中国非遗蕴藏的和合、爱国等传统文化内涵，在实现非遗"中国叙事"的同时亦借此强化观众对中国传统文化的认同感。

纪录片《中国书法五千年》《汉字五千年》《翰墨春秋》等中国非遗纪录片通过征用历史人物，不仅为书法历史的真实重塑提供了合理的阐释体系，也传递了书法内在的中国传统文化精神，例如忠义节烈的爱国主义精神、和谐统一的中庸之道等等，其目的亦是借此建构非遗的"中国叙事"，促进观众对中国传统文化的文化认同。

四、结　语

中国非遗纪录片聚焦传统，再访各项非遗的历史变迁，重温中华民族的历史进程，讲好中国非遗的传统故事，建构非遗的"中国叙事"，实际是在呼唤大众对中国传统文化的文化认同。这一过程造就的双向反馈亦能为中国非遗的保护与传承做出贡献。中国非遗是中华优秀传统文化的精髓所在，是中华民族共同的文化象征。凭借非遗的"中国叙事"树立广大群众对中国传统文化的文化认同是有效可行的路径。经济全球化的背景下，以欧美为代表的西方国家在销售文化产品的过程中，都在或隐或显地进行着价值观的倾倒。人们在接受商品的同时，也接受了商品对自身的文化再生产，即不自觉地成为商品所携带的价值观的簇拥者。在这种国际局势多变、价值观日益多元的情况下，强化文化认同是抵抗西方文化入侵，确保自身不被同质化的"自我标出"，也是促进国家与民族稳定发展，增强国家文化软实力的重要举措。

中国非遗纪录片讲好中国非遗的传统故事，建构非遗的"中国叙事"，不单是对相关非遗本身的保护，也是唤醒广大中华民族群体对中国传统文化的文化认同，增强中华民族群体凝聚力、向心力的重要方式。在如今全球化不断吞噬文化多样性的国际背景下，通过"中国叙事"激发广大中华民族群体对中国传统文化的文化认同是确认"我之为中华民族"，避免遭受价值观颠覆、文化殖民的重要手段。文化认同能够在现代性不断分化社会的情况下，起到重新整合社会群体的作用。但也应注意的是，以非遗"中国叙事"为基础的传统文化谱系建构不能为商业性的消费主义所绑架。消费主义擅长将历史扭转成为虚拟的幻象，并将身处其中的人群变为没有根系的漂萍。此类中国非遗纪录片在讲好中国非遗的传统故事，建构非遗"中国叙事"的过程中，要时刻把握历史的严肃性和思想的深度，以免空洞的影像生造抽空相关中国非遗的内涵意蕴，造成此类纪录片沦为浮于表面的、仅仅满足现代人奇观欲求的娱乐性消费品。传统视域下中国非遗纪录片的创作需要远离这种与历史断裂的虚无，将历史熔铸于创作的当下，赋予中国非遗历史的隽永感，从而使受众对中国传统文化的自信与认同愈发坚定。

新媒体时代非遗保护的探索与机遇

——基于山东省非遗新媒体传播现状的调查与分析 [①]

古　帅　　刘旭旭 [②]

（山东财经大学文学与新闻传播学院，山东济南，250014；山东省
淄博市张店区文化馆，山东淄博，255020）

摘　要：进入新媒体时代，非遗的传播形式发生了深刻变化。
山东省探索借助新媒体参与非遗保护，目前已形成专业新闻媒体、
政务媒体与自媒体共同参与非遗传播的态势与格局，并呈现出以
下特点：非遗宣传在图文内容上仍占有重要地位，直播模式为山
东非遗新媒体传播增添力量，非遗短视频传播的内容呈现泛娱乐
化倾向，线上展览成为山东非遗新媒体传播的新动向。同时，非
遗传播面临着专业新闻媒体深层次、专题性报道少，政务类媒体
传播内容垂直度低，自媒体传播缺少引导等问题。抓住新媒体发
展带来的机遇，实际上就是构建起多方参与的多元化传播体系，
从而推进非遗融入现代生活，实现保护成果的全民共享。

关键词：新媒体；非遗保护；山东省；传播

---

① 基金项目：本文系山东省高等学校青年创新团队人才引育计划"优秀传统文
化传承发展研究创新"项目阶段性成果。
② 作者简介：古帅，山东财经大学文学与新闻传播学院讲师，历史学博士。
刘旭旭，山东省淄博市张店区文化馆馆员，艺术学理论硕士。

伴随着计算机与互联网技术的发展，"新媒体"这个词语开始广泛普及。到 21 世纪初，"新媒体"一词在我国流行，并逐渐成为一个热词。与"新媒体"同样成为热点的另一个词语便是"非遗"。在不到 10 年时间里，借助新媒体的力量，"非遗"这个概念频繁出现在人们的生活视野中，现在已经成为家喻户晓的文化名词。在 2022 年"文化和自然遗产日"，抖音短视频平台发布的"2022 非遗数据报告"显示，全国 1557 个国家级非遗项目中 99.74% 能在抖音上找到短视频内容，相关播放数据超过了 3726 亿次，获赞总数 94 亿。[①] 山东省自开展非遗保护以来，十分重视非遗的宣传。2015 年出台的《山东省非物质文化遗产条例》就明确规定："县级以上人民政府应当加强对非物质文化遗产保护的宣传，提高全社会保护非物质文化遗产的意识。"[②] 2020 年印发《山东省非物质文化遗产传承发展工程实施方案》也提出："推动主流媒体加大非遗宣传传播力度，发挥微信、短视频、直播等新媒体独特优势，丰富传播手段，增强山东非遗的知名度、美誉度。"[③] 总体上看，作为东部沿海经济发达省份，山东省沉积了厚重的非遗资源，借助新媒体宣传非遗已经形成了良好态势。

一、山东省非遗新媒体传播发展历程

山东省的非遗保护工作肇始于对民族民间文化的搜集、整理与保存，虽然当时并未出现"非遗"这个概念，但是抢救、保存的大量珍贵的民间艺术成果为后来非遗保护的开展奠定了基础。从

[①]《助力传承，抖音非遗直播间打赏收入同比增长 533%》，2022 年 6 月 13 日，http://www.ce.cn/xwzx/gnsz/gdxw/202206/13/t20220613_37750296.shtml，访问日期：2022 年 7 月 10 日。

[②] 山东省十二届人大常委会：《山东省非物质文化遗产条例》，2015 年 9 月 25 日，http://www.sdfeiyi.org/document/72.html，访问日期：2022 年 10 月 20 日。

[③] 山东省文化和旅游厅：《山东省非物质文化遗产传承发展工程实施方案》，2020 年 1 月 3 日，http://whhly.shandong.gov.cn/art/2020/1/3/art_100544_8542822.html，访问日期：2022 年 9 月 8 日。

2005 年开始，山东在全省范围内开展非遗的普查工作，自此非遗保护工作逐渐进入规范化与科学化阶段。在开展非遗保护的伊始，山东省就注重资料搜集的数字化建设，大体经历了非遗数字化记录阶段、非遗数字化传播阶段、非遗多元化传播阶段。

（一）数字化记录阶段（2001—2010 年）

山东省的非遗新媒体的数字化记录阶段也是信息的存储阶段。非遗数字化记录伴随着非遗的申报与普查起步。从 2005 年开始，为了全面摸清省内非遗资源的现状，山东省发动了大量的调查人员开展了为期三年的非遗普查、认定与记录工作，全面掌握了山东非遗资源的分布状况、种类、数量和保护现状等详细的数据。在普查过程中，不仅需要文字记录，还要利用数码设备进行录音、拍照、摄像，然后将现场记录的数字内容编号存入光盘或硬盘等数字存储介质中，建成具有学术价值的非遗影像档案库。普查结束后，山东非遗保护部门发布的数据显示，本次普查成果丰硕，全省共形成"文字记录 4999.7 万字，拍摄图片 6.9909 万张，录音记录 87796.72 小时，摄像记录 64344.29 小时，编辑各类普查资料 39434 册、音像资料 34711 盒、电子资料 35342G"[①]。

面对海量的非遗数字信息，需要通过构建数字化公共信息平台，将采集到的非遗资源存储于网络服务器之中。2009 年，作为全省非遗保护的专门机构，山东省非遗保护中心通过购买数据库服务器、磁带库和存储磁盘阵列等网络数字化设备，搭建起全省性质的非遗数据库平台。通过向各地非遗保护中心征集的方式，将社会上和非遗项目保护单位采集到的文字记录、图片和影像资料存到数据库中，初步完成了全省非遗资料的数字化工作。同时，山东省非遗保护中心组织专业人员，对进入省级保护名录的非遗项目资料进行整理，编纂出版了《山东省省级非物质文化遗产音像集》，这是山东省正式出版的第一部兼具资料性与权威性的数字

---

① 数据来源：山东省非物质文化遗产保护中心。

化影像出版物。为了做好非遗数字化工作，山东省非遗保护部门还组织了多期数字化培训班，聘请全国非遗数字化保护方面的专家学者，面向非遗保护工作者授课，有力地提升了非遗保护工作者在数字保护方面的素质和业务能力。各地市和县区层面，也都利用非遗普查的契机建立了非遗数字化档案，不定期地对相关资料进行更新和补充。

对非遗进行数字化的采集与存储是保护非遗完整性的一种有效方式。数字化记录可以多角度、多方位、多层次地展示非遗技艺的发生发展过程，并通过新媒体数字化技术将非遗的传播内容进行重新组合，形成各式各样的内容。但值得注意的是，非遗的数字化保护并不应只停留在收集、整理、加工和存储数字化内容，还要对数字化的非遗信息进行利用。从目前来看，山东非遗数字化记录阶段具有重存档、轻传播的特点，大部分地市及县区采集到的非遗数据还未实现资源的对外共享。

（二）数字化传播阶段（2011—2015 年）

全省性质的非遗大普查结束之后，非遗数字化保护开始由单纯的保存记录转向更加注重非遗数字化内容的利用的阶段。尤其是自 2010 年之后，微博、微信两大超级社交平台陆续登场成为媒介传播的主流，非遗传播迈进了新的时代。2011 年初，微信测试版上线，并且推出了微信公众平台，为机构及个人向公众提供真正意义上的新媒体传播搭建了平台。随后，以微信朋友圈为代表的社交平台快速发展，用户可将图文、视音频短小片段，通过朋友圈分享实现快速传播。在这一阶段，山东省的各级文旅部门及非遗保护机构开始建设官方微信公众号，省、市、县三级非遗保护部门通过微信公众号开始传播非遗信息，一些地方也开始尝试在微博上创立自己的新媒体账号。同时，部分地市的非遗保护中心（文化馆）在自己单位的门户网站上传非遗数字化内容，将馆藏的非遗数字化记录成果通过网络分享给大众。

在这一阶段，省级层面开始关注专业、高质量的影像内容的创作。从 2014 年开始，山东省非遗保护中心借助专业视频制作团队完成山东琴书、曲阜楷木雕等项目的传承人口述史工作。这些视频资料按照高标准完成，质量水平高，是专业纪录片的水准。2015 年开始，根据文化部对非遗保护的最新要求，山东省对省内的国家级非遗代表性传承人实施抢救性记录工作。抢救性记录实际上就是采用专业的多媒体技术手段，对传承人所掌握的非遗知识和技艺进行影像保存。在记录保存资料的同时，还需要专业团队进行编辑和加工，使最终形成的影像资料兼具真实性、艺术性和趣味性，达到可以直接进行大众传播的要求。数字化传播阶段没有打破以官方媒体作为传播主导的局面，网络上出现的高质量的非遗传播内容基本上由官方主导完成。但是人人都可以参与非遗新媒体传播的态势已经初步形成，在博客、豆瓣、知乎、优酷、爱奇艺等上传非遗内容已不是什么新鲜事。

（三）多元化传播阶段（2016 年至今）

从 2016 年开始，随着直播和短视频兴起，非遗传播也进入了多元化传播阶段。在这个阶段，非遗作为传播内容，不仅是非遗保护部门彰显工作成就的一扇窗户，也深受专业新闻媒体的追捧，更是成为普通大众参与自媒体创作的重要素材。一方面官方在非遗传播体系建设上不断取得新成就，利用各地现有非遗展厅、博览会、非遗节宣传自己的新媒体平台，广泛吸引受众参与；另一方面自媒体兴起，抖音、快手等短视频 APP 创立，让普通大众对非遗的关注空前高涨，逐渐形成了由官方、专业媒体与自媒体共同构建的开放、共享的多元化传播体系。只要有传播非遗内容的意愿和欲望，人人都可以凭借兴趣和爱好，用手机参与非遗的宣传和推广。

此时，非遗传播的"主战场"由电脑的大屏幕转移到了移动端的小屏幕。作为曾经主导信息宣传的专业新闻机构，也不得不开始探索新媒体传播之路。很多地方传统媒体机构成立了融媒体视频创作中心，省内的主流媒体也开始探索由传统型向移动新媒体转型，《齐鲁晚报》打造的"齐鲁壹点"手机客户端，《大众日报》打造的"海报新闻"手机客户端，山东广播电视台打造的"闪电新闻"手机客户端等开始出现。作为专业的新闻媒体，它们将山东发生的与非遗相关的内容上传至移动新媒体客户端，随着用户使用量的增加，利用新媒体传播山东非遗方面的影响力也不断增大。

二、山东省非遗新媒体传播主体现状分析

传播主体主要指在传播过程中利用某种传播技术和工具来主动将信息传播给他人的组织或个人。在新媒体传播中，传播主体在信息传播过程中处于始端位置，主要负责对信息的收集、整理、加工，利用传播媒介将信息主动传播给信息的接收方。非遗新媒体传播的主体可分为专业新闻新媒体机构、政务新媒体和自媒体三个类别。

（一）专业新闻新媒体机构

山东省内的专业新闻新媒体机构多数是由传统媒体转型而来的。从省级层面看，一类是纸媒转型的新媒体，如山东大众报业旗下的大众网及"海报新闻"手机客户端，《齐鲁晚报》旗下新闻门户网站及"齐鲁壹点"手机客户端，《走向世界》杂志社主办的中国山东网等；一类是传统电视媒体转型而来的新媒体，如山东广播电视台主办的"齐鲁网"及"闪电新闻"手机客户端；还有一类是传统的新闻门户网站，如山东省新闻工作者协会主办的鲁网等。这些省级的专业新闻新媒体机构在全省非遗信息传播中担负着至关重要的作用。此外，也有一些影响力较大的地方性新闻门户网站，例如济南日报报业集团主办的舜网，烟台日报传媒集团主办的水母网，以及青岛新闻网、中国泰山网、胶东在线、半岛网、聊城新闻网、德州新闻网、淄博新闻网、琅琊网、日照新闻网、潍坊新闻网、鲁南在线、济宁新闻网、济南网络广播电视台、青岛网络电视台、淄博广电网、东营网络电视台、鲁南传媒网、威海传媒网、滨州传媒网、德州大略网、聊城视窗等。这些地方

新闻门户网站，虽然影响力不及省级媒体，但是它们立足于地方，在非遗新媒体传播过程中同样扮演着十分重要的角色。

专业新闻新媒体机构属于精英媒体，从业人员要么有着传统媒体从业经验，要么经过系统的新媒体技能学习。这些机构都取得了互联网新闻信息服务资质，能够严格遵守舆论宣传部门的管辖，是社会舆论宣传导向机构。它们发布的内容，经过严格的审核，传播的信息具有较强的权威性、公信力和影响力。在这些专业新闻媒体机构中，大众网在 2019 年设置了"山东非物质文化遗产新媒体传播活动"专题网页，综合展示山东近年来的非遗保护成果。青岛地方新闻网站半岛网上设置专门的 2020 年文化遗产日专题网页，展示青岛地区文化遗产日活动信息。专业新闻机构集中发表的非遗相关报道主要集中于一些重要传统节日或重要非遗活动，如济南市政府承办的"第六届中国非遗博览会"期间，共有 49 家媒体 102 名记者集中宣传报道，媒体发稿 2637 篇 350 多万字，济南新闻综合频道连续 6 天、每天 5 次播放博览会专题宣传片。[①] 在 2021 年山东非遗月期间，济南市举办线上启动仪式，闪电新闻、大众网、爱济南客户端、天下泉城客户端等专业新闻新媒体机构进行了同步报道。在这种特殊时间段宣传非遗，能够引起社会各界的关注，同时也营造了良好的社会氛围。

但是，作为综合性的媒体机构对非遗内容的传播只是这些专业新闻机构中的一个方面，甚至作为综合性的新闻网站，传播山东非遗信息只是其众多任务中很小的一个领域。在鲁网，以"非遗"关键词，搜索到相关信息 2420 条；以"山东非遗"为关键词，搜索到相关信息 2239 条。在大众网以"非遗"为关键词，搜索到相关信息约 12662 条。在整个新闻门户网站的海量信息面前，山东非遗相关内容只占据了其中很小一部分，报道内容也主要以简

---

① 伍策、楠雪：《济南坚持"四个聚焦 打造高水平国家非遗盛会》，2020 年 10 月 30 日，http://travel.china.com.cn/txt/2020-10/30/content_76858664.html，访问日期：2022 年 11 月 20 日。

短的千字以内的消息类报道为主，多是以图文或传统新闻播报的形式，对发生在山东省内的一些非遗活动、会议进行报道，存在着说教式口吻或陈述式的文风，对非遗的深层次、专题性的传播较少。并且，专业新闻新媒体机构的报道需要与各级非遗保护机构、传承人或非遗活动的举办者紧密联系起来，才能保障传播信息的准确、生动与实效性。

（二）政务新媒体

政务新媒体是指政府部门及所属的公共文化机构建立的新媒体。非遗保护的主体是政府，山东省内举办的大型非遗活动的主办者一般都是政府部门。当今，政府对非遗传播的投入力度是最大的。在山东省的非遗新媒体传播中，政府部门处于中心地位，对发布的非遗信息严格把关，其传播的内容具有很强的公信力。目前政务新媒体主要是各级政府的官方新媒体账号，或是各级宣传部门创建的新媒体账号，以及公共文化机构运营的新媒体账号，如图书馆、美术馆、科技馆等建立的新媒体账号。据东方财富网发布的《2020 年中国互联网政务行业发展现状与区域格局分析 山东省新媒体政务发展活跃》一文，截至 2020 年 12 月，山东省内各级政府共开通政务机构微博 7968 个，开通政务头条号 7874 个，开通政务抖音号 1586 个。可以说，山东省内各级政府部门基本上建立了新媒体账号。

非遗内容的传播主要集中于宣传、文旅部门，以及直接从事非遗保护的专门机构——各级非遗保护中心（文化馆）运营的新媒体账号。目前，在山东非遗政务新媒体领域已经建立了自上而下的传播体系。山东省非遗保护中心建有专门的非遗宣传网站，网站设有非遗资讯、礼乐·非遗、非遗传习大课堂、非遗月、非遗名录、非遗传承人、网上展厅、生态保护区、非遗映像、机构概况等板块，从全国来看算是功能比较齐全的门户网站，与山东非遗资源大省的地位基本相符，但是网站设计过于传统，难以引起普通人的关注从而发挥其更大的优势。大部分地级市和区县因为数字馆舍建设的要求，也都建立了自己的门户网站，通过网站来发布本地的非遗信息。济南市非遗保护中心网站设有政策法规、新闻中心、名录体系、有声有色、薪火相传、文创专区、理论研究等板块，网站设计精美，更新比较及时。青岛市非遗保护中心网站设有非遗论坛、传承人、非遗项目、政策法规、非遗动态、非遗课堂、青岛记忆等板块。淄博市非遗保护中心网站设有非遗项目、非遗活动、非遗映像等板块。但各个市及区县的文化馆网站是独立的，相互之间的内容不能共享，且部分内容具有重复性。网站中非遗的相关传播内容，多是文字加图片的静态形式，即便有一部分属于视频动态传播，但视频多以纪录片的方式呈现，表现形式千篇一律，内容呆滞枯燥。

大部分非遗保护中心都建立了专门的微信公众号或依托于文化馆的微信公众号进行非遗新媒体传播。省级在微信公众平台上建有"山东省文化馆山东省非遗保护中心"，可以查看省非遗保护中心的工作动态、非遗的政策法规和一些重点非遗项目的介绍。地级市非遗微信公众号大部分都通过了腾讯官方平台认证。这些机构公众号绝大多数推文都是图文形式，极少部分是使用视频传播方式。县级微信公众号运营人员多为本单位工作人员兼职，发布的内容也存在良莠不齐的现象，有些县级微信公众号甚至因为审核不严出现常识性错误。另外，一些微信公众号发文不固定，在内容推送时段选择上没有充分利用好自媒体传播规律，直接影响传播效果。

山东部分非遗保护中心开始尝试利用短视频方式传播非遗，它们在抖音、快手等平台建有账号。例如，截至2023年1月底，山东省非物质文化遗产保护中心在抖音短视频账号共有粉丝5110个，发布作品316条。这些短视频内容主要为非遗项目展示和非遗相关活动展演宣传，分为"黄河大集""非遗技艺篇""非遗美食篇""非遗民俗篇""非遗戏曲与音乐"等5个合集。一些县区级文化馆在抖音上建有短视频账号，如潍坊市潍城区、淄博市张店区等非遗保护中心都建有抖音账号，不过这些县区级的抖音号发表的短视频数量并不多。同一账号发布的非遗短视频内容风格和形式上也不统一，尤其是这些账号缺少与受众的互动，很难将点击观看视频的用户转化成长期固定的粉丝。

另外，相对于非遗保护机构创建的非遗账号，作为文化馆或非遗保护机构的主管部门，各地文旅部门新媒体账号粉丝多，非遗传播的内容制作精良。山东省文化和旅游厅官方抖音号"好客山东"发布的两千多个视频中，有很多介绍山东非遗的短视频。济南市文旅局的抖音账号有 34 万粉丝[①]，其中建立了济南非遗展播合集，虽然只更新了 11 集，却获得了 7 万多的点击量。济南市文旅局上传的非遗短视频多数在 17 秒到 30 秒，画面拍摄专业，配乐准确，这种"短形态"的视频形式很符合当前传播的潮流。青岛市文旅局也在抖音建立名称为"青岛文旅"的账号，粉丝 36.2 万，发布视频 800 多个，多数是青岛美食和美景的介绍，也涉及面塑、麦草画等当地非遗的内容，还邀请青岛籍明星为非遗拍摄代言视频，以吸引年轻受众。

不管是作为文旅主管部门运营的账号，还是作为非遗保护中心建立的新媒体账号，所传播的内容不仅仅有非遗的内容，同样也发布与本地的文化、旅游相关的内容，尤其是多数非遗保护中心与文化馆合署办公，这些账号还发布大量的群众文化相关信息，与非遗相关的内容在整体上看并不占优势。非遗与其他内容合并推送，垂直度降低，受众的关注度也会随之降低。

（三）自媒体

自媒体，就是相对于官方媒介而言，民间或个人运营的新媒体传播形式。随着移动新闻客户端崛起，自媒体发展进入了快车道，短短的几年间，新出现的自媒体平台就成为网络世界中的主角，甚至主流门户网站也不得不做出改变，推出了自媒体平台和相关扶持政策。目前，全网比较主流的自媒体平台有微博、今日

[①] 本文中所有统计数据截止日期为 2021 年 5 月 8 日。

头条、微信公众号、抖音、快手、西瓜视频、b站、美拍、微视等。其中比较受人们欢迎的是以短视频分发为主的抖音和快手。自媒体账号申请简单容易，创作门槛低，使得人人都可以成为非遗内容的传播者。尤其是利用短视频传播非遗可以带来很好的吸引粉丝的效果，自媒体平台很快集聚了一批活跃的创作者。在山东，除了官方的政务自媒体外，还有传承人、非遗爱好者、文化营利机构、教育培训机构等创建了自己的运营账号。

在新媒体时代，不论是否拥有专业非遗知识或技能都能参与非遗新媒体的传播。因此，在山东省的非遗新媒体传播中有很大一部分群体属于普通人。普通用户在生活中遇到非遗活动，出于兴趣和好奇拍成短视频上传。他们一般采用随手拍、随时发的方式，以传承人作为视频拍摄的主角，将他们看到的非遗传承活动或展演活动用手机拍摄上传至短视频平台。例如，有抖音用户到青岛非遗文化展示体验中心参观，随手将非遗古法造纸的整个流程拍摄下来，成为一个抖音作品。快手用户在去聊城非遗生产性保护基地参观时，随手记录的参观影像，引起了很多人关注。在快手短视频平台中，有很多用户名为默认状态的普通用户，这些账号多数没有经过官方认证。他们将观看茂腔、柳腔、吕剧时随手拍的演出视频上传短视频平台，既是为自己欣赏，也是一种内容共享。普通用户参与非遗短视频的制作，一般都是一镜到底，多数没有经过认真剪辑，甚至镜头出现晃动。这类短视频创作者一般是对自己生活的记录，发布山东非遗的内容带有偶然性，其账号上传的内容也五花八门，观赏性不是很强。作为非遗内容的创作者，这些普通用户既是非遗传播者，也是传播的受众。他们的参与，在为新媒体平台积累海量非遗信息内容的同时，也营造了非遗保护的良好氛围。

在自媒体平台上，还活跃着一些专业内容的生产者，他们熟悉视频拍摄和制作技巧，或是拥有专门的视频制作团队。这些自媒体账号拥有一定粉丝基础，有些还是小有名气的网红。他们将非遗作为视频创作的选题，看中其接地气的属性，创作带有一定猎奇性的优质作品，希望获得平台流量，增加粉丝关注。如抖音账号"怪味阿追"，创作介绍山东非遗项目胶东大馇馇，获得11.9万点赞、3459条评论、396条转发，成为宣传山东非遗项目的高质量视频。抖音账号"济南潮生活"，以探店的形式，打卡在济南举办的第六届非遗博览会，满足人们的好奇心，该视频收获了785个点赞。今日头条创作者"关东小胖"，拍摄山东省东阿县的非遗传承人做锅饼的生活记录，引发网友对这一非遗项目的热议。这类以山东非遗作为短视频拍摄对象的账号，创作的内容虽然很受传播受众的喜欢，但是也存在内容信息碎片化、缺少深度的现象。

自媒体传播中有很大一部分是非遗的传承人或是非遗项目的传承单位。传承人是对非遗最有发言权的传播者，他们把自己作为表现的对象，利用自媒体平台，主要为快手、抖音、今日头条等短视频平台发布信息。快手账号"80后琉璃姐"，把自己制作琉璃作品的过程拍成短视频，收获57万粉丝。省级非遗项目即墨花边的传承人在抖音建立"国华即墨花边"账号，一共上传了254条短视频内容，最高视频点赞量超过1.7万。虽然视频创作不够精良，但是因为能够展示传承人不凡的传统技艺，所以能够赢得很多人的称赞。很多山东非遗传承人在今日头条建立自己的账号并通过官方非遗代表性传承人的认证，如剪纸有茌平剪纸董月芹、山东利津许丽剪纸。这些传承人虽然发布的内容不是很多，但是他们不再让受众被动地接收信息，而是能自由地参与非遗新媒体传播活动的各个环节，发表自己的看法、分享非遗知识，对整个传播活动产生影响。有的传承人建立了自己的团队，他们创作的内容专门介绍非遗项目。非遗项目曹州面人代表性传承人穆绪建，与杭州字节无穷科技有限公司合作，在各种自媒体平台上塑造曹州面人IP品牌。

非遗传承人参与自媒体传播，丰富了短视频平台的内容，对山东非遗传播影响力的提升产生了巨大的影响。但是非遗自媒体传播也存在着一些问题，自媒体创作的一些内容深度不够，存在着碎片化现象。自媒体信息的发布缺少有效的监督和管理，有些自媒体账号为了引起别人的关注，发布一些歪曲非遗的内容或是夸大非遗特点的内容来吸引流量，很容易将非遗展示变成猎奇性的表演。

三、山东非遗新媒体传播内容分析

在百度搜索引擎中输入关键词"山东非遗"，可以找到与该关键词相匹配的搜索结果 2000 多万条，在网络中更是存在着难以计数的与山东非遗项目相关的传播内容。在短视频平台、手机新闻客户端上，已经积累了海量的与山东非遗相关的信息内容。通过搜索内容发现，在山东非遗新媒体传播中，图文内容仍然占据着很大的分量，短视频内容受欢迎的程度最高，云展览、直播等新兴起的传播方式拉近了普通大众与非遗的距离。

（一）图文内容占主要地位

图文传播是一种相对传统的媒体传播形式。在新媒体发展的初期阶段，传统的纸媒将文字和图片迁移到网络上，产生了不凡的传播影响力。即使在今天，图文传播仍是很多专业新闻新媒体机构和政务新媒体最为擅长的传播方式。非遗的图文传播可以分为三种类型。第一类是非遗资讯类，这类内容是对举办非遗的会议、演出、赛事、展览、培训、采风、交流、调研、讲座等的报道与宣传。例如，2021 年 3 月 24 日山东省文旅厅召开全省性的非遗会议，会后发布了题为《2021 年山东省非遗重点工作会商会召开》的报道，随后大众网、齐鲁壹点客户端和一些新闻门户网站进行了转载。第二类是对非遗项目或传承人的展示，以图文结合的形式介绍非遗项目、非遗传承人。这类信息多数会冠以线上展演、展示的名称，如淄博市非物质文化遗产保护中心（淄博市文化馆）微信公众号在 2021 年初发布"线上非遗展播"，对淄博地区重点非遗项目进行宣传。第三类是综合性的非遗文章，包括非遗深度报道、非遗研究以及非遗保护机构在非遗方面的经验成果介绍等。例如大众网潍坊频道发表的图文信息《鸢都潍坊非遗保护渐入佳境》，梳理潍坊在开展非遗保护方面的做法，是一篇比较详尽的介绍工作经验的宣传稿。

图文内容虽然与视频内容相比缺少生动性与直观性，但是创作一条优质的图文内容要比制作一条优质的短视频内容相对容易一些。从短视频创作生态来看，制作精良的短视频虽然传播效果好，但是成本也高，随手拍类的短视频制作成本低，但是传播效果不好。对非遗保护机构而言，在宣传经费十分紧张的情况下，使用图文内容进行非遗宣传会更适合一些，因而它们在自己的门户网站、微信公众号或微博上宣传非遗时大多会选择图文的形式。例如，以发文频次和质量都位于山东省县级非遗保护机构前列的临朐县非遗保护中心微信公众号为例，2021年第一季度共发布信息233条，其中42条是与非遗相关的文章。在发布的非遗文章中，有33条是纯图文内容，9条是图文和视频相结合的信息。综上所述，虽然山东非遗新媒体传播已经进入短视频时代，但是图文内容在非遗传播中仍不可或缺。

（二）传播内容呈泛娱乐化倾向

非遗借助短视频平台进行传播，在展示传统文化之美的同时引起了很多年轻人的关注。这种方式极大程度上改变了传统非遗传播中静态、扁平、枯燥的展示方式，让非遗内容的传播变得直观、生动而具有趣味性；尤其是短视频使用开放式的算法推荐技术，能够让山东非遗更加精准地推送到感兴趣的用户面前，只要内容足够精彩，便能产生意想不到的传播效果。如抖音账号"海报财经"上传了一则滨州市惠民县非遗代表性传承人王相华制作出神奇"滚灯"的视频，获得了20.4万的点赞量、1528万次的点击量、1559条评论，这种传播的广度在传统媒体时代是很难达到的。

在新媒体传播中，存在比较多的短视频类型有资讯类、炫技类。资讯类内容短视频是指用短视频的形式呈现非遗活动信息、解读相关非遗政策、报道非遗会议内容等。这类短视频拍摄的主角是他人，有时会有专业记者出镜，一般在5分钟的时长内完成一个活动或事件。例如，抖音账号"潍坊广播电视报"发布了题为《壮观！潍坊昌邑特色民俗、正月十四烧大牛》的短视频，以1分多钟的时间，对省级非遗项目"孙膑崇拜·烧大牛"活动进行报道。炫技类短视频以非遗传承人为主角，由传承人自己拍摄或由他人拍摄，表现非遗传承人精湛的技艺。有些传统音乐类、曲艺类、戏曲类的非遗传承人表演的视频片段，也属于炫技类。在抖音和快手这两个短视频平台中，炫技类的非遗短视频内容最多，也最受受众欢迎。如抖音账号"沂蒙山唐大妮"上的一条沂蒙山80岁的老奶奶制作蒲团的视频，获得了475个点赞。除了这两类非遗短视频外，还有分享故事类、打卡探店类的非遗短视频内容。

在山东非遗新媒体传播中，不管是资讯类、炫技类的短视频，还是其他内容的短视频，创作者都在试图采用丰富的视听语言来表现形式风格上的轻松化和内容主题上的趣味性。这是因为传播的最终效果是由短视频平台的受众需求决定的，因此创作者不得不迎合粉丝的这种需求，才能获得更广范围的传播。正如在2017年发布的《中国新媒体趋势报告》中所声称的那样，"短视频平台上接近60%的用户偏好幽默的、调侃的内容，而不是传统的冷静、认真的风格"。大部分人打开抖音、快手等短视频APP的初衷是为了消遣娱乐，那些制作精美、带有娱乐属性的短视频最有可能成为爆款内容，获得更多的关注，非遗信息传播的影响力更大。不管是非遗保护机构还是普通用户，都深谙此道，在制作短视频时有意让内容带有娱乐性，甚至故意放大非遗项目的亮点，并配合适当的音乐特效，让平淡内容呈现出丰富的趣味性，带给受众轻松愉悦的感官享受。

（三）线上展览成为传播新动向

2019年底起，一场突如其来的新型冠状病毒疫情席卷全国，各地博物馆、展览馆暂停开放，"云展览""云上博物馆"成为热门的文化艺术传播方式。为了疫情防控的需要，非遗保护机构推出线上体验活动。如山东省非遗保护中心将往年在线下举办的"非遗大课堂"变成线上活动，推出"'e'起来山东非遗传习大课堂"活动，通过建立专门的微信群，让传承人的授课与反馈都在线上开展。在山东举办的"文化和自然遗产日""非物质文化遗产月"以及中国非物质文化遗产博览会期间，也组织了很多线上体验活动。在2020年"文化和自然遗产日"，山东组织了"山东省国家级非物质文化遗产代表性传承人记录工程影像展播""众志成城 抗击疫情——山东非遗人在行动"优秀非遗作品展播等活动，营造了浓厚的非遗宣传氛围。在2021年"非物质文化遗产月"期间，山东将线上活动作为主场活动，通过举办"线上非遗年货大集"和"云上非遗文创展"等活动，吸引更多的人参与山东非遗的传承与保护。

在疫情期间，山东各级的非遗保护中心，也利用自己掌握的非遗资源，通过新媒体账号开展了一系列的线上非遗展览。这些线上展示活动突破线下展览的时空限制，以极为广泛的传播范围和符合当代的传播方式为优势，让更多人了解山东非遗，成为让非遗融入现代生活的一种新尝试。但是，我们也要看到，非遗线上展览也存在一些局限性。尤其是在县级层面，一些区县组织的非遗线上展览活动，在形式上太过单调，在内容上太过单薄，主办者往往是把往年非遗的图文信息上传到门户网站或是所运营的微信公众号、微博上，并冠以展播的名号，缺少精美设计与布局，也不能实现实时互动，造成受众到线上体验感差，用户点击量很低。

（四）直播模式为传播增添力量

在新媒体蓬勃发展的今天，直播作为一种新的传播形式快速走向大众。山东非遗传承人参与直播，离不开政府部门的推动和引导。尤其是政府部门领导为非遗传承人站台直播，助力非遗直播带货，让很多非遗传承人尝到了直播甜头。早在2018年，山东济宁市开办非遗项目代表性传承人电商培训班，推动当地烙画项目的传承人利用直播展示烙画，同时吸引受众购买传承人创作的作品。济宁市在举办"首届非遗购物节"时，组织近30位非遗传承人坐到直播镜头前，通过展示自己的技艺销售自己的产品。山东政府部门的领导变身"网红"，直接为非遗直播带货站台，呼吁社会关注并支持家乡非遗。在2020年"文化和自然遗产日"，山东举行"山东文创非遗厅长直播助力"活动，文旅厅分管非遗的领导参与非遗直播，助力传承人销售非遗商品。活动通过"海报新闻"客户端、抖音、快手同步传播，引起人们的热议。国家级非遗项目惠民泥塑生产地滨州市惠民县皂户李镇，为了拓展非遗销售渠道，由皂户李镇党委书记直播带货泥塑产品，获得了很好的效果。

除了直播带货外，还有非遗传承人的才艺直播和对非遗活动的直播。非遗传承人的才艺直播，实际上是一种线上非遗公开课，也是一种新的非遗传承方式。临朐县非遗保护中心在建立抖音号之后，利用抖音开启非遗授课活动，几乎每周都有一场非遗的直播活动。2020年五四青年节期间，山东举办"这就是山东·青春正担当"全省联动直播，泰山皮影、威海剪纸、郭城摔面、潍坊核雕、鲁班锁制作技艺、费县手绣等青年传承人进行联网直播。非遗活动直播是将线下举办的非遗活动通过直播扩大影响力。在山东济南举办的第六届中国非遗博览会启动仪式上，主办方就实行了全程直播。山东2021年非遗月期间，还举办了"视频直播家乡年"活动，遴选商河鼓子秧歌、章丘三德范大扮玩、胶州秧歌、海阳大秧歌、胡集书会等与"年文化"有关的非遗项目，从春节前至元宵节后，以直播形式记录和展示丰富的年俗活动，为不能回乡的人们搭建一座情归乡里的"云桥"。

直播模式为山东非遗新媒体传播增添了新的可能性，打破了空间限制，可以实现受众与非遗传承人或非遗项目更直接的接触。另外，非遗传承人参与直播，观看直播的人数少的有数百人，多的有时达到数十万人，不仅提升了传承人的知名度，也扩大了非遗传承的范围。

但是我们也要看到，非遗直播存在着一定的局限性。因为直播具有时效性，受众只有在规定的时间点开，才能观看主播直播的内容，如果前期没有很好的预热宣传，可能直播效果就不会很理想。如何实现非遗直播常态化，如何用新媒体平台为许多濒临失传的非遗项目注入年轻力量，还值得多方探索。

四、结　语

山东省非遗资源十分丰富，借助新媒体宣传非遗方面形成了良好态势：自上而下的政务自媒体传播体系已经逐渐形成，政务新媒体成为原创非遗信息的主要发布者；专业新闻媒体机构肩负着重要的宣传责任，在信息传播上占据着主导性与权威性；自媒体用户不断涌现，参与非遗直播、短视频创作的积极性越来越高。当然，山东省的非遗新媒体传播也面临着一些挑战：目前，还未培育出超级网红级别的非遗代言人和百万粉丝的非遗新媒体账号，在全国的影响力有待提升；非遗新媒体传播实践以传递信息、知识为主，非遗产品变现能力不足；作为政务类新媒体，大部分内容仍没有解决好传播给谁的问题，存在着传播形式单一、内容单调乏味的现象，很难引起大众的阅读兴趣；个人自媒体缺乏引导，经常出现为吸引关注和流量博人眼球，歪解、扭曲非遗的形式与内容。

通过对山东省非遗新媒体传播现状的初步调查与分析，我们对非遗参与新媒体传播有了更深的认识。一是进入新媒体传播时代，非遗保护已经由过去的"申遗热"转向"传播热"，不管是传承人还是保护工作者都已经深深地意识到新媒体强大的传播力，开展非遗传承与保护，促进非遗的创造性转化、创新性发展，需借助新媒体的力量。二是新媒体传播是非遗传承的重要一环，非遗借助新媒体的方式进行传播能够引起更多人，尤其是年轻人对传统文化的关注，在新媒体平台上发布非遗的内容，进行与非遗相关的交流与互动，提高了大众参与非遗活动的积极性，增强了非遗传承的活态性和活力性。三是作为一种现代性的传播方式，新媒体传播为极具传统性而又身处濒危状态的非遗找到了一条融入现代生活的新路径。抓住新媒体发展带来的机遇，实际上就是构建起政府、媒体、民众、传承人多方共同参与的多元化传播体系，目的是推进非遗进入普通人的视野、融入现代生活，最终实现非遗保护成果的全民共享。

文旅融合视角下非遗在商业空间中展示传播的现状与提升策略①

戴骊颖　杨　红②

（中国传媒大学文化产业管理学院，北京，100024）

摘　要：文化与旅游融合发展，使得非物质文化遗产（简称"非遗"）拥有了更多展示的空间。但旅游景区、街区等不同于传统展陈空间，具有显著的商业空间属性，非遗在这类商业空间中展示的预期目标也有所不同。本研究关注非遗在商业空间中的展示传播，区别于以往对博物馆等展示场馆中的非遗展陈设计研究，在梳理当前现状的基础上提出旅游景区等商业空间提升非遗展示传播效果的策略，既旨在探索归纳当代非遗保护与传播的应用理论，又期望有助于促进非遗与旅游融合的现实落地。本文以北京历史文化街区南锣鼓巷为例，通过观察非遗在该商业空间中的常见展示形式及混合使用状况，归纳该商业空间非遗展示的主要特征，并提出了集中项目展示、增加语音解说、直观呈现流程和融入适用场景等提升策略。

关键词：文旅融合；非遗展示；商业空间；活化利用；非遗旅游

---

① 基金项目：国家社科基金后期资助项目"中国非遗保护的当代传播实践"（项目编号：21FYSB052）。
② 作者简介：戴骊颖，中国传媒大学文化产业管理学院艺术管理专业硕士研究生。杨红，中国传媒大学文化产业管理学院艺术管理系教授，文学博士。

一、引　言

我国《"十四五"公共服务规划》关于"文化旅游融合发展"的论述中提到"坚持以文塑旅、以旅彰文，打造独具魅力的中华文化旅游体验"，"加强区域旅游品牌和服务整合，建设一批富有文化底蕴的世界级旅游景区和度假区，打造一批文化特色鲜明的国家级旅游休闲城市和街区"。[①] 当前，旅游景区正逐渐成为展示和传播地方文化的重要窗口，而地方传统手工艺品、旅游纪念品则是展示地方文化的重要载体。旅游景区将非物质文化遗产（下文简称"非遗"）名录的提及作为一种营销的方式，让游客通过了解地方非遗项目熟悉当地文化特色，吸引游客驻足并购买作为旅游纪念品的非遗制成品。

文旅融合促进了旅游景区增加地方非遗制成品的售卖，但也产生了地方文化特色的展示传播效果不佳，以及商品简单化、同质化等诸多问题。联合国教科文组织实施《保护非物质文化遗产公约》的业务指南（2022 年版）中对与非物质文化遗产有关的商业活动有所提及："某些形式的非物质文化遗产可能产生的商业活动和与非物质文化遗产相关的文化产品和服务贸易，可提高人们对此类遗产重要性的认识，并为其从业者带来收益"，"应当特别注意避免商业性滥用，以可持续方式管理旅游业，寻求商业方、公共管理和文化从业者利益之间的适当平衡，确保商业使用不会歪曲非物质文化遗产之于相关社区的意义和目的"。[②] 旅游景区刻意强调非遗制成品的地方传统文化属性，但未能引起游客的注意与兴趣；或者因为提及非遗而提高了游客对于产品的心理预期，

---

① 中华人民共和国国家发展和改革委员会等：关于印发《"十四五"公共服务规划》的通知，2022 年 1 月 10 日，https://www.ndrc.gov.cn/xxgk/zcfb/ghwb/202201/t20220110_1311622.html?code=&state=123，访问日期：2022 年 2 月 15 日。

② 联合国教科文组织：实施《保护非物质文化遗产公约》的业务指南（2022 年版），2022 年，https://ich.unesco.org/en/directives?tdsourcetag=s_pctim_aiomsg，访问日期：2022 年 3 月 20 日。

之后却因为游客对相关商品的知识储备欠缺或商品本身的质量问题，使得游客心理落差较大。这种情况下，游客的消极情绪不仅减弱了其对于所购买的非遗制成品的品质认可，也让作为品牌联想之一的旅游景区的文化形象受到了负面影响。

研究作为商业空间的旅游景区中非遗展示传播的现状，既能够探索和归纳当代非遗保护与传播的应用理论，又有助于促进非遗与旅游融合的实现。本文通过观察北京历史文化街区南锣鼓巷中非遗的常见展示形式及混合使用状况，归纳该商业空间中非遗展示的主要特征，并提出相应的提升策略。

二、相关研究

有学者对于非遗展示的研究结论指向了非遗展示的活态化和互动体验化，区别于传统博物馆的静态展陈。林倩认为非遗展示空间不同于其他展陈空间，在满足其物质实体展示陈列的同时还要着重于其中无形文化作为展示信息的传递，并且现代展示设计对非遗展示设计存在影响，包括展示理念的变化、数字化多维度的信息传达、浸入式互动体验和活态化的展演设计。[①]陈俊超通过对博物馆展示空间与非遗展示空间的差异性分析，指出非遗展示具有独特的活态展示属性，还提出非遗展示空间中柔性边界理念的运用能够为展示功能的变更提供条件，并且包容非遗展示的各种特性，可以促进产生更多展示活动以及观众与展示之间的互动体验。[②]

部分学者辩证地看待旅游开发对非遗的影响。李烨、王庆生和李志刚认为旅游开发可以使非遗得以广泛传播，并为非遗的保

[①] 林倩:《非物质文化遗产主题展示空间设计研究——以梁平木版年画展厅设计为例》，硕士学位论文，四川美术学院公共艺术学院，2018，第15、20–23页。

[②] 陈俊超:《非物质文化遗产展示空间中的柔性边界研究》，硕士学位论文，浙江工商大学艺术设计学院，2014，第19、68页。

护提供必要的财力保障，然而在旅游开发的过程中，非遗也受到了不同程度的削弱和破坏，造成文化异化、变迁、流失甚至消亡，即旅游开发也会给非遗的传承与保护带来多方面的风险。① 苑利和顾军指出非遗介入景区开发如果利用得好，可以促进非遗传承，增加地方收入，并且增加景区文化内涵，促进景区旅游的可持续发展，但如果处理得不好，则会破坏非遗的真实性，使景区的名声受到负面影响。②

在提升非遗旅游价值方面，赵悦和石美玉指出非遗旅游开发中存在保护与开发的矛盾、开发主体之间的矛盾、利益相关者之间的矛盾，建议应充分发挥旅游开发的教育宣传功能，结合非遗的价值与特色进行保护性开发，平衡保护与开发之间的关系，并且打破学科与行业壁垒，加强理论与实践间的沟通与合作，还要探索形成以传承人为核心，其他主体各司其职的保护开发体系，建立非遗旅游开发的利益协调机制。③ 刘少艾和林迎星强调真实性是非遗旅游价值提升的关键，而游客参与是真实性感知产生的直接动因，因此激起游客的参与行为和提高游客的真实性感知是提升非遗旅游价值的两大重要路径。④ 张希月和陈田提出"在非遗的产品化营造过程中，应该转变传统手工艺非遗旅游'唯购物化'的营利思路，从购物旅游向提供深度体验旅游产品转变"，"对旅游市场管理者而言，增加公益性文化宣传和专业解说是规范市场、

① 李烨、王庆生、李志刚：《非物质文化遗产旅游开发风险评价——以天津市为例》，《地域研究与开发》2014 年第 5 期。
② 苑利、顾军：《非物质文化遗产进景区的"功"与"过"》，《旅游学刊》2021年第 5 期。
③ 赵悦、石美玉：《非物质文化遗产旅游开发中的三大矛盾探析》，《旅游学刊》2013 年第 9 期。
④ 刘少艾、林迎星：《游客参与、真实性感知与非遗文化旅游价值开发》，《福建论坛（人文社会科学版）》2020 年第 12 期。

减弱商业化氛围、提高文化氛围的重要方式"。①

已有研究表明，非遗展示不同于传统文物在博物馆中的静态展陈，需要更多地考虑其活态性，让观众有机会参与体验。非遗在旅游景区等商业空间中的展示相较于博物馆等公共文化空间中的展示，更侧重于商品的售卖而非文化的输出，因此容易在逐利的过程中忽视非遗本身的内涵展示和宣传教育。当前，学者对旅游景区等商业空间中非遗展示传播研究较少，有待进一步探索非遗在其中的展示形式、特征，以及相应的提升策略。

三、非遗在商业空间中的展示形式

南锣鼓巷历史文化街区位于北京市东城区，保留了元代胡同的格局，如今在部分改造中已成为客流量大且店铺众多的商业步行街。笔者通过实地观察南锣鼓巷中与非遗相关的店铺，得出非遗在商业空间中的展示形式主要分为以下几种。②

（一）悬挂牌匾或张贴图标

个别店铺通过在店外悬挂牌匾，告知游客店内售卖非遗制成品，例如售卖鼻烟壶的闲野斋。（见图1）

闲野斋在店门口悬挂金属牌标明此处是非遗传承单位——内画研习基地，让不了解鼻烟壶的游客得以知晓该店售卖的鼻烟壶使用了传统技艺——内画，具有一定的文化价值。店内悬挂的木质牌匾也再次强调内画是传统文化的一部分。

图1　闲野斋门口

① 张希月、陈田:《基于游客视角的非物质文化遗产旅游开发影响机理研究——以传统手工艺苏绣为例》,《地理研究》2016年第3期。
② 图1—图7均为笔者拍摄,拍摄时间2021年6月。

小七家的店门玻璃上张贴了带有"北京非遗""兔儿爷"等字样的图标。店内装饰简单，选用开放式货架陈列商品，所售商品不是传统的兔儿爷泥塑，而是基于兔儿爷形象的手账，以及与其他非遗项目有关的文创商品。（见图2）

图2　小七家门口

（二）设置图文展板

京珐堂售卖景泰蓝手工艺品，店内有与牌匾同色系的文字展板。展板简洁地展示了景泰蓝的正名、含义、历史、现代发展和入选非遗的时间等信息，还在旁边配上了相应的活动照片和精美的成品图片。店内设计具有现代感，灯光的光线充足，还有大量的商品在开放式货架上或玻璃灯柜中进行展示。（见图3）

（三）现场展示制作技艺

吹糖人和捏面人的摊位上除了摆放有手艺人提前制作好的商品，大多数手艺人还会现场为游客制作个性

图3　京珐堂门口

化的商品。在向游客展示具体制作流程的同时，有的手艺人会介绍自己所掌握的技艺，并且耐心地解答游客的疑惑，还会配合游客拍照留念。（见图4）

图4　芳芳手工坊门口

（四）混合展示

大多数店铺不只用一种方式展示非遗项目，而是混合使用几种展示方式。前文提及的京珐堂在使用图文展板的同时，也在店内墙壁上挂置了印有"国家级非物质文化遗产"的牌子（见图5）。芳芳手工坊除了有手艺人现场展示制作工艺，其大门口还悬挂了印有"非物质文化遗产""吹糖人""老北京传统手艺"字样的牌子。可见，通过符号标签强调自身的文化特性是南锣鼓巷中非遗相关店铺文化展示的常用方式。

图5　京珐堂店内

此外，旅游景区店铺内的大量商品可以视为展品。游客有机会近距离观看，甚至是触摸一些非遗制成品，还有可能亲自动手体验制作的过程。这些在博物馆中却不一定能够实现。

四、非遗在商业空间中的展示特征

笔者通过对南锣鼓巷中非遗相关店铺的观察，从整体布局和个体展示两个角度，归纳出该景区中非遗项目展示的特征主要为：同一个非遗项目分布在多个店铺中展示，有时还处在不相关的其他店铺中，而且部分店铺对销售十分重视，以及展示方式通俗易懂。

（一）布局分散

同一个非遗项目的相关摊位、店铺在巷子里重复出现，零散地分布于巷子前、中、后各个部分。例如，位于巷子前部的全聚德中有吹糖人的摊位，位于巷子中后部的胡同技艺、电子雾化生活馆和不知名的小店中也有吹糖人的摊位存在。与此同时，京珐堂、闲野斋等品牌在南锣鼓巷中开设有分店，使游客能在南锣鼓巷中多次看到同一名字的店铺。非遗相关摊位、店铺的布局分散导致了南锣鼓巷的景观同质化、重复程度较高，从而减弱了游客的新鲜感。

（二）占据一角

几位吹糖人和捏面人的手艺人没有单独的店铺，而是将自己的摊位放置于其他店铺里，尽管摊位所在的店铺可能和这项手艺关联性较弱。例如，在一家名为"造雾主"的电子雾化生活馆（见图6）大门口，吹糖人和捏面人的手艺人各占一边，整个场景体现出了违和感。

在南锣鼓巷中，类似这样的情况并不少见。除了上述这家同时容纳了两个非遗摊位的店铺，更多的店铺则是在门口只放置一个非遗摊位，例如全聚德、胡同记忆、艺趣、闻香阁等店铺大门一侧有一个吹糖人或捏面人的摊位。其中，胡同记忆店铺门口的手艺人还标明了自己非遗代表性传承人的身份。（见图7）

图6　电子雾化生活馆门口　　　图7　胡同记忆店铺门口

（三）重视销售

旅游景区的商业氛围较好，所以店铺和摊位非常重视销售。个别游客进店后，有积极的店员主动询问购买意向，可能会阻碍游客的游览与探索兴致。小摊位也存在游客或因担心被询问消费而不愿走近观看的情况。过于重视销售，可能会让游客产生抵触心理，在尚未了解商品背后的文化内涵时就对商品失去了兴趣，从而影响非遗的传播。

（四）通俗易懂

旅游景区的客流量大，噪声多，使部分游客难以阅读信息量过大的内容。在京珐堂的图文展板中，文字介绍简单易懂，符合当今社会信息传播短、平、快的特点，缓解了心态较为浮躁的游客难以耐心阅读的状况。文字介绍短小精悍，能够将景泰蓝的诸多重要信息传递给游客。此外，小七家的图标直接使用兔儿爷的形象和简单的文字标注，没有过多的文字阐述，却也能让游客将店里的文创商品与老北京的兔儿爷联系起来。

五、非遗在商业空间中的展示传播提升策略

在归纳出非遗在商业空间中的展示传播形式和特征之后，需要有对应的提升策略，帮助旅游景区更好地进行非遗项目的展示传播，从而提升景区的文化氛围，也让游客可以在游玩的过程中增加对旅游景区相关历史、民俗等文化方面的了解。

（一）集中项目展示

南锣鼓巷中有较多同类或相近主题的非遗店铺或摊位。根据消费心理学中的边际效用递减效应，游客在第一次见到一个新事物时，会对其产生较强烈的兴趣，当其再次甚至多次重复见到同一个事物时，由于好奇心已经在之前的游玩经历中得到了一定程度的满足，之后再遇到时就不会有最先见到时的兴致。游客的购买行为也类似，当游客在逛街时已经购买了特定商品，那么之后再次逛到相同或相似的店铺，短时间内重复购买的概率并不大。因此，旅游景区应当将同类或相近主题的非遗项目予以汇聚。

对于像京珐堂一样，在一个景区中有多个分店的店铺，建议减少店铺数量，专注于一个店铺的文化展示和商品售卖。如果商品过多，需要在两个店铺进行陈列，建议将店铺按功能区分，例如将位于街巷前半部分的店铺主要用于非遗项目的介绍和游客体验，也可以适当增加部分商品的展示，而靠近街巷出口的店铺则主要用于商品售卖、包装和仓储。因为游客在刚刚进入景区时，有较多的精力和时间学习与了解当地文化。非遗项目展示了地方文化的缩影，使游客能够通过各种展示形式了解和体验非遗项目，增强游客对旅游目的地的认知。当游客了解当地非遗项目后，可能会产生购买意愿，此时让其消费则更可能有"物超所值"的愉悦感。如果售卖非遗制成品的店铺位于街巷的后半部分，能够方便游客在景区中的游玩体验，并且也能提醒游客在离开的时候购买纪念商品。

对于像吹糖人和捏面人这样没有自己专属的品牌店铺的手艺

人摊位，景区也可以通过重新规划，为其设置集中展示空间。许多非遗项目作为当地文化的代表，不应只作为一些现代商铺的附属，而是应当有专门的一处地方进行充分展示，开辟特色记忆点。南锣鼓巷中现有的博物馆、文化馆和文创馆在调整经营的过程中可以让这些非遗传承人、手艺人入驻其中，让非遗相关从业者们除了销售自己的手工艺品，也能提供游客近距离观看并体验制作的空间。通过建立"糖人坊""面人堂"等场所，将非遗传承人、手艺人聚集起来，或许能促进非遗传承人、手艺人交流和切磋技艺，并推动吹糖人、捏面人等技艺在当代的创新发展，还能够形成合力，共同创造南锣鼓巷景区中独特的人文景观。

（二）增加语音解说

当前，南锣鼓巷的商业氛围浓重，与非遗有关的店铺和摊位尚未充分发挥旅游景区的宣传和教育功能。当游客进入其中一间商店时，有很大概率会遇到店员的购物问询。而游客出于对北京文化的好奇来到南锣鼓巷，并且被某些"非遗标志"所吸引，但是缺少对相应非遗项目的认知，此时他们更想要先对商品相关的非遗项目有所了解。因此，在商业空间中增加对非遗项目的解说、解读，营造文化感染力十分必要。对于像京珐堂和闲野斋这样人手充足的店铺，可以对销售人员进行培训，让其主动给进入店铺的游客讲解店内商品所使用的非遗技艺，让游客在听完讲解后自然过渡到对商品的关注。实现文化传播可能对店内的销售人员要求较高，他们不仅要记住相关非遗项目的历史起源和当代发展，还要区分不同形制、纹样、颜色等细节。当店铺人手较忙时，以及在人手不多的小摊位中，可以找专人录制相关非遗项目的介绍音频，以便在店内播放。音频内容不限于对非遗项目的介绍，还可以增加传承人、手艺人的学艺故事，以及店铺品牌的发展历程和店内体验、优惠活动等内容的宣传。这类替代了一般性"叫卖"推广的解说声音不宜过大，不能干扰周围店铺的经营。现场的真人或录音解说需要营造区别于网上购物的沉浸感。当游客感知到商品所承载的地方文化的独特性和代表性时，会增强自身对非遗项目的认同感，同时也更愿意去购买相关商品。

（三）直观呈现流程

流媒体的兴起让信息传递具有短、平、快的特点，人们的阅读习惯越来越呈现出"碎片化"的趋势。旅游景区的热闹也会加剧人们内心的浮躁。因此，商业空间中的非遗展示可以通过图片、视频等可视化方式直观呈现非遗制成品背后的工艺制作流程，以工艺活态性为展示与销售增值。景区中的店铺可以像京珐堂一样，在选择图文展板进行展示时，尽量用简洁的语言将重要的信息清晰、明确地传递给游客；或者像小七家一般，使用卡通形象搭配关键字作为图标，使人能够立刻猜测出店铺的相关信息。此外，使用图画展示制作流程可以让人更直观地看懂非遗工艺。以京珐堂的景泰蓝为例，其制作步骤包括掐丝、点蓝、烧蓝、磨光、镀金等步骤，如果仅以文字介绍，游客或许不能完全理解，倘若在店铺墙上绘制古风插画，或是将制作流程拍摄成宣传短片放置在店铺门口播放，可能会实现传统文化的创意表达与传播，并吸引游客驻足。游客可能会通过观看古风插画和宣传短片，了解非遗工艺流程，进而产生购买商品的意愿。富有创意的文化展示也会成为一处具有特色的景观，帮助游客更好地了解当地的文化特色。

（四）融入适用场景

游客在购买旅游纪念品时，越来越倾向于挑选具有实用性的商品。非遗源于人们生产和生活中的智慧，店铺可以将非遗项目融入场景进行展示。京珐堂的店内展示了许多景泰蓝首饰，包括手镯和耳环等。与首饰关联的场景有社交、出游、拍艺术照等，因此景泰蓝可以通过在展柜旁边张贴模特试戴首饰的照片进行展示，例如人物端起茶杯时手腕上有一只色彩艳丽的镯子，或是撩起碎发时露出亮闪闪的耳坠。场景化的展示照可以让人联想到景泰蓝制品的诸多适用场景，从而意识到其在具有美学价值的同时，也兼具了实用价值。

内画早期是在鼻烟壶内壁作画，随着时间的推移，使用鼻烟壶的人越来越少，鼻烟壶的销量也随之降低。因此，内画在当代的发展可以依托于新的载体，即其他透明玻璃瓶。已有内画传承人在水晶球、香水瓶、珠子中进行尝试，并创作出了一批精美的非遗制成品。闲野斋作为内画研习基地，可以主动探索内画在当代的创新方向，并且在店内增加一些新潮的内画作品展示，让游客知晓内画技艺在当下的各种用途，如制作玩具、盛器和首饰等。同时，店内也可以开设手工体验坊，让非遗项目本身及其商品的展示更加贴近生活，使游客产生真实感。

六、结　语

本文归纳了非遗在商业空间中的若干展示形式，包括悬挂牌匾、张贴图标、设置图文展板、现场展示制作技艺和混合展示。南锣鼓巷景区中的非遗展示有布局分散、占据一角、重视销售和通俗易懂的特征。非遗相关的部分店铺在同一条街上重复开设分店，或是同一个非遗项目的多个从业者的摊位分布于旅游景区中多个店铺里，这种分散的布局容易造成该景区的景观同质化，也不利于非遗从业者的营收。多个手艺人没有自己独立的店铺，而是"寄居"在业务不相关的其他店铺中，可能会让游客产生误解。此外，店铺容易将主要精力放在商品销售方面，从而忽视文化展示。同时，景区中非遗项目的展示还表现出简洁明了、通俗易懂的特点。

基于此，本文提出了非遗在商业空间中展示的四点策略建议：其一，设置集中展示空间，将同类或相近主题的非遗项目予以汇聚，开辟特色记忆点，共同塑造旅游景区独特的人文景观；其二，在商业空间中增加对所展示非遗项目的解说、解读，营造文化感染力，从而替代一般性的"叫卖"推广；其三，以图片、视频等可视化方式直观呈现非遗制成品背后的工艺制作流程，以工艺活态性为展示与销售增值；其四，将非遗项目融入适用场景进行展示，让非遗项目本身及其商品的展示更加贴近生活，给游客一种真实之感。

数字化时代的网络新民俗

——以"支付宝集福"活动为例

李苗苗①

（浙江师范大学国际文化与社会发展学院，浙江金华，321004）

摘　要：随着网络技术的发展，传统民俗文化顺应时代潮流，借助新媒体技术创新传承方式，创造出众多新民俗形态，助推传统民俗在现代语境中的延续发展。"支付宝集福"活动作为兴起的新民俗，依托传统"福文化"在当下逐渐发展为春节必不可少的新年俗。它在产生与流传过程中不仅合乎传统民俗的基本属性，而且呈现出新的民俗性特征，为其活态化传承注入了创新动力。"支付宝集福"活动的自发传承有其完整的动力机制，通过对其中的传承动力进行探究，可为其他新民俗节日的当代传承提供范式转换。

关键词：互联网；网络新民俗；福文化；支付宝集福

现代技术的发明普及，促使普通民众的日常生活发生根本性变化，民俗文化的传承面临断裂，为新时代民俗的发展提出了新命题。从 20 世纪 50 年代以来，民俗的发展就不可避免地受到了现代技术的冲击，随着传真机和复印机的出现，"传真民俗""复

---

① 作者简介：李苗苗，浙江师范大学国际文化与社会发展学院民俗学专业硕士研究生。

印机民俗"随即产生；20 世纪 80 年代初，计算机的普及催生了"计算机民俗"。[①]进入 21 世纪，互联网信息技术迅速发展，"网络民俗"[②]方兴未艾，开始成为传播和传承民俗文化的新形式。传统民俗依托互联网技术进行衍生、再造和创新，超越时间概念与范畴，拓展了民俗事象的传播范围和影响力，让民俗文化活动展示空间由社会生活空间转向网络空间。数字化时代语境下催生出的网络新民俗，如电子红包、网络祭祀、在线祈福等民俗形态，将民俗文化与普通民众的日常生活相联系，在承载文化记忆和历史传统的同时，也推动现代民俗发展顺应时代潮流。因此，当前民俗学研究需要与时俱进，加强对现代技术下日常生活实践的民俗研究是必要的。

基于数字化时代背景，论文主要以近年来兴起的网络新民俗"支付宝集福"活动为研究对象，结合中国的福文化，对"支付宝集福"活动现象的出现、传承过程以及具有的民俗性等内容进行分析，尝试探究支付宝集五福的传承机制和动力。福文化历史悠久，是普通劳动人民的精神寄托。通过互联网的方式，福文化以更具现代感的方式呈现在我们眼前，让传统民俗"活态"传承，这种民俗文化现象值得关注和探讨。

一、网络新民俗与"支付宝集福"活动的产生

中国民俗学自诞生伊始，就深受西方传统民俗学观念及"五四"新文化运动的影响。早期民俗学者"眼睛向下"，将民俗视为研究"文化遗留物"、传统文化、民间文化的学问，似乎"过去"理所当然的是民俗的本质属性，这对民俗学的研究对象和范围具有很大的局限性。改革开放以来，中国社会的现代化变迁迫使民俗学者重新界定学科范围。钟敬文先生就曾敏锐地指出，民俗学

---

① 张举文：《探索互联网民俗研究的新领域》，《西北民族研究》2021 年第 1 期。

② 徐瑞华：《网络民俗研究》，《贵州社会科学》2012 年第 11 期。

研究"要顺应学界的新潮流前进,不能固守英国民俗学早期的旧框框",他还强调"民俗学是'现在的'学问,而不是'历史的'学问",要研究"现代社会中的活世态"。[①] 这一见解突破以往民俗学内容和范围的局限,将其延伸至整个社会生活的各个方面,突出对研究对象"现在性"的认识,为民俗学的重新建立提供正确的观点指导。基于这一认识,民俗学学者们将研究路径引向"日常生活",探究普通民众日常生活在当下的意义与价值。

高丙中认为,民俗已经在实践中被赋予了"未来"时间,因此要建立民俗学完整的时间意识,"使民俗学从一门面向'过去'、扭捏地对待'现在'、避开'未来'的学科转向一门以彻底贯通'过去'、'现在'与'未来'的思想方法为基础的学科",要完成这种观念的转变,就需将日常生活的未来和民俗学的未来合二为一。[②] 另一方面,一些实践民俗学学者则将"日常生活"从理论概念转变为实践概念。户晓辉将"生活世界"看作日常生活的先验基础,赋予日常生活实践本质,而实践的规范性决定了民众日常生活的规范性,如此,普通民众才能"有能力把实践法则当作民俗实践的理性目的"。[③] 刘晓春指出,在民俗的"后传承时代",传统民俗学的传承母体消解,难以把握新的民俗形式,因此,"民俗学需要在流动、异质、多样的'日常生活'中,在实践主体与文化、社会、情境互动的语境关系中,研究'民俗'、解释'民俗'的意义"。[④] 总体而言,现代民俗学者将民俗学研究对象深化、拓展至日常生活,倡导将其作为研究方法、研究目的,强调对当下和未来现实日常生活的关怀和追求,由此成为现代民俗学的又一次学术自觉。

[①] 钟敬文:《民俗学入门》序,载后藤兴善《民俗学入门》,王汝澜译,中国民间文艺出版社,1984,第7–8页。

[②] 萧放、朱霞主编:《民俗学前沿研究》,商务印书馆,2018,第168–173页。

[③] 户晓辉:《实践民俗学的日常生活研究理念》,《民间文化论坛》2019年第6期。

[④] 刘晓春:《探究日常生活的"民俗性"——后传承时代民俗学"日常生活"转向的一种路径》,《民俗研究》2019年第3期。

随着互联网的普及，作为民俗研究对象的"日常生活"也受到了现代媒体的冲击，倒逼民俗文化依托网络技术进行复兴和转型。民俗学学者们也意识到了科技的巨大力量，聚焦技术与民俗重新审视"日常生活"，提出将民俗学研究范式转换为"一种含纳现代技术的日常生活研究"。[①]赫尔曼·鲍辛格探讨了民间文化与技术发展的关系，认为技术的渗透加剧了民间文化与大众文化界限的模糊，因此"'单纯民众'的文化并非一直未受技术世界的模态和网络的熏染"，因为这些民众会应对技术世界产生的种种变化和要求。在他看来，"技术不仅创造了新的物世界，而且带来了新的社会现实和精神现实，它使旧的视域变得模糊不清，而流传下来的民间文化财富在这里仍然行之有效"。[②]王杰文认为新媒介环境引发了"日常生活革命"，传统民俗学所界定的那些"民俗"在新技术、新发明的影响下"要么消失了，要么被改头换面后以新的方式呈现出来"，[③]网络新民俗即为传统民俗新的呈现方式之一。

所谓"网络新民俗"（或"互联网民俗"），张举文曾对其做出明确界定："指利用互联网技术，以传统民俗形式构建，维系民俗群体及其成员的认同，由此所形成的新的民俗实践形式。"[④]依笔者拙见，可将网络新民俗简单理解为传统民俗的现代转型，即以互联网技术为载体，互联网群体进行一系列共享和传播民俗的交际活动。以近年来兴起的"支付宝集福"活动为例，即是网络新民俗的代表，并逐渐发展为年俗文化，成为融入当代生活的新方式。

"支付宝集福"活动的兴起与中国传统"福文化"具有密切的联系，是新式福文化崛起的表现。福文化是中国传统文化中最重

① 张翠霞：《现代技术、日常生活及民俗学研究思考》，《民俗研究》2018年第5期。

② 赫尔曼·鲍辛格：《技术世界中的民间文化》，户晓辉译，广西师范大学出版社，2014，第11、79页。

③ 王杰文：《新媒介环境下的日常生活：兼论数码时代的民俗学》，《现代传播》（中国传媒大学学报）2017年第8期。

④ 张举文：《探索互联网民俗研究的新领域》，《西北民族研究》2021年第1期。

要的元素之一，贯穿于中华五千年文明的始终，体现着本民族传统民俗文化的精华。"福"字作为中国最具吉祥含义的文字符号，拥有丰富的内涵。据《说文解字》记载："福，佑也。从示，畐声。方六切。"①意为神明降福保佑。"福"是一个会意兼形声字，在甲骨文中，"福"字左右部分表示双手虔诚地捧着酒坛敬神，以祈求幸福降临，是古代祭祀的形象写照。后来，"福"又特指祭祀用的酒肉，如《国语·晋语二》上载："骊姬受福，乃置鸩于酒，置堇于肉。"后人注："福，祭祀用胙肉也。"②同时，"畐"和"福"同音，"畐"本是象形字，是"腹"字的初文，上像人首，"田"像腹部之形，腹中的"十"，表示充满之义，因此"畐"有腹满之义。③民以食为天，在古代"福"字的本义即为吃饱肚子。

随着社会的发展，福文化的内涵也逐渐形成，这在古代文献中均有体现。《礼记·祭统》载："福者，备也；备者，百顺之名也。无所不顺者，谓之备。"④这里的福即为完备，指一切顺利，诸事如意。《韩非子·解老》中说"全寿富贵之谓福"⑤，即为长寿加富贵的福观念。《诗·大雅·瞻卬》说："何神不富？"《毛诗故训传》亦曰："富，福也。"⑥《礼记·郊特牲》也有相应的记载："富也者，福也。"⑦可见对于福的理解中也具有"富"这一层含义。而《尚书·洪范》提出了"五福"的概念："一曰寿，二曰富，三曰康宁，四曰攸好德，五曰考终命。"⑧这里的福包括五个方面，即长寿、富贵、康

① （汉）许慎著，张洁校点：《说文解字》，北京联合出版公司，2018，第3页。
② 王达人：《中国福文化》，北京工业大学出版社，2004，第2页。
③ 李庚香、刘承：《"福"说——中华传统福文化及其新时代价值》，《河南社会科学》2018年第10期。
④ 李江：《中国传统福文化研究》，中国轻工业出版社，2019，第17页。
⑤ 李江：《中国传统福文化研究》，中国轻工业出版社，2019，第21页。
⑥ 李庚香、刘承：《"福"说——中华传统福文化及其新时代价值》，《河南社会科学》2018年第10期。
⑦ 李江：《中国传统福文化研究》，中国轻工业出版社，2019，第19页。
⑧ 李江：《中国传统福文化研究》，中国轻工业出版社，2019，第18页。

宁、好德、善终。五福概念将福的含义予以扩展和延伸，且将其具体化，使原本相对抽象的"福"的含义变得明确和细化，这对后世影响较大，现代人对于福的解释大体是在五福的基础上发展和丰富起来的。进入21世纪，福文化更是渗透到人们衣食住行的方方面面，体现着中华文化深沉的精神追求和文化血脉。总之，从古至今人们对福文化内涵的诠释和解读，都可视为几千年来中国人对"福"孜孜追求、时时向往的一种境界和状态。

在网络技术高速发展的当下，人们对福文化的向往和追求也并未停止，"支付宝集福"活动的出现正是迎合了人们的纳福求吉诉求，俨然已成为互联网新时代不可或缺的"过年习俗"。2016年春节期间，支付宝借势推出"集福送现金"活动，通过扫码或支付宝好友赠送等形式集齐"爱国福""敬业福""富强福""和谐福""友善福"即可瓜分2.15亿元人民币。在大额现金红包的推动下，该活动参加人数空前，成为春节最火爆的活动。支付宝官方数据，除夕夜支付宝"咻一咻"互动平台的总参与次数达到3245亿次，是去年春晚互动次数的29.5倍，最终，有79万用户集齐了五福，平分了2.15亿元的大奖。①2017年，支付宝在五福基础上增加两张"特殊道具"——"万能福"和"顺手牵羊卡"，使用前者可转为任意福卡，使用后者可随机抽取支付宝好友的福卡。2018—2021年，在继承此前活动玩法的同时，新增花花卡、全家福卡、福满全球、写福字等玩法，红包总额由2亿增加至5亿。2022年，五福全面向商家开放，用户通过线下扫码、进入商家的支付宝小程序、进入商家生活号等方式，均可获得福卡。

自诞生至今，"支付宝集福"活动已经过7年的发展，每年吸引亿万用户参与其中，参与群体由青少年扩大至中老年，活动由线上扩展至线下，集福活动也从福文化进一步拓展到了年俗文化。

---

① 央广网：《支付宝公布红包数据：3245亿次互动创春晚记录》，2016年2月8日，http://m.cnr.cn/news/20160208/t20160208_521359459.html，访问日期：2022年8月10日。

活动中喜庆吉祥的福和大额的现金红包，营造了浓厚的节日氛围，再加上娱乐元素，集福活动便掀起了全民参与的热潮。依托网络公共空间，"支付宝集福"活动成为营销新手段，达成吸收新用户的目的，其中的福文化也呈现出新面貌，以崭新的呈现形式回归于当代民众的视野当中，丰富了大众对传统福文化的认识。因此，集营销与文化双重属性于一身，是"支付宝集福"活动兴起的重要因素，其中网络技术在其产生和发展过程中发挥了重要作用。

二、"支付宝集福"活动的民俗性

民俗是人们在长期的生产实践和社会生活中创造、传承和享用的生活文化，虽然具有一定的稳定性，但也会受传承语境变迁的影响引发生产和传播方式的变革。进入网络社会后，民俗文化在网络空间的存续和传承发生变化，传统民俗突破了地域和群体的界限，在网络空间生根发芽，衍生出一系列丰富的民俗文化新形式。这些网络新民俗超越以往的"在场"传承，由社会生活空间转向网络空间，实现了对民俗空间的延伸，同时伴随新"民"的诞生，日益增长的城镇网民在思想观念、生活方式等方面呈现出新特征，逐渐成为民俗主体。[①] 在这些新群体中，"超地域的民族、种族、信仰等共同体日益强化，更多的新共同体在凝聚、形成，民俗的跨媒介再现以及跨语境转换的趋势日益普遍，作为传承的、消费的、意识形态的等不同形式的民俗现象共存，并呈现混融的态势，渗透到日常生活的方方面面"[②]，由此呈现出一种民俗化的生活。

所谓"民俗性"，即"实践主体在意向性生成的语境中，运用既有的心理图式感知、表象现实生活世界，并且赋予其意义，即

---

① 冯芹：《"转生型"网络新民俗研究》，《东吴学术》2020年第5期，第115–118、122页。
② 刘晓春：《探究日常生活的"民俗性"——后传承时代民俗学"日常生活"转向的一种路径》，《民俗研究》2019年第3期，第5–17、157页。

通过神话化、传说化、故事化、寓言化、谚语化、仪式化等民俗化方式建构一种现实感"。现代社会出现的新民俗就是一种具有"民俗性"的社会文化记忆,"这种民俗记忆具有个体性、群体性、消费性、国族性等特点"。① 我们该如何判断一种民俗事象是否为新民俗?对此民俗学界已经有了较为一致的认同。如黄永林认为至少要符合以下三条标准:是否已被民众广泛传承,即群众基础;是否具有传统文化内涵,即价值基础;是否形成稳定文化事象,即文化基础。② 但对"新民俗"的时间断代却看法不一,有学者认为"构成传承现象,有一个起码的时间要求,即要延续三代以上,否则不足以称为传承;德国民俗学界则认为大约需要历经七十余年,约三代人"。这种衡量标准较为刻板,忽视了当代社会交通以及网络信息的传播速度,在此情况下,"当然也应该相应缩短民俗事象确立的时间"。③ 因此,根据社会、经济、文化等各种因素的变化,对于民俗事象的断代时间也应灵活界定。

将"支付宝集福"活动称为"新民俗",主要在于其丰富的民俗性特征。它并非在短时间内流行的民俗文化现象,经过7年的沉淀,已从"泛民俗"发展为"新民俗"事象,并被大众广泛接受。阿兰·邓迪斯曾在《谁是民俗之"民"》一文中指出:"随着新群体的出现,新民俗也应运而生。"④ "支付宝集福"活动每年都在春节期间推出,而春节是中华民族最重要的传统节日。拜年习俗是人们交流感情、相互表达美好祝愿的一种方式,届时亲朋好友齐聚一堂,闲话家常,为集福活动积累了广泛的用户群体。智能手机和

---

① 刘晓春:《探究日常生活的"民俗性"——后传承时代民俗学"日常生活"转向的一种路径》,《民俗研究》2019 年第 3 期。

② 黄永林:《民俗文化发展理论与生态规律阐释及其实践运用》,《民俗研究》2015 第 2 期。

③ 毕旭玲:《流动的日常生活——"新民俗"、"泛民俗"和"伪民俗"的关系及其循环过程》,《学术月刊》2011 年第 6 期。

④ 毕旭玲:《流动的日常生活——"新民俗"、"泛民俗"和"伪民俗"的关系及其循环过程》,《学术月刊》2011 年第 6 期。

移动互联网的普及，改变着人们的思维方式和行为习惯，成为民众日常生活重要的娱乐方式，"支付宝集福"活动正是迎合了大众休闲娱乐的需求。2021 年支付宝数据显示，过去 6 年累计参与支付宝集福的人数已超过 7 亿，全民扫福超过 400 亿人次。[①] 每年推出的多种新玩法，也达到了吸引更多用户参与的目的，因操作简单、方便快捷且趣味性强，更是吸引了大批中老年群体参与。从青少年到中老年，"支付宝集福"成为全民活动，形成了庞大的传承群体。

在这场集体性的活动中，人们的潜意识里将春节与集五福联系起来，唤起对福文化符号的群体记忆与情感。由于"支付宝集福"活动的娱乐功能显著，在文化的推动下，逐渐成为一场全民狂欢。巴赫金的"狂欢理论"划分了两个完全不同的世界，一个是官方的、严肃的正统世界，另一个是与官方世界截然相反的狂欢世界。狂欢世界打破了现实生活中的一切等级、规范和禁令等限制。"全民性是狂欢节的本质特征"，人们用平等、自由、生活化的方式表达和宣泄，"对一切神圣物和日常生活的正常逻辑予以颠倒、亵渎、嘲弄、戏耍、贬低、歪曲与戏仿"，体现了强烈的反抗意识和主体意识。[②] 在集福活动这个虚拟的"狂欢广场"里，人们用娱乐方式缓解平日生活中的压力，宣泄内心的抑郁情绪，让紧绷的神经得到放松，在与亲朋好友面对面互动中，补偿日常生活中的单调和贫乏，由此参与着这场无意识的群体狂欢。

"支付宝集福"活动的内容也具有民俗性。"'福'字是最纯粹最深切的春节符号，包含了中华民族全部的生活理想。"[③]"支付宝

<hr>

① 《支付宝"集五福"开奖 六年累计参与人数超 7 亿》，雪球网，2021 年 2 月 12 日，https://xueqiu.com/S/09988/171684096，访问日期：2022 年 8 月 12 日。
② 孙淑娴：《狂欢视域下巴赫金诗学理论的探究与分析》，《新闻研究导刊》2020 年第 2 期。
③ 周润健：《冯骥才："福"字是最纯粹最深切的春节符号》，2014 年 1 月 30 日，https://www.163.com/money/article/9JR9IMLI00254TI5.html，访问日期：2022 年 8 月 13 日。

集福"活动以"福文化"为核心,突出"福""红包""吉祥语"等经典春节文化符号,在营造喜庆祥和的节日氛围的同时,挖掘了传统福文化的深刻内涵。其中基础元素"五福"的风格各不相同,均选自历代书法家的字体,如:"富强福"为清代邓石如的字,选自隶书《张子西铭》;"和谐福"为楷体,选自唐代柳公权《玄秘塔碑》;"爱国福"则为东晋王羲之的行书,选自《兴福寺半截碑》。

此外,福卡内容都聚焦于年俗领域,以"福"字为主体,通过巧妙设计,融入了生肖文化、知名建筑、春节特色美食、各地特色元素、中国传统元素等构成"福"字。如2021年"福"字包含中国结、旗袍、红灯笼、天安门、熊猫等装饰元素,同时增加神舟飞船、高铁等当下流行元素。2022年"福"字则以"生肖虎"为主题,融入我国历代与虎相关的文物,包括战国时期牛虎铜案、商代伏鸟双尾青铜虎、南宋的子母虎、清代漆木虎……其中最具民俗性的内容则是选取全国34个特色民俗作为表现内容,如浙江运河灯会、天津贴年画、香港吃盆菜、河南踩岁、上海元宝鱼等,每张福卡的民俗事象均配有符合当地口语习惯的吉祥语,同时详细呈现该项年俗的重要内容和文化内涵,地域性色彩鲜明,在传播年俗文化的同时,展现出当地民俗生活的活态传承,形成对地方社会生活的认知。这些生动活泼的福卡选取典型文化元素,借助网络信息技术,在视觉上突出画面感和景观叙事,彰显出深厚的文化底蕴,带动传统年俗文化重回大众视野。

三、"支付宝集福"活动的传承动力

一个民俗事象的产生、发展和延续需要诸多因素的共同作用,新民俗也不例外。"支付宝集福"活动作为当下必不可少的年俗活动,在其传承过程中维持了长久的生命力。寻找其得以传承的根源,主要来自三个方面:一是传承空间"场"的转移,二是传承主体具有强烈的民俗认同,三是支付宝企业商业行为的介入。三者的有机结合,形成了"支付宝集福"活动发展的整体动力。

（一）传承空间的创新与转换

"空间"这一概念现已被引入非物质文化遗产保护的工作语境中，称为"文化空间"，常用来描述某一场所"集中表现"的人类文化活动，既包含物理意义上的场所或地点，也包含人类文化活动出现的时间。①计算机和互联网技术的快速发展，为民俗活动的发生和存续提供了广阔的虚拟空间，传统社会民俗活动以及仪式的"在场"传承逐渐消弭，"转变为虚拟空间与真实空间的结合"，这一转变"打破了传统物理空间的局限性，实现了对民俗空间的延伸"。②"支付宝集福"活动正是以虚拟空间为载体，将过去线下贴春联和福字的传统习俗转到了线上。集福活动的参与只需一部手机、一个福字以及收集、分享等简单步骤就可以完成整个互动，参与门槛较低，因此实现了全年龄层的渗透。中老年群体在年轻人的带动下一起集五福，使其成为国民级文化符号的象征的同时，也建立起情感交流的纽带。

"支付宝集福"活动除了以网络虚拟空间为主体外，还积极创新传承空间。2021年，以"百福齐聚年更浓"为新年主题，支付宝与中国民俗学会联合，一同探寻年味回归。此次年俗活动线上、线下同步进行，线上活动选取全国34地民俗作为表现内容，为其定制民俗海报，展现各地特色民俗。线下活动则进行户外海报投放，公交车站、火车站、机场等的信息框和广告位都进行了海报铺陈，如湖南舞龙灯、吉林扭秧歌、江苏打神鼓、陕西点面灯等均在此列。这一形式旨在全方位、立体式呈现浓郁的中国年。此外，支付宝还在线下专门落地了福气食堂，准备34道地道的菜式，在唤醒对家乡年俗的温暖记忆的同时，亦承载着美好的寓意与祝福。

通过线上和线下相结合的方式，"支付宝集福"活动进一步拓展传承空间，延伸了福文化，让中国民俗以及中华文化，以全新

---

① 宋颖:《论节日空间的生成机制》,《民俗研究》2017年第5期。

② 冯芹:《"转生型"网络新民俗研究》,《东吴学术》2020年第5期。

的姿态呈现在世人面前。

（二）传承主体的民俗认同

"民俗认同"的概念由张举文提出，是其对民俗传统的传承和认同的维系等问题的理论思考的一部分。所谓"民俗认同"，指"以民俗为核心来构建与维系认同和传承传统的意识与行为"。他认为，认同的构建和维系是民俗实践的核心，"因为群体认同的核心是共享的民俗，并且对此共享的民俗的认同也构成不同群体互动和新传统形成的驱动力"。[①] 基于这一认识，可见"支付宝集福"活动主要以福文化为中心构建与维系人们的心理认同和文化认同。集福活动更加注重传统民俗，从而弱化了金钱属性，通过为不同省市设计特色福字，将全国各地的人们连接在了一起。

此外，2019 年支付宝首次推出五福贺岁短片《七里地》。这个通过真实故事改编的微电影，在短短十分钟里讲述了爷爷、父亲、孙女三代人关于"福"与"家"的传承与执念。"福在哪儿，家在哪儿；福到了，家就到了"的核心诉求极易引起情感共鸣，为集福活动注入了浓浓的人文情怀。在激发更深层次情感共鸣的同时，也引发网友的自传播。此后，支付宝每年持续推出贺岁短片，为集福活动预热。2020 年微电影《到哪儿了》、2021 年《望》均用平铺直叙的电影语言，讲述最真实的人间冷暖。通过情感因素的注入，挖掘人们的共鸣与共情，达到对年俗文化的认同，这是"支付宝集福"活动得以持续生存的核心动力。

（三）企业商业行为的介入

"支付宝集福"活动的推出最初是一场营销活动，旨在通过好友互动沉淀更多的关系链，抢夺社交支付场景。这与"双十一"等新民俗节日一样，都是利用民俗资源构建的新品牌，从而促成节日消费。施爱东认为，"最好的节日传承模式应该是那种能让多

---

① 张举文:《民俗认同是日常生活与人文研究的核心》,《文化遗产》2021 第 1 期。

方同时受益的模式。比如，节日文化与市场经济的合作。有了商业行为的介入，生产者和消费者各得其所，大家都能分别实现自己的利益诉求。这种模式一旦启动，它就像一部自动化的发动机，自己就能实现组织、管理、发展和进步"。① 因此，在创制一些模式时，需要原生动力推动这种模式的运作，比如能否让商家有利可图，能否让民众主动消费等。反观"支付宝集福"活动正是满足了这样的运作模式，利用集福活动借势营销，完成用户沉淀、品牌推广，在创新营销模式的同时让这一活动融入民众日常生活。

除了上文提到的营销模式，支付宝还与其他品牌彼此合作，实现共赢。2016年，支付宝集福活动首次与可口可乐合作，通过扫描瓶身的福娃，就可领取福气红包和福卡。经过五年的合作，"扫福娃，得福卡"的营销活动依旧获得很大成功，可口可乐品牌宣传面扩大，品牌形象也得到提升。随着集福活动的持续推进，支付宝与更多品牌展开合作，先后与中国移动、安慕希、六福珠宝、浦发银行等行业进行联动，组成"新春福气品牌"联盟，在为用户传递福气的同时，传播了福文化。此外，2021年支付宝还与天猫、淘宝共同推出"国潮有福"系列活动，"福"成为国潮文化的核心元素。这一活动涵盖服饰、母婴、食品等品牌，围绕"福"字推出春碗、熊猫卫衣、五福围巾等潮流单品，传播传统福文化新内涵。

"支付宝集福"活动在福文化的推动下，营销变成了品牌与消费者之间的一次狂欢，让营销模式不只流于简单的商业变现，而是深入挖掘传统文化，赋予福文化长久生命力。

四、结 语

从2016年开始至今，"支付宝集福"活动已连续推出七年，俨然成为一种全民参与的仪式性活动，并逐渐发展为春节不可或

---

① 参见滕云:《"10.24"程序员节:互联网时代的新民俗节日》,《民间文化论坛》2022 第 1 期。

缺的新民俗活动。集福活动首次推出时只是作为营销策略出现，目的在于提高支付宝用户活跃度的同时，沉淀新用户，而今则更加注重弘扬传统民俗文化。诚如五福产品经理冠华所言，"我们有一千个创意来做营销活动，有一万种运营手段来产生一个漂亮的数字，但我们最珍惜的情感、最传统的民俗、最踏实的那种获得感，是无法用营销数字来量化和支撑的"。[1] 在集福活动发展过程中，网络新媒体为"福"文化的传播提供了新语境，并"为新民俗的产生提供激动人心的灵感源泉"。[2] 作为新民俗，"支付宝集福"活动已经具备了庞大的传承群体、深厚的文化底蕴以及自发传承的动力机制，正逐步成长为真正的新年俗。

"支付宝集福"活动借助福文化，充分挖掘民众崇福、尚福、祈福、盼福的传统习俗，让大众回归传统的同时，搭建数字化时代全民皆可参与的新型社交场景。它不仅是众多网民的娱乐狂欢，更凝聚着广泛的情感认同。以"支付宝集福"活动为例，可窥见其他网络新民俗的本质特征和内在属性。脱胎于传统民俗文化的网络新民俗，在技术的推动下不断建构，并渗透到民众的日常生活中，成为具有"民俗性"的文化景象，这不仅赋予民俗文化活态化新特色，更为民俗文化的活态传承提供更多途径和内生动力。在传统与现代的碰撞下，民俗文化的传承与发展逐渐趋于数字化、信息化，以新媒体为桥梁的网络民俗的兴起，为现代民俗的发展提供了范式转换。

---

① 猴哥笔记:《支付宝"集五福"再开启，引发全民狂欢背后的原因是什么？》，2019 年 1 月 24 日，https://www.hougebiji.com/26184.html，访问日期：2022 年 8 月 15 日。
② 王润茁、徐赣丽:《新媒体时代的民俗形态——以"锦鲤"文化为例》,《民间文化论坛》2020 年第 3 期。

非物质文化遗产与传统文化研究

传统农事禳灾仪式体系结构和功能的象征人类学考察

——以浙江省仙居县为例①

王凯元②

（中共仙居县委党校，浙江仙居，317300）

内容提要：针对仙居农事禳灾在长期历史进程中的延续问题，从象征人类学角度，梳理农事禳灾仪式体系结构并从功能视角加以解释。农事禳灾作为农民的生存防护策略，已经融入日常生产和生活。根据主体不同，农事禳灾可分为家户主导型与村落主导型；根据紧急与否，又可分为岁时农事祈禳和农事危机仪式。前者以万物有灵论为基础，形成从年头到年尾的祈禳体系；后者则应用于农事危机。岁时农事祈禳之所以延续，在于仪式可以抚平灾害创伤、消除忧虑心理；而农事危机仪式可以产生"共同情谊"，让农民从集体焦虑中解脱，以维护村落共同体。仙居传统农民对农事禳灾的灵验与否秉持灵活的"调适性"解释，认为神的灵验不容置疑，能够自圆其说地对祈禳结果加以理解。他们还加持了神

---

① 基金项目：2019年国家社科基金年度项目"乡村振兴背景下传统乡村文化的再乡土化研究"（项目编号：19BKS200）、浙江省哲学社会科学规划"马克思主义理论研究和建设工程"理论宣传专项课题"两山理论视角下农村环境治理'四位一体'模式研究"（项目编号：20LLXC10YB）。
② 作者简介：王凯元，中共仙居县委党校高级讲师，社会学硕士。

所守持的洁净信条并对非洁净行为加以惩戒，从而维护正常的社会秩序。

关键词：禳灾；岁时农事祈禳；农事危机；仪式；结构；功能

一、问题的提出

仙居县地处浙江省东南部，属亚热带季风气候。明代地理学家王士性将浙江划分为"泽国""山谷""海滨"三个文化区，仙居人为"山谷之民"。仙居县域面积中，丘陵面积占了80.9%，有"八山一水一分田"之说。仙居传统农业以粮食生产为主，但产量长期低而不稳，丰年粮食亦难自给。故民谚有"温黄熟，台州六县足；仙居熟，不够六县一餐粥"的说法。

"农事是指在农业生产过程中所从事的一切实践活动，如作物播种、田间管理、积肥、治虫、除草、防灾、农机具维护及家禽饲养等。"[①] 仙居历史上农事灾害频仍，据《光绪仙居县志·灾异篇》《浙江灾异简志》《中国气象灾害大典·浙江卷》等记载，从宋庆历五年（1045）到民国十二年（1923），仙居的水灾就有80余次之多；而从宋乾道九年（1173）到民国十八年（1929）的旱灾就有60多次。其他的自然灾害有台风、暴雨、雪灾、冰冻以及雷电、冰雹、龙卷风、虫害、草害等10余种。频繁的灾害和应对灾害技术的欠缺导致传统农业产量不足，效率低下。

农事禳灾作为仙居民众的生存防护策略，已经融入其日常生活，成为他们维系生活得以安宁、生产得以延续的固有范式。古代民众缺乏对自然科学的认知，面对灾害，他们信奉"天人感应"，试图与神沟通，向天祈祷，以求得风调雨顺、五谷丰登。同时，他们发展出了一套对象不同、形式各异的祈禳体系，将其规约化，作为日常生活和农业生产中防范灾害、求得丰产的基本

---

① 王凯元、何晓波：《从农事实践看地方性知识与科学知识的契合》，《西北农林科技大学学报（社会科学版）》2011年第6期。

策略。

从现代科学角度，农事禳灾活动并不能减少农业灾害的损失，也无法避免灾害的发生。在长期的历史发展过程中，它为何能够一直延续？如果说，岁时农事祈禳仪式可以从固化于心的习惯角度来解释的话，那农事危机仪式在解危无果后，为何人们依然选择信神？作者尝试从象征人类学角度梳理农事禳灾仪式体系的结构并从功能的视角加以解释。

二、仙居传统农事禳灾仪式体系的结构

（一）米沙·季捷夫的岁时礼仪和危机礼仪

米沙·季捷夫用岁时礼仪和危机礼仪来区分巫术和宗教活动。他认为："岁时仪式往往是周期性地举行，在时间上提前通知，使参与者有充足的时间培养共同期待。而危机礼仪则不固定日期，在危机即将来临时才举行。它不是因一个特定时刻的到来而举行，也无法预先计划或准备。"① 相应的，仙居农事禳灾体系也可以分为岁时农事祈禳和农事危机仪式。

（二）岁时农事祈禳

岁时农事祈禳以万物有灵论为基础。泰勒最早论述了万物有灵论，其中有两条信条："一是各个生物包括人都拥有灵魂，灵魂在肉体死亡或消灭之后能够继续存在；二是各个精灵都可以上升到威力强大的诸神行列。"② 中国的民间信仰也把万物都纳入有灵论中。先民认为，不仅人有灵魂，日月山河、树木花鸟等也都具有灵魂，都是活的生命。灵魂有独立性，人死后会离人而去，附着在自然物、人造物或他人身上。百姓对此深信不疑，祭而拜之。这就给农事祈禳留下了丰厚土壤。

---

① 米沙·季捷夫：《研究巫术和宗教的一种新方法》，载史宗主编《20 世纪西方宗教人类学文选》（下），金泽等译，上海三联书店，1995，第 724–731 页。
② 爱德华·泰勒：《原始文化》，连树声译，上海文艺出版社，1992，第 414 页。

仙居传统民众的心灵世界具有一套从年头到年尾的岁时祈禳结构，包括什么时候该敬什么神，什么神对应何种诉求等。岁时农事祈禳的对象包罗万象，地点各有不同，时间也各有讲究，却早已固化于民众行为，成为日常生活中不可或缺的部分。

1. 上八节

在仙居一带，明朝时民众便将农历正月初八称为"上八"，这天的午饭或晚饭称为"上八饭"。这一天要烧白米饭，以及豆腐、猪肉等好菜。未开饭前，要先置一碗白米饭放到灶山上，请灶君品尝，希望灶君品尝完后赏给大家一个好年成。这天后，人们开始进入正常的生产生活，如田间地头的烧灰、小麦的田间管理等。

2. 添仓节

民间传说正月廿五是谷仓神的生日。自明代起，仙居凡大户人家都要拜祭谷仓神，称为添仓节，此俗一直延续到解放后的农业合作化时期。在添仓节，大户人家需备礼在仓前祭拜，方能让谷仓盈满不亏。具体的仪式为：放一张小桌，设二座，碗筷两副。在祭请前，需将猪肉、豆腐、酒饭等置于方盘内。另一方盘置五只碗，碗内分别装有谷、米、豆、麦、玉米，以示五谷丰登之兆。祭请时要将一束香和一对蜡烛点燃，同时将仓门打开，倒入少许稻谷，以示谷仓盈满不亏。

3. 驱麦鬼

三月十六夜，许多传统仙居农民会背着一捆柴草，到自家麦地烧起火堆来驱麦鬼，期盼丰收和平安。传统仙居农民认为，火光属阳，鬼属阴，白天有阳光照耀，鬼无处藏身。因为鬼怕光，而晚上没有日光，正是鬼出没的时候，燃起火堆后，鬼就不敢来了。如果哪家不烧火堆，不驱麦鬼，之后的麦穗抽出来就会乌黑，称为"麦鬼附身"。双庙一带至今流传着一句谚语："有肉无肉，看三月十六。"还有一种说法：麦鬼的出现与清明头天的天气有关，故有"清明只怕头夜雨，麦田都是鬼"的说法。

4. 牛王节

此日，仙居有请牛王神"尝新麦饼"之习俗，一直流传至解放后。在四月初八释迦牟尼诞生之日，除了在寺庙礼佛参拜，农户们会将割来的新麦磨粉做成麦饼，先给牛吃，称作"尝新麦饼"。有些人家还弄来棉籽油饼给牛吃，传说牛吃后耳聪目明，起早摸黑耕田都看得见，容易听人使唤。这一日，民众还要在牛栏前插香祭拜"牛栏神"。

5. 晒粮和供虫王习俗

六月六，仙居人称之为"无霉日"晒东西的传统。人们将家里的粮食和被服等拿到太阳底下暴晒，认为晒过的粮食常年不会有虫害，衣服、棉絮也不会长蛀虫。传说这一日晒东西，一日能当百日，可以祛除家里的霉气。还流传一句俗语"谷进仓，麦进缸"，只有晒好的稻谷和小麦进入谷仓和麦缸，才意味着粮食安全了。在双庙一带，还设供祭虫王，以保农作物没有虫害，财神庙还会有戏班给虫王做戏，叫作"六月六虫王戏"，祈求虫王听了戏不再危害农作物。

（三）农事危机仪式：面对农事灾害的应对手段

除了岁时农事祈禳体系，仙居民众还拥有一套农事危机仪式。农事危机仪式无法提前计划，是在农事灾害影响民众生计时作为应急手段出现的。在米沙·季捷夫那里，"危机仪式不仅可以服务于全社会或较小的社团，也可以服务于个人"[①]。而仙居传统农事危机仪式更多地应用于处理公共农事危机，如旱灾、虫灾、风灾、雨灾等。本文将着重讨论旱灾中的农事危机仪式——求雨禳灾。

1. 求雨的第一阶段：求助地方神的"召降童"

仙居传统民众拥有三套神灵系统：一是有全国影响力的神，如观音、如来；二是有地域影响力的神，如陈十四娘娘（陈靖姑）、

---

① 米沙·季捷夫：《研究巫术和宗教的一种新方法》，载史宗主编《20 世纪西方宗教人类学文选（下）》，金泽等译，上海三联书店，1995，第 728 页。

胡公（胡则）；三是出自本地的神，如各村用于求雨的地方神。一些拥有全国或地域影响力的神祇在传播过程中经过"在地化"，与当地历史地理相结合，也可以发展成为地方神。这些地方神对于本地人的生活具有直接管理作用，成为农事禳灾第一阶段的主神，是当地人直接诉求的对象。它们与本地人地缘或血缘接近，因此颇受信赖。掌管求雨的诸位地方神都拥有相应的降雨范围，一神保一方，不会轻易逾越。

求雨中，神仙不会直接与人对话，所以需要人代替神讲话，这就是"召降童"仪式，即神附体。而负载的身体称为"童身"或"降童"，寓意神降临到人的身体。"降童"一般由年轻后生担任。每逢久旱天气，民众都要进行召神活动，会问神仙如下问题：什么原因导致无雨？什么时候才能下雨？如何做才能下雨？各村的仪式稍有不同，但都存在"童身"，且均由青少年男子担任。

（1）辽车村的"陈十四娘娘"

在淡竹乡辽车村，当地传说陈十四娘娘是淡竹下叶人。召神前，人们在下叶娘娘殿放上八仙桌，摆好香案，写好申请辞，确定一位"降童"。仪式开始后，道士先向"降童"洒净水，舞动纸卷，把点好的一把香朝向他无数次抖动，希望香火可以引来娘娘降身。然后，道人和几位后生一起念召神辞：

一召天地动，二召江河海水源，三召黄河千尺浪，四召东海起东风，五召五雷震地响，六召六角定乾坤，七召七星悬宝桂，八召八仙过大海，九召九州兵马上香坛，十召陈十四娘娘亲自到坛。马法护堂，弟子有事召神明，无事不敢知召神！召山山要崩，召水水结冰，召神神来临！①

经过三天三夜的重复仪式，"降童"醒来，表示神已附身。醒来后，道士让他喝"开口符水"，然后"降童"说话，话语短而急促，与平常语气迥异。众人听到赶忙下跪，请陈十四娘娘保佑，

① 淡竹乡非物质文化遗产普查领导小组办公室：《仙居县淡竹乡非物质文化遗产普查项目汇编》，2007，第 181 页。

询问何时降雨。"降童"会告知下雨的时间，比如一天或三天后下雨，或最近无雨等。

（2）官屋村的"七公"

朱溪镇官屋村的雨神是"七公"。当地传说"七公"有七个兄弟，其中七弟分管雨仓。大旱求雨时，众小伙和道士先生来到村旁的七公殿，先奉七公神位，旁边放一张桌子和一把专供"童身"坐的椅子。"蹉火是求雨过程中不可或缺的形式，需准备四十九篓木炭在庙前，求雨的人越多越好，都挤在佛殿里，七天七夜香火不断，锣声不断。道士身披法袍，双手舞剑，摇铃做法。到第七日时把炭倒在地上，把四十九斤油倒在炭上烧红，等待七公降临。'七公'附身时，只见'童身'坐在椅子上，浑身发抖，忽然甩掉鞋，在烧红的炭上蹉来蹉去，后一跃而起，一屁股坐在桌上，生气地问：'凡人今日召我何事？'凡人讲：'久晴无雨，稻田开裂，特请七公降雨。''童身'说：'你们准备好猪羊，三天后落雨。你们要敲锣落还是锤镲落？'凡人说：'我们敲锣落雨。'果然，第四天就下了一场大雨。锣敲到哪里就落到哪里。"①

（3）祖庙村的"杜氏娘娘"

广度乡祖庙村的"杜氏娘娘"是姊妹神，祖庙的石碑记载"真淑、真仙"为本县人士。"相传姊妹二人在仙居城里卖粥和饼为生，遇到厨师轻薄，愤而杀之，隐匿于盂溪上游祖庙村附近，适逢大雨，溺水而亡。"②村民立庙敬之，成为管生病和降雨的神。《嘉定赤城志》有"比缘春夏不雨，遍走群祠，祷焉莫答。暨一谒祠下，晴空忽云，而甘注踵至，深可敬异"的记载。③仪式也由道士、后生及"童身"构成。三天三夜的仪式后，用猪羊召神，向娘娘求雨。待神降临时，"童身"会一下子坐到灯架上，铁尖不会戳

① 朱溪镇非物质文化遗产普查领导小组办公室：《仙居县朱溪镇非物质文化遗产普查项目汇编》，2007，第259页。
② 王寿颐、王荣：《光绪仙居县志》，同济大学出版社，1990，第294页。
③ 陈耆卿：《嘉定赤城志》，上海古籍出版社，2016，第457页。

破"童身"的身体。然后人们问其雨何时下，"童身"告知时间。

此外，还有下张村的"陈紫云和尚"、管山村的"蒋仙人"、步路王宅村的"金山明皇"等，都是管理下雨的地方神。

2. 求雨的第二阶段：求助龙潭（洞）龙王的"召龙"

在经历了第一阶段的"召降童"依然无雨后，人们会直接向龙潭或龙洞的龙王求雨，祈求龙王降下甘露，润泽万物生灵。

（1）民间的龙潭（洞）求雨

在双庙乡上王村一带，流行前往西坑九洞求雨的习俗。当地传说西坑的九洞乃龙的居所，故向其求雨。"有一年上王遭遇干旱，久晴无雨，稻田开裂。无奈之下，村民开始求神拜佛，村里的七间佛殿，天天有人点香求雨。但这些山神土地能量有限，无计可施。于是大家商量着去附近西吕村召降童，无奈还是无雨。有人提议去向龙王求雨。龙王在哪里？在东海。东海太远了，我们求不着！我们村西坑有百里大峡谷，有西坑九洞，传说龙住在九洞，我们就去那求雨！"[①]

于是，村民邀约了几十人，带上香、烛、猪肉、豆腐、粮食、八仙桌，还叫上道士先生，敲锣打鼓到西坑九洞求雨。到了那里后，将供品摆在桌上，在石头香案上点起蜡烛和香。跪拜以后，由道士先生带领念供龙祝文。

飞龙升天，潜龙伏地，旱龙隐山，水龙潜海，布泽行云，降游村里，时值庆典，礼宜祈祭。谨备香烛，薄陈贡品，伏祈有垂，广施法力，节制风雷，均匀雨润，光泽普照，沐赐龙恩，早降甘露，五谷丰登，八节无瘟，六畜兴旺，百业昌隆，人口平安，风水永贞，神其不昧，来格来钦。[②]

念经结束后，会遇上蛇、蛙等小动物，然后用一个干净瓶子

---

① 王永耀编著：《忆故乡 想童年 谈设想——上王古村回忆与展望》，未刊稿，2017，第103–104页。

② 双庙乡非物质文化遗产普查领导小组办公室：《仙居县双庙乡非物质文化遗产普查项目汇编》，2007，第54页。

装好后盖住。接着，大家点燃爆竹，敲锣打鼓迎回王氏大祠堂，供奉在桌上。如果求雨后那几天碰到雷阵雨，就算龙显灵了。九洞口至今依然摆放有石头香案。

（2）官方的龙潭求雨

官方的求雨活动通常由县令履行。大旱之年，地方的主要官员应百姓之求，需沐浴斋戒，前往山涧龙潭祈雨。广度的许多地方被纳入官方祭祀场所。

在宋代时，仙居县令陈襄、刘光分别前往横溪的苍岭坑、广度的孟溪五潭和马鞯龙潭求雨。陈襄还留下了《马鞯潭报雨诗二十韵并序》，记录求雨的情形。刘光为县令时，适逢仙居连续23个月干旱，他在广度乡马鞯潭的山坳龙湫祈雨并刻石记载，摩崖石刻现在依然保存完好。"清康熙年间，知县郑录勋也曾到白塔寉源潭'接龙'，并用净器迎回一只水蝎和一只蛤蟆供奉在县衙。而到民国十三年时，仙居县县长为祈雨还曾颁布'戒杀令'，命令全县停止屠杀牲畜，直到下雨。"①

农事祈禳根据主体不同，可以分为家户主导型与村落主导型。上八节、牛王节、添仓节、驱麦鬼以及六月六习俗等均以家庭为单位，由家户男、女主人来主持完成，称为家户主导型；而"召降童"和召龙仪式通常由一个村或周边村一起来完成，称为村落主导型。

三、象征人类学视域下
仙居传统农事禳灾仪式体系的功能

（一）仪式本身的"心理学效应"

拉德克利夫-布朗认为，仪式的研究方法之一是探究其效应。"在这里，它并不是指参加仪式者的行为所产生的效应，而是

---

① 王巧赛：《仙居历史上的旱灾、疗荒及祈雨》，2017年5月29日，https://www.sohu.com/a/144522784_409089，访问日期：2017年6月20日。

指仪式本身确实能产生的效应。由于还没有更好的术语，我们暂且称之为心理学效应。"[1]

在家户主导型的岁时祈禳中，仪式开始前的数月，人们清楚地知道，每逢相应的日子家中将会举行何种仪式。人们祈祷风调雨顺，其实已经有了来年"风不调、雨不顺"的心理准备。由于年复一年的灾害，人们对于灾害的时间和规律有了大致准备。可是，他们依旧缺乏有效的应对办法，所以还是重复地举行仪式。"他的满足感来源于履行了仪式义务，或宗教义务……他在人和自然相互依存的关系中，作出了自己的贡献。他所获得的满足感使仪式具有了特别的价值。"[2] 在仪式中，人与神进行了沟通，进献了祭品，还跟它说了话，仪式本身就有抚平创伤和调整心态的作用。仪式还可以形成目标，让人们有一个好奔头，朝着"风调雨顺、五谷丰登"的方向迈进，从而增加家庭的凝聚力。

（二）培养"共同情谊"，维护村落共同体

兹纳涅茨基认为，"共同情谊"是"超越一切社会的正式联系，可以使人们团结一致的人际关系"。[3] 维克多·特纳引用了这一概念形容过渡性仪式："仪式产生的'共同情谊'超越了日常生活那种具有偶然性的友情，受礼者们领受了一种趋同的心理。"[4]

"共同情谊"的培养在村落主导型的农事危机仪式中尤为显见。持续的干旱令人焦虑，人们纷纷寻求行之有效的办法以缓解灾情。而应急型的农事危机仪式正好满足了这种心理，让人们从

---

① 拉德克利夫 – 布朗：《原始社会的结构与功能》，潘蛟等译，中央民族大学出版社，1999，第178页。

② 拉德克利夫 – 布朗：《原始社会的结构与功能》，潘蛟等译，中央民族大学出版社，1999，第245页。

③Florian Witold Znaniecki: *Sociological Approach*, New York: Publishing Company of Farad, 1936, p. 154.

④ 维克多·特纳、伊迪丝·特纳：《宗教庆典仪式》，载维克多·特纳编《庆典》，方永德等译，上海文艺出版社，1993，第45页。

无穷的焦躁中暂时解脱，转变成对禳灾结果的集体期待。正如特纳所言："他们的地位差别、性别差异、服装差异和角色差异都消失了。他们经受种种共同考验，因而体会到一种群体的团结，一种不受社会等级结构约束的本性联系。"①取龙过程往往充满艰辛，是老天对意志的极大考验。一方面，人们需忍受干旱，还要冒着骄阳前往深山取龙，这些龙潭和龙洞往往距离遥远，人迹罕至，加上山路崎岖，往往难以到达；另一方面，在拜祭之后，龙的替身——蛙、蛇等较难获取。在上王村的取龙过程中，无论是青皮蛙、灰皮蛙、褐皮蛙，还是水蛭、蜥蜴、蟋蟀、螳螂、蚱蜢，都被认为是龙的化身，抓了就走。尽管困难重重，人们还是乐观对待，并对取龙的结果充满期待，这在无形中培养了"共同情谊"。

取龙的等待被仪式赋予了积极的力量，因而人们即便辛苦也充满耐心。正如马林诺夫斯基所言："人类的记忆对于积极的证据永远比消极的强。一件成功可以胜过许多件失败。"②取龙回来后，村里的男女老少都会围到祠堂或庙宇，观看供龙仪式，祈盼取回的龙能润泽雨露。取龙和供龙成为全村人的共同关注，亲眼可见的"龙"增加了集体期待的实现可能。正如安德明所言："面对大范围灾害时的焦虑，转变为了小情境中一种可以把握的等待。"③若真如期待的那样下了雨，即便是雷阵雨或毛毛雨，大家的焦虑情绪也得到了释放。

（三）禁忌的隐喻和象征之于社会秩序的维护功能

1. 日常禁忌的"神圣象征"

玛丽·道格拉斯认为："如果不洁就是物失其所，那么我们必

---

① 维克多·特纳、伊迪丝·特纳：《宗教庆典仪式》，载维克多·特纳编《庆典》，方永德等译，上海文艺出版社，1993，第 134 页。
② 马林诺夫斯基：《巫术科学宗教与神话》，李安宅译，中国民间文艺出版社，1986，第 154 页。
③ 安德明：《天人之际的非常对话》，中国社会科学出版社，2003，第 145 页。

须透过秩序的进路来研究它。一种模式如果想要保持下去的话，就一定要将不洁或污秽之物排除在外。"①

仙居先民的日常生活由神圣和世俗两个领域构成，神圣领域引领着世俗领域，如果违背神圣领域的法则，它将给予必要的惩戒，从而对生活起到规范作用。"农事禳灾的信仰和仪式，也起到了强化神圣领域信条的作用。"②对神灵的尊重，既表现为对人格化神灵体系的祭拜、信奉和尊重，也表现在对神所守持的洁净信条、禁忌和规则的遵循，由此维护社会秩序。一旦这些原则遭到破坏，正常的社会秩序也将受到影响，而相应的破坏者也将遭受惩罚。

在黄坦树村，村里的"两只龙眼睛"——两口古井一直让村民引以为豪，它们保佑着村民丰衣足食、人丁兴旺。两口古井相距不足百米，有七八百年的历史，井水清澈甘甜，常年不枯。在大旱之年，别的井都枯竭了，唯有这两口井水不干。"有一年大旱，村里用12匹的抽水机抽水灌溉农田，井水依然源源不断。风水先生说，这两口井是西姑山的龙脉点。因此村民把这两口井称为龙眼睛。'农业学大寨'的时候，东边的井被填平了。村民一致反对，但村干部说这是迷信说法，又是反对'农业学大寨'。村民没办法，只得任其填平。结果，西边的那口井的水质变差了，出水量也变小了，后来甚至荒废了。村里人说，自从东边的井被填平以后，以前人才辈出的黄坦树村后来很少出大学生，成为一件令人难以置信的憾事。"③

村民们认为，农事禳灾有其一套自成一体的规则系统，一旦规则或体系遭到破坏，必遭天谴。这在客观上起到维护社会正常秩序的作用，一方面它能够加强自然灾害发生时的防灾体系建设，

---

① 玛丽·道格拉斯：《洁净与危险——对污染和禁忌观念的分析》，黄剑波、柳博赟、卢忱译，商务印书馆，2018，第53页。

② 安德明：《天人之际的非常对话》，中国社会科学出版社，2003，第12页。

③ 南峰街道非物质文化遗产普查领导小组办公室：《仙居县南峰街道非物质文化遗产普查项目汇编》，2007，第212页。

另一方面也可以防范人为干预不当所导致的恶果。通过正面和反面的双重教化,农事禳灾结构促使人们反省自我,从而加强日常的行为规范,维护社会的基本秩序。

2. 洁净的禁忌及其隐喻

玛丽·道格拉斯认为:"如果不洁就是物失其所,那么我们必须透过秩序的进路来研究它。一种模式如果想要保持下去的话,就一定要将不洁或污秽之物排除在外。"① 因此,当事物脱离洁净的禁忌时,神圣领域就会迫使人们重新安排事物的秩序,从而加强社会道德秩序的建构。

仙居民间认为,春神对洁净有很高要求。双庙一带视立春为伟大而洁净的日子。在这一天,不准男人在门堂下劈柴,以免打痛主管苗木生长的春神。凡立春日,不准男人担人粪和农家肥,不准女人在池塘洗月经布等污垢,以免污染春神,带来不利。本来,男人在门堂下劈柴、女人在池塘洗月经布都是平常之事,但规定立春日不准这么做,就突出了春神的洁净性。人们认为,在这一天点燃樟木,用烟熏灶膛和房门,可以祛除邪气、净化房屋。房屋的洁净对于日常生活极为重要,因为这是日常生活得以进行的前提。

此外,龙对洁净也有着超高的要求。上文提到康熙年间知县郑录勋到鼋源潭"接龙"时用净器迎回水蝎和蛤蟆供奉、地方官求雨前的沐浴斋戒都印证了龙的洁净癖好。可见,在社会秩序的建构中,民间宗教仪式起着重要作用。因此,农事禳灾具有自我固化功能,它创造了一系列禁忌来加强神圣性,也创造了对脱离本位行为的惩罚,在洁净及其禁忌的隐喻中维护正常的社会秩序。

(四)农事禳灾中关于"灵验"的"调适性"解释

有关灵验的问题,是包括农事禳灾在内的所有民间宗教现象都不可回避的话题。农事禳灾体系以结束灾害为前提,这是仪式

---

① 玛丽·道格拉斯:《洁净与危险——对污染和禁忌观念的分析》,黄剑波、柳博赟、卢忱译,商务印书馆,2018,第 53 页。

存在的根本目的。我们关注人们对这种仪式的理解，以及仪式本身在民众观念中所起的作用。农民秉持一种灵活的应对方式，总是自圆其说地进行解释，为信奉神灵提供坚实基础。

在上王村求雨过后，人们认为，如果求雨后几天碰到雷阵雨，就算龙显灵了，认为雨是求来的；如果没有下雨，便以为第一次求来的不是真龙，遂再去求取真龙。这体现了关于灵验解释的"调适性"：它突出龙的灵验性不容亵渎，祈雨而不下雨，并非龙的缘故，而是因为求取的不是真龙，这样就更加坚定了求取真龙的步伐。此外，"童身"或"降童"求雨往往需要很长时间，比如官屋村的"童身"求雨要七天七夜，其他村则要三天三夜。在求雨时段或此后相当长一段日子，如果下了雨，人们都认为是求雨所致。如果不下雨，就认为是百姓求雨过程不够到位，或者哪里得罪了神灵。例如，有一回，在官屋村取龙的过程中，首先出现的动物是蕲蛇，俗称"五步蛇"，毒性很强。虽然大家第一时间把它抓住了，但在装筐时，由于拿筐的人害怕而被它逃走了。之后的很长一段时间，官屋村都没有下雨，人们就把不下雨的原因归结为"龙跑了"。

黄梁陈村曾经盛行的取龙求雨习俗后来却消失了，这里有一个寓意深长的故事。"传说有一年黄梁陈取龙，人们捞得一条鳗回来当龙供奉，祭拜了三日后不见半点雨星，大家都认为没有取到真龙，一气之下把鳗杀了，剁成小段后放在镬里煎，加上酱油、黄酒，撒上葱花，又舀了一瓢水倒下，只听'嗤'的一声，突然从镬里蹿出一条龙飞到了天上。原来，黄梁陈村已经取到了真龙，只因时辰未到才没有下雨，大家误以为取到的是凡鳗。此后，黄梁陈再也没有取过龙。村里人说，背靠永安溪的黄梁陈村后来经常发大水，也与私自杀龙有关。"[1]

可见，农事禳灾在仙居民众中有强大而深厚的影响。各个村

① 下各镇非物质文化遗产普查领导小组办公室：《仙居县下各镇非物质文化遗产普查项目汇编》，2007，第40页。

的农事禳灾都各成体系，并且各个神灵与本村都有着密切的联系，不管祈禳的结果如何，人们依然坚定地信神。即便不能得到所期待的结果，人们也总能够为其辩护，例如"取到的不是真龙""时辰未到""仪式过程不对""龙跑了"等等。如果违背了神的旨意，或者擅自改动神的意愿，则会遭遇相应的惩罚。人们通过这些故事、传说和证据来说服自己，加强印象。

事实上，面对旱灾，除了采用日常祈禳和危机求雨以外，仙居先民也创造了种种抗旱的手段。早在宋代，仙居人就已经在傍山沿溪的地方修筑水堰，引水灌溉；并在山湾中开挖山塘以蓄水备耕。到了清光绪年间，仙居境内已经修筑有水堰八十一条，山塘三十四口，其中较为著名的有张阜堰、感德堰、汤归堰、朱公塘等。此外，他们还建立了水车、挖井提水、机械吊水等设备，从低处往高处运水。两种解决危机的方式在农民那里能够很好地结合在一起，运用自如。不过，即便是工艺复杂的水车上也有祈禳的痕迹：水车上往往雕刻"深山老木化成龙，一到池塘雨便通"等俗语，以祈求风调雨顺、五谷丰登。

（五）负面功能

农事禳灾具有较强的负面功能，是不争的事实。比如因为害怕别的村求到雨，导致本村不下雨而进行"抢龙"，由此引发纠纷和械斗的例子在仙居农村比比皆是。由于篇幅受限，在此不做介绍。

四、结　语

农事禳灾之所以持续存在的前提在于仙居历史上农事灾害的频繁发生。抗灾技术手段的缺失、"万物有灵"和"天人感应"的认知造就了人们在遭遇灾害时很自然地求助神灵。岁时农事祈禳营造了从年头到年尾的"常规行为"，而应急型的农事危机仪式则是应对灾害的"非常规行为"。正如安德明所言："'常'与'非常'的区分是相对的，'常'代表一年中正常的天气及大多数时期的生活，而'非常'则代表相反的方面。"① 民众建构了祈禳体系，使结构本身具有自我固化的能力，既可以抚平灾害带来的创伤，形成"心理学效应"，又可以营造村民的"共同情谊"，维护村落共同体。人们通过强调神的洁净性来体现神圣象征，通过关于神的"调适性"解释来强调神的灵验性，从而强化祈禳的合理性。民众还建构了惩罚隐喻，一旦神的意愿和禁忌遭到人为破坏，必将遭遇天谴，从而防范不当干预。通过正面和反面的双重教化，农事禳灾体系的体量日渐增大，影响日渐增强，持续日渐久远，从而维护正常的社会秩序展开。

---

① 安德明：《天水的求雨：非常事件的象征处理》，载王铭铭、潘忠党主编《象征与社会——中国民间文化的探讨》，天津人民出版社，1997，第 45 页。

试论越陶越瓷使用中的越俗文化 ①

魏建钢　章杰瑛　张益洁 ②

（绍兴文理学院，浙江绍兴，312000；浙江省越文化传承与创新研究中心，浙江绍兴，312000）

摘　要：浙江中北部地区在春秋战国时期是越民族核心分布地。宋代及以前，越窑烧制的陶瓷器一直是当地人重要的日常生活用具。为了迎合越人的生活需要，越窑在不同时期生产出独具特色的陶器和瓷器。研究越人日常生活中越陶越瓷使用状况，可探索越地在宋代及以前几千年时间跨度的风土人情、生产发展、宗教传播和文化演变，并从一个侧面揭示越人共同坚守的信仰、理念和生活习俗。

关键词：越陶越瓷；越俗；文化

　　文化来自田野，习俗源自生活，《汉书》载："凡民函五常之性，而其刚柔缓急，音声不同，系水土之风气，故谓之风；好恶

---

① 基金项目：浙江省哲学社会科学重点研究基地（浙江省越文化传承与创新研究中心）项目（项目编号：16JDGH114）；浙江省哲学社会科学规划项目（项目编号：23NDJC293YB）；绍兴市哲学社会科学"十四五"规划重点研究项目（项目编号：145J0584）研究阶段成果。
② 魏建钢，绍兴文理学院教授，浙江省越文化传承与创新研究中心研究员；章杰瑛（通讯作者），绍兴文理学院讲师，硕士研究生；张益洁，绍兴文理学院讲师，博士研究生。

取舍，动静亡常，随君上之情欲，故谓之俗。"① 位于浙江中北部地区的越人自夏朝起，结束了"人民山居"② 的生活，重新回到宁（波）绍（兴）平原定居。经过当地先民几千年平原疏水开发，到春秋战国时期，这一带彻底改变"越之水浊重而洎"③ 的面貌，形成"水行而山处，以船为车，以楫为马。往若飘风，去则难从"④ 的生产生活习俗。纵观越人地域开发过程，"水"成为越人生活中的重要元素，"春祭三江，秋祭四海"⑤，自古越地众多祭祀、风俗都与水联系在一起。越窑装烧的陶瓷器作为越人重要日常生活用具，自然成为展现越人风俗习惯和文化情趣的一面镜子。

一、史前越窑产陶器组合：
反映越人饮食"亲亲"文化习俗

河姆渡位于越窑所在地，在新石器时期，河姆渡遗址是越人受海侵影响迁入南部山地前的最后聚落之一，聚落时间跨度在距今 7000—4900 年，这个时期的越人生产兼有"陵陆耕作""山地游牧"和"海洋捕捞"三大习性。史载："楚、越水乡，足螺鱼鳖，民多采捕积聚，棰叠包裹、煮而食之。"⑥"越人得髯蛇，以为上肴，

---

① （汉）班固撰：《汉书》卷 28 下《地理志》，（唐）颜师古注，中华书局，1962，第 1640 页。

② （东汉）赵晔：《吴越春秋全译》卷 6，张觉译注，贵州人民出版社，1993，第 261 页。

③ 《管子》第 39 篇《水地》，载管曙光《诸子集成》第二册，长春出版社，1999，第 125 页。

④ （东汉）袁康、吴平：《越绝书》卷 8《外传纪地》，乐祖谋点校，上海古籍出版社，1985，第 58 页。

⑤ （东汉）袁康、吴平：《越绝书》卷 14《越绝德序外传》，乐祖谋点校，上海古籍出版社，1985，第 101 页。

⑥ （汉）司马迁：《史记》卷 129《货殖列传》，（南朝宋）裴骃集解，（唐）司马贞索引，（唐）张守节正义，中华书局，1959，第 3270 页。

中国得而弃之无用。"^① 生活上，越人一改此前平原农耕饮食习惯，而是"食水产者，龟蛤螺蚌以为珍味，不觉其腥臊也"。^②

越人的集体记忆、越族的社会认同从新石器时期就已开始。在几千年的历史发展中，作为生活日用品的陶器组合，翻开了越民族文化"亲亲性"的首页。环绕炊具而建立起来的血缘关系可以让民族、家族、家庭形成共同的过去，让这个集体记忆一代代传承下去，依赖于这种记忆逐渐形成越民族的"亲亲性"。河姆渡文化时期，用作炊具的陶器一开始是釜，随后变成釜、鼎共存，到晚期全是鼎，最后出现了甑。在陶器中无论是釜、鼎，还是甑，都是环绕个"水"字展开，釜是无脚的"锅"，鼎是有三脚的"锅"，而甑则是用蒸汽来蒸食物的"蒸锅"（见图1）。

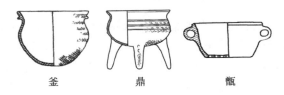

釜　　　　　鼎　　　　甑

图1　越地先民史前炊具演变

食物放入水中煮，常常会流失营养，还会让食物粘连在"锅"底，使得陶"锅"不易清理，食物容易变味，甚至会烧裂陶"锅"；甑是用蒸汽作为热量来烧制食物，蒸熟的食物没有过烧的痕迹，还能确保原汁原味。河姆渡遗址发掘证实，越地先民的主食是植物性食物，主食是水稻，其次是采集的香蒲、葫芦、莲、菱角、薏、蕨菜等植物，但采集的植物并非全部当作粮食，大部分是用作酿酒的原料；越人食用的动物食物，来源有两个方面，一是驯养的猪、狗、水牛等家畜，二是渔猎获得的水生、陆生动物。若

---

① 《淮南子·精神训》，载管曙光《诸子集成》第三册，长春出版社，1999，第85页。

② （晋）张华：《博物志》卷1《五方人民》，（宋）周日用等注，载王根林等校点《汉魏六朝笔记小说大观》，上海古籍出版社，1999，第188页。

从越人食用稻米作为主粮来考虑，动物性食物应该与植物性食物一样作为下饭的菜肴。其实，越人在海侵前定居在平原时就以种水稻为主，稻米自远古时期起就是越人的主食。当全新世最后一次海侵时，越人"复随陵陆而耕种"，[①] 把种稻技术带入山地，在"人民山居"期间选择山间平地进行水稻种植。这些在两山间"地形平坦、面积较大、江水灌溉自然、杂草可还田、肥力又较为丰富的沙地"成为越人最得利的土地用来种植水稻祭祀舜、禹，这些种稻的土地被后人称作"鸟田"。[②]

在主食为米饭的地区，往往会形成"饭锅文化"，也就是说吃同一锅饭的人具有相对亲近的血缘关系。即便是在史前时期，这种"亲亲性"文化也容易在"饭锅文化"中体现出来。考古发现，在河姆渡遗址中，用作煮饭的锅，锅底都留下了煮饭的痕迹"锅巴"，经辨认其成分就是大米。宁绍地区在距今 10000 年至 4000 年的海侵到海退过程中，饮食陶器品种和组合经历了三个文化阶段。

第一个阶段是先河姆渡文化时期，以嵊州小黄山遗址为代表。出土陶器组合为釜、钵、盆、盘、罐，饮食结构十分简单。釜是炊具，用作烧饭的唯一工具；盆、盘、钵是食具，盆、盘是集体使用装盛动物肉类等辅助食物的工具，钵是个人盛饭用具；罐为储存器，装盛一些可以长期保存的食物。这个阶段人们饮食虽有主食米饭、辅食肉类，但食物结构简单，又没有分割大型动物的利器，常常围绕陶釜进行，群食现象比较明显。

第二个阶段是河姆渡文化时期，以河姆渡第一至第四文化层为代表。这个阶段食物来源比较丰富，越人不仅种植水稻，采集葫芦、莲、蒿、薏、菱角、芦苇、藜等植物作为辅食或菜肴，还

---

① （东汉）赵晔：《吴越春秋全译》卷 6，张觉译注，贵州人民出版社，1993，第 256 页。

② 魏建钢：《越地"鸟田"区位和土地特征考》，《中国历史地理论丛》2018 年第 2 期。

采集芡实、桑、蕨菜、香蒲、杨梅等来酿酒；而且人工生产饲料，驯养动物，通过渔猎捕捉水生、陆生动物。河姆渡人驯养家畜和获取水生、陆生动物的目的主要是获取肉食，从遗址遗存动物标本来分析，鱼类、龟鳖、蚌类等水生动物遗骨居多，其次是野生动物。出土陶釜中常见鱼、鳖、蚌及其他一些小动物骨骼，可见当时越人把肉类小动物当作下饭用菜，直接在炊具陶器中烧煮，而猎获和饲养的大型动物出于没有分割利器和炊具相对较小等原因，还是使用柴火进行烧烤食用。这个阶段陶器组合中，炊具釜逐渐被鼎所代替，还增加了甑；食具中钵、盆还是主体，增加了容量不一的碗、杯、豆、鬶、盉等其他器具。釜、鼎和甑始终是烧饭、做菜的工具。越人饮食结构比较复杂，有饭、有酒、有菜、有肉，饮食习惯由早先的围"釜"而食变成围"菜"而食，虽然有明显"饭锅"亲情文化，但分食制走向成熟。分食制的出现是越地生产力发展的一个重要表现。

　　第三个阶段是后河姆渡时期，时间上为距今 4900 年至战国时期，越人开始走出"陵陆"之地，又一次回到平原生活。这个阶段鲻山、慈湖、小东门、名山后、塔山、楼家桥等遗址出土陶瓷器文化特征明显，特别是春秋战国时期，越国自平阳迁都至山阴大城后，种植业、畜牧业、手工业有了明显分工，种植粮食作物有粢（稷）、黍、赤豆、稻粟（水稻）、麦、大豆、穬等，经济作物有麻、葛和蚕桑，越人还利用平原低丘白鹿山、豕山、鸡山、犬山等建立专门人工牧场，饲养鹿、豕、鸡、犬等家畜品种，还充分运用自然湖泊开展淡水养殖。[1] 种植业和畜牧业的大发展极大地刺激了越地制陶制瓷手工业的生产，春秋战国时期会稽山北麓沿越国都城有大量窑址遗存，生产印纹硬陶和原始青瓷，陶器和原始瓷数量和品种均大幅增加。结合山阴大城四周出土陶瓷器[2] 和各窑遗存，原始瓷多为食具，属大类，如碗、盘、碟、钵、壶；

─────────────

① 陈桥驿：《吴越文化论丛》，中华书局，1999，第 7 页。
② 杨旭：《绍兴陶瓷志》，中国美术学院出版社，1995，第 26 页。

印纹陶器有罐、坛等，数量也不少。这个阶段越地因金属冶炼技术迅猛发展，用作"锅"的陶器已经消失，进而出现仿青铜器造型的鼎、钏、簋、尊、镎于等瓷质礼器。可见，这个阶段越窑生产陶器、瓷器有明确分工，生产原始瓷为主的窑场，多烧制食具或者礼器；而生产印纹陶器为主的越窑则更多烧制储存器。碗、盘、碟、壶等原始瓷器组合食具的大量出现，说明当时人们物质生活较河姆渡文化时期有了大幅提高。越国时期，越人十分注重农业生产，"留意省察，谨除苗秽，秽除苗盛"，[①] 当时农民粮食生产已经做到精耕细作的程度。水稻是越国主种粮食，因此，越人的主食就是米饭，肉食和其他植物都是菜肴，但这个阶段饲养动物无论体形有多大，都采用分割蒸煮烧制，饮食文化体现个性化家庭式分食制模式。

二、六朝越窑设计组合瓷器：
助推文人"诗酒"文化意境

三国东吴时期，鉴湖水利工程使得越地北部平原"周围三百一十里，都溉田九千余顷"，[②] 越窑所在地成为江南鱼米之乡。两晋间越地不断接收北方移民，自永嘉（307—312 年）至宋文帝元嘉（424—453 年）之间的四次中原人口南迁中，越地迁来了许多中原名门望族，带来了大量佃客、中原先进农业生产工具和生产技术，还带来易、老、庄的三玄之学。他们到达越地之后就占山填湖，建立自己的田庄，如王羲之"比当与安石（谢安）东游山海，并行田，视地利"，[③] 最终王、谢两家选择在始宁、剡县间的越窑所在地定居，圈地开荒。东晋时，南迁的士族地主隐世思想十分浓厚，谢安在隐居上虞东山期间，"与王羲之及高阳许询、桑

---

① （东汉）赵晔：《吴越春秋全译》卷 9，张觉译注，贵州人民出版社，1993，第 352 页。

② （唐）杜佑：《通典》卷 182《州郡十二》，中华书局，1988，第 4832 页。

③ （唐）房玄龄等：《晋书》卷 80《王羲之传》，中华书局，1974，第 3102 页。

门支遁游处，出则渔弋山水，入则言咏属文，无处世意"。① 这些士族文人生活无忧无虑，仕途不求功名，整日饮酒赋诗，祈求长生。② 饮酒赋诗几乎成为当时南迁越地名士文化的一种代名词。"玄风南渡"后，文人士大夫们在行为上"突破传统礼教的藩篱而形成的一种任诞的风气"，③ 在越地蔓延。文人们时兴的"诗酒"文化、隐居取乐生活，极大地刺激了越地窑匠对瓷器实用性的研发，两晋间越瓷造型、组合和功能发生质的变化。东晋时，文人思想对越窑影响比较明显。

（一）越瓷造型：强调实用，满足生活需要

两汉时，越人原始宗教"阴阳两世观"盛行，越地"俗多淫祀，好卜筮"④，普通百姓"送终之制，竟为奢靡，生者无担石之储，而财力尽于坟土。伏腊无糟糠，而牲牢兼于一奠"⑤。为了满足人们精神生活的需要，当时越窑窑匠把主要精力投放到祭祀瓷器的制作上。

到三国西晋时期，各大窑场均把生产优质明器作为主要目标。明器属于祭祀用品，往往没有实用价值，如鸡头罐（壶），有盖且嘴不开口，鸡头仅作装饰（见图 2）。然而，越窑为设计制作祭祀越瓷，却花费大量人力、财力和原料。

---

① （唐）房玄龄等：《晋书》卷 79《谢安传》，中华书局，1974，第 2072 页。

② 王浮：《神异记》，根据鲁迅辑《古小说钩沉》，《鲁迅全集》第 8 卷，人民文学出版社，1972，第 513 页。

③ 余英时：《士与中国文化》，上海人民出版社，1987，第 401 页。

④ （南朝宋）范晔：《后汉书》卷 41《第五伦传》，（唐）李贤注，中华书局，1965，第 1397 页。

⑤ （南朝宋）范晔：《后汉书》卷 2《明帝纪》，（唐）李贤注，中华书局，1965，第 115 页。

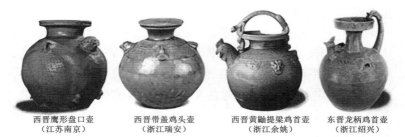

西晋鹰形盘口壶	西晋带盖鸡头壶	西晋黄鼬提梁鸡首壶	东晋龙柄鸡首壶
（江苏南京）	（浙江瑞安）	（浙江余姚）	（浙江绍兴）

图 2 六朝鸡首壶的演化

东晋起，随着南迁士族不断增多，越地深受北方中原文化的影响，墓葬习俗得到迅速改变，越窑生产最明显的特点是精品越瓷从"地下"转到"地上"。首先，专作祭祀的明器演变成生活实用器具，墓葬中出现实用性强的日常生活用品，如碗、钵、盘、壶、罐、杯等，少数贵族墓中还会有香熏、唾盂、果盘等用品。其次，原先墓葬中不实用的明器转变成日常生活中的用具，如西晋墓葬鸡（鹰）头罐（壶）到东晋时发展成生活日用鸡（羊）首壶。再次，为满足文人饮酒需要，有些瓷器的造型渗透了酒文化的元素，如鸡首壶的造型变化，罐身慢慢延长成壶，鸡头不再实心，而成为可以倾倒液体的流，壶口不加盖以便于装盛液体，器肩部双系演变成手柄，日常使用时提拿器皿既实用又方便（见图2）。鸡首壶器型的演变，既揭示越人审美观念的改变，也反映了文人士大夫围坐饮酒作诗的需要。

（二）越瓷组合：折射玄理，体现隐逸生活

东晋立国之后，一些北方南迁的世族文人一开始还有报国之志、故乡之情，但随着时间的推移，逐渐适应南方的景色和气候，喜欢青山绿水、鸟语花香、特产富饶、气候湿润的环境，并迷恋隐居的生活。《晋书》载："羲之既去官，与东土人士尽山水之游，弋钓为娱。又与道士许迈共修服食，采药石不远千里，遍游

东中诸郡，穷诸名山，泛沧海，叹曰：'我卒当以乐死！'"①另载："（谢安）东山之志，始末不渝。"②又载："（孙绰）居于会稽，游放山水，十有余年。"③让出身名门、具有功名的文士们淡泊宦情，好隐居，沉迷于自然山水的真正原因是"天人合一"的思想境界，这也是在特定历史条件下形成的文人士大夫普遍具有的思想观念。在文人身上看不到秦汉时期一统天下的儒学传统礼教，而更多体现的是张扬个性、显露思想的自由生活。

　　南迁士族文人的言论思想和行为方式深刻影响着当地人生活。鲁迅先生曾将"药"和"酒"视为魏晋风度的两个基本现象，其中，"诗酒情怀"深入渗透到普通百姓之中。越地产酒源自小黄山遗址文化时期，距今已有一万年之久。酒可助兴，春秋战国时期越人用酒激励士气，"箪醪劳师"，最终战胜吴国，成为中国历史上"壶酒兴邦"的佳话；酒能生情，越地自古就有酿女酒的传统，并逐渐形成美酒成就良缘的风俗；酒能消愁，竹林七贤之一的嵇康曾隐居绍兴上虞，④去官之后有"浊酒一杯，弹琴一曲，志愿比矣"之言，借酒浇愁，抒写悲凉的生命之歌，此乃情致之举。

　　越窑迎合社会需求，在东晋南朝时期不断丰富和改进酒具生产。越瓷酒具应包括三种类型。第一类是贮酒器，或者叫储酒器。汉至六朝时，用于酿酒储藏的容器叫"罍"，⑤器型硕大，胎壁致密坚硬，器口较小可以密封。具体地说，东汉时储酒器以越瓷罍、钟、瓿等为主；三国东吴起，罍或者盘口壶因容积很大，盘

①（唐）房玄龄等：《晋书》卷80《王羲之传》，中华书局，2010，第2101页。
②（唐）房玄龄等：《晋书》卷79《谢安传》，中华书局，2010，第2072页。
③（唐）房玄龄等：《晋书》卷56《孙绰传》，中华书局，2010，第2147页。
④徐震堮：《世说新语校笺》卷上《德行第一》引虞预《晋书》，中华书局，1984，第11页："嵇本姓奚，其先避怨徙上虞，移谯国铚县。"
⑤冯先铭等：《中国陶瓷史》，文物出版社，2004，第194页：汉晋时期的罍，实际上是一种盘口壶。1972年南京市南京化纤厂东晋墓中出土一件青瓷器，形状为口小肚大的瓶，底部有铭文"罍主姓黄名齐之"七字，可以推测用作鸡头壶明器的盘口壶，汉六朝时期就称作罍。

口易密封，成为新的专用储酒器。第二类是倒酒器，或叫分酒器，即将大容器中储藏的酒分给饮酒者的容器。东汉至西晋间，有酒樽和温酒樽两种；东晋起，原先作为明器的鸡头壶逐渐成为酒桌上的分酒器；到了南朝，随着象形器鸳鸯注子的出现，给饮酒增添了更多情感色彩。第三类是饮酒器。这类容器的口沿直接与饮酒者口唇相接触，做工比较精细考究，质地十分均匀而致密。东汉至东晋间越窑生产出成熟青瓷，碗是大众饮酒的器皿，而作为专用饮酒器的是羽觞，南朝起还有盅、三足杯等。羽觞又称耳杯，呈椭圆形，因其形状像爵，两侧有耳，就像鸟的双翼，故名羽觞，源于战国时期。早期的耳杯主要是青铜器、漆器、金银器和竹木器，东汉起越窑开始生产瓷质耳杯，且数量越来越多，汉至西晋间耳杯还作为墓葬用重要明器，因此做工较为精致。唐代陆龟蒙有"好向中宵盛沆瀣，共嵇中散斗遗杯"[1]的诗句，说明魏晋时期的青瓷耳杯完全可以与唐代"秘色"青瓷相媲美。在越地民间，酒桌上鸡首壶加酒盅，成为文人谈玄论理、抒发感情的最佳搭配；而鸳鸯注子加羽觞更是月夜夫妻对酌、倾诉情话的好道具（见图3）。

图3　鸳鸯注子配羽觞饮酒器组合

（三）越瓷酒具：渲染氛围，展现诗酒文化

用羽觞作酒具自汉代已经开始。《汉书·孝成班婕妤》载："酌羽觞兮消忧。"东晋陶渊明《归去来兮辞》："引壶觞以自酌，眄庭

---

[1] 陆龟蒙：《秘色越器》，载《全唐诗》卷629，中华书局，1960，第7216页。

柯以怡颜。"东晋时越瓷分酒器鸡首壶和饮酒器羽觞组合为文人名士归隐田园、饮酒赋诗、山水交游增添无限乐趣,越瓷酒具成为诗酒结缘的媒介。兰亭"曲水流觞"成为中国历史上诗酒结合最为紧密的佳话。山阴兰亭位于兰渚山下,"此地有崇山峻岭,茂林修竹,又有清流激湍,映带左右"①,是一处文人饮酒赋诗的好去处。三月三日上巳节,王羲之偕亲朋好友谢安、孙绰等42人,在兰亭修禊,曲水流觞,饮酒赋诗,把一个平民风俗提升为一项贵族文学创作取乐活动。根据《兰亭集序》描绘,结合当时越瓷饮酒器具,可以推测这次"曲水流觞"饮酒赋诗活动中使用了越瓷酒具组合。瓷质羽觞显然是饮酒器,因羽觞质量较重,倒满酒后单独在曲水中容易沉没,也不便停留,当时就把羽觞放置在荷叶上进行漂流。清代制作的青花瓷碗面上画有"曲水流觞"场景(见图4),说明兰亭修禊饮酒赋诗盛会对后世产生不小的影响。

景德镇收藏家陈凤祥收藏的青瓷残碗　　　故宫藏康熙青花瓷大碗

图4　清代青花瓷碗外壁上的"曲水流觞"图

"曲水流觞"过程中应该有两种倒酒方式:一种是在上游侍从用鸡首壶往羽觞中倒酒,然后放置在荷叶上随水往下漂流,觞在谁的面前打转或停下,谁就得饮酒、作诗,作不出诗者罚酒三觞;另一种是每个文人边上都有一人提鸡首壶侍候,当一个文人喝掉上游漂来的羽觞中的酒后,侍候者马上更换倒满酒的羽觞,放置荷叶上继续往下漂,犹如击鼓传花般,十分热闹。孔子曰:

———————————
①(东晋)王羲之:《兰亭集序》,载(清)吴楚材、吴调侯编:《古文观止译注(下)》,刘开举等译注,上海三联书店,2017,第4页。

"知者乐水，仁者乐山。"[1] 东晋时期，隐居在会稽的王羲之、谢安等名士文人放情任诞，不拘礼法，才有隐居时放达任性、洒脱自在的生活，最终成就了像王羲之这样风神飘逸、天人合一的书法特色。这期间，越窑制作的特色酒具为文人们"诗酒"文化意境的形成创造了条件。

三、唐五代越窑制作专用茶具：
助推精英品茗风俗

越窑专用组合茶具的制作始于唐代，它是随着越地茶文化的兴起而出现的，越瓷专用组合茶具的应用又反过来推动了越地茶文化的发展。

唐以前，越窑所在地虽已有茶事活动记载，如："余姚人虞洪，入山采茗……（四明）山中有大茗。"[2] "冬生时，可煮羹饮"，"早取为茶，晚取为茗"。[3] 但始终没有专用越瓷茶具。这是因为，当时没有品茗文化，人们制作茶水单纯为了满足解渴的生理需要，越人以喝"凉茶""碗茶"为主。东汉时，越人喝茶、吃饭和饮酒都用瓷碗、瓷钵。三国两晋时期，越人信奉佛、道两教，因茶水具有提神益思、清热解毒的功能，喝茶逐渐为佛、道两家所喜爱，茶水成为道馆、僧寺练功时必备之饮品。这个时期越人喝茶仍然没有专门茶具，但有时人们也会把酒壶当作茶壶来使用。南朝时期，窑匠开始在茶碗上阴刻仰莲瓣纹（见图5），利用茶具来宣传佛教思想。

---

① 杨伯峻：《论语译注》，中华书局，1980，第69页。
② 王浮：《神异志》，根据鲁迅辑《古小说钩沉》，《鲁迅全集》第8卷，人民文学出版社，1972，第514页。
③（晋）郭璞注：《十三经注疏》卷9，（宋）邢昺疏，南昌府学（嘉庆二十年）重刻宋本，第160页。

图 5　上虞博物馆藏南朝仰莲瓣纹碗

越地茶文化兴起主要有两个方面的原因。

其一是越人喝茶风俗的改变。东晋起越人从喝凉茶慢慢地改变成喝热茶。陆羽收集的历代茶事中引用了《世说新语》中的记载，"向问饮为热为冷耳"，[①] 说明两晋时江南人已有制、饮热茶的习惯。20 世纪 50 年代长沙晋墓中发现大量越瓷器物，[②] 其中有一件茶具瓷盘是以往越窑青瓷中所少见的（见图 6）。外形为带盘三足器连体青瓷，器身似敞口深腹碗，三蹄足固定在碗底上，高 7.3 厘米，三蹄上为一茶杯。这种茶具虽然出土数量极少，但其造型足以证明，两晋越地已有人开始喝滚烫的茶水。越地真正改变喝茶风俗是在唐代，《茶经》载："凡煮水一升，酌分五碗，乘热连饮之。"[③] 这种制茶方法叫"煎茶法"，喝茶时需要现煮、现舀、现喝。

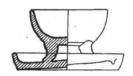

图 6　长沙晋墓出土带盘三足器越瓷

---

① （唐）陆羽：《茶经》卷 7《茶之事》，卡卡译注，中国纺织出版社，2006，第 24 页。

② 湖南省博物馆：《长沙两晋南朝隋墓发掘报告》，《考古学报》1958 年第 3 期。

③ （唐）陆羽：《茶经》卷 5《茶之煮》，卡卡译注，中国纺织出版社，2006，第 17 页。

其二是受中原茶文化的渗透。唐代越窑所在地吸引了大批中原地区诗人舟车南下，曹娥江流域成为"唐诗之路"的中轴线。[1]随着文人墨客频繁来到越地，流行于北方贵族阶层的茶文化就迅速流传到南方，通过影响越人生活习惯，进而影响到越窑手工制瓷业。为迎合文人品茗需要，越窑研发专用茶具。《茶经》载："瓯，越州也，瓯越上。口唇不卷，底卷而浅，受半升已下……"[2]陆羽认为瓯的造型完全符合唐代越人的饮茶习惯，用瓯喝茶可以让茶客在喝茶水时把茶沫也一起喝掉，茶瓯自然是越窑制作的早期专门茶具。另外，从容积来看，瓯的大小也符合茶具的要求。"升"通"舠"，唐代的半舠约为现在270—300毫升，[3]显然，"一升分五份"的茶水量与茶瓯大小是相匹配的。晚唐起，越窑进一步改进装烧方法，制作出色泽青莹、造型精致的"秘色"茶具茶盏（见图7），进一步把文人品茗之风推向高潮。

图7　宁波天一阁藏唐荷花托盏

瞰盏碗茶色，让品茗者融入自然山水。《茶经》载：茶水表层"如枣花漂漂然于环池之上""如回潭曲渚青萍之始生""如晴天爽

① 魏建钢：《唐代越窑秘色瓷原产地理考辨》，《中国历史地理论丛》2013年第1期。

② （唐）陆羽著：《茶经》卷4《茶之器》，卡卡译注，中国纺织出版社，2006，第11页。

③ 丘光明：《中国古代度量衡》，商务印书馆，1996，第144页。

朗，有浮云鳞然"。①陆羽认为品茗者在品茗时看到的不是简单的茶沫、茶饽和茶花等茶水泡沫，而是看到了天上的浮云、山间的清泉、池塘的浮萍，品茗的过程犹如自己徜徉在江南青山绿水之间。究其原因是"越瓷青而茶色绿，……青则益茶"②。因为"秘色"茶盏具有"掠翠融青"的色泽，所以用茶盏烹茶品茗可以让品茗者欣赏到"染春水""盛绿云"③的艺术效果。

闻飘散茶香，让文人进入虚无世界。文人喝茶重在"品"字，越瓷茶盏组合托如莲蓬，盏若荷花，每当茶盏装盛现煮沸汤茶水时，远远望去犹如盛开的荷花吐露层层仙雾。细闻则茶香四溢，香气随着雾气而飘散。在文人眼中茶雾、茶香融为一体，实则是茶之精华，眼观、鼻闻远胜于嘴尝。受全身各种感官的共同作用，品茗者常常会觉得自己进入了超现实的虚无缥缈的世界。赏越瓷茶具，使文人提升清洁品格。在唐代最能营造茶文化意境的茶具，陆羽首推"越州上"，因为越州窑生产的青瓷茶具，质地"类冰""类玉"。所谓"类玉""类冰"实际上就是茶具器面上发出的玉质亚光效果。《诗经》载："言念君子，温其如玉。"④孔子曰："夫昔者君子比德于玉焉。温润而泽，仁也。"⑤可见，唐代文人喜欢用越瓷茶具，体现了君子与玉比德的思想。从李涉所写诗句"越瓯遥见裂鼻香"⑥来看，似乎品茗者只要远远看见越瓷茶瓯，就能自

---

① （唐）陆羽:《茶经》卷5《茶之煮》，卡卡译注，中国纺织出版社，2006，第17页。

② （唐）陆羽:《茶经》卷4《茶之器》，卡卡译注，中国纺织出版社，2006，第11页。

③ （五代）徐夤:《全唐诗·贡余秘色茶盏》，上海古籍出版社，1986，第1793-1794页。

④ 张凌翔解译:《诗经全鉴》，中国纺织出版社，2015，第115页。

⑤ 钱玄:《礼记》聘义第48，岳麓书社，2001，第841页。

⑥ （唐）李涉:《春山三朅来》，载《全唐诗》，上海古籍出版社，1986，第1209页。

然而然地想到扑鼻而来的茶香味；孟郊在诗句"越瓯荷叶空"^①中，更是表达了用茶盏的品茗者具有高贵的品格。

---

① （唐）孟郊：《凭周况先辈于朝贤乞茶》，载《全唐诗》，上海古籍出版社，1986，第 945 页。

从"破蒙"到"开笔"：
当代儿童入学礼的生成逻辑和意义转换

蔡　磊　金茹雪 [①]

（武汉大学社会学院，湖北武汉，430072）

摘　要：当代开笔礼源于传统教育体系中的破蒙仪式，同时吸收了古代大学开学礼仪和地方祈愿习俗，在名称转换和仪式杂糅中展现了传统礼仪承继和转换的建构逻辑。国家文化政策和现代德育体系，赋予当代开笔礼新的文化和价值内涵，促成了传统入学礼仪的现代化转换。拜孔仪式的弱化和祈愿意义的增强，为孩童智力和情感生命历程的转化提供了新机制。

关键词：开笔；破蒙；儿童入学礼；礼仪建构

自 20 世纪 90 年代以来，在国学潮的促动下，一些小学、教育机构和文化旅游场地纷纷为学龄前儿童举办"开笔礼"。作为当代儿童入学礼的开笔礼，并非古代入学仪式的简单复兴，而是杂糅古代的破蒙、大学入学仪式和地方祈福习俗之后的现代建构。古代入学及祈福礼仪，如正衣冠、点朱砂、击鼓明志、净手净心、祭拜圣贤、茶敬亲师、描红书写"人"字等，在开笔礼中得到传承和延续，而当代国家德育体系中的诸多开学典礼环节和德育目标

---

① 作者简介：蔡磊，武汉大学社会学院副教授，民俗学博士。金茹雪，武汉大学社会学院硕士研究生。

亦促成了传统礼仪的现代转换，新的时代内涵和生命意义被赋予于传统孩童入学之礼仪中，具有灵动的场所感和地方性。

一、作为古代儿童入学礼的"破蒙"

"破蒙"又称"开蒙""开书"，是古代孩童进入私塾初次读书学习之前所行的礼仪，意在启迪年幼的孩童重视学习，营造尊师重道、崇礼明德、行正向善的文化氛围。破蒙礼与我国的蒙学教育传统密切相关。蒙学一般是指幼童阶段的教育与学习，也有人称之为"蒙养之学"。[①]《易经》中有"蒙以养正，圣功也"之说，意为在蒙昧之时若能认真学习，修养正道，便能够成就至圣之功。又因蒙卦的卦辞中有"童蒙"的语词，所以后人逐渐将幼童的教育与此相联系。

我国古代的教育分为官学教育和私学教育两大类型，破蒙礼是儿童入私塾时举办的礼仪，属私学教育的内容。幼童进行破蒙礼的年龄即入私塾的年龄一般是8岁，[②]但由于私塾是民间办学，并没有关于入学年龄的硬性规定，所以一些渴望孩子早日取得功名的家庭也会将孩子入私塾的年龄提前到五六岁，而只求识文断字的普通百姓子弟也有九至十岁才入塾的。根据蒋纯焦在《中国私塾史》一书中对幼童入塾年龄的梳理，3岁是我们从文献中能见到的最早入塾读书的年龄。[③]

破蒙礼一般由家长择吉日为孩子举办。仪式大多在幼童家中进行。当天摆好香案（有的还挂孔子像或牌位），准备好年糕、粽子、麻团等早点以及桂圆、荔枝、生葱、栗子等祭品。糕、粽、葱分别谐音高、中、聪。仪式开始前，学生穿戴一新待在内室，由先生点着灯笼引导而出，寓意前途一片光明。学生首先对孔夫子像进行四跪四拜，随后再四跪四拜先生。先生打开朱砂盒调好

---

① 浦卫忠:《中国古代蒙学教育》，中国城市出版社，1996，第4页。
② 蒋纯焦:《中国私塾史》，山西教育出版社，2017，第151页。
③ 蒋纯焦:《中国私塾史》，山西教育出版社，2017，第153页。

银朱，翻开新书，在书上书写"某年某月某日开卷迪吉"，随后先生朗读一句，学生跟读一句，一般教学四句。开蒙的书籍一般选用《百家姓》或《三字经》。仪式结束后，家长往往会留先生用饭，并赠送少量现金或实物作为酬劳，塾师则回赠纸、笔、扇子等物。[1]

破蒙礼是大部分近代知识人儿时所经历的最重要的礼仪之一。从文献记载中对不同个体关于"破蒙"仪式的回忆进行比较，可以发现，礼仪中拜孔夫子和拜先生是两个必不可少的环节，[2] 其余环节如赠礼给先生、仪式中先生朗读文本的选择、祭祖等，则因时因地有所区别。

1889 年春，家住杭州府城的 5 岁的马叙伦迎来了自己的破蒙礼，父亲马琛书（生员）邀请前一年的乡试第一名举人王会澧作为先生，对马叙伦进行破蒙。这场破蒙仪式的环节较为简单，可以分为两个阶段来理解。仪式的第一阶段，着崭新礼服的先生、马叙伦的父亲及马叙伦本人分别对大成先师孔子进行参拜，随后父亲向先生行托付礼，马叙伦拜先生。仪式现场经过精心的布置：

我的父亲在内客堂中间摆了一张四方桌子，靠外一边缚上一幅红呢桌帷，桌子上摆了一副香炉烛台，为着给我"破蒙"，要拜孔夫子。[3]

仪式的第二阶段，香炉烛台被撤下，朱笔砚台被摆上桌面，王先生衣冠端正地坐在桌子上首，马叙伦在先生的带领下诵读《小学韵语》的开首四句。据马老回忆，先生领读不过三遍，他就可以自己独立念了，这令他的父亲与先生十分欣喜，因为这预示着他在读书上会有所成就。

马叙伦关于破蒙礼的回忆中，包含对先生风姿的敬慕和对仪

---

① 蒋纯焦:《中国私塾史》，山西教育出版社，2017，第 153 页。

② 陶阳:《礼俗互动：家庭礼仪的教育隐喻与文化难题》，《中国教育：研究与评论》2021 年第 1 期。

③ 马叙伦:《我在六十岁以前》，生活·读书·新知三联书店，1983，第 1-2 页。

式当天特殊布置的新奇体验：

> 王先生到了，簇新的礼服，映出他那风神映丽的仪貌。更从他的谈笑里，显着他的得意。[1]

> 一本罗泽南的《小学韵语》，是浙江官书局刻的大板，官堆纸印得雪白，铺在桌子左边。一个绿色花绸子做的书包，是四方的绸子，把三面向里摺起，再缝住了，便成了袋子，一面不摺的角上，用黑色绸子挖了一个"如意"，镶在上面，又安上一条红布带子。书包里面放着一块木板，大小和书包差不多，板的一面，四边刻着古式花样，无非"双鱼吉庆""笔锭如意"一类。[2]

王先生意气风发的形象和仪式当天富含祈福意味的布置与物件，如雪白的书本、绸制的书包、印有吉祥纹样的木板，都在幼年的马叙伦心中留下了深刻的印象。对读书的敬畏和向往在他的心中生根发芽，这正是仪式中过渡意义的体现。通过仪式的节点，参与仪式的孩童意识到读书学习的重要性，对读书这件事在心理上产生认同。

1899年正月十六，家住浙江上虞的8岁少年陈鹤琴有了上私塾学习的机会，在关于当天开学礼的回忆中，他提到了"开笔"。

> 开笔先生在私塾时代是很重要的，开笔先生就是第一个先生……"开笔"二字从哪里来的？学生初次上学，写字不会开毛笔，先生就教他怎样开笔头。先把笔头在水里浸一浸，再把笔头轻轻地在砚台里的墨水蘸一蘸。笔头不是完全开的，大概开到三分之一就不开上去了。这就是叫作"开笔"。[3]

陈鹤琴入私塾学习前，先在家祭拜文昌帝君，随后在二哥陪同下携带果盒糕、棒香和红蜡烛前往开笔先生王星泉的书馆。到达书馆后，将所带物品安置好，便向至圣先师孔子行"四跪四拜"礼。拜孔子结束后，跪拜先生，紧接着拜见同学和师母。仪式中

---

① 马叙伦：《我在六十岁以前》，生活·读书·新知三联书店，1983，第2页。
② 马叙伦：《我在六十岁以前》，生活·读书·新知三联书店，1983，第2页。
③ 陈鹤琴：《我的半生》，上海三联书店，2014，第76-77页。

最后一个环节"分糕"给幼年的陈鹤琴留下了深刻的印象，果盒糕作为媒介，将师母、师弟师兄和同学们联系在一起，使大家很快熟识起来。破蒙礼中拜见先生、同学与师母的环节，让年幼的陈鹤琴对自己从孩童到学生的身份转变有了更切身的体会，增强了他对于学生这一身份的认同。

近代知识分子关于破蒙礼的回忆中涉及拜孔子和拜先生两个环节，体现出儒家传统的尊师重道精神。通过拜孔子、拜先生，人们思齐圣人，对参与仪式的孩童提出在读书做人上的严格要求。但对于普通民众来说，读书学习带来的最直接的收益是获得功名利禄以及过上理想中丰衣足食的生活。破蒙礼带有祈愿高中功名的符号，在骆憬甫的记忆中，破蒙礼中的供桌旁分别拴着两只雄鸡，雄鸡的高冠寓意"高官"；状元糕、粽子寓意"高中"，绿色的书包布寓意"落落顺流"，即擅长背书读书；书包布上的如意头、锭银及笔寓意"必定如意"。[1] 这套寓意功名的符号系统在后世随着时代与礼仪的变迁渐渐发生演变，从侧重追求功名利禄转变为重视求吉祈福。

二、当代开笔礼的生成逻辑

（一）以"开笔"替代"破蒙"

开笔礼作为当代儿童入学礼的一种，并未沿用古代"破蒙"一称，而是挪用古代另一礼仪"开笔"的名称。开笔礼并非当代人凭空创造出来的礼仪，其吸收了多种古代礼仪的环节和程序。追溯其历史，古代其实并没有名为"开笔礼"的开学礼仪。但"开笔礼"这一名称中的"开笔"二字，却实实在在是来源于古代。

追溯"开笔"这个概念的来源，从对象而言，"开笔"在过去不是为未成年人举办的；从举办时间而言，"开笔"的举办时间是

---

[1] 骆憬甫：《浮生手记：1886—1954：一个平民知识分子的纪实》，上海古籍出版社，2004，第6-7页。

在一年之初的"元旦"，并非今天的开学前夕。而这里的元旦，指的是农历的大年初一。

关于开笔最早的记载见于南宋时期成书的《五灯会元》。其中有两处关于"元旦开笔"的记载："明州大梅法英祖镜禅师曰：'岁朝把笔，万事皆吉……记得东村黑李四年年亲写在门前。'"[1]"杭州净慈月堂道昌禅师曰：'岁朝把笔，万事皆吉。忽有个汉出来道，和尚，这个是三家村里保正书门底，为甚么将来华王座上当作宗乘？'"[2]

在民间，元旦开笔的内容各不相同，但主题大都围绕着幸福如意的来年愿望。有时也会展望新的一年中即将发生的大事。不仅民间，宫中也应用元旦开笔的习俗。宫中元旦开笔之礼何时开始，可以参考嘉庆皇帝所言："养心殿元旦开笔之典，始于皇祖，而皇考既行之。"[3]哈恩忠在《乾隆皇帝的元旦开笔》中对仪式过程有所描述，流程概括如下：元旦交子之时，皇帝起身洗漱完毕后，从养心殿行至前殿明窗。窗前紫檀长案上备有盛着屠苏酒的"金瓯永固杯"，寓意大清江山稳固。除此之外还有"朱漆雕云龙盘，内盛古铜吉祥炉八、古铜香盘二"。[4]皇帝点燃蜡烛，用"万年青管"笔书写开笔吉语。书写完毕后将屠苏酒一饮而尽，随后"御览本年的时宪书，以寓授时省岁之义"。[5]所用器物由皇帝亲自清理好，由专人收起，来年开笔再继续使用。皇家的开笔礼和民间开笔礼一样，也是为了祈求吉祥。在今天我们所传承的开笔礼中也能够看到这一寓意。

通过对古代开笔概念的梳理，我们可以得知，古代的开笔重在祈求一年的幸福、顺利与祥和。而当今我们所讨论、传承的开

---

① （宋）普济：《五灯会元》，苏渊雷点校，中华书局，1984，第1034页。

② （宋）普济：《五灯会元》，苏渊雷点校，中华书局，1984，第1098页。

③ 故宫博物院：《清仁宗御制诗二集》卷25，海南出版社，2000。

④ 哈恩忠：《乾隆皇帝的元旦开笔》，《历史档案》2012年第1期。

⑤ 哈恩忠：《乾隆皇帝的元旦开笔》，《历史档案》2012年第1期。

笔礼则是一种开学时的礼仪仪式，它融合了古代的多种礼节。相同的是，当代开笔礼也同元旦开笔一样，有祈愿顺利吉祥的寓意。

（二）两种入学礼的结合

开笔礼作为当代开学礼的一种，其融合了古代的礼仪元素，是破蒙仪式和古代大学入学礼的结合。正如上文所讨论的，破蒙礼（又称开蒙礼、开书礼）是古代孩童进入私塾初次读书学习之前所行的礼仪，意在启迪孩童在开启学习生活的同时，学会尊师重道、行正向善。

破蒙礼是开笔礼的前身，当代开笔礼对破蒙礼的形式多有借鉴。破蒙礼是古代针对幼童初次入私塾学习举办的礼仪。从参与者年龄来看，当代开笔礼参与者一般为 6—7 岁，与破蒙礼较为接近；从礼仪形式、内容来看，开笔礼对破蒙礼的礼仪内容有所借鉴。笔者参与观察的四川省开江县博爱社工机构 2022 年开笔礼中，手触果蔬祈愿吉祥、开笔描红、启蒙教育和拜先师四个环节与破蒙礼中的祭品准备、开笔赠言、开蒙教学和祭拜孔子环节一一对应。王喜斌与田养邑认为，在古代，"开笔礼"仪式又称"开书""破学""破蒙"等，是对蒙童开始识字习礼的一种蒙养教育形式。[1] 笔者赞同这一观点。开笔礼脱胎于古时的破蒙礼，以破蒙礼的礼仪形式为参照在当代进行了改造。

除继承破蒙礼之外，开笔礼亦借鉴了古代大学的入学仪式。《礼记》中有关于学子入学仪式的记载："大学始教，皮弁祭菜，示敬道也。《宵雅》肄三，官其始也。入学鼓箧，孙其业也。夏楚二物，收其威也。未卜禘不视学，游其志也。时观而弗语，存其心也。幼者听而弗问，学不躐等也。此七者，教之大伦也。《记》曰：'凡学，官先事，士先志。'其此之谓乎！"[2] 这一段话阐述了古代大学的入学仪式。大学由天子和诸侯设立，也被称为太学，针

---

① 王喜斌、田养邑：《蒙养传统的守正与创新：一项"开笔礼"仪式的教育人类学研究》，《教育与教学研究》2023 年第 2 期。

②（清）孙希旦：《礼记集解》，中华书局，1989，第 956 页。

对的教学对象年纪大约 15 岁。根据《大戴礼记·保傅》："年八岁而出就外舍，学小艺焉，履小节焉；束发而就大学，学大艺焉，履大节焉。"卢辩注："大学，王宫之东者。束发，谓成童。"[①]"及太子少长，知妃色，则入于小学，小者所学之宫也。古者太子八岁入小学，十五入太学也。"[②]

在古代大学的开学仪式中，孩童们要进行释菜礼，要吟诵名篇，还要"入学鼓箧"。博爱社工机构开笔礼中的拜先师、击鼓明志环节分别与释菜礼和"入学鼓箧"相对应。通过对比可以发现，当代开笔礼中添加了古代大学开学仪式的环节。

（三）地方祈福习俗的融入

开笔礼的生成过程中，挪用了"开笔"习俗的名称，结合了破蒙和古代大学的入学礼，同时也融入和运用了地方祈福习俗，具体体现在朱砂启智和送红鸡蛋两个环节当中。

1. 朱砂启智

朱砂启智最初为一种民间习俗。南朝梁代宗懔的《荆楚岁时记》记载："八月十四日，民并以朱水点儿头额，名为'天灸'，以厌疾。又以锦彩为眼明囊，递相饷遗。"[③]古时点朱砂意为使孩童远离疾病灾难，双目明亮。点朱砂也被称作"聪明记"，巧用"痣"和"智"相同的发音，也被称作"朱砂启智"或"开天眼"。在当代，"朱砂启智"是开笔礼仪式中一个重要的环节。在开笔礼设置的朱砂启智环节中，由工作人员或老师为孩童们用毛笔在前额点上红点，寓意启迪智慧。

2. 送红鸡蛋

在民间，红鸡蛋又名"喜蛋"，在嫁娶、生子等喜事发生时赠与亲朋好友，分享喜悦。开笔礼中向孩子们发放红蛋也是为了庆

---

① （清）孔广森：《大戴礼记补注》，王丰先点校，中华书局，2013，第 75 页。
② （清）孔广森：《大戴礼记补注》，王丰先点校，中华书局，2013，第 63 页。
③ （梁）宗懔：《荆楚岁时记》，山西人民出版社，1987，第 59 页。

祝开启学业，寓意今后一帆风顺。

　　开笔礼中送红蛋的环节一般在启蒙开笔结束后进行，也就是仪式的末尾。老师和仪式主办人员为参与开笔礼的孩童准备好红蛋，孩子们排队进行领取。泉州文庙府是近年来开笔礼送红蛋活动发展较好的代表。2005 年，泉州文庙府举办了首届送红蛋的活动，发展到今天，这一环节在泉州人心目中已经成为孩子开学前必须参加的仪式。在举办活动期间，每天可以送出 5000 个以上的红蛋，甚至有很多省外的家长专程带着孩子前来领红蛋。[①] 送红鸡蛋是我国的传统民间风俗，而开笔礼设置这一环节是对这一民俗的良性传承。

　　3. 跨泮桥

　　"泮桥"指建造在泮水上的桥梁。在古代，人们称跨泮桥为"跨鳌桥"，凡考中秀才以上功名者，都要绕泮池三周，以纪念先师孔子。[②] 一般人入文庙，须要绕泮池而行，只有状元可以在泮桥上行走，因此泮桥又名"状元桥"。有时，泮桥也会有三座桥并列的情况，两侧的探花桥和榜眼桥簇拥着中间的状元桥。江苏江阴居民在大年初一往往会到文庙走三桥，以求新的一年一切顺利。开笔礼中的"跨泮桥"是对这一习俗的继承，寓意跨过泮桥的孩童在学业上一切顺利，取得进步。

三、礼仪意义的承继和转换

（一）儿童生命历程之转换

　　参与开笔礼仪式前，孩童并未入学，处在一个没有接受过学校教导的原初阶段，对学习知识和上学读书的概念相对模糊懵懂。

[①] 泉州文明网：《泉州：拜孔子领红蛋，新学年行开笔礼》，2018 年 8 月 31 日，http://qz.wenming.cn/wmcb/201808/t20180831_5416029.shtml，访问日期：2023 年 3 月 5 日。

[②] 李鸿渊：《孔庙泮池之文化寓意探析》，《学术探索》2010 年第 2 期。

开笔礼仪式环节开始后，首先通过整肃衣冠的环节唤起孩童对仪式庄严性的认识，参与者从原先对知识和学习没有系统认识的处境和文化状态中分离出去，逐渐有了对上学读书的概念认识。

而开笔礼中的种种礼仪环节，是初次入学的孩童过往人生体验中没有涉及过的领域，并非以往熟悉的状况。在仪式进行的过程当中，由于仪式尚未完成，作为仪式主体还未实现身份的转换，孩童自身的特征因此也并不清晰，处于"阈限"当中。在阈限状态中，孩童们置身于神圣的仪式时空，"它处于一种中间状态或象征性地被置于'社会之外'，不同于过去和未来按照世俗生活准则构造起来的时空"①。开笔礼仪式阶段的后期，在经过启蒙教育、拜先师等环节后，孩童对上学读书这件事有了一定的认识，重新获得了相对稳定的状态；随着仪式逐渐接近尾声，孩童慢慢向新的身份转变，逐渐完成向学生群体的聚合，此时他们也知道了自己身上好好学习、尊师重道的责任和要求。

一般来说，开笔礼仪式环节的设计符合阿诺尔德·范热内普提出的过渡礼仪模式，从"分离""边缘"到"聚合"，三个阶段特征的转变反映出孩童从懵懂未开蒙的状态到渐渐了解到读书重要性的过程。特纳进一步阐发的阈限理论应用在此可以帮助理解仪式未完成前参与者的模糊懵懂状态。开笔礼仪式的意义在于帮助孩童实现从未入学到学生身份的转变，在心理上使孩童意识到学习的重要性，促使他们融入与过往生活有所区别的学校生活当中。

（二）师长之祈愿与祝福

当代开笔礼当中，蕴含着对孩童未来美好的祈愿与深厚的祝福。开笔礼当中的祝福涉及以下几个方面：学业顺利、启迪智慧及平安顺遂。礼仪中与祈愿吉祥有关的环节有跨泮桥、朱砂启智、送红鸡蛋和赠送书籍等。除以上四个环节外，不同地区会结合本

---

① 夏建中：《文化人类学理论学派：文化研究的历史》，中国人民大学出版社，1997，第 115 页。

土风俗调适或创造出新的祈愿祝福环节。

1. 学业顺利

2013 年长春文庙小学举办的开笔礼中设置了跨泮桥的环节，仪式中，孩童们身着汉服，在老师和家长的陪同下跨过泮桥。在古代，只有状元能够在泮桥上行走，如今在仪式中设置孩童跨泮桥的环节，是希望孩子们能够通过自己的努力，在学业上取得理想的成绩，求学路上一路顺利。长春文庙小学的开笔礼仪式上，主持人的主持词也能够佐证这一点："'泮桥'又称为状元桥，希望我们的孩子们从通过泮桥这一刻开始，热爱祖国、孝敬父母、尊敬师长、团结友善、勤奋学习、考试及第、报效国家。"[①] 送红鸡蛋及赠送书籍亦是祈愿孩童学业顺利、一帆风顺，通过向孩童赠礼，表达一份美好的祝愿。

2. 启迪智慧

开笔礼当中朱砂启智的环节寓意启迪智慧，表达了对孩童美好的祝愿。古时点朱砂意为禳灾去病，而如今开笔礼中的点朱砂则是巧用"痣"和"智"相同的发音，更多地聚集于其吉祥的寓意。在"开笔礼"的仪式语境中，点朱砂取"开天眼"之意，人们认为通过点朱砂能够启发孩童们的智慧，帮助他们在学习生活中更好地解决问题。

3. 平安顺遂

开江县博爱社工机构的开笔礼当中，礼仪设计者借鉴了古代的破蒙仪式，设计了手触果蔬祈愿祝福的环节。在博爱社工机构的开笔礼中，机构提前为参与仪式的幼童准备好苹果、香葱、芹菜和橘子，这几样东西分别寓意"平平安安""聪明伶俐""勤勤恳恳"和"大吉大利"，同样是取谐音。仪式中设计孩童对果蔬进

---

① 中国新闻网：《文庙小学举行"开笔礼"，小学子着汉服点朱砂"破蒙"》，2013 年 9 月 4 日，https://www.chinanews.com/cul/2013/09-04/5243173.shtml，访问日期：2023 年 6 月 24 日。

行触摸，与此同时机构志愿者念诵吉祥祝词，祈愿孩童学业顺利。仪式中对果蔬的选择结合当代文化进行调整，与破蒙礼的早点和祭品有所区别，同时增加念诵吉祥祝词的举动，这是当代人的创新。

（三）传统之延续和转换

当代开笔礼体现了古代开学礼、破蒙礼中尊师重教传统的延续。破蒙礼中体现出重视读书的环节为开蒙教学和祭拜孔子。在这开蒙教学环节中，私塾先生对《百家姓》或《三字经》进行朗读，孩童进行跟读，通过对书籍的学习、念诵引起幼童对学习的兴趣，意识到自己即将开启读书学习的生活，从而对学习这件事加以重视。祭拜孔子的环节则为入私塾学习这件事营造了庄严的氛围，让幼童从心理上对读书怀有虔敬之心。

开笔礼仪式中设置的参拜先师孔子及茶敬师长的环节是对破蒙礼中尊师重道精神的传承。孩童通过参拜孔子和茶敬师长，能够树立起尊师重道的认知，使他们在学习和日常生活中尊重师长、不忘感恩。在博爱社工机构的开笔礼中，茶敬师长和拜先师孔子是仪式的最后两个环节。在茶敬师长环节，参与仪式的孩童起身向讲台上的老师鞠躬表示感谢，同时在机构志愿者的引导下为老师和自己的父母敬茶。茶水是志愿者提前准备好的，孩童端起茶杯走到老师和父母面前鞠躬道谢，感谢老师的教育和父母的养育之恩。仪式的最后，孩童们在志愿者的带领下回到习新书院的大厅，面对墙壁上的孔子像鞠躬行礼，拜上三拜。拜孔子结束后，孩童们在志愿者引导下走出大厅，回到广场站定，随后仪式主持人宣布开笔礼礼成，仪式到此结束。

当代开笔礼意义的转换与变化，体现在现代教育元素的融入。2017年，中共中央办公厅、国务院办公厅印发《关于实施中华优秀传统文化传承发展工程的意见》，教育部也颁发《中小学德育工作指南》，强调通过入学仪式、毕业仪式等具有特殊意义的仪式活动发挥德育功能，实现思想政治引领和道德价值引领。为贯彻落实上述文件精神，进一步促进中小学德育工作开展与进行，地方政府也相继发布了相关文件，强调仪式活动和开学典礼的重要性。一些学校的开笔礼被融入开学典礼，比如和"开学第一课"相融合，或者在开笔礼中的古礼环节中增加校长讲话、当代德育课程等，形成了传统儿童教育目标和当代国家实施的德育体系的融合。在诸多开笔礼中，尤其是公立小学的开笔礼中，传统的拜孔仪式被淡化，而祈福祝愿仪式得到增强，同时具有灵动的地方性，这一调整和转换也影响了孩童对于生命历程过渡意义的理解。

由此看，当代兴起的开笔礼不过是古代诸多礼仪的融合，是传统儿童入学礼被建构后的复兴。其仪式的生成，一方面借鉴破蒙仪式的环节，增添古代大学入学仪式；另一方面也融入了新时代教育思潮和具有地方特色的祈福习俗。传统开学礼在孩童智力和生命历程中的过渡意义依旧在延续，新的时代教育目标和体制也促使当代开笔礼逐渐接纳和融入现代国家的德育体系，呈现了传统入学礼仪的现代化转换。

温州"拦街福"中的戏曲演出述略

许文艳 [①]

（温州市文化艺术研究院，浙江温州，325000）

摘　要：温州"拦街福"是浙江省级民俗类非遗项目，在"拦街福"形成发展的雏形期、成熟期、恢复期以及新时期，戏曲演出一直是其中的重要部分。其中不仅演出的剧种多、受欢迎程度高，还出现了特色戏曲片段加入拦街祈福巡游、多个戏班"斗台"竞演等现象，有着祈福、娱乐、宣传等功能。民俗活动与戏曲演出相辅相成，能够在温州文旅融合发展、文化强市建设中发挥重要作用。

关键词：拦街福；民俗活动；民俗类非遗；戏曲演出；温州戏曲

温州是中国戏曲最早的成熟形式"南戏"的诞生地，戏曲的演出依托于广泛的民间需求得到繁荣发展。温州流行瓯剧、越剧、昆剧、京剧、高腔、和剧、木偶戏、布袋戏等，常与节会庆典、宗族祭祀、民间信仰、婚丧寿诞等相结合形成民俗人文景观。"拦街福"是温州最具有代表性的一项大型综合性民俗活动，发源于清初，成熟于清中后期，至少已有一百多年历史。旧时"拦街福"举办时间在农历二月至三月，地点一般以市区主要街道如康乐坊、

---

① 作者简介：许文艳，温州市文化艺术研究院就职，戏剧与影视学硕士。

百里坊等为起点，蔓延至附近几条主要街巷，内容有迎神赛会、商品展销、巡游娱乐等，现场张灯结彩，笙歌鼎沸，语笑喧阗，民俗活动与戏曲演出相辅相成。在"拦街福"的形成发展过程中，戏曲演出一直是其中的重要部分，有着演出剧种多、受欢迎程度高等特点，还出现了戏班竞演的"斗台"的现象。温州"拦街福"中戏曲演出的形态，将通过史料的记载与亲历者的回忆呈现出来。

一、"拦街福"雏形时期的戏曲演出

温州民俗活动中出现戏曲演出早已有之。元代永嘉书会才人作南戏《白兔记》第三出《报社》、第四出《祭赛》提到民间迎神赛社活动，其中就有表现演戏是该项民俗活动的一部分："（外）今年社会，可胜似上年么。（净）今年齐整，跳鬼判的，踹跷的，做百戏的，不能尽述，我们演与太公看。"[①] 明代温州永强人王叔果（1516—1588）《元宵东瓯王庙观灯同兵宪郡伯诸公》诗云："顷向华堂观杂剧，仍从绀宇听铙歌。"[②] 可见明代温州元宵节在东瓯王庙中有"杂剧"演出，可能当时演出的时间、地点仅限元宵节前后、庙内。温州民俗学者叶大兵根据温州历代诗人的吟咏，认为温州"拦街福"在清乾隆年间已有雏形。乾隆五十二年乐清人赵贻琚诗歌《存修斋诗草·丁未三月观迎会次象浦徐先生韵》是其中的例证之一，摘录诗句如下[③]：

笙歌盈耳酒盈瓯，夹道华筵拥绿旄。漫天缯彩结层层，扈从灵旗日日增。

晚霁初收三月雨，新街重点九华灯。盲词拍板间清讴，不夜城开足胜游。

犹有梨园新子弟，登场重为按梁州。会看烟火鱼龙戏，游女

---

① （明）毛晋：《六十种曲（十一）》，中华书局，2007，第 7 页。
② 沈不沉：《温州戏曲史料汇编（下册）》，中国戏剧出版社，2011，第 202 页。
③ 转引自叶大兵：《温州拦街福的历史、特点与当代复兴》，《温州大学学报（社会科学版）》2011 年第 3 期。

还歌缓缓归。

寂寥灯火记元宵，赛会重开斗富饶。幸及遨头仍故事，时看士女拥河桥。

诗题点明时间为三月迎会期间，元宵节后赛会重开。迎会在温州历史悠久，为何乾隆年间的迎会可称为"拦街福"的雏形？原因在于此次活动时间为三月，以民间信仰为依托，场面较为盛大，活动内容丰富。从诗句中可以看出现场漫天结彩，注重装饰，活动有迎神赛会、娱乐演艺、放烟火等，由"新街""不夜城开""拥河桥"可见活动是在城区举行，观光旅游的人数众多，景象繁华，欢天喜地，并持续到夜晚，灯火通明，老百姓尤其热衷参与，有"狂欢节"性质。尤其是娱乐演艺种类很多，有"笙歌""盲词拍板""清讴""鱼龙戏"等。"梨园新子弟""登场""按梁州"说明有歌舞、戏曲、乐器演奏等表演，在夜晚亦有进行。"梨园子弟"泛指歌舞、戏曲艺人等，诗人特地写出"新子弟"，可见游人对戏班的班底是比较在意的，在对其有一定了解的基础上还有所期待，"新"就给人带来惊喜，是迎会上的一个亮点。对戏班来说则有了展示新人的好机会，同时能够在最热闹的场合为新子弟、为戏班做宣传。"登场"还说明可能当时已经有专门的固定区域，搭台或是围起一块，作为梨园子弟演出的场所。"鱼龙戏"是举鱼形灯、龙形灯游行舞动，出自汉代百戏，原是表演鱼和龙相互幻化的一种特技杂耍。宋代词人辛弃疾《青玉案·元夕》中的"凤箫声动，玉壶光转，一夜鱼龙舞"，则是描写舞动元宵各式花灯。

到了清嘉庆年间，永嘉人张泰青（1783—？）的《瓯城灯幔记》中记载，已节温州城区举行逐傩，提到"或见招乐部，建戏车……植参军之椿（桩），绿衣秉简；逞侲童之伎，黄帽乘蹻（跷）。各征歌舞于帝江，用助喧阗于人海，则春城启而杂戏陈也"[①]。"招乐部""建戏车"展现了招邀、搭建等动态场面，"乐部"泛指歌

---

① 潘猛补编：《温州历代文选》，作家出版社，1998，第 222 页。

舞戏曲演出团体，是主办者招纳邀请而来的，被安排在车上演出，还要行车巡游展演。"参军"是唐代开始流行的一种滑稽调笑表演，载歌载舞，在宫廷至民间都十分流行。参军戏有两个角色，一个戏弄者叫"苍鹘"，一个被戏弄者叫"参军"，有了初步的戏曲行当划分。唐代赵璘《因话录》卷一中记载："肃宗宴于宫中，女优有弄假官戏，其绿衣秉简者，谓之参军桩。"[1] 参军桩就是扮演参军角色。可见清代温州的"参军戏"表演还和唐代差不多，"参军桩"的演员也是"绿衣秉简"。

以上史料证实了清乾嘉年间温州民间在三月举行盛大的民俗活动，以迎神赛会为契机，同时容纳了二月、三月原有的多个民俗节日，集中开展商贸、娱乐等活动，时长、内容、规模以及民众的参与都达到了一定的程度，可以视之为"拦街福"定名之前的雏形或前身。这个时期的戏曲表演已有多种类型，有鱼龙戏、参军戏等杂戏演出，也有梨园子弟，但不明确其戏曲表演样式和剧目。

在"拦街福"雏形时期，戏班是经招邀加入活动的，演出有专门的场地，有条件时在搭建的戏车上进行巡演，在民间娱乐中是较为重要的项目，再次印证了戏曲演出的繁盛。并且，在清代民俗盛会中演出汉、唐时期的杂戏，一方面说明温州民间对古戏的保留程度较高，让人联想到当时民间是否也还有能够演出宋元南戏的戏班；另一方面从选择演出内容的出发点看，可能是作为观赏展示或当时仍在流行等。两方面均有待进一步考证。

二、"拦街福"成熟时期的戏曲演出

到清同治年间，"拦街福"活动的名称已经确定，在不少诗人的吟咏中已有出现。如同治年间人戴文俊《瓯江竹枝词》中"拦街福"条注："二三月间，街市各设灯幔，祈天降福，榜曰'春许冬还'，名拦街福。"《光绪永嘉县志·风俗》载："二月朔，通衢设醮

---

[1] 王国维：《宋元戏曲史》，上海古籍出版社，2011，第10页。

禳灾，名拦街福，以后循次取吉为之，至三月望日止。"①

光绪年间"拦街福"活动尤为繁盛，相关消息多次被《申报》刊载。②如《申报》1882年5月3日《祈保平安》："温郡春间街衢均有祈保合境平安等事俗名拦街福本年二月十五夜百里坊口起至西门止……"《申报》1882年6月5日《陋习难移》是接5月3日的："前载温州赛会一则花柳塘天后宫装演傀儡各处妇女随班逐队约往游玩者甚众不意十四夜宫之隔壁杨大王庙正值演戏人山人海拥挤不开……十五夜五马路街拦街福……"这一则是谴责轻佻子弟在赛会人群中拦扯妇女、偷盗等恶行。两则消息中透露了"拦街福"举办的时间是二月十五开始，地点从百里坊口至西门，南至五马路街、花柳塘，这对光绪年间的温州主城区来说是很大的范围，几乎全城能够共同参与。同时两则消息都写到演傀儡或演戏现场观众人数多，女性戏迷"随班逐队"，十分热衷。

民国时期，《申报》中亦多次刊载温州"拦街福"，较为全面地介绍了"拦街福"的时间、形式、内容、场面等，有记者亲眼所见的描写，并明确提到京剧、傀儡、温州戏等戏曲剧种，观众极多。《申报》1928年3月31日《温州人之拦街福》："温州旧俗，有所谓拦街福者，例于春二三月……若古玩花鸟假山盆景等，借以自炫新奇，供人鉴赏，城厢各街，轮次举行，不限时日，尽三月乃已，举行之际，满街张以布幕，下悬宫镫（同灯）及汽油灯，入晚光明如昼，每隔数户，必有提线傀儡一台，或弹词鼓书之属，行人驻足而观，途为之塞……铺户门前，妇孺之坐立瞻听者，不异剧场……记者昨夕以事过康乐坊，及睹盛典，挤行人海中，数十分钟始得通过……"这则提到的表演艺术有提线傀儡、弹词、鼓书，演艺数量多达"每隔数户"必有一台，铺户门前就像剧场一般，围

① 转引自叶大兵：《温州拦街福的历史、特点与当代复兴》，《温州大学学报（社会科学版）》2011年第3期。
② 《申报》资料由温州市瓯海区图书馆地方文献部邵余安先生提供，特此致谢。

满了观众，很受欢迎。

《申报》1929 年 8 月 14 日《拦街迎福记温州》："……每岁元宵节至春末，每晚必有一街一巷举行拦街福，所谓拦街福者，即拦街迎福之意，由铺户居户联合举行……京剧、傀儡戏、唱小曲以及各项游艺，皆拦街献艺……"这则消息提到京剧，其时京剧传入温州已有三十余年，并深得温州人的喜爱。提及京剧却未提及温州本土剧种，推测原因或是作者未见，或是确实没有演出。如无温州本地戏演出，则有可能当时京剧地位已经超过本地剧种，在重要场合优先请京剧班。

再看《申报》1930 年 5 月 6 日《温州见闻录》："温州有习俗曰'拦街福'……此会例应逐日举行至一个月之久。在每年三月初一起开始热闹。分三十区轮值举行。挂灯结彩，灿烂夺目。且有各种娱乐，以助余兴。如提线戏、温州戏、京戏、瞎子清唱、西乐班会奏等，为温地人士所最合胃口者。在此一个月'拦街福'期内，此种玩艺，几每晚必有……"消息显示"拦街福"三月初一开始，一个月之久，较之最繁盛时期时长变短。提线戏、温州戏、京戏、瞎子清唱、西乐班会奏等，几乎每个晚上都有，还指出这些是温州人所最合胃口的。温州本地时有高腔、昆剧、乱弹、和调等，"温州戏"不知具体是哪一种或哪几种。除戏曲、曲艺外，还出现了西乐班。

中国早期话剧文明戏可能也曾在"拦街福"中登场。民国十一年（1922）农历三月廿八日，居住在温州市区的乡贤张震轩在其日记中写道[1]："晚饭后闻大南门底拦街福极闹，县城隍庙又有文明戏，乃徒步赴之。至则戏未上台，待一句钟后始开演，未半出，台下拥挤不堪……"《杜隐园观剧记》由沈沉专门摘录出版张震轩遗留的《杜隐园日记》中有关观看戏剧的记录，"拦街福"在其中只出现一次，说明张震轩在"拦街福"举办同时只看到一次演戏。但县城隍庙演文明戏是否为"拦街福"活动的一部分尚存疑，可能

---

① 张震轩、沈不沉：《杜隐园观剧记》，香港出版社，2004，第 152 页。

只是碰巧同时进行。

三、"拦街福"恢复时期的戏曲演出

抗日战争胜利后，因为战乱停办的"拦街福"又在温州民间自发组织中恢复了。据原温州市艺术研究所副研究员沈沉先生介绍①，他小时候居住在简巷，离康乐坊、百里坊很近，曾参加1945年至1947年的"拦街福"游玩，直到1948年参军离开温州。以下是沈沉口述摘录：

从清朝中叶至抗日战争之前，温州市区每年都举行拦街福活动。抗战胜利后拦街福恢复，时间地点相同，规模有所变小。（一九）四五、四六、四七（年），我每年都参加，四八年我离开温州了。迎神结束后，就开始拦街福的节目，有很多固定的点，戏曲点，曲艺点，变魔术的，还有卖膏药的，各种艺人、商贩都要借拦街福的时机赚钱。东道主是不赚钱的，商家每年轮换做东，事前决定好请谁来演，演什么戏。当时温州城内有十来个吹打班，专为红白喜事服务，这两件事都要游街的，所以吹打班很熟悉这些，会安排什么地方演什么。头家就联系吹打班，让他们安排节目和巡游队伍，只要肯出钱，队伍就会很庞大。拦街福就是看两个，一个是戏台表演，一个是巡游表演。我家附近戏台至少搭三个，涨桥头一个，康乐坊一个，瓦市巷一个，瓦市是白天卖菜，晚上搭戏台。戏台的第一出戏，就是开台戏，一定要演和菩萨有关的戏，看是什么菩萨，如果是观音，就演《观音得道》。开台戏不长的，都是一个片段，开台演好后，剧目就自由了。每个戏台不一样，他们事先不宣布，到了开演前几分钟才把牌子挂出来演什么戏。斗台戏是有的，两个戏台并排靠得很近。商家门口没有什么小型戏台，是摆了供桌……

按照沈沉先生所说，《申报》1928年消息提及的"每隔数户必

---

① 访谈对象：沈沉；访谈时间：2022年8月5日、9月26日；访谈地点：温州市区沈沉家中。另：温州市艺术研究所即温州市文化艺术研究院前身。

有一台傀儡"情景在 1945 年至 1947 年已见不到。与史料记载相比，考虑到抗战胜利后百姓的生活条件，"拦街福"规模确实不比当年，但商户的参与度和百姓的认可度还是比较高的，是集中商贸和娱乐的"黄金月"。在戏曲演出方面的特点有：吹打班起到了演出中介的作用；开台戏需要和神明有关联，其后戏目由戏班自由展现；当时还存在"斗台"现象。"斗台"即两个或以上戏班在相对或左右并列的戏台上同时演出，以拿手好戏一争高下，比谁吸引的观众多，戏台相对时又称"打对台"。

民国八年（1919）四月十七日张震轩日记写到两班并排"斗台"："是日下午为天妃宫斗台演剧，班为'文明舞台'及'大连升'也……看其戏台则东西二座，中间只相隔数尺……"张震轩之侄张组成的《浣垲日记》中亦有提及："（民国十九年八月初五日）董田演剧，系'新品玉'与'大高升'斗台戏，人山人海。"[1] 现如今温州城郊农村演出，也偶有邀请两个民营剧团进行"斗台"。史料记载中，同时提及"拦街福"与"斗台"却为罕见。清末至民国"拦街福"被认为妨碍治安，如前例《申报》1882 年 6 月 5 日《陋习难移》与 1928 年 3 月 31 日《温州人之拦街福》都对治安、交通等问题表示担心："又如然家家燕客，户户供神，既妨交通，又耗资力，亦可谓敝俗者矣。""斗台"本身容易引来大量观众聚集，在"拦街福"中有可能囿于场地而不提倡。

关于巡游表演，从沈沉先生口中得知有几种类似戏曲的角色扮演，或直接来自戏曲剧目的演艺。一是"扮罪人"：人们通过扮罪人消灾避祸，戴上枷锁、脚镣，旁边有人扮衙役拿着鞭子挥舞。同治间人戴文俊《瓯江竹枝词》就已提及"拦街福"中有扮罪童："人家儿童因病许愿，扮罪童三年，动以千计。到庙挂号者，出钱一二百不等……"[2] 此时从孩童扩展到成人也参与。二是"童子

---

① 张震轩、沈不沉：《杜隐园观剧记》，香港出版社，2004，第 118、241 页。
② 转引自赵兴勤：《"温多淫祀"与南戏生存的民俗环境》，《第六届国际南戏学术研讨会论文集》，温州，2014，第 58 页。

拜观音"：一个人扮小孩，一个人扮观音，拿着净瓶，观音一挥枝条洒出甘露，童子就翻一个跟斗。三是"哑背疯"：来自瓯剧剧目，20世纪50年代从民间艺人身上挖掘，形式是旦角套上假人道具，下半身着男装，看起来就像一个男子（哑人）背着女子，边走边演边唱。[1] 四是"浮缸舞"：来自瓯剧传统剧目《前岳传·浮缸》，又名《水满汤阴》，表现岳母怀抱刚出生的岳飞，置身水缸在洪水中漂浮。浮缸舞可能由瓯剧艺人独创，吸收了民间舞蹈"旱船"的表演形式，原由瓯剧老艺人周良升继承，后传王兰香（1917—1977），再传冯彩秋（1942—），进一步提升了身段表演。以上表演中，"扮罪人""童子拜观音"饱含祈福消灾的仪式性。4种表演都有着寓意特殊、扮相新奇、观赏性强等特点，还有一个共同的优势，就是适合巡游：表演可以循环往复，周而复始，在前行中进行。

四、"新拦街福"时期的戏曲演出

中华人民共和国成立后，由于没有合适的时机与条件，"拦街福"停止举办。

进入21世纪后，我国经济飞速发展，人们精神文化的需求不断增长，对传统文化的关注度不断升高。2005年，国务院发布《关于加强文化遗产保护的通知》，并制定"国家＋省＋市＋县"共4级保护体系，要求切实做好非物质文化遗产的保护、管理和合理利用工作。"拦街福"于2007年被列入浙江省非物质文化遗产代表性项目名录。2002年以来，由政府部门牵头主办、根据史料与回忆、结合现代城市需求重构的"新拦街福"举办了5次，通过非遗项目展示、民间艺术表演、瓯越特产展销等板块，以期对传统民俗盛会进行积极利用与保护恢复，戏曲演出每次都是重要活动内容。

---

[1] 温州地方剧种永嘉乱弹中的《哑女告状》一剧，有旦角身套假人偶即一身两人形式的表演。

2002 年 4 月，"拦街福"在"第五届温州旅游节"期间结合五马街新街开街仪式举办，反响热烈，甚至因为游客太多而提前结束。戏曲演出在市区广场路原人民广场，据原温州市五星京剧团团长胡柳昌先生回忆："第一次（2002 年）整个活动由一家公司负责承办，公司联系我演出。一共邀请三个剧团，除了我们京剧，还有越剧，两个戏台并排斗。还有木偶团四五个，我没事儿的时候就去看木偶演出，两个木偶团也打对台。"①

2005 年 9 月 24 日至 10 月 7 日，"新拦街福"作为"首届浙江山水旅游节暨第八届温州旅游节"的重头戏在市区世纪广场、锦江路一带举办，并结合央视栏目《欢乐中国行——魅力温州》拍摄与国庆节活动，向海内外游客展示瓯越传统文化。② 在世纪广场南侧靠近东首入口处，搭建两座相对的戏台，安排不同剧团上演斗台戏。从农历二三月改为国庆节前后，从市中心老城区搬到空旷而容量大的新城区——时间、地点都改变的"新拦街福"对市场经济和文化展示起到一定的促进作用，但对"拦街福"本身来说，可能会改变了它的本真性。

2009 年、2010 年、2012 年的"拦街福"仍在世纪广场举行，时间则恢复为农历二月初一开始，每届持续约 10 天。"2009·拦街福"时间为 2 月 25 日至 3 月 8 日，共 12 天。除广场上两个大戏台外，锦江路主街区每日有木偶戏、布袋戏、曲艺、杂耍、魔术等表演。活动期间，还有文化大市建设以来全市宣传文化系统培育打造的文艺精品在市区东南剧院集中展演。

《温州日报》2009 年 2 月 24 日第 8 版刊登了"拦街福"戏曲演出的详细安排，③ 包括日期、剧团、剧目信息，并标明"A 台"

① 笔者采访于温州市区胡柳昌（1945—）家中，时间为 2022 年 9 月 22 日。
② 转引自叶大兵：《温州拦街福的历史、特点与当代复兴》，《温州大学学报（社会科学版）》2011 年第 3 期。
③ 相关报刊收藏资料由胡柳昌先生、温州市民俗学会会长潘一钢先生提供，特此致谢。

与"B台"，两台相对，每台分上午、下午、晚上3个时段。A台有杭州芳华越剧团7场、温州市越剧团6场、群艺馆1场、泰顺百花越剧团6场、温州市五星京剧团8场，B台有温州市瓯剧团13场、瑞安市越剧团2场、永嘉昆剧团4场、永嘉环城京瓯剧团4场、乐清市越剧团5场。受邀的4家民营剧团都曾获省级奖项，与5家国有剧团齐上阵，献演瓯、越、京、昆等剧种50余场。

2009年的表演节目单显示：剧目均无重复，全是传统古装戏。越剧有《孟丽君》《红丝错》《追鱼》《何文秀》《洗马桥》《三试浪荡子》等，瓯剧有《生死牌》《双金印》《贤良福》《鸳鸯带》《贩马记》等，京剧有《赤桑镇》《挑滑车》《雏凤凌空》等，昆剧有《百花公主》《折桂记》等。上午、下午偶有空场，但每天晚上都有演出。除群艺馆表演歌舞外，有几家越剧团也表演了歌舞、综艺。在节目间隙，各家剧团还为观众准备了互动问答，增加市民对戏剧的了解。值得一提的是，温州市瓯剧团在"拦街福"中搬出了多年未与观众见面的剧目，七八本戏都很有新意；五星京剧团则特邀上海京剧院著名老生奚中路搭班，吸引了大量观众，也引得对面B台永嘉环城京瓯剧团的演员来观看，说是难得的学习机会。3月6日奚中路出演《长坂坡》，又加演《汉津口》，3月7日是周六，原定晚上演的《战宛城》临时改到了下午1点30分开始，3月8日演《千里走单骑》。

记者的采访记录了当时"拦街福"中戏曲的演出环境："芳华越剧团团长透露，十多位男演员要留守现场，台上睡部分人，后台睡几个人，看好戏班设备行头……市瓯剧团也不例外，到了晚上安排员工留守现场。""泰顺百花越剧团晚上下榻三板桥东屿宫，庙中管事象征性地收了几百元当水电费。"胡柳昌先生也回忆道："拦街福对我们来说挺好唱的，不像在农村会提很多要求，把气氛唱好就行，让百姓热闹热闹。戏完了我们就睡舞台上，我们到哪里都是带着铺盖，离得很近也没有回家的。后来说舞台上不让睡，怕出事，我就联系附近一个庙，以前演出熟识起来的，大家睡在庙里，吃饭也是自己的厨师在庙里烧起来抬过去。"

艰苦的演出条件和"斗台"形式让青年演员得到了锻炼，剧团的吃苦耐劳与认真演出赢得了观众的肯定与支持。《温州晚报》2009年3月8日刊登了戏台前市民撑雨伞看戏的照片，有市民"每天都到拦街福街区广场看戏，风雨无阻。"《温州都市报》2009年3月9日《冰冷雨天 热情观众 拦街福演出昨日结束》写道："即使在最冷的晚上，台前依然有成百的观众……"

"2010·拦街福"从3月16日开始至28日结束，活动共有8家戏曲剧团演出40场，其中民营剧团演出21场。胡柳昌拿出收藏的剪报介绍："2010年中路也在，他参加了两届拦街福，戏迷从全国各地跑来看。除了演戏，主办方还安排我们演员扮财神，给市民发小礼品。我小时候也有听长辈说的，拦街福就是到街上买东西，也有唱戏的，听说就一个团，好像没有我们演戏那样热闹。2010年左右也是民营剧团经营的一个高潮。""2012·拦街福"也于农历二月初一开街，从2月22日持续至3月4日。胡柳昌回忆："最后一年让我们扮成东瓯王巡游，后面宫女太监等龙套都要跟着。""重现"始于明代的东瓯王巡游习俗成为"2012·拦街福"的看点之一，戏曲演出也仍有瓯剧、京剧、永嘉昆剧等。

随着经济、科技的迅速发展，越来越多的娱乐形式、活动模式层出不穷，同时政府出于避免交通拥堵等安全方面的考虑，2012年以后，没有再统一大规模地举办"拦街福"，"拦街福"的元素常融入各项文化、旅游甚至商业活动中。随着市民的欣赏水平不断提高，温州大剧院、新东南剧院等公共文化设施投入使用，临时搭台简陋且不安全，市中心也未再出现"斗台"的形式。

五、结　语

在温州"拦街福"形成发展与恢复创新的过程中，戏曲演出一直是其中重要的组成部分，非常受温州人的喜爱。从演出形态可以看出戏曲在"拦街福"中的功能至少有：一、为百姓提供娱乐，增进节庆气氛；二、为商铺做宣传，吸引顾客；三、活态呈现当地文化，促进文化交流与发展；等等。

在史料研究与田野调查中，笔者还有四点发现：一、在清代温州，戏曲演出经招邀加入大型民俗活动，有戏车装置，可能还保留了唐代参军戏的原貌。二、清光绪以来，"拦街福"中有京剧、傀儡戏、温州戏等。温州戏广义上包括乱弹、温昆、高腔、和调，京剧受欢迎程度可能超过温州戏。"新拦街福"时期，上演瓯、越、京、昆、木偶戏等。可见"拦街福"中展演的剧种丰富，都是最合本地人胃口的剧种。三、一些有特色的戏曲片段或身段动作如"哑背疯""浮缸"等会出现在"拦街福"巡游中。四、"每隔数户必有一台"与"斗台"的盛况在"拦街福"中并不常见，且前者能确定的剧种只有傀儡戏。正如叶大兵先生所说"戏曲斗台是旧时拦街福的保留节目"①，最好的节目只有在特殊时刻才展现；而"新拦街福"时期，能够次次都上演"斗台戏"。21世纪以来，经济发展带动了文艺的繁荣以及对戏曲艺术的肯定与重视。

戏曲在民俗活动中赢得更多的演出市场，而民俗活动有了戏曲更加丰富多彩，二者相辅相成，这对探索非物质文化遗产与现代城市需求结合的新形式有如下启示：一、问需于民。"拦街福"原是民间自主举办的活动，演出内容的选择也遵从百姓的喜好，21世纪举办过五届"新拦街福"，每一次都引起极大的关注，百姓喜闻乐见。文化发展的目的是使人民精神生活更加丰富，因此必须了解大众当下的实际需求，让文化建设体现人民的意愿，才能够让群众感到满意。二、活态传承。"拦街福"停办已久，这对抢救、保护文化遗产肯定是不利的，只有传下去、用起来，让"拦街福"活在当下，才能达到古为今用、继承创新的目的。温州力争打造"戏曲故里"国家级文化品牌，有举办"首届戏曲寻根——南戏文化季""东亚文化之都·中国温州活动年"等活动的成功经验，可以将"拦街福"与戏曲文化深度融合，打造以戏曲演出为中心，沉浸式、体验版的文化主题市集。期待"拦街福"与戏曲今后依然能够在温州文旅融合发展、文化强市建设中发挥重要作用。

---

① 转引自叶大兵：《温州拦街福的历史、特点与当代复兴》，《温州大学学报（社会科学版）》2011年第3期。

非物质文化遗产与乡村振兴研究

乡村振兴背景下非遗的活化实践

——以婺州扎染为例

朱红梅 [①]

（浙江师范大学国际文化与社会发展学院，浙江金华，321004）

摘 要：实施乡村振兴战略，产业兴旺是关键，文化振兴是题中之义。非遗作为乡村优秀文化的重要组成，在乡村振兴中具有独特的资源优势，是促进乡村振兴的软支撑。本文以浙江省金华市岩头村市级非遗项目婺州扎染为例，探讨婺州扎染与乡村振兴战略之间的相互促进关系。一方面，在乡村振兴战略的支持下，婺州扎染通过非遗＋旅游、非遗＋文创、非遗＋教育，实现了自身的可持续发展；另一方面，婺州扎染的活化实践也从打造特色产业、增加就业岗位、改善文化供给等方面助力了岩头村的振兴。通过对婺州扎染的活化实践进行反思总结，在为婺州扎染指明可进步方向的同时，也为探讨非遗与乡村振兴提供了一些经验启示。

关键词：乡村振兴；非遗；婺州扎染；活化

党的十八大以来，以习近平同志为核心的党中央就将解决好"三农"问题作为全党工作的重中之重；2017年10月，党的十九大报告中指出，要实施乡村振兴战略，并提出了"产业兴旺、生

---

① 作者简介：朱红梅，浙江师范大学国际文化与社会发展学院民俗学专业硕士研究生。

态宜居、乡风文明、治理有效、生活富裕"的总要求。实施乡村振兴，是现阶段国家发展的战略需要，是决胜全面建成小康社会、全面建设社会主义现代化国家的重大历史任务，是新时代"三农"工作的总抓手。①

乡村的振兴，不仅是乡村经济的振兴，更是乡村文化的振兴。"在憧憬民族复兴与文化自信的新时代，乡村文化复兴必然是乡村振兴的题中之义，乡村文化也应成为乡村产业、生态、乡风等领域的重要支撑。"②2018 年 1 月的中央一号文件《中共中央 国务院关于实施乡村振兴战略的意见》中就提出要繁荣兴盛农村文化，焕发乡风文明新气象，在保护传承农村优秀传统文化的基础上，实现创造性转化、创新性发展。③作为历史的产物，非物质文化遗产是乡村文化的精髓与灵魂，凝结着一个地域的精神血脉，是实现乡村振兴的宝贵资源。当前，将非物质文化遗产中的文化资源转化为文化生产力，带动地方经济发展，丰富农村文化业态已经成为基本共识，④因此，本文以一项具体的非遗项目婺州扎染为例，探讨乡村振兴与非物质文化遗产之间的相互支撑以及相互促进作用，为乡村非遗的活化提供一个案例实践。

一、婺州扎染概况

婺州扎染的保护传承单位在岩头村，是岩头村最具代表性的

---

① 《中共中央 国务院关于实施乡村振兴战略的意见》，中国政府网，2018 年 5 月 2 日，http://www.mofcom.gov.cn/article/b/g/201805/20180502738498.shtml，访问日期：2023 年 4 月 9 日。

② 彭莹：《乡村振兴战略与非物质文化遗产保护问题探论》，《上海城市管理》2018 年第 4 期。

③ 《中共中央 国务院关于实施乡村振兴战略的意见》，中国政府网，2018 年 5 月 2 日，http://www.mofcom.gov.cn/article/b/g/201805/20180502738498.shtml，访问日期：2023 年 4 月 9 日。

④ 王红英：《非物质文化遗产在乡村振兴中的多元价值》，《人民论坛》2018 年第 7 期。

非遗项目。岩头村是浙江省金华市婺城区安地镇的下辖行政村，距离金华市区仅 11 公里，对外交通便利，具有极佳的区位优势。此外，岩头村坐拥一脉梅溪，山水风光得天独厚，曾先后被评为浙江省 3A 级景区村庄、浙江省级非遗小镇、浙江省慢生活休闲旅游示范村、金华市民俗文化村等。

婺州扎染起源于隋唐时期的崔氏染坊。相传公元 589 年，隋文帝力行节俭之风，当时民间皆着禾木染就的青裙，款式朴素、颜色单一，也因此，当时女性对美丽服饰的向往之情日渐加剧。由此，东郡公崔彦穆的孙女崔氏，成立了崔氏染坊，在传统"扎""染"的基础上，创新了联珠纹、狮凤纹、云染纹等新花样，纱罗、大袖衣等新样式也层出不穷。就这样，崔氏染坊一时风靡全城。公元 600 年，崔氏一族受废太子杨勇的牵连，其旁支逃难到当时婺州管辖之处的休宁，为维持生计，就沿用崔氏的技艺，开起了"婺州染坊"。从此，"婺州染坊"在八婺大地上得以繁衍。[①]后来在现代印染工艺的冲击下，遍布八婺的染坊逐渐衰落，传统的扎染技艺也失去了其可以延续的根基，日益走向凋零。

据婺州扎染的非遗传承人温国香介绍，她接触扎染是受家中老一辈的影响。虽然遍布八婺的染坊早已无从查找，但温国香的外公外婆及家中其他老人们还依旧保留有扎染的传统，再加上她从小就十分热爱手工艺，因此，一个将家里世代相沿的手艺分享出来，让崔氏的技艺重现的念头就逐渐在温国香心中扎根发芽。[②]反复浸染与漂洗是扎染出一块好布的关键程序，这就离不开对水的需求。而岩头村一面临梅溪，一面又被绵延成片的紫岩山群环绕，村庄空间独立，家家户户面山枕水，是重启染坊的理想之地。于是 2018 年底，温国香入驻岩头村，于诗意山水间再续扎染缘。

---

① 访谈人：朱红梅；访谈对象：温国香；访谈时间：2023 年 4 月 2 日；访谈地点：禾居工作室。
② 访谈人：朱红梅；访谈对象：温国香；访谈时间：2023 年 4 月 2 日；访谈地点：禾居工作室。

自此，婺州扎染便在岩头生根，并于2021年成功入选金华市第八批非物质文化遗产代表性项目名录。

婺州扎染主要以棉、麻、丝、土布等纯天然织物为原料，以板蓝根、橘子皮、石榴皮、槐米、苏木等植物溶液为染料，其中用板蓝根汁液提取发酵出的蓝靛泥是最主要的染料。布料和染料准备好后，就可以开始染布。首先要将布料放入水中浸泡，并用热水烫煮，这一步的目的是褪去布料外层的包浆，使布料软化。随后将布料捞出晾至半干。接下来便是扎结，可以用皮筋也可以用针缝线扎，按照自己想要的图案形态，通过撮皱、折叠、翻卷等方法，将布料打绞成结。扎结完成的布就可以投入染缸进行浸染，浸润一定时间后要将布料捞出晾晒以使其能够在空气中还原氧化。之后再一遍遍浸染、取出、氧化，反复多次后，染色这一工序才算完成。接下来便可以拆去缬结，再进行漂洗、固色、晾干。① 经过这一套流程染出来的布色泽自然、图案丰富，且因每次扎结手法不一、浸染时间也不一，所以扎染出的每一块布都是独一无二的。

二、乡村振兴背景下婺州扎染的活化实践

中国的乡村在经历了新中国成立以来的一系列社会改造，以及改革开放后的现代化、城镇化之后，② 生态环境恶化、人口流失、发展不平衡不充分成为乡村最突出的问题。因此，当前的乡村振兴战略具有新时代的重要意义，体现了对乡村价值的高度肯定和重视。在政府发布的政策文件中，都指出了乡村产业与乡村文化对推进乡村振兴的重要作用。2023年2月中央发布的《中共中央 国务院关于做好2023年全面推进乡村振兴重点工作的意见》

---

① 访谈人：朱红梅；访谈对象：禾居工作人员宗悦；访谈时间：2023年4月2日；访谈地点：禾居工作室。

② 段友文、冀荟竹：《乡村振兴中民俗文化资源的创新性发展》，《民间文化论坛》2019年第6期。

中也再次强调，要加强农村精神文明建设，培育乡村新业态。诸如婺州扎染等的传统工艺类非遗虽然自身具有可以转化的经济价值，但是在城市化过程中也面临日渐疏离于日常生活、后继无人的困境。因此，乡村文化复兴与乡村产业发展的双重需要赋予了乡村非遗新的发展机遇，使乡村非遗这颗曾经蒙尘的明珠在新时代能够重新焕发光彩。

岩头村在塑造由非遗牵引的乡村振兴格局时，除了行政力量的参与，也离不开有着"乡贤"和"投资者"标签的行动主体。周文跃是主要的代表。他自己的老家是安地镇，又曾在其他地方从事过乡村文旅，2018年底，在安地镇党委书记的邀请下，周文跃回到岩头村协助进行乡村建设。在他看来，岩头村的地理位置比较好，又有一定的文化底蕴，①值得投身于此从事乡村振兴的事业。

周文跃来到岩头村后，携手温国香成立了禾居文化创意有限公司，又由禾居注册婺州染坊，将婺州扎染项目引进了岩头村。作为"乡贤"和"投资者"的周文跃如此设想：

我当时做岩头村最多的想法就是把很多的非遗项目都集中过来，主打的就是婺州扎染，所以我们现在岩头村的定位就是"神牛岩头，蓝色小村"，神牛岩头是岩头村的一个民间传说，蓝色小村就是扎染，那么我们的定位就很清楚，这个地方就会成为一个以非遗为主题的文化产业园区。②

借助乡村振兴战略的政策支持以及岩头村文化产业园的平台搭建，婺州扎染积极探索自身的活化机制，将非遗资源优势转化为产业优势，力求让这项古老的技艺以全新的面貌融入现代生活，其实践经验可以总结为以下三个方面。

---

① 访谈人：朱红梅；访谈对象：周文跃；访谈时间：2022年11月11日；访谈地点：禾居工作室。
② 访谈人：朱红梅；访谈对象：周文跃；访谈时间：2022年11月11日；访谈地点：禾居工作室。

（一）体验：婺州扎染与旅游的融合

文化总是能和旅游紧密联系在一起，文化是旅游的灵魂，旅游是文化的载体。早在 2009 年，国家文化部、国家旅游局联合颁布的《关于促进文化与旅游结合发展的指导意见》就提出"利用非物质文化遗产资源优势，开发文化旅游产品"①。总之，旅游是非物质文化遗产活化的载体，同时，非物质文化遗产的活化又能为旅游业注入新鲜元素。

现代人面对现代性的危机，纷纷转向过去和故乡去寻找一种确定的文化归属感，而婺州扎染在布料和染料上一直秉持着天然手工的原则，对于快节奏、碎片化的现代人而言，是一种可以弥补现实的缺失和断裂的"美好"。②因此，能够跟着非遗传承人亲自体验扎染的制作对于旅游者来说就有着巨大的吸引力。婺州染坊是承担扎染工作和非遗体验的主要场所。婺州染坊内部由门帘简单地隔出了两块独立的空间：左边的房间里，水泥砌成的台面里放置了四个大桶，用来盛放染料；右边的房间里布置了三张桌子，用于摆放染好的布料和染料罐，这里也是扎染的教学区，日常的体验活动都在此进行。

目前，染坊主要承接的是单位活动、学校研学活动、社会上的小团体，以及个别散客。单场可同时接待 60—100 人。无论是团体还是个别游客想要体验扎染，都需要提前进行预约，体验的内容包括染料的配制、布料的缝扎和浸染几个方面。染色的布料通常选用的是茶巾或者围巾，由婺州扎染传承人温国香或者精通扎染的禾居团队成员现场指导操作，一套流程需要 2—3 小时。扎染完成后，游客可以直接带走自己的作品作为纪念。（见图 1）除

---

① 文化部、国家旅游局《关于促进文化与旅游结合发展的指导意见》，2009 年 8 月 31 日，https://zwgk.mct.gov.cn/zfxxgkml/scgl/202012/t20201206_918160.html，访问日期：2023 年 4 月 15 日。
② 林敏霞：《怀旧旅游与二十四节气的传承发展》，《徐州工程学院学报（社会科学版）》2019 年第 1 期。

了扎染体验，游客们还可以跟随布艺老师亲手制作香囊，将艾草缝入扎染好的蓝布里，再绣上自己想要的图案，就可以得到一个既能防蚊驱虫，又能去阴辟邪的布艺香囊。①（见图2）对于许多游客来说，这种独特的非遗体验是人生之旅的头一次，青蓝染料里的一浮一沉、来回穿梭的一针一线让游客感受到的不仅是一份世俗嘈杂之外的宁静，还是一份独属于传统非遗技艺的魅力。

图1　婺州染坊内的扎染教学②　　　图2　游客体验制作香囊③

（二）文创：婺州扎染与消费的链接

活态性是非遗的根本属性，"一种民族文化，特别是活的非物质文化的传承，很难依靠其自身力量进行，而必须与民族社会的现实生活相联系，才有可能保持和发展下去"④。而非遗想要与人们的生活发生联系，尤其是与非遗群体之外的人们发生联系，就要寻找非遗价值的实现方式，⑤利用非遗核心技艺或提取非遗要素创作、开发出的文化创意产品，是呈现非遗文化价值和经济价

① 访谈人：朱红梅；访谈对象：温国香；访谈时间：2023年4月2日；访谈地点：禾居工作室。
② 照片由笔者拍摄于2022年11月11日。
③ 照片由温国香提供，拍摄于2023年6月21日。
④ 宋小飞：《"走向消费"——从民俗文化到消费资本的非物质文化遗产》，《中国文化研究》2020年第2期。
⑤ 朱晓华：《文化资本视域下非物质文化遗产的文化创意产品开发模式研究》，硕士学位论文，南京师范大学社会发展学院，2019，第2页。

值的重要载体。但无论是哪种形式的文创产品，都必须进入消费领域和消费环节，被大众消费和享用，才会产生实际的价值和意义。伴随着生活水平的提高，消费者的审美也随之产生了新的变化，这种变化会促使人们对所消费之物有更高的审美要求，[①] 同时，经济的发展也会推动人们对高层次的精神需求的追求。非遗文创产品兼具创意设计与非遗内涵，无论是外在审美还是内在精神都与大众口味相匹配，在刺激大众消费的同时，于其自身也是一种"反哺"。

禾居工作室是婺州扎染文创产品制作、展示和销售的空间。其文创产品包含两个方面。一是创新扎染技艺创作出的产品。蓝靛泥染出的蓝色是扎染最传统的颜色，但温国香也会在传统之外慢慢探索诸如黄色、绿色、红色等其他颜色的可能，并将这些颜色运用在围巾、衣服上，从而诞生出多彩活泼的扎染周边服饰。二是提取扎染元素开发出的产品，如香囊、抱枕、书皮、挂件、摆件等。这些产品生活气息浓厚，兼具审美价值和实用价值，能够最大限度地促进非遗融入人们的日常生活。

前来岩头村旅游的游客，总是会将脚步停留在禾居工作室的门前，将目光投向室内摆放整齐的扎染文创上。面对游客们关于扎染的好奇提问，温国香或者禾居内的其他老师会耐心地解答，同时向游客介绍扎染的历史、原料、手法等，让游客得以通过这些文创产品了解到婺州扎染这项非遗技艺，也于无形之间扩大了非遗的传播范围。文创产品的销售是婺州扎染创收的主要渠道之一：

> 来这的游客也会说主动体验一下我们的扎染，或者购买我们的这些文创产品，一般情况下好几千一天，上万也有的。有些游客买衣服买得多，这一天的营业额就高一点，不过有时候有团队

---

① 朱晓华：《文化资本视域下非物质文化遗产的文化创意产品开发模式研究》，硕士学位论文，南京师范大学社会发展学院，2019，第 24 页。

过来，一天光香囊卖好几千的情况也是有的。[①]

对于非遗而言，保护是固本，创新才是新方向，迎合大众消费口味的非遗文创产品，赋予了非遗在现代生活存在的意义，是非遗在当代实现自身活化的新形式、新路径。

（三）传承：婺州扎染与教育的牵手

非遗不仅具有文化价值、经济价值，同时也蕴含了丰富的教育价值。非遗来源于民众的日常生活，承载着一个地区、民族、国家独特的风俗习惯、思维方式和文化观念，其本身便是教育知识的重要来源。非遗主要是依赖口传心授的方式传承至今的，所以非物质文化遗产中的内容可以通过教授而习得，这也是非遗能够与教育产生联系的重要原因之一。[②]随着非遗保护实践的日益深入，如何将非遗融入国民教育体系，也是我国一直在思考和探索的重要事项，其中，"非遗进校园"和"非遗研学"都是积极有效的尝试。

温国香在推动婺州扎染连接现代生活的过程中，也秉持着非遗技艺的传承要从孩子开始的观念，因此，她进入金华各中小学校开展扎染课程。课程的周期为一学期，每星期上一节课，通常是学校先与温国香进行联系与沟通，确定好每周讲课的时间。但由于目前岩头村的婺州扎染项目的传承人只有温国香一人，个人精力有限，再加上各个学校开展拓展课的时间段大都比较雷同，因此，温国香目前一星期只能去四个学校教授扎染。[③]温国香在教学的过程中，会采取循序渐进的方式。最开始会先教同学们用板蓝根进行染色，然后用自己染出的蓝布制作束口袋；之后再根据

---

① 访谈人：朱红梅；访谈对象：禾居工作人员宗悦；访谈时间：2023 年 4 月 2 日；访谈地点：禾居工作室。

② 刘敏：《非物质文化遗产融入教育的实践——以非遗研学为中心的探讨》，《非遗传承研究》2022 年第 1 期。

③ 访谈人：朱红梅；访谈对象：温国香；访谈时间：2023 年 4 月 2 日；访谈地点：禾居工作室。

学生们的掌握程度推进到下一步的苏木染色；苏木染色能够完成后，再开始型染刮浆的学习。（见图3）同学们纷纷表示，"在扎染课上时间过得太快了"。①扎染课程的开设不但能够开阔学生们的眼界、培养学生们的动手能力，更重要的是可以在青少年的心中播下一颗有关传统文化的种子，改善非遗传承后继无人的情况，从而延续乡土文化的命脉。

图3　温国香为学生们上扎染课②

随着文旅融合逐渐从社会事实上升为国家制度，非遗研学成为非遗与教育相融的另一热点实践。禾居团队乘着非遗研学的东风，也推出了一条以扎染体验为主，组合活字印刷、桂花糕制作、打麻糍等其他体验项目的研学路线。截至目前，禾居已几乎承接过金华所有小学的研学活动。非遗研学将传统的学校课堂置换到社会环境之中，让学生们可以身临其境地感受非遗、亲手触摸非遗。这种理论与实践相结合的体验式学习，一方面可以增加学习内容的内涵与趣味，另一方面也拓展了非遗传播的渠道，将非遗传习的"内循环"转变为"外循环"，促进了非遗传播与传承的融合推进。③

---

① 访谈人：朱红梅；访谈对象：温国香；访谈时间：2023年4月2日；访谈地点：禾居工作室。
② 图片由温国香提供，拍摄于2023年3月24日。
③ 刘敏：《非物质文化遗产融入教育的实践——以非遗研学为中心的探讨》，《非遗传承研究》2022年第1期。

乡村作为非遗的孕育地，乡村不振兴，则非遗也不会兴盛。在乡村振兴战略的契机之下，婺州扎染实现了自身的可持续发展。但从另一个角度来看，对婺州扎染的保护、活化也助力了乡村振兴战略的实施，为乡村振兴提供了有力的文化支撑。

三、婺州扎染的活化实践对乡村振兴的助力

（一）增加就业岗位，提高村民收入

笔者从岩头村村书记处了解到，岩头村在引进婺州扎染打造非遗产业园区之前，村里的青年大都在外务工，村里的村民主要依靠培育树苗以及农业耕种为生，收入渠道较为单一，人均年收入在 3 万元左右。[①] 婺州扎染入驻岩头村后，开设技能学堂，为岩头村及周边村落的妇女提供技能培训，使妇女们可以掌握基本的扎染、刺绣、布艺等技能。在此基础上，温国香会将工作室内的手工外包给村子里的妇女。目前，温国香共设置了四个站点，每个站点有一位站长作为总负责人，站长会从温国香这里领已经打样好的半成品，如香囊、莲蓬、葫芦、布老虎等。之后，站长会再将这些半成品分发给手下管理的妇女们，让她们进行缝纫或刺绣。一般一位站长手下会管理两至三个人。通常，妇女们制作一件香囊是一块五毛钱，一件布老虎是两元钱，而一个站点一个月可加工文创产品超 2000 件，平均每月可带动妇女增收 500—1000 元。[②] 此外，禾居工作室和婺州染坊在招纳员工时，也更多倾向于选择岩头村及附近的村民，现在婺州染坊内负责缝纫的阿姨便是来自安地镇上的。

乡村振兴的主体是乡村中的人，婺州扎染通过自身的活化机制将岩头村以往致富的场景从远方的城市搬到了乡村的家门口，

---

① 访谈人：朱红梅；访谈对象：陈秋平；访谈时间：2023 年 4 月 1 日；访谈地点：岩头村社区服务中心。

② 访谈人：朱红梅；访谈对象：温国香；访谈时间：2023 年 7 月 10 日；访谈方式：微信。

在文化传承中带动地方低收入人群的稳定增收和就近就业，帮岩头村留住了村子里的人。

（二）打造特色产业，促进共同富裕

乡村振兴的关键是产业振兴，但乡村产业的发展不能是千篇一律的，要因地制宜，实现"一村一品"。非遗作为乡村文化中最有辨识度的一部分，是"永不过时的文化资源和文化资本"①。在充分尊重非遗项目传统技艺和精神内涵的基础上，观照当下民众的生活观念、审美趋向，用现代产业理念对非遗进行创造性转化，是培育乡村特色产业、拉动乡村经济的重要途径。人们从物质需求转向精神需求后，会更多地去寻求异质的、新奇的、与现代时尚有别的文化，观念的转变直接作用于行为与消费。因此，带有"非物质文化遗产"印记的文化产品会直接地对大众产生吸引力。婺州扎染以"体验"为亮点，融合文化创意，提供了一系列能够满足消费者需求的产品和服务，将自身打造为岩头村的一张文化名片，带动岩头村的旅游业迅速兴起。岩头村的宣传干事胡健霄说道，2018年以前，岩头村几乎没有游客量，而现在每年的接待量有二三十万人次。②

岩头村文旅产业兴起后，村民们也纷纷开始自主创业，有的在自己家门口支起小摊，卖岩头特色麻糍、桂花糕，有的利用自家房屋办起农家乐。目前岩头村已有梅溪小院、山水人家、饮和山房等四五家农家乐，年创收逾2000万元。曾经岩头村村民们想出去，现在反而想回来。婺州扎染这张文化名片作为岩头村新的经济增长点，打破了岩头以农业为主的产业格局，形成多元的乡

---

① 崔瑾：《乡村振兴视域下非物质文化遗产的保护》，《农业经济》2019年第6期。

② 访谈人：朱红梅；访谈对象：岩头村宣传干事胡健霄；访谈时间：2023年7月10日；访谈方式：微信。

村经济发展形态，①带领岩头村村民们齐步迈向共同富裕。

（三）改善文化供给，助益乡风文明

文化振兴是乡村振兴的五大布局之一，因此，实施乡村振兴战略离不开对乡村文化的振兴。农村公共文化服务作为先进文化和现代服务的载体，是推动乡村振兴战略在文化层面切入实践的突破口，是促进乡风文明的点睛之笔。②而改革开放之后的农村在公共文化方面整体上呈衰微之势，在此背景下，向农村输送公共文化就变得十分迫切及必要。农村公共文化的供给除了体系化的形式外，更要注重供给的内容。③非物质文化遗产作为乡村优秀传统文化的重要构成，蕴含着先进的文化因子，对于改善农村文化供给、优化农村文化生态起着无可替代的作用。

禾居工作室既是婺州扎染的传承基地，同时也是岩头村文旅策划的主要运营者。2022年，禾居团队协同金华市民间文艺家协会、金华小邹鲁文化促进会、安地镇文明实践所等团体，在岩头村的文化礼堂推出了禾居·幸福家"浙里说婺"文化赋能乡村振兴计划。"浙里说婺"公益活动坚持用文化先行推进乡风文明建设，因此，岩头村组织了一批专家教授、非遗工匠团队，每周于文化大礼堂开展公益讲座和活动。国学部落里，国学讲师为大家讲解了《易经》与家居环境的相关性；非遗手工部落中，温国香生动地叙述着婺州染坊的传承故事，并带领小朋友们亲手用扎染蓝布制作葫芦香囊。通过这一系列的文化活动，岩头村形成了浓厚的文化氛围，使村民们能够近距离领略乡村非遗的独特魅力。这不仅丰富了村民的精神生活，也提升了村民的艺术素养，为乡村文化

---

① 崔瑾：《乡村振兴视域下非物质文化遗产的保护》，《农业经济》2019年第6期。

② 陈建：《乡村振兴中的农村公共文化服务功能性失灵问题》，《图书馆论坛》2019年第7期。

③ 陈建：《乡村振兴中的农村公共文化服务功能性失灵问题》，《图书馆论坛》2019年第7期，第43-44页。

振兴注入了强大的内源动力。

四、基于婺州扎染活化实践的反思与启示

我国乡村相对于城市，受自然、地理、历史等因素的影响，发展一直较为滞后，这也是乡村振兴战略实施的重要背景。近年来，岩头村通过环境改造提升了村庄颜值，吸引了婺州扎染这项非遗传统手工艺的入驻。婺州扎染在岩头村重新焕发生机与活力的同时，也利用自身的资源优势不断助推着岩头村的经济文化发展，逐渐构建出具有岩头特色的乡村振兴新格局。婺州扎染的活化实践展现出乡村非遗，尤其是传统手工艺类非遗在乡村振兴中所起到的关键作用，但不可否认的是，其间仍有可进步的空间，通过反思总结，既为婺州扎染更好地传承发展指明了方向，也为继续探讨非物质文化遗产与乡村振兴提供了一些经验上的启示。

（一）多方协作建立长效保护机制

乡村非遗在新的文化语境中，自我保护能力是十分薄弱的，[①]因此，必须充分调动包括政府、企业、非遗传承人、社区居民在内的多方力量展开广泛的协作，以确保非遗能够合理有效地参与乡村文化的建设。政府是非遗保护工作的主导者和政策的制定者，是最不可或缺的重要力量。从浙江省人民政府到安地镇人民政府，通过一层层的政策传达与落实，非遗被逐步地纳入乡村振兴的发展轨道。但是笔者了解到，以婺州扎染为代表的非遗项目在入驻到岩头村后，政府后续的扶持政策是非常少的，只有前面3年有房租补贴。而为了更好地保护非遗，发挥非遗在乡村振兴中的带动作用，政府首先应该给予乡村非遗更多的政策倾斜，并加大资金投入以维持非遗在宣传展示、技术培训、活动表演等方面的支出。其次，政府应注重提升现有非遗传承人的素质及创新能力，

① 崔瑾：《乡村振兴视域下非物质文化遗产的保护》，《农业经济》2019年第6期。

同时做好完善非遗知识产权保护制度的工作。

　　企业的引入，一方面在活动策划、产品销售、市场拓展方面具有积极作用，如禾居文化创意有限公司成立后，通过在岩头村协办文化交流活动来吸引人流量，帮助婺州扎染建立客户群，还包括利用购物节的狂欢，帮助扎染产品参与线上抢购，增加经济效益。但另一方面也要警惕企业逐利的本性，如果企业忽视非遗传承规律，过度强调眼前的利益，将非遗传承简化为"生产作业"，这样就会使人们误解传承非遗的目的和动机，从而加速非遗的消亡。[①]

　　非遗传承人和社区居民是非遗保护和乡村振兴的内生动力和参与主体，但目前很多村民还存在对非遗认识不清、对非遗的重要性认识不足等问题，保持着置身事外的态度，这些都十分不利于开展乡村非遗的保护利用工作。所以，非遗传承人在对外传播非遗的同时，也要注重对内的宣传，让原本就生长在农村土壤的非遗回归到村民的日常生活中，增加村民对乡村非遗的文化认同感。[②]婺州扎染项目通过技能培训课堂使地方妇女们掌握了一些基本技能，但在培育本土非遗传承人方面做的工作还不足。目前，婺州扎染的主要传承人还只是温国香一人，如果研学活动或者单位活动人太多时，就会出现教授扎染的人手不足的情况。村民们是乡村的主人，对自己脚下的土地具有深深的依恋，因此重视培育本土传承人才一方面会让乡村非遗后继有人，另一方面也会调动他们投身乡村振兴的积极性，带动村庄整体发展。

　　在政府为主导、传承人及地方民众为主体、企业为助力的非遗保护过程中，各方都有自己的利益诉求，因此，既要兼顾各方的利益，也要倾听一线的需求，在乡村振兴的大背景下，多方协

---

① 周波：《非遗保护与乡村振兴的文坡实践》，《文化遗产》2019 年第 4 期。
② 乔莉伟：《乡村振兴视角下非物质文化遗产保护利用研究》，硕士学位论文，西北农林科技大学人文社会发展学院，2021，第 37 页。

作，多力合一，[①] 共同促进非遗保护和乡村振兴目标的实现。

（二）坚守非遗保护底线，适度产业开发

乡村要振兴，乡村的产业就要兴旺，而非遗则为乡村振兴提供了良好的产业基础，但在将非遗的文化资源转化为产业资源的过程中，要守住非遗保护的底线，即厘清坚守与创新的边界。在非遗生产性保护领域，一直存在着坚守还是变通的争论，一方强调非遗的"本真性""原生态"，坚决反对商业化和产业化，另一方则激进地突出非遗的"变化性"。事实上，非遗的坚守传统与改革创新是能够并驾齐驱的，坚守是对非遗主旨、内涵、精髓、精神、核心技艺的坚守，在此基础上，非遗需要与时俱进，与当代的生产实践相结合，探寻适宜的表达方式。[②] 婺州扎染在实际的生产过程中，会与外部的社会资源进行一些合作，如蓝靛泥和老土布。蓝靛泥是由板蓝根汁液提取而成的，如果自己制作蓝靛泥，就会面临板蓝根种植周期长、耗费人工、蓝靛泥产量低这些问题，因此，现在染坊内所用的蓝靛泥是从云贵地区直接购买的，包括扎染所用的老土布也是与金华地区的布料厂进行合作，由他们直供。但是将婺州扎染放置在当今非遗保护和乡村振兴的大背景下重新进行审视，会发现，在千百年的活态流变中，婺州扎染一直不变的是一份手工印染的匠作之美，这也是传统手工技艺类非遗的底线所在。所以，在婺州扎染探求自身活化的过程中，只要其最本质的核心技艺和核心价值得以坚守和延续，其他方面的改变或许是其融入现代生活的一种需要。

但另外需要注意的是，包括婺州扎染在内的一些非遗项目在接入市场的时候会借助企业的力量，在消费型社会里，部分企业在"金钱至上"的商业逻辑下，会过度重视经济效益而忽视非遗的传承发展，或者对非遗进行商业化的肢解和变异，这就需要非遗

---

① 周波：《非遗保护与乡村振兴的文坡实践》，《文化遗产》2019 年第 4 期。
② 刘德龙：《坚守与变通：关于非物质文化遗产生产性保护中的几个关系》，《民俗研究》2013 年第 1 期。

传承人保持警惕，确保非遗传统技艺的完整性与真实性，使非遗的开发生产始终服从于保护传承，避免急功近利的过度开发。

（三）打造非遗品牌，推动非遗高质量发展

2018 年，非遗品牌大会在广州召开，出席大会的非遗项目保护单位、非遗代表性传承人、非遗品牌单位联合发起了《中国非遗品牌计划》，倡导培育传统工艺知名品牌，提升传统工艺类非物质文化遗产再创造能力。[①] 品牌对于非遗而言，不仅是展现其本身独特内涵的标志物，而且能起到影响消费者选择的正向作用，而目前中国的非遗尚处于"重视项目和传承人品牌，同时向产品品牌过渡、有极少数的企业品牌已经形成的一个阶段"，[②] 因此，推动非遗品牌化建设，是非遗在乡村振兴背景下实现保护与开发互利共赢的必由之路。

打造非遗品牌首先要做到的是对非遗核心技艺和文化价值的保护和传承，在此基础上再搭载文化创意，将非遗文化资源转化为具有附加值的文化产品。其次，随着消费者对符号和意义消费越来越推崇，一个品牌背后的情感和文化认同也越来越重要，非遗之中蕴含了人类生存的智慧，也折射出朴素的哲理观，[③] 这些丰富的内涵是需要通过"讲故事"的方式呈现给消费者，以此来与消费者建立情感联系的，所以要塑造非遗品牌，讲好非遗故事也必不可少。以婺州扎染为例，其传承人温国香在课堂间、游客中不但将婺州扎染的历史起源娓娓道来，也立足于现代语境，讲述着今日的扎染故事。最后，非遗品牌的打造还需要利用各种传播渠

---

① 《中国非遗品牌计划》，中国非物质文化遗产网·中国非物质文化遗产数字博物馆，2018 年 8 月 3 日，https://www.ihchina.cn/Article/Index/detail?id=9520，访问日期：2023 年 5 月 1 日。

② 孔德强、刘子川：《基于湛江非遗及文创产品品牌化的创新性研究》，《海峡科技与产业》2021 第 2 期。

③ 肖春芳：《整合营销传播视角下的乡村非遗品牌建构——以黔东南雷山为例》，《东南传播》2022 年第 4 期。

道，将品牌推广出去。婺州扎染的传播渠道可以分为传统媒介和网络平台两种：传统媒介包括线下门店以及文旅市集、非遗展会等展示空间；网络平台上，温国香会利用微信公众号、微信短视频、抖音等媒介增加曝光量，除此之外，婺州扎染还可以通过尝试直播、开通线上销售渠道等方式增强自身的影响力。

打造非遗品牌不仅可以激发和延续非遗的活力，而且通过注册商标、申请专利、进行著作权登记等一系列方式，[①] 于保护非遗的知识产权也十分有利。因此，包括婺州扎染在内的各项非遗可根据自身的特点，选择适合自身发展、传承规律的品牌化战略，以高质量发展助力乡村振兴。

五、结　语

在工业文明的进程中，凝结了世代乡村劳动人民智慧与经验的非遗难从急剧变化的农村社会里获得存续的养分，因此日渐走向没落和消解。乡村振兴战略"五位一体"的总要求中，产业兴旺是乡村发展的重点，乡风文明是乡村振兴的保障。[②] 而非遗作为乡土文化的精华，具有丰厚的经济价值与文化价值，天然地与乡村振兴具有契合性，是实施乡村振兴可利用的宝贵资源。从这个层面来看，乡村振兴战略赋予了非遗重新散发生机与活力的机遇。婺州扎染是岩头村的代表性非遗，自 2018 年底入驻岩头村后，借助岩头文化产业园的平台和乡村振兴战略的契机，通过非遗体验、非遗文创、非遗研学等一系列活化实践，将自身的文化资源转化为产业资源，在实现自身发展的同时也为乡村文化复兴和乡村经济振兴提供了内生动力。因此，非物质文化遗产和乡村振兴是一种相互促进的关系。在乡村振兴的背景下对乡村非遗进行活化利

---

① 覃萍、张发钦：《生产性保护视角下非物质文化遗产品牌化运营研究——以广西为例》，《广西社会科学》2014 年第 10 期。

② 乔莉伟：《乡村振兴视角下非物质文化遗产保护利用研究》，硕士学位论文，西北农林科技大学人文社会发展学院，2021，第 11 页。

用，需要多方协作建立长效保护机制，坚守非遗底线，适度地进行产业开发，以及打造非遗品牌等方面的经验启示，成为婺州扎染的后续发展方向。

从地方性到地方感：民俗旅游研究的新视角

徐　麦①

（浙江师范大学国际文化与社会发展学院，浙江金华，321004）

摘　要：人们参与民俗旅游旨在离开自己熟悉的家乡，到异地去体验"他者"独特的民俗文化。民俗旅游是一种高层次的文化旅游，在民俗旅游过程中，游客们能体验"他者"独特的生活方式，感悟异文化的魅力。目前民俗旅游研究大多聚焦于民俗资源的开发利用上，即探讨"地方性"民俗文化资源如何通过旅游加以盘活，而很少从旅游地相关群体的"地方感"角度切入研究民俗文化资源价值。对民俗旅游地群体的"地方感"研究能助力优化配置"地方性"民俗文化资源，为民俗旅游产品增添新活力，同时也为有效解决旅游开发同质化问题提供新的思路。

关键词：地方性；地方感；民俗旅游

一、引　言

党的十九大报告指出：与国计民生相关的根本性问题是农业农村农民问题，解决好"三农"问题是全党工作的重中之重，要实施乡村振兴战略，促进城乡融合发展。"新农村建设一定要走符合农村实际的路子，遵循乡村自身发展规律，充分体现农村特

---

① 作者简介：徐麦，浙江师范大学国际文化与社会发展学院民俗学专业硕士研究生。

点，注意乡土味道，保留乡村风貌，留得住青山绿水，记得住乡愁。"① 旅游开发是乡村振兴的高效路径，通过旅游活动的开展，能够给村民们增加就业机会、创造更多的收入。"农家乐"是最常见的乡村旅游形式，游客们到乡村欢聚一堂，能暂时逃离工作的压力，赏田园风光、品农家美味。"农家乐"给村民们增加了可观的收入，一定程度上缓解了农村的经济压力，改善了当地民生。"农家乐"深受城市游客们的喜爱，也吸引了越来越多的投资人和村民竞相承办。但随着"农家乐"数量的不断增多，这一类型的旅游产品逐渐显现出相似度高、特色不鲜明等"同质化"问题。

由于乡村旅游产品的同质化开发方式会导致"千村一面"，对游客缺少吸引力，因此乡村旅游亟须另辟蹊径，找寻特色，打造原创乡村旅游品牌。挖掘乡村"地方性"资源、活态传承乡土文化是乡村旅游可持续发展的新思路。

乡村居民们独特的生活习惯、娱乐风俗，口头流传的传说、故事等民间文化都是精妙的旅游吸引物，合理利用这些地方特有的民俗资源能给乡村旅游产品注入新活力、增强体验感。民俗旅游主要依靠的是"地方性"文化资源，即区别于游客常住地的"他者"的民俗文化。游客或旅游地居民与旅游地产生联系后，会对"地方性"特征做出反馈，生发不同的感受，即"地方感"。"地方感"最早是由人文地理学提出的概念，指人地互动后产生的情感。现有民俗旅游研究文献大多将视线集中于"地方性"上，即主要探讨地方民俗文化资源本身如何通过旅游加以盘活，鲜有从旅游地相关群体②的"地方感"角度切入研究地方性民俗文化资源价值，因此对于民俗旅游的研究可以拓展思路，在充分研究"地方性"的基础上，着力深化对"地方感"的探索。

---

① 2015年1月20日，习近平总书记在云南大理白族自治州大理市湾桥镇古生村进行新农村建设调研时指出。
② 指旅游地居民、游客。

二、"地方性"民俗资源与旅游开发

民俗旅游是一种高层次的文化旅游，游客参与民俗旅游旨在到异地去体验"他者"的生活方式，感受异文化带来的特别体验。民俗旅游作为特色文化旅游，一定程度上改善了当前旅游业同质化、过度商业化开发的现状。旅游地的地方特色文化与民风民俗是民俗旅游开发的灵魂，换言之，"地方性"资源是民俗旅游展开的关键。

（一）"地方性"的定义

想要理解民俗旅游的开发模式，我们首先需要明晰"地方性"的概念。西方学者最早对"地方性"概念进行了研究。1960年，区域地理学认为地方性是一个地方拥有的特质，即一个地方与其他地方相区别的独有特殊性（idiographic）。"地方性"包括自然环境特质与社会文化特质。自然环境中的不同地形种类如平原、高原、山地和丘陵分别具有地质地貌和植被景观等独特性；地方社会文化则通过长期积累产生出特殊性，最典型的是地域性文化符号（如语言、建筑、风俗习惯与生活方式等），地域文化符号对当地居民有着重要象征意义，是他们灵魂的归宿；此外当地特有的历史文化也是"地方性"的体现。到了1970年后期，人文地理学学者指出"地方性"具有独特性特征的同时也具有主体性。该学派认为不同的人对于同一个地方会产生不同的经验、认识和认同，描述同一个地方的地方性时具有很强的主观性，因而"地方性"离不开主体的经验。Relph（1976）认为任何一个地方都有客观物质、功能（活动）以及意义三种属性，"地方性"在这三种属性中得以体现。其中地方意义（place meaning）包括人赋予地方的象征意义、人对地方产生的思想感受、人对地方的态度、地方给人带来的价值等，它们都是地方的主观属性。[1]Tuan（1977）认为，地方由记忆、经验和符号等要素构成，"地方性"需要人来识别，空间经由

---

[1]Relph E, *Place and Placelessness* (London: Pion, 1976), pp. 46–49.

人的经验产生差异进而转变为地方。[1]Pred（1984）指出，当人在某个空间里长期居住生活，与空间亲密接触后对它留下美好记忆，此空间对人来说就有了特别意义，人对这个空间产生了真挚的情感，认同这个空间，此时空间便可能转变为地方。[2]可见"地方性"的产生必须有人的参与。

国内学者基于国外研究为"地方性"下定义。吴必虎认为"地方性"是某个地方区别于他地的独特性，他将其称为"地格"。[3]郑威认为"地方性"是与全球化相对应的概念，他基于美国人类学家克利福德·吉尔兹的理论将"地方性"定义为符合当地人想象的具有地方特色的特征。[4]吴倩等指出，自然地理、历史文化与民族民俗文化是"地方性"特征的三个维度，认为情感、背景环境、社会互动三个因素会影响"地方性"的建构。[5]

综合国内外学者对"地方性"的研究，笔者认为可以将"地方性"定义为某地能被人们识别到的有别于其他地方的特质。

（二）"地方性"民俗资源的旅游开发

当前对民俗旅游的研究大多聚焦于"地方性"民俗资源的开发利用上，集中于以下几方面：

1. "地方性"民俗资源旅游开发的作用

多数学者指出，开发"地方性"民俗资源旅游的主要功能在于促进经济发展。程道品等认为，民俗旅游是乡村特色旅游开发形

①Tuan Y F, *Space and Place: The Perspective of Experience*(University of Minnesota Press, 1977), pp. 173–175.

②Pred A, "Place as Historically Contingent Process: Structuration and the Time-Geography of Becoming Places," *Annals of the Association of American Geographers*74, no. 2 (1984): 285–297.

③ 吴必虎：《区域旅游规划原理》，中国旅游出版社，2001，第 205–215 页。

④ 郑威：《地方性：一种旅游人类学视角》，《改革与战略》2006 年第 4 期。

⑤ 吴倩、杨焕焕：《旅游视角下"地方意义"国内外文献的回顾》，《旅游纵览》2021 年第 17 期。

式，能助力乡村可持续发展，促进农村经济水平提升；① 文凌云指出，民俗文化旅游的开发可以促进"地方性"资源优化整合、农村产业结构优化升级，综合提升农村收益；② 李琳桂、陈新华调查发现民俗旅游开发的作用在于为农民创收、加快城市化进程、推动市场化发展农业。③

部分学者认为开发民俗旅游可以推动文化传播，提升游客的审美体验。如胡晓立将民俗旅游发展的影响总结为刺激人们消费，带动区域产业发展，打造文化品牌，高效传播民族文化；④ 彭谊强调民俗旅游的开发能促进少数民族文化传播、方便民族文化交流、加强生态环境与文物古迹保护、推动城乡均衡发展、活态发展民俗文化。⑤

民俗文化旅游开发除了能促进文化传播外，也有可能对文化造成破坏。樊天相等以云南的泸沽湖地区为案例，指出旅游开发虽在一定程度上加快了摩梭文化的传播，但也对文化产生了消极影响，如过度商业化开发造成民俗文化内涵"缩水"。⑥ 宋河有、张冠群认为对族群符号边界的过分突出、故意跨越容易使民族文化变为商业化的表演，消弭民族文化本质。⑦

---

① 程道品、郑文俊、黄燕玲：《恭城红岩村乡村旅游与新农村建设探析》，《改革与战略》2007 年第 1 期。

② 文凌云：《民俗文化旅游发展模式探析》，《农业经济》2019 年第 4 期。

③ 李琳桂、陈新华：《"农家乐"民俗旅游与"三农"问题探讨》，《湘潭师范学院学报（社会科学版）》2005 年第 2 期。

④ 胡晓立：《由旅游产业带动的民族饮食文化的传播》，《食品工业》2020 年第 7 期。

⑤ 彭谊：《民俗旅游的社会价值》，《广西民族研究》1999 年第 1 期。

⑥ 樊天相、孙萍遥、徐纯樨：《旅游开发对摩梭民俗文化的负面影响及对策研究》，《西南农业大学学报（社会科学版）》2011 年第 6 期。

⑦ 宋河有、张冠群：《民族旅游场域中的东道主族群符号边界变动》，《北方民族大学学报（哲学社会科学版）》2019 年第 6 期。

2. "地方性"民俗资源的开发方式

目前民俗旅游虽种类繁多，但质量却参差不齐。许多景区为迎合市场需求，常常对民俗文化大肆篡改，导致同质化、舞台化问题频出。学者们针对当前民俗旅游开发存在的种种问题，认为可以通过政府扶持、多渠道融资、打造地方民俗旅游品牌等方式为民俗旅游增添新意，给游客更好的审美体验。孙建刚、史红霞探索了女娲信仰对民俗旅游开发的意义，指出要通过突出女娲民俗特色、优化政府和百姓的祭祀模式、创新表演形式、安排民俗巡演以打造出特色女娲文化旅游品牌，增进国内外游客对女娲文化的了解，推动游客对女娲文化的认同。[①]蒋伟和杨莎莎分析了广西民俗旅游的开发现状，指出要靠大企业带头、多渠道融资、大中小企业通力合作、现代企业制度管理来进行民俗旅游开发。[②]江金波通过调查发现客家文化旅游开发的局限性在于内部恶性竞争、同质化、旅游形象模糊等问题，他提出可以通过剧场化、非遗景观化、创新主题等方式打造客家文化旅游产品。[③]王俊平也对客家文化旅游产品进行了分析，他指出针对当前客家文化旅游产品存在的旅游开发理念落伍、民居地方性遭破坏、旅游规划单调、基础设施陈旧等问题需通过挖掘客家地方性文化、创新客家旅游产品、打造客家特色文化品牌、提升游客参与度等方式予以解决。[④]

3. "地方性"民俗资源与可持续性发展

学者们指出需要通过强化旅游地居民对其民俗资源的认同、

① 孙建刚、史红霞：《河北女娲文化旅游资源开发研究》，《中国商贸》2011年第6期。

② 蒋伟、杨莎莎：《广西民俗旅游经营开发创新研究》，《广西民族大学学报（哲学社会科学版）》2007年第5期。

③ 江金波：《论客家文化旅游及其产品开发创新——剧场化、园区化与产品的整合升级》，《热带地理》2009年第2期。

④ 王俊平：《贺州客家围屋的保护与民俗旅游发展》，《社会科学家》2006年第S1期。

提升当地居民的参与程度、引导多元主体合作、民俗资源优势互补等方式来可持续性地开发"地方性"民俗旅游资源。陈燕奎和林伟帆使用SWOT法分析了梅州市西阳镇的旅游开发模式，总结出需要通过政府、企业、民众通力合作，优化旅游的体制机制，打造多元的旅游市场平台，多方合作发展，多渠道宣传等方式来优化梅州市西阳镇的旅游开发模式。① 张捷对九寨沟藏族民俗和江苏吴地民俗进行了对照分析，发现要通过引导游客参与藏族文化相关活动来开发九寨沟民俗旅游；对江苏吴地民俗进行旅游开发时，则要依据其地方性特征对民俗资源进行系统盘活、组合包装以形成规模效应，再通过对子遗民俗文化的复原和移植来打造吴地民俗旅游品牌。② 资源互补是高效的旅游开发手段。李冬娜指出可以将红色文化与民俗文化结合起来开发红色旅游产品，在民俗展演中融入红色文化。③ 李久君认为延安红色文化可以与当地体育民俗文化相结合，增强红色旅游趣味性。④ 民俗旅游开发会受到民俗资源演变的影响。杨绿洲、王汝平关注旅游开发对民族节庆演变的影响，指出民俗节庆演变时需要政府主导、加强管理者和传承者培训、完善相关政策法规、加强舆论宣传以确保民俗节庆顺利完成演变。⑤

---

① 陈燕奎、林伟帆:《基于SWOT分析法的梅州市西阳镇旅游开发问题与对策研究》,《嘉应学院学报》2021年第6期。

② 张捷:《区域民俗文化的旅游资源的类型及旅游业价值研究——九寨沟藏族民俗文化与江苏吴文化民俗旅游资源比较研究之一》,《人文地理》1997年第3期。

③ 李冬娜:《基于核心价值观塑造的红色旅游发展路径》,《社会科学家》2019年第2期。

④ 李久君:《红色旅游与民俗体育文化资源整合开发的研究》,《延安大学学报（自然科学版）》2011年第2期。

⑤ 杨绿洲、王汝平:《民族节庆的变迁机制与再生产路径》,《社会科学家》2021年第5期。

（三）"地方性"民俗资源旅游开发的研究倾向

目前学者们对于地方性民俗资源旅游开发进行研究有以下倾向：

1. 研究区域

目前多数学者在研究民俗旅游时倾向于关注少数民族聚集地和"地方性"文化突出地区，可见"地方性"资源是开发民俗旅游时所不可或缺的。"地方性"文化、自然环境是开展民俗旅游时必备的资源，民俗旅游旨在凝视"他者"文化、体验"他者"的生活方式，地方特质也就是"地方性"资源是民俗旅游开发的核心。

2. 研究内容与方法

现有文献表明，学者们聚焦于"地方性"资源，重点探讨的内容是民俗旅游的价值、开发路径以及在开发过程中如何对文化及自然等资源加以保护，可持续地发展民俗旅游。学者们研究发现，目前民俗旅游开发的局限性在于民俗旅游产品同质化，缺少新意；过度商业化开发民俗文化资源，导致"舞台化"[①] 现象频出，文化内涵消解；市场定位模糊无法满足游客需求。研究主体多为政府或者景区，很少有学者从旅游地居民或者游客的视角讨论民俗旅游的开发路径。学者们大多未能关注到旅游地居民或游客的"地方感"对于民俗旅游开发的意义。研究方法以定性研究为主，最常用的是文献资料法、田野调查法。定量研究较少，少数文章借助问卷调查法来考察民俗资源的开发效率。

---

① 美国著名旅游社会学家麦肯奈尔（Dean MacCannell）在他的《旅游者：休闲阶层新论》（*The Tourist: A New Theory of the Leisure Class*）一书中提出"舞台化真实"理论。民俗文化"舞台化"指的是将居民真实的日常生活方式转变为一种虚假的表演，文化内涵在此过程中会被消解，导致游客无法体验到当地居民原汁原味的真实生活方式。

三、民俗旅游地的地方感知

民俗旅游的目的在于暂时逃离自己熟悉的居住环境、舒缓工作压力，到异文化地区体验"他者"的独特生活方式，感悟地方的文化魅力。感官体验是民俗旅游所不可或缺的，因此旅游地相关群体在民俗旅游活动中对地方的感知值得我们关注。谈到地方感知，我们就需要深化对"地方感"相关概念的了解。

（一）"地方感"的内涵

西方学者率先对"地方感"概念进行了探索。Steele（1981）在其《地方感》（*The Sense of Place*）一书中详细区分了"地方"和"地方感"的概念，列举了"地方感"的影响因素，探讨了地方精神的本质，研究了"地方感"的短期影响与长期影响，分析了"地方感"的改善途径等，充分体现了人地互动的思想。[①]他认为"地方感"是人与地方相互作用的产物，是生于地方但由人来赋予的一种情绪体验，某种程度上来说，是人创造了地方，地方依存于人。"地方感"包含人有意识的体验和无意识的行为，如人在特定地方中总是会自觉避免做某种事情。"地方感"中值得重点研究的是人与特定地方的情感联系，Wright（1966）首创"geopiety"（敬地情结）一词，来表达人对自然界和地理空间产生的崇敬之情。[②]Tuan（1974）把"topophilia"（恋地情结）引入地理学中，认为狭义的恋地情结指人对地方的爱恋之情，广义则指人类与物质环境间的深厚感情。[③]Tuan（1976）认为，人文主义地理学主要研究的是人与自然的关系、人们对地理环境做出的种种行为以及人们对空间和地方的感情与思考；我们在某个特定地方的经历，无论是集体体验还是个人体验，总会有某种东西将我们与那个地

①Steele F, *The Sense of Place* (Boston, CBI Publishing Company Inc., 1981), p. 216.

②Wright J K, *Human Nature in Geography: Fourteen Papers 1925–1965* (Cambridge MA: Harvard University Press, 1966), pp. 25–30.

③Tuan Y F, *Topophilia, Englewood Cliffs* (N. J. Prentice-Hall, 1974), pp.115–120.

方紧密相连，这种与地方的联系，让人对特定地方产生精神和心理上的深深依恋。①Hay（1998）认为"地方感"是人在某段时间某个地方产生的归属感，是人与地方特别的联系。②

国内学者基于西方较为成熟的理论，对地方感的概念进行了延伸。国内最早于 1992 年提出了"地方感"一词，并将其定义为"外部世界的心象"。2004 年，杨念群从社会学角度分析"地方感"，认为研究村落时"地方感"是一个很好的着手点，考察村民的"地方感"有助于得到最为真实的田野资料，过去的学者习惯以知识划分法对村庄进行研究，常常导致不切实际，得到虚假的结论。③我国早期的"地方感"研究均不是以旅游学视角进行的。2007 年后，唐文跃等人先后开始以旅游学视角来阐述"地方感"的概念，这些学者系统梳理了国外知名学者的有关文献，对已有研究进行了文献综述，并通过此方式帮助国内学者理解"地方感"概念，他们借助已有研究成果，将"地方感"理论"中国化"，应用于中国具体旅游地案例，以具体案例助力对"地方感"相关概念的理解。④

（二）"地方感"的维度划分

明晰了"地方感"的内涵后，我们要继续深入对"地方感"特征进行维度上的划分。Relph（1976）认为"地方感"包含自然环境（settings）、活动（activities）、意义（meaning）及地方精神（the spirit of place）或地方特点（local feature）四个因子。⑤Steele（1981）注重人地关系中人的主观能动性的重要作用，认为"地方

---

① Tuan Y F, "Humanistic Geography," *Annals of the Association of American Geographers* 66, no. 2(1976): 270–276.

② Hay R, "Sense of Place in Developmental Context," *Journal of Environmental Psychology* 18, no.1(1998): 24–29.

③ 杨念群：《"地方性知识"、"地方感"与"跨区域研究"的前景》，《天津社会科学》2004 年第 6 期。

④ 唐文跃：《地方感研究进展及研究框架》，《旅游学刊》2007 年第 11 期。

⑤ Relph E, *Place and Placelessness* (London: Pion, 1976), pp. 63–67.

感"由自然环境（physical setting）、社会环境（social setting）、人（person）或心理因素（psychological factors）组成。[1]Hummon（1992）将"地方感"的特点总结为"扎根性"（rootedness）、"异地性"（alienation）、"亲近性"（relativity）、"无地方性"（placelessness）四种，认为社区情感包含依恋（attachment）、满意（satisfaction）、认同（identification）三个维度。[2]Williams 等（1992）最早提出"地方依恋"概念，将"地方依恋"划分为"地方认同"（place identity）与"地方依赖"（place dependence）两个维度，认为地方依赖是功能性的依恋，即地方对人具有工具性价值，而地方认同则是情感性的依恋。[3]Pretty 等（2003）认为地方感可分为"地方依恋"、"社区感"和"地方依赖"三个维度，总结出地方认同在这三个维度的特征，探讨了青少年和成年居民的地方感在这三个维度上的差异。[4]Hammitt 等（1996）将"地方感"分为"熟悉感"（familiarity）、"归属感"（belonging）、"认同感"（identity）、"依赖感"（dependence）与"根深蒂固感"（rootedness）五个维度。[5]Jorgensen 等（2006）将"地方感"维度划分为地方依恋、地

①Steele F: *The Sense of Place*, (Boston: CBI Publishing Company Inc.,1981), p.218.

②Hummon D M: "Community Attachment", In:Altman I, Low S M, *Place Attachment*, (New York: Plenum Press, 1992), pp.150–160.

③Williams D R, Patterson M E, Roggenbuck J W et al. "Beyond the Commodity Metaphor: Examining Emotional and Symbolic Attachment to Place", *Leisure Sciences*, no.14(1992): 29–46.

④Pretty G H, Chipuer H M, Bramston P, "Sense of Place amongst Adolescents and Adults in two Rural Australian Towns: The Discriminating Features of Place Attachment, Sense of Community and Place Dependence in Relation to Place Identity", *Journal of Environmental Psychology*, no.23(2003):23–287.

⑤Hammitt W E, Stewart W P, "Sense of place: A call for construct clarity and management", *Sixth International Symposium on Society and Resource Management,* (State College PA,1996.), pp. 150–155.

方认同与地方依赖。[①]Scannell 等（2010）将"地方感"划分为人、心理过程、地方三个维度：人的维度指地方中有关个人或群体的定义，即是谁对地方产生了依恋，这种依恋是基于个体还是群体赋予地方的意义；心理过程维度包括地方依恋的情感、认知和行为三种成分及其过程；地方维度强调所依恋的地方性特征，分为社会因素和物理环境因素。[②] 目前 Williams 等对"地方感"维度的划分方式是被主流学者们所公认的，即将"地方感"划分为工具性的地方依赖和情感性的地方认同。

　　国内学者对"地方感"特征进行维度划分时，多是基于对国外知名学者理论援引后进行本土化改良。如唐文跃等（2007）以九寨沟风景区为例，认为旅游者的"地方感"维度可以分成自然风景感知、社会人文感知、情感依恋和旅游功能四个维度。[③] 吴莉萍、周尚意（2009）援引 Relph 的"地方感"维度划分方式，将"地方感"分成地方依恋、地方认同与地方依附三个维度，游客情感体现于地方依恋维度，游客的认知水平在地方认同维度上体现，游客行为展现在地方依附维度。[④] 朱竑、刘博（2011）认为"地方感"的概念是可变的，主要包含维度是地方认同和地方依恋。[⑤] 保继刚、杨昀（2012）借鉴国外知名学者的相关理论，将其应用于阳朔西街商业化旅游案例，将当地居民的"地方感"区分为经济依赖

①Jorgensen B S, Stedman R C, "A Comparative Analysis of Predictors of Sense of Place Dimensions: Attachment to, Dependence on, and Identification with Lakeshore Properties", *Journal of Environmental, Management*, no.3(2006): 316–327.

②Scannell L, Gifford R, "Defining Place Attachment: A Tripartite Organizing Framework", *Journal of Environmental Psychology*, no. 1(2010): 1–10.

③ 唐文跃、张捷、罗浩等：《九寨沟自然观光地旅游者地方感特征分析》，《地理学报》2007 年第 6 期。

④ 吴莉萍、周尚意：《城市化对乡村社区地方感的影响分析——以北京三个乡村社区为例》，《北京社会科学》2009 年第 2 期。

⑤ 朱竑、刘博：《地方感、地方依恋与地方认同等概念的辨析及研究启示》，《华南师范大学学报（自然科学版）》2011 年第 1 期。

与情感认同两种。① 蒋长春等（2015）建构了居民"地方感"等级与地方旅游开发居民支持度关系模型，认为地方感包含"地方认同"和"地方依赖"两个维度。② 蔡晓梅、何瀚林（2016）借鉴了"地方"与"无地方"概念，以广州市高星级酒店为案例，指出高星级酒店由于资本化、高科技化、行业标准化，出现"无地方性"问题，但酒店独特的社会营造功能、特色空间、个性化的经营管理方式又为酒店创造出了"地方性"，总结出顾客在高星级酒店中生发出的情感是矛盾的，即"地方感"与"无地方感"共存。③ 李如铁等（2017）依托国外"地方感"理论提出了"消极地方感"概念，他认为地方给人带来的疏离感、厌恶感、恐惧感都属于"消极地方感"，以广州市棠下村作为案例，指出该村居民所具有的"消极地方感"体现为地方认同感、归属感缺失。④ 郑昌辉（2020）梳理出"地方感"概念的学术演变史，包括历史文化论、环境本体论、环境影响论、主观建构论、动态发展论，最终就"地方感"概念达成共识。⑤

四、从"地方性"到"地方感"

（一）"地方性"和"地方感"的关系

地方意义可以分解为"地方性"和"地方感"两个维度，当同

---

① 保继刚、杨昀：《旅游商业化背景下本地居民地方依恋的变迁研究——基于阳朔西街的案例分析》，《广西民族大学学报（哲学社会科学版）》2012 年第 4 期。

② 蒋长春、张捷、万基财：《名山风景区书法景观在游客地方感中的作用——以武夷山风景区为例》，《旅游学刊》2015 年第 4 期。

③ 蔡晓梅、何瀚林：《广州市高星级酒店地方与无地方的建构及协商》，《地理学》2016 年第 2 期。

④ 李如铁、朱竑、唐蕾：《城乡迁移背景下"消极"地方感研究——以广州市棠下村为例》，《人文地理》2017 年第 3 期。

⑤ 郑昌辉：《在城镇化背景下重新认识地方感——概念与研究进展综述》，《城市发展研究》2020 年第 5 期。

样的"地方感"达到一定规模时，这种"地方感"的源头就可以转化为"地方性"。载体是区分"地方性"与"地方感"的依据，基于环境载体表现出的地方意义为"地方性"，"地方感"则是基于人群载体表现出来的地方意义。^① 可见，"地方感"由主体生发，"地方性"由环境塑造。人在空间中的实践使"地方"产生，由"地方"生发出"地方性"，结构化的"地方性"使人体会到"地方感"。"地方性"是由社会建构出的，地方的视觉表征、社会文化等因素促使其成为文化实体。"地方感"与"地方性"是相互构建的，其中"地方感"更为主观、能动。^② "地方性"强调地方文化观念体系与价值的差异，"地方性"中的"地方"可以相对地确认价值体系与观念图式；而"地方感"旨在感知、体验特定的社会时空组织形态和其中蕴含的情感意识，地方感中的"地方"借助场景来表达集体意识、突显社会关系。^③ "地方感"是主观的，是主体对客体有选择的感知与接受，"地方感"的产生与客体特性有关。而"地方性"是相对客观存在的，客体将其特性呈现给主体，主体对客体特性生成相应的认知。"地方感"偏重于个人的感觉，是感性的，"地方性"则偏重于集体认知，是理性的；当多数人拥有相似的"地方感"时，这种类似"地方感"的来源就会转化为相同的"地方性"。"地方性"对"地方感"具有主导作用，"地方性"刺激"地方感"的形成。较之"地方感"，"地方性"是在先前就存在的特性，随着居民和游客对"地方性"做出心理反馈，即形成"地方感"时，"地方感"又会对先前的"地方性"做出修正或加以强化。^④

---

① 吴倩、杨焕焕：《旅游视角下"地方意义"国内外文献的回顾》，《旅游纵览》2021年第17期。

② 张丕万：《地方的文化意义与媒介地方社会建构》，《学习与实践》2018年第12期。

③ 张原：《从"乡土性"到"地方感"：文化遗产的现代性承载》，《西南民族大学学报（人文社会科学版）》2014年第4期。

④ 宦震丹、王艳平：《地方感与地方性的异同及其相互转化》，《旅游研究》2015年第2期。

（二）民俗旅游相关群体的地方感知

通过文献梳理，笔者发现目前的民俗旅游研究较少涉及民俗旅游相关群体[1]的地方感知，对于民俗旅游中有关群体的地方感知研究大多是由地理学或人文地理学专业的学者进行的，且主要采用问卷形式对旅游地居民或游客进行定量调查研究，然后使用统计软件分析相关地方感知的特点，根据民俗旅游地相关群体的地方感知特征给予旅游开发建议，而民俗学专业则很少涉及民俗旅游相关群体地方感知研究。目前仅有少数民俗学学者针对宗教信仰地区、民俗文化街区、民俗节庆举办地区人们的地方感知情况进行过调查研究。

1. 宗教旅游

宗教旅游以宗教信仰为旅游吸引物，吸引信奉者前来体验。"妈祖"是流传于中国沿海地区的传统民间信仰，福建省湄洲岛作为妈祖朝圣地对信奉妈祖的游客很有吸引力。高德兴调查发现，湄洲岛游客的地方认同程度（即地方感知程度）与宗教信仰程度呈正相关，即宗教信仰越虔诚，对宗教旅游地的认同程度就越高。因此他针对妈祖朝圣地游客的地方感特征提出了开发建议：湄洲岛旅游开发时应将宗教信仰作为旅游地的核心定位，在旅游地的自然环境、人文社会环境中突出"地方性"特征，完善基础设施，为游客营造更鲜明的"地方感"。[2]

祖先崇拜是国人的一种宗教信仰，主要体现为宗族文化活动，如修祠续谱、祭祖寻亲、宗族交流、举办宗族庆典活动等，其中修缮宗祠最具代表性。祠堂是极具地方特色的文化景观，在城市化进程加快的时代，祠堂也顺势出现了变化，体现在外部空间环境、建筑风格、祠堂功能等方面，祠堂的改变也促使居民们的地方认同发生重构。佛山传统祠堂文化景观就是如此，呈现出了现

---

① 指民俗旅游地居民、游客、管理人员等。

② 高德兴：《旅游者地方依恋研究》，硕士学位论文，福建师范大学旅游学院，2008，第56–65页。

代化、多元化的特点。当地顺应时代需要对"地方性"的充分挖掘，重塑了人们的集体记忆与怀旧空间，增强了当地居民对宗族文化的认同（即地方认同感）。①

2. 民俗文化街区

民俗文化街区是民俗旅游常见的目的地，街区里的地方特色民俗资源引人注目。尹璐璐在对周至水街游客的地方感特征进行调查后指出，可以从社会文化环境与自然环境（"地方性"）着手对旅游地景观进行优化，比如种植特色植物、突显"地方性"建筑风格、举办节庆活动以丰富游客旅游体验、弘扬民俗文化传统、展示民间工匠精神，使游客感受独特的地方魅力。②郑久良在黄山市屯溪非遗文化老街对当地居民和游客的地方感知特点进行了调查，发现游客偏重于与旅游地的互动而得到地方感知，居民的地方感知则倾向于"自我"与"环境"，居民与游客在环境保护方面达成了共识。据此他提出，屯溪老街在营造"地方感"时要注意保护当地居民传统的生活方式，不可破坏古建筑。③张中华基于对西安回民街群众地方感知的调查，提出了回民街的开发策略：通过保留地方传统建筑风格、举办民俗活动及提取"地方性"传统文化符号等方式营造回民街的地方感。④

3. 民俗节庆

民俗节庆是民俗旅游中的亮点，游客通过参与民俗节庆，能

---

① 李凡、杨俭波、何伟财：《快速城市化背景下佛山传统祠堂文化景观变化以及地方认同的建构》，《人文地理》2013 年第 6 期。

② 尹璐璐：《基于地方感理论的景观文化空间优化研究》，硕士学位论文，西安外国语大学旅游学院，2017，第 47–51 页。

③ 郑久良：《非遗旅游街区旅游者地方感、满意度与忠诚度的中介作用机制研究——以黄山市屯溪老街为例》，《西北师范大学学报（自然科学版）》2021 年第 5 期。

④ 张中华、焦林申：《城市历史文化街区的地方感营造策略研究——以西安回民街为例》，《城市发展研究》2017 年第 9 期。

体会地道的民风民情，满足尝鲜"他者"文化的需求。民俗节庆与地方性密不可分，加快的全球化进程极大冲击了文化多样性，各地的文化开始趋同，很多地方传统节日随之消逝，但顺德"饮灯酒"节庆却逆流而上、蓬勃发展。顺德"饮灯酒"节庆的火热体现了在全球化进程中对"地方性"风俗习惯的"坚守"，节庆"地方性"的完好保存强化了人们的地方认同（即"地方感"）。① 民俗节庆的开展会影响人们的地方认同（即"地方感"）。民俗节庆的开创可以强化族群的文化归属感，深化对地方的认同。当政府牵头将广州乞巧节和盂兰节确立为官方认定的节日后，曾经衰败的民俗节庆很快恢复了光彩，许多"地方性"民俗文化也因此得以完好地保存下来。② 乞巧节的重构增强了世居居民、移居居民的凝聚力，能促使世居居民改善精神生活、增强其文化自豪感（即"地方感"）。③ 广府庙会作为新创节庆，饱受广州居民们的争议，第一届广府庙会受到广州世居居民的批评，认为未能突显广州地方民俗特色（即"地方性"）；在第二届时政府积极整改，突显了地道的"老广州"风味，广州世居居民的地方认同（即"地方感"）得到充分表达。④ 但是过度逐利的民俗节庆活动也有可能导致地方传统文化的消解、地方认同的弱化。民俗节日的过度商业化开发会扼杀多元文化认同（即削弱地方认同感），⑤ 中断文化传统的延续，消弭

① 周书云、曾国军：《地方性变迁：顺德"饮灯酒"民俗节庆重构》，《美食研究》2018 年第 3 期。

② 储冬爱：《乞巧的复活与蜕变：以广州珠村"七姐诞"活动为例》，《民族艺术》2009 年第 3 期。

③ 陶伟、陈慧灵、蔡水清：《岭南传统民俗节庆重构对居民地方依恋的影响——以广州珠村乞巧节为例》，《地理学报》2014 年第 4 期。

④ 刘博、朱竑：《新创民俗节庆与地方认同建构——以广府庙会为例》，《地理科学进展》2014 年第 4 期。

⑤ 马威：《嵌入理论视野下的民俗节庆变迁：以浙江省景宁畲族自治县"中国畲乡三月三"为例》，《西南民族大学学报（人文社会科学版）》2010 年第 2 期。

民俗传统的"地方性"。^①当广州乞巧节的地位从民间上升为官方，节庆文化本真性（即"地方性"）遭到破坏，原本旨在"娱神"求福的节日转变为"娱人"的展演；^②当祈福禳灾的"泼水节"成为商业化旅游项目，"天天泼水节"的怪相便出现了，原本具有象征寓意的节日成了舞台化的表演，文化内涵也随之丧失。^③

综上所述，学者们对宗教旅游地、民俗文化街区及民俗节庆活动举办地等地方感知特征的调查研究为民俗旅游地的"地方感"营造提供了可供借鉴的思路。

（三）"地方感"：民俗旅游开发的新视角

综合前文可以发现，地方民俗文化资源是民俗旅游的灵魂，地方民俗资源的合理开发可以为地方居民增加收入，改善居民生活条件，促进地方经济的发展；通过优化配置地方民俗资源，也会助力传统文化的传播与传承。但是在对地方民俗文化资源加以利用时，要注意尺度，不能过分逐利而消解民俗文化内涵，要注重文化本真性的保留，可持续地发展民俗旅游。

目前在进行民俗旅游规划时，策划者常常将视线聚焦于"地方性"的民俗文化资源本身，绞尽脑汁构思如何盘活地方民俗文化资源，这种思路往往导致旅游项目千篇一律，缺少亮点。我们应该拓展思路，打开新的视角，关注民俗旅游地给相关群体带来的体验感，即"地方感"，通过调查民俗旅游地相关群体的"地方感"特征，抓住"痛点"，在景区中营造出值得人们期待的"他者"文化氛围感。

---

① 曹毅：《城乡视角下的民俗节庆之争——对湖北恩施"女儿会"民俗移植的思考》，《中南民族大学学报（人文社会科学版）》2009 年第 3 期。

② 储冬爱：《乞巧的复活与蜕变：以广州珠村"七姐诞"活动为例》，《民族艺术》2009 年第 3 期。

③ 李毓、孙九霞：《结构化理论视角下非遗表演的地方性建构——以西双版纳傣族园"天天泼水节"为例》，《中南民族大学学报（人文社会科学版）》2021 年第 12 期。

1. 集体记忆的唤醒

民俗旅游地构建"地方感"时需唤醒人们的集体记忆、抓住人们的"故乡情怀"，在充分挖掘旅游地"地方性"资源前提下，塑造出"怀旧"空间。可以在保存较完好的民俗类古建筑遗址上"以旧修旧"，助力地方民俗文化资源的保护；也可以与时俱进，在保留传统精华的前提下融入现代元素，如为方便人们现实生活，可以将传统祠堂与现代民居结合起来。传统与现代只有适当结合才能满足当代人们多元化的需求。

2. 民俗文化资源的可持续利用

只有对民俗文化资源进行可持续的开发，如有效地保护旅游地人文与自然环境、保持居民原生态的生活方式以及维护传统建筑及民居等，才能确保"地方感"的构建。"地方感"的营造要以地方居民为核心，即要注重增强民俗旅游地"土著"的主体性，鼓励"土著"全程参与旅游开发。民俗旅游中的"地方感"的产生离不开"土著"所认同的、感到自豪的、有强烈归属感的"地方性"资源。

3. 民俗文化原真性的保留

民俗节庆活动需紧密围绕居民们认同程度高的"地方性"风俗进行开发，在开发过程中尽可能争取政府的支持，政府通过制定相关优惠政策以吸引多元化的投资。政府牵头创办新式民俗节庆活动时，要注重文化本真性的保存，积极征询地方居民意见，通过经济补贴、专家宣传等方式吸引"土著"参与民俗节庆活动开展过程，以"土著"为开发主体打造出蕴含原汁原味风土人情的节庆活动。

4. 民俗节庆活动的适度创新

民俗节庆活动可以在充分展现"地方性"民俗文化精髓的前提下，在内容和形式上进行适度创新以形成一种独特的新式民俗节庆活动。这种基于地道的"地方性"民俗资源、自成一格的新型民俗节庆活动，可以营造出令当地居民引以为傲、游客眼前一亮的文化氛围。新创节庆活动的兴起会使当地居民意识到自身民俗文化的宝贵，从文化自知升华为文化自信；同时也增强了居民、游客对于民俗文化资源的保护意识，在全球化进程中使濒临消逝的民风良俗重焕光彩。

（四）民俗旅游开发中地方感营造策略

在地方感营造的民俗旅游开发过程中，还要注意采取如下策略。

1. 地方民俗文化资源深度挖掘与盘活

旅游开发者要深入挖掘和可持续性地盘活地方民俗文化资源。民俗旅游地管理者要注重对当地自然环境的保护，对于历史古建及时维护翻修，保留"土著"居民原生态的生活方式。可以邀请专家进行实地考察，与村民充分沟通，梳理出本地特色的民俗文化资源并对其进行分类，依据不同类别民俗资源设置相应的旅游项目。如：饮食民俗资源适合融入文化创意开发地方特色美食，手工技艺类民俗适宜开发为民俗体验性项目，口头文学类民俗可以融入 AR、AI 等现代科技开发交互式旅游产品，游艺类民俗适宜开发表演类产品，但要注意不可过度商业化开发，要保持民俗文化的原真性。

2. 当地居民旅游开发过程的积极参与

要鼓励民俗旅游地"土著"积极参与民俗旅游开发。民俗旅游开发者可采取经济手段鼓励旅游地"土著"参与旅游产品的开发过程，既给"土著"创造了收入，又能优化民俗旅游产品的体验感。地方"土著"的直接参与是在营造民俗旅游"地方感"时必不可少的，民俗旅游是以"土著"的地方性文化、生活方式为基础进行开发的，要保持民俗文化的原真性，就必须有地方"土著"的积极参与，要在民俗旅游项目中融入"土著"的历史文化集体记忆，使文化景观能唤起人们的故乡情怀。民俗旅游产品必须基于"土著"引以为傲的民俗文化资源进行开发，只有这样，民俗旅游才能有突出的地方特色，才可以使游客体验到"他者"的异域文化感。

3. 传统与现代的恰当融合

要将现代元素与传统经典恰当结合来适应时代需要。以祠堂为例，曾经的慎终追远功能逐渐淡化，如今的祠堂是举办民俗节庆活动的完美场地，可以在祠堂中设置文艺舞台，人们周末、节假日可以在台上进行地方戏剧或舞蹈的展示。另外，地方特色古建可以与博物馆结合起来，如：陕甘宁地区的窑洞可以作为民居博物馆展示黄土高原上人民朴实的生活方式；在江浙地区的徽派古建筑里设置的博物馆能体验江南的别样风情，重温旧时人们的衣食住行习惯。

4. 政府助力完善基础设施与增强景区推广

要完善基础设施，积极寻求政府合作，增强民俗旅游宣传力度。民俗旅游地要完善基础设施的建设，方便游客进行游览。如：公共卫生间数量要充足、停车位应合理规划、出入口要方便同行；要做好路牌指引，方便游客找到想要体验的旅游项目；电信基础设施要完备，保证游客手机信号景区全覆盖；加强安保管理，重点区域要布局足量摄像装置；从建筑风格入手设置具有地方文化特色民宿；增设突显地方民俗的文化景观、小品，如在墙壁上添加地方民俗文化活动主题的彩绘、以地方民俗技艺为主题设计道路旁的摆件。

民俗旅游管理者应多与区、县政府交涉，向政府强调民俗旅游产品的成功开发具有带动地方经济发展、增加就业岗位、振兴乡村、美化乡村环境等重要意义，尽力争取政府在资金、政策方面的扶持。政府可以通过制定相关优惠政策吸收民间资本，争取外商投资，帮助民俗旅游地拓宽融资渠道。旅游管理者应与地区政府合作，加大民俗旅游的宣传力度，积极申报地方非物质文化遗产项目，在微信公众号、微博、小红书、Bilibili 等多媒体平台加大对民俗旅游产品的推广。

五、结　语

　　民俗旅游作为一种高层次的文化旅游，游客们以体验"他者"独特的生活方式、感悟异文化的魅力为旅游期待。民俗旅游作为民俗学研究的一大热点，值得我们去深入探索。当前民俗旅游研究主要聚焦于民俗旅游的核心资源——"地方性"资源，大多以"地方性"文化、自然资源为例分析其对于民俗旅游开发的价值，研究主体多局限于政府或者景区管理者，鲜有学者关注开发民俗旅游时旅游地东道主与游客的感受，即东道主和游客关于旅游地的"地方感"。因此"地方感"是民俗旅游研究的一个新视角。"地方感"的营造也许可以成为颇具新意的旅游吸引物，民俗旅游开发过程中要想做到"可持续"就必须考虑当地居民的地方感，只有赢得当地居民的支持，才能以最高效率开发民俗旅游，毕竟民俗旅游的"卖点"在于地方"土著"原汁原味的生活，游客们愿意为"他者"的异文化买单。

仪式展演与村落认同

——以皖南泾县高湖村"抬汪公"为例

文 慧[①]

（浙江师范大学国际文化与社会发展学院，浙江金华，321004）

摘 要：民间信仰起源于个体和乡土生活，作为村落民众共同的情感寄托和民俗文化，在不同的村落族群内被赋予了特定的象征意义和仪式功能，成为联结个人与个人、家庭与社会、村落与区域之间互享和合作的纽带，也是约束村民民俗生活的有力规范。在皖南泾县高湖村，村落社区流行"汪公信仰"，其中"抬汪公"仪式作为信仰的动态载体，历史悠久、程序繁复，承载着丰富的民俗习惯和村落文化，是村落间重要的民俗活动与认同符号。村落认同正是通过对"抬汪公"的仪式展演和情境表达得到强化、传承和发展。

关键词：仪式展演；村落认同；高湖村；"抬汪公"

一、"汪公信仰"的历史沿革

徽州，古称歙州，别名新安。北宋宣和三年（1121），歙州更名为徽州，治所设于歙县，历经数朝，下辖六县。徽州最习见

---

① 作者简介：文慧，浙江师范大学国际文化与社会发展学院民俗学专业硕士研究生。

的姓氏就是汪姓，汪氏家族在古徽州是显赫的大姓家族，古代姓氏考证学家邓名世即指出："今歙、黟之人，十姓九汪，皆华后也。"[1] 胡适也曾经提到，"汪姓绝大多数都出自徽州，'四门三面水，十姓九家汪'"。[2] 徽州一府六县的汪氏子孙都会为了纪念他们共同的祖先"越国公汪华"举办大型的民俗活动，如"汪公会""汪公节"。"汪公"即汪华，586年出生于徽州歙县，当时天下战乱纠纷不断，各地英雄草莽割据一方。为避免境内百姓生灵涂炭，汪华建立吴国，后李世民统一天下，汪华归唐。在汪华逝世后，民间社会对他进行祭祀，于是在古徽州一带每年都会举行相关的纪念活动。"汪华崇拜"在一次次纪念活动中得以成形和强化。"汪华信仰"最早起源于皖南地区的祖先神崇拜，自唐代以后逐渐发展，随着徽商和徽州移民的发展不断向外扩张。

泾县高湖村位于安徽省南部，是一座依山傍水的小山村。泾县与徽州的山区相联结，至今仍保存着过去用于物资交流的茶马古道，受当时徽州人北上经商活动的影响，汪华信仰被慢慢传入县域之内。据嘉靖期间的《泾县志》中描述，一位名为黄巢的人曾经在离泾川镇二十五里的山上建了一座汪华庙。[3] 嘉靖《宁国府》载："难当与知岩、汪华俱宣歙人，在太（大）业间并有保障功，诸州邑多祀之。"[4] 根据这些史料可以看出，明代时期，高湖村所在的泾县就已经开展祭祀汪公的活动了，当时汪华也获得了与当地乡土神相同的待遇。随着"汪华信仰"的不断发展和建构，高湖村乡民在一次次仪式展演过程中都充分表达出集体无意识下的神灵

---

① 转引自汪承兴、汪士宏：《大唐越国公汪华颂歌》，新华出版社，2009，第11页。

② 苏婷：《徽州地区汪华信仰研究》，硕士学位论文，安徽大学社会与政治学院，2012，第49页。

③ 汪台符：《黄山市汪华文化研究会成立大会暨清明节祭祀汪王纪念文集》，北京科学文化艺术出版社，2008，第43页。

④ 汪大白：《臆论关于汪华的神奇传说和神灵崇拜》，《黄山学院学报》2012年第6期。

崇拜以及祈福禳灾的诉求。

"汪公信仰"衍生出的一系列民俗活动和仪式展演都蕴含着该群体独有的文化记忆，集体的文化记忆在一定程度上深深作用于民间社会。据村里的老年人（汪氏后人）透露，高湖村"抬汪公"的仪式传统是伴随着汪华第八子汪俊的迁徙开展的。汪俊在迁徙过程中发现了高湖村所在的这一片风水宝地，他是高湖村得以被开发壮大的关键人物。因之，在宗族领袖汪俊的倡议下，汪氏宗祠便在高湖村"开光"了，之后为纪念祖先神汪华而开展的"抬汪公"仪式活动便伴随着祠堂的建立得以传承下来。"抬汪公"仪式于重阳节举行，年年往复，一直持续至今，当地的汪氏家族便是最开始的活动组织者和领导者，也是主要的参加者。高湖村的"抬汪公"仪式在一届一届的筹备和操演中得到了传承、保存和发展。由"汪公信仰"衍生出的仪式活动联结着村落汪氏族人的共同利益和血脉感情，是村民为了寻求神祇福佑、纪念祖先和满足自身精神及物质需求而进行的仪式，所以能得到村民们的集体重视。伴随着"抬汪公"仪式的不断操演和发展，仪式的参与主体渐渐实现了以血缘网络为主向血缘和地缘网络共同作用的过渡，村落间本来独立存在的家户因此集结和互动起来。在仪式的组织、举办以及参与过程中，村民的交流网络和认同意识逐渐产生和重构，并在一定程度上对仪式本身发挥着不可或缺的作用。由信仰衍生出的"抬汪公"仪式在高湖村及周边村落中越来越受到重视，村落文化认同也得到了一定程度的建构和加强。

二、高湖村"抬汪公"仪式展演

早期建立的汪氏祠堂，成为信仰活动的中心场所。泾县高湖村"抬汪公"仪式至今已有一百多年的历史，"汪公祭祀"作为一种群体性开放式活动于每年重阳节期间举行，名曰"汪公出巡"或"抬汪公"。整个祭祀活动要延续三天，道具准备、分祭点安排及流程等都有着很严格的规范，其过程繁复琐碎，大致包括筹备、请神、出会、归位这四个步骤。仪式的每个环节都折射出高湖村的民俗文化现象，体现了当地的文化特点，同时也包含着当地人的情感体验，反映出他们的精神世界和生产生活方式。有关过去的形象和记忆性知识以及对未来生活的寄望，或多或少是在仪式的展演中得到传送和保持的。①

（一）筹备

每年祭祀前的筹备工作都包含着汪氏子孙以及相关参会人员的情感和心意，体现了人们对敬神活动的尊重，准备工作的充分与否很大程度上影响人神互动的体验感和神圣性。同时，在某种意义上也考验着每年轮值会头的组织能力和号召力。整个活动的组织工作主要由"筹备组"和"唱礼班"配合完成，两个核心组织的人员选拔需要遵守一定的要求和程序，最终由村民代表投票表决选出。"筹备组"负责各种祭品以及道具的准备、仪式活动的流程规划、活动资金的记录和筹措及工作人员安排与调度等工作。"筹备组"的成员由高湖村、濂长村及周边村落的村干部以及汪氏宗族里派出的三名代表组成，主要是村里勤勤恳恳、被赋予村民信任以及有组织能力的中年人担任，组委会人员每年都会进行增删和调整。"筹备组"需要准备的基本材料包括祭品和道具：祭品以"会粿"、烟酒茶、老公鸡、时令水果、黑猪头、香烛、黄表纸、礼炮为代表（见图2.1）；道具有六角香亭、神舆、帅旗、令旗、万岁旗、绣图彩旗、黄龙伞、锡制銮驾，还有香盘、花筒、签筒、玺印、令箭等。"唱礼班"由十位汪氏宗族里的老人组成，大都由德高望重、具有一定文化水平、家庭和睦、当年家中没有丧事的人担任。"唱礼班"的老人在高湖村被称为"礼公先生"，负责主持祭祀汪公的各种程序活动以及"抬汪公"过程中起点汪公轿舆。这些"礼公先生"于农历九月初一进入汪公祠堂，并且在祠堂中轮班当值，准备祭文和仪式过程中需要张贴在各处的红字，并

---

① 保罗·康纳顿：《社会如何记忆》，纳日碧力戈译，上海人民出版社，2000，第10页。

且要负责给主要的祭品和道具准备红纸祝文。

图 2.1　祭台上的祭品 [①]

（二）请神

正式的仪式展演从农历九月初九（重阳节当天）清晨六时开始，也称作请神。仪式开始前首要也是关键性的程序便是给汪公沐浴更衣（见图 2.2）。在这之前，负责的礼公先生需要自行沐浴净身，象征去除尘土和"污秽"，然后便开始擦拭汪公神像，为其更换新衣、穿上新靴、戴上新帽和头冠。其中最为讲究的便是为汪公沐浴的水，该水必须得是取自濂溪河上游的河水，取回的路上一定要保证不接触空气和村民。

图 2.2　"唱礼班"为汪公沐浴更衣 [②]

---

① 笔者于 2022 年 10 月 5 日拍摄于高湖村汪氏祠堂祭品台。
② 笔者于 2022 年 10 月 5 日拍摄于高湖村汪氏祠堂汪公座。

礼公先生为汪公沐浴及穿戴完成之后,将其抬上莲花宝舆,待汪公归座的那一刻,祠堂外的礼炮手们开始鸣放礼炮,锣鼓班开始敲锣打鼓,向祠堂外的村民传递仪式正式进入第一个高潮的信息。这时由负责仪式进程的礼公先生打开祠堂正门,门外的村民(包括汪氏宗亲)在鞭炮声中进入祠堂,首先进行汪氏家族的整体祭祀,村民们以家庭为单位依次给汪公神像磕头,一般是家中男性负责点燃高香,女性负责烧制"金元宝",老人则跪着祈祷。在家族祭祀之后便开始村民的大众祭祀,民众也会单独准备祭品,传达自己的诚心和热情。他们一般会准备八宝饭、发糕等一些吃食,将吃食放在菜碟中,摆放在神灵供桌前,祭品摆放完成以后,村民开始祭拜。待祭拜完毕,山门铳鸣响,宣告结束。

(三)出会

农历九月初九上午十时,进行过汪氏家族的整体祭祀和村民的大众祭祀之后,开始汪公巡游活动(见图2.3)。

图2.3 巡游现场 [①]

在鞭炮和锣鼓声中,"唱礼班"将汪公从汪氏宗祠中抬出,按照从第一村民组到第六村民组的顺序,依次分别前往村内的六个分祭点,各分祭点的村民可以根据自家情况进行祭品进贡和祭拜(见图2.4、2.5)。

①笔者于2022年10月5日拍摄于高湖村巡游小路。

图 2.4　高湖村最大的分祭点① 　　图 2.5　分祭点的村民在跪拜汪公②

到达分祭点时，抬轿人抬着汪公神舆围绕着分祭点所在的晒场转一圈，然后轻轻落轿于指定位置。"绕"晒场一圈的仪式行为象征着汪公接受了祭品。抬舆巡游的线路依次为汪氏祠堂、濂溪河、村委会、村红色文化广场、柿子树、水库、田间，最后返回汪氏祠堂。在巡游途中，各分祭点相接时伴随着敲鼓谢神和鸣炮迎神的活动，出会队伍离开一个祭点时，该点的村民会把一些水果、糖塞进仪仗队的队员口袋中。他们认为，被神灵领受和接纳过的食物附着了神降的福泽，能够给所食用的人带来庇佑，从而实现人神互动。

（四）归位

在总祭和抬舆巡游活动结束后，汪公会被抬回汪氏宗祠，接受全体村民的自由祭拜。待祭拜仪式整体结束，汪氏祠堂内便开始点起礼烟，该礼烟要连续不断地点上三天三夜。伴随着鞭炮声和锣鼓声，汪氏族长会根据"汪公"的旨意，将"甜酒""水果""会粿"分享赐福于祭祀团体，以示汪公对于村民虔诚的回应。参与仪式的全体村民在祭祀仪式结束后集体享用村宴。村里的广场上有专门的戏班子进行献戏娱神，其中有代表性的扭秧歌表演和黄梅戏演出。从白天的娱神转换到晚上的狂欢，一方面是

---

① 笔者于 2022 年 10 月 5 日拍摄于高湖村村口分祭点。
② 笔者于 2022 年 10 月 5 日拍摄于濂长村与高湖村交界地带的分祭点。

对办会人员的感谢和犒劳，另一方面则是寄托了村民们对来年丰收的美好祝愿。

从"筹备"到"归位"，可以看出仪式本身就在维持村落的民俗生活秩序以及展现村落内外的不同。"抬汪公"仪式的整个过程协调了村际关系，在崇拜和遵守之间确立了村落生活的规则条约。在仪式过程中，村民们自觉地将自己定位，各司其职，共同参与，有尊卑长幼之次序、本族他族之划分、主祭分祭之区别，祭祀仪式是群体力量凝聚的过程，更是村落文化展演的过程，村民们直观感受到仪式所发挥的内在力量，进一步加强了村落内部以及村际的团结和稳定。同时，仪式为村民提供了一个可以宣泄感情和情绪的机会，人与人之间、人与社会之间总会有摩擦，通过仪式中的娱乐和酬谢环节，这些摩擦转化成了加强互动和交流的切入口，进一步加强了群体的认同感，在这一层面上，仪式展演也可以看作村落认同的展演。

三、仪式的互动与凝聚

仪式本身就是一种具象化的实践，"抬汪公"仪式是高湖村每年最重要的村落聚会之一，是群体力量得以凝聚的起始点，也是各村之间相互区别的符号和开展互动的最主要形式。在涂尔干看来，绝大多数的膜拜以及祭祀仪式是社会群体定期重新巩固自己的手段，仪式中的村民通过他们自身的身体举动来传达村落文化信息，在自我展现中获得自我满足，在自我满足中完成社会互动。"不管仪典的重要性是多么弱小，它都能使群体集合起来，仪典的首要作用是使个体集合起来，加强个体之间的关系，使彼此更加密切"，[①] 仪式的最终目的是引导和整合个体意识。

汪公作为高湖村村民信仰的神，是地方民俗文化和民俗生活的象征，与人们日常的生产生活密切联结，被用来组织和调节人

---

① 爱弥尔·涂尔干:《宗教生活的基本形式》，渠东、汲喆译，上海人民出版社，1999，第 24 页。

们的社会生活。高湖村村民将汪公看成福佑和守护之神，求福免灾。"自从我 2018 年担任村支书以来，参与组织了四届'抬汪公'仪式。每一年的参与群体不仅仅是本土群众，远在外乡的汪氏宗亲也会尽可能赶回来参加。同时周边村落以及县城民俗信仰的主体也会参与进来，仪式的影响力也渐渐由高湖村向周边村落辐射，就连疫情期间都会有很多人过来。"① 由此可见，"抬汪公"活动规模和参与范围渐渐超出单一村落，内化为地域性村落之间日常生活的一部分，展现出活跃而又有序的氛围，大部分村民参与和进入这个活动。人们共同供奉以高湖村为祭祀中心辐射周边村落的守护神，由此产生了凝聚共同体意识、认同村落文化和激发村民主观能动性、整合集体力量的社会影响。

（一）互动仪式中的身体在场

纵观各种仪式理论，诸多学者如此关注仪式的原因，实则在于仪式集中了众多的功能与象征于一身。仪式具有身体性，即康纳顿所说的"体化实践"②，当人们群聚在一起时，处在同一时空下的人们开始相互产生关注。不管这些举动传达的信息属于有意还是无意，不管这些信息的传达者是个人还是群体，不管一开始是否带有明显的社交意识和象征性的目的，这种相互关注也成了开展仪式活动的起点。参与者在体化实践中增强了个人的记忆，也巩固了集体的记忆。当人们的身体聚集在一起，彼此靠近交流互动时，一部分仪式过程便开始了。人身聚集的过程也是集体兴奋或集体意识的条件确立的过程，一旦人们聚在一起，就会出现共有的体验强化过程。③

在"抬汪公"这一整个仪式活动中，参与者不仅有代表高湖村

① 访谈人：文慧；访谈对象：徐先生，47 岁，男，高湖村村支书；访谈时间：2023 年 3 月 6 日；访谈地点：高湖村村民委员会。
② 彭兆荣：《人类学仪式的理论与实践》，民族出版社，2007，第 237 页。
③ 郑振满、陈春声主编：《民间信仰与社会空间》，福建人民出版社，2003，第 78 页。

村民以及汪氏家族的"筹备组"和"唱礼班"，还有本村及周边村落的村民，更有因为信仰而来的还愿者及普通信众。尽管不同人群在这一活动中扮演不同的社会角色，履行各自的职能，但是有一点是共同的，即身体的在场。当人们聚合到汪氏祠堂及分祭点，这些人的互动和合作，不论大小场合，也不论高低社会角色，都会对整个仪式的展演过程产生影响。我们与其说是民众在仪式的过程中传递着神圣的观念，进而引发参与者具体的神圣行为，倒不如说是具体的神圣行为强化了民众的仪式观念。[①] 作为参与"抬汪公"仪式中的一个个体，不论是地方民俗文化精英和参与组织、慕名前来的信仰者，售卖香烛、黄纸的商客，还是在祠堂里服务的众多民众，抑或是参与巡游举牌的工作人员，都在这一时间段内得到了全方位的展示。对于民众来说，在当下时刻最重要的是"我自身"要来上香参与"抬汪公"仪式，这关系到"我"的切身利益，这也是"我们"的仪式，因为"我们"信奉的是一个神灵，这种建构过程，不断地纳入村民的日常生活体系。[②] 所以当这些人聚集在一起形成一个群体时，其本身具有个体存在的协调一致性，共同的情绪感受、个体的目的和希冀、参与仪式的禁忌和细节、可察觉的气氛变化等等，都可以而且只能通过身体的在场进行相互影响。

（二）传递共同的情感要素

仪式具有生产和传递共同情感的感性功能，是一种相互专注的情感和关注机制，它形成了一种瞬间共有的实在，因而会形成群体团结和群体成员身份的符号。罗伯特·史密斯提出，从图腾崇拜发轫而来的仪式活动，凭借自身的象征意义和情感寄予，构成

[①] 格尔兹：《文化的解释》，纳日碧力戈等译，上海人民出版社，1999，第38页。

[②] 郭于华主编：《仪式与社会变迁》，社会科学文献出版社，2000，第221页。

了社会和谐的最初基础。① "最灵验""最神""最相信"等民众描述汪公的话语，就会在造神传统下无意识地对自己的思想和行为产生约束作用，在潜移默化中加强了不同村落群体参与仪式的情感体验，同时民众相信汪公灵验，所以在仪式过程中严格遵守安排和组织，尊重并且共同守护仪式禁忌，不敢有任何越轨行为。

在仪式活动中，人们可以很直接地借助信仰符号或者仪式行为的表达展现自己的内心状态，通过充分表达使参与者个人间的意识彼此接近，相互传递。在"抬汪公"仪式展演中，组织者和参与者以及观众共同构成了完整的信仰场景和仪式空间，共同商量着参与仪式的各个程序，共同遵守仪式的流程和禁忌，共同进行祭拜和焚香祷告，逐渐实现有效且良性的互动。仪式提供了人们共享情感的契机和场所，所有具象情感的融合和碰撞形成了一种共同的体验。

不论是仪式前的筹备，还是仪式过程中的总祭和分祭程序，又或者是抬舆巡游过程中的互动，甚至仪式结束后的分享村宴和献戏娱神，都会使参加者意识到彼此在做同样的事、信奉同样的神灵——"汪公"、分享共同的参与经历。"如果参与者确实体验到共同的情感，而且如果他们清楚地理解对方的意识，从而继续加强其相互参与的感觉时，程式化的形式会产生社会成功。否则，仪式只不过是'正式'的，流于形式，甚至是死板的仪式主义。"② 村民参与总祭和分祭是互为主体性形成的关键所在，其外在表现是，让旁观者感受到属于"我们自己人"的边界感，无形中建立起了世俗生活与神圣空间的"和谐线"，并使他们意识到其信仰统一体的存在。当不同村落间的村民以及外来参与者聚集在一起，他们参与仪式所产生的个人热情会经过群体力量的发酵上升到集体兴奋，乃至"相互产生共鸣"，他们很坦率地表达自己的情感，并

---

① 王鹏、林聚任：《情感能量的理性化分析——试论柯林斯的"互动仪式市场模型"》，《山东大学学报（哲学社会科学版）》2006年第1期。

② 兰德尔·柯林斯：《互动仪式链》，商务印书馆，2009，第165页。

且得到群体成员的回应。

每年"抬汪公"期间，村民都要放下农活聚在一起，相互协作、共同配合完成"抬汪公"仪式。青年男性负责准备祭祀道具、打扫祠堂；老年人负责招待客人；妇女们都在厨房帮厨，准备宴席。[①] 通过与村民的交流可以看出，"抬汪公"独特的巡游模式、富有音律节奏的唢呐声、白烟袅袅的香火味道、噼噼啪啪的鞭炮鸣响、村民怀揣的敬畏神灵的强烈情感，给高湖村带来圣洁的氛围，这种感觉进一步强化在鞭炮声及锣鼓声中，这些欢闹的迎神仪式、庄严的祭神仪式以及轻松的娱神仪式进一步强化了他们所体现的情绪，不断巩固和确信他们自己处于一体中。汪氏宗祠和汪公巡游所产生的信仰空间使得个人与个人、家庭与家庭、村落与社会之间产生关联，彼此之间互享情绪和感受，为村民提供了彼此相聚和交流的机会，村民们暂时从重复单一的生产生活中剥离出来，拉拉家常，增进了感情，从而促进了民众心理上的认同。

（三）仪式过程中的禁忌习俗

仪式的神圣性特质为仪式过程中禁忌习俗的产生提供了先决性条件，人神之间的边界感能够让人产生敬畏之情。仪式通过多种表现载体，营造出一种氛围感，而这样的氛围感不仅能使参与者产生情感共鸣，也可使参与者从内心感知到"神圣感"，从而对权威和禁忌更加认可，对自己应该扮演好的"角色"更加认同。仪式不仅表现的是对神圣物的尊敬，而且也建构了跟神圣物一样的对象。仪式的表象是身体的具象聚集，仪式的焦点本质是产生的神圣物——具有社会价值的东西，一般指符号、图腾、具体的祭祀对象等。[②] 产生神圣物后，加之身体和精神的高度聚焦，无论传

---

① 访谈人：文慧；访谈对象：WZT, 42 岁，男，仪式筹备组的组长；访谈时间：2023 年 3 月 6 日；访谈地点：濂长村红色文化广场。
② 汪青梅、刘铁梁：《集体仪式传承和变迁的多重动力——当代黔中屯堡地区"抬汪公"活动的田野考察》，《西南民族大学学报（人文社会科学版）》2011年第 3 期。

统时期还是现代社会，因共神信仰结合在一起的群体，往往需要定期举行共同的仪式，加强个体是组织内成员身份的认可度以及维护组织的道德感，即通常人们所说的集体荣誉感，从而来强化或者区分社会群体间的关系。

仪式过程中的禁忌勾勒出一条不可触及的分界线，在信众的思想、行为等方面给予约束，为信仰标记上了神圣属性，对维护信仰的神圣性具有非常重要的作用。仪式的参与使参与者尊重群体存在和象征符号，产生维护约定俗成的规则的正义感，即保证仪式的举行不受到违背者的侵害，与此相伴随的是由于违背了仪式禁忌和乡风民约所带来的道德凝视和反思。

"仪式不仅表现的是对神圣物的尊敬，而且也建构了跟神圣物一样的对象。"① "抬汪公"仪式过程中，有众多行为禁忌，如汪氏宗祠里不允许小孩大声喧哗、随地吐痰、讲污秽以及不吉利的话，在给汪公进行沐浴更衣的时候，参与的人员提前三天不得与配偶同寝，还要用濂溪河的上游水将手洗干净，去除污秽，汪公巡游的路径要严格按照规定来，不能随便更改等。性别的区隔也是"抬汪公"仪式禁忌表现形式之一，女性村民被隔绝在庙宇空间和神圣空间之外，同中国其他地方"女不可进庙堂"观念一样，在祭祀当天女性不允许单独进入汪氏宗祠，女性不能够为汪公菩萨进行沐浴更衣，女性不能参加仪式的抬轿和举旗活动，女性不能够碰触汪公的神像，怀孕的女子更是要回避等。在仪式中，村民们表现出对其威慑力的敬畏，整个仪式活动处于一种特殊的象征仪式情景中，参与者严格遵守规则，同时不触犯禁忌，人们对仪式的参与程度代代深入，对汪公信仰的价值性认同衍生出道德感和集体认同感。

---

① 杜成材、龙先琼：《一个族群的文化认同：安顺屯堡人的汪公信仰建构》，《吉首大学学报（社会科学版）》2016年第1期。

四、民俗仪式与村落认同

涂尔干认为，"群体力量和社区集体意识的唤醒来源于仪式行为，信仰凭借仪式得以长久维持，周期性仪式和聚会操作使得集体观念和集体情感得以产生和维持"。① 汪氏祠堂的建立及其由汪公信仰衍生出来的一系列仪式活动，在高湖村及周边村落形成了一种具有情绪共享的观念和文化认同。从最初的祖先崇拜到神灵的人格化的口头流传，这个过程体现了祖先崇拜和象征文化认同的统一，信仰仪式更多地成为个人与个人、村落与村落、区域与社会交往的一种媒介。村落信仰仪式及其象征体系既是村民关于村落历史流程与信仰空间的记忆，也被村民用来表达对现实村落文化和村落共同体的认可。

"抬汪公"这一仪式活动寄予了村民们对祖先汪华的追忆和敬畏，同时也表达了村民们对美好生活的向往和追崇，是独属于高湖村村落文化的凝结。在仪式的实践过程中，村民在神圣的信仰仪式中获得了自豪感和集体认同感。"每年重阳节都会有很多人来我们村里参加这个活动，很多外地的汪氏子孙也会赶回来参加祭祀，不仅仅是周边村落，政府也会派代表来参加和记录，并且还会有记者过来进行报道，可热闹了。"② 村民们在仪式中获得了自我成就感和存在感，在一次一次的操演中点燃和巩固了热情和积极性，期盼着每一年仪式的举办，村落认同意识在不经意间变得越来越强烈。

民众对汪公的敬畏和虔诚，通过一系列复杂的活动流程、丰富的祭祀品以及献戏娱神仪式表现出来，年年往复，形成了固定且有相对代表性的场景。这一场面的完整呈现，需要众多村民的参与、合作，也使平常在村子里缺乏话语权的"平常人"在仪式

---

① 爱弥尔·涂尔干：《宗教生活的基本形式》，渠东、汲喆译，上海人民出版社，1999，第202页。

② 访谈人：文慧；访谈对象：汪先生，45岁，男，濂长村村书记；访谈时间：2023年3月5日；访谈地点：濂长村村民委员会。

中发挥一己之力。仪式兴办之初，是由政府官员、汪氏文化会以及汪氏宗亲代表、村落民众等多方合作完成的，在举行仪式的过程中，需要村户出人出力，各家各户都在仪式的举办过程中得到心理上的安慰，并且实现了村落中以家庭为联络网的联系与交流，使平常专注于各家事务或者外出务工的人们，在此仪式中通过互享和合作，实现了村民个人与个人之间有效良序的交往互动。同时仪式的举办需要遵守一定的规则，在信仰活动的实践过程中，仪式中的规矩和习俗文化发挥着很大的作用，并且深深扎根于人们的日常生活中，从而使村民对村落行为规范更加熟悉，更好地遵守公序良俗。参与者之间的互动、与旁观者之间的共享都使仪式笼罩在热烈而又融洽的氛围之中，在这种积极的氛围中村民之间的纽带进一步加强，村落的集体力量和村落认同意识就在一次次的仪式操演中得到加强。

五、结　语

村落极具稳定性和传承性的民间信仰及其仪式造就了一方民众的生活习俗，他们通过固有的祭祀模式和操演状态，形成具有地域性特征的仪式文化，鲜活地展示了属于高湖村村民独有的文化记忆。同时，外界通过公共祭祀和游神互动，了解到当地的民俗文化特质和乡土人情，地方传统为汪公信仰的祭祀空间注入地方意义，构建起地方意义上的祭祀空间认同，完成了从血缘为纽带的宗族空间到地方为纽带的祭祀空间的转化。由此看来，建立在共同地域基础之上基于共同信仰而形成的村落文化认同，一定程度上体现着村落整体核心状态和村落关系的交织，所以不论社会阶段如何更迭，不论时空距离如何不一致，每个人会在一定程度上摆脱不了这种文化的影响。

仪式是信仰的外向显现，以信仰为核心支撑。随着时代的发展，仪式所承载的民间信仰文化及其形式，为了更好地适应社会主流文化，会在村民自我调节和自觉作用下实现更新，但其内核仍然是古老的民间信仰。民间信仰对于村落共同体意识建构作用的发挥，是一个长期的、潜移默化的过程，不仅需要村落定期举行仪式来传承和巩固，而且还离不开国家政策以及乡间民俗文化团体的大力支持，从而使信仰仪式不断演练、民间信仰得到传承，以期加强共同体意识，稳定基层社会秩序。

非物质文化遗产个案调查研究

民间谣言影响下的皖中地区 Y 村
清明节俗研究

魏　静[①]

（浙江师范大学国际文化与社会发展学院，浙江金华，321004）

摘　要：互联网时代信息的快速传播，拓宽了谣言这一常见话语实践的影响广度。2023 年 3 月关于"闰月清明不上坟，上坟祸事就临门"的言论在网络甚嚣尘上。为探究该谣言对民众"非日常"节日生活与日常交流实践的影响，本文以皖中地区 Y 村为田野点，通过调查发现，Y 村多元主体在谣言传播中形成互动，对该谣言持迥然不同的看法，并塑造了该村趋于分化的清明节俗面貌。对谣言的认同与否，是当地人选择"坚守传统抵抗谣言"还是"遵从谣言放弃过节"的直接原因。部分民众运用地方性知识推动了节日实践的变化，以寻求谣言与传统的平衡，显现了实践主体的能动性与自主性。

关键词：民间谣言；清明节；皖中地区；日常交流实践

一、引　言

在国内外学术界，谣言作为常见的社会现象，较早被心理学、

---

① 作者简介：魏静，浙江师范大学国际文化与社会发展学院民俗学硕士研究生。

传播学等领域的学者所关注。早期传播学家、心理学家主要是在各自领域围绕谣言的生成、传播以及产生的影响展开研究。如荣格开创了谣言精神分析的先河，以集体无意识原型理论分析谣言。勒莫的昆虫变态理论以及哈布瓦赫的集体记忆理论则为研究谣言提供了新的视角。奥尔波特、卡普弗雷作为传播学界重要的研究者都强调谣言的未证实性。历史学家则通过研究谣言揭示其背后的社会政治、文化、制度等背景。社会学家、民俗学家则大多基于社会生活或谣言这一文类本身的特点进行研究。

通过互联网这一信息高速流动的平台，谣言对民众生活造成了多维度的影响。Y村是皖中地区柘皋镇驷马村的下辖村庄之一，距镇区15公里。该村以Y姓为主，与许多传统村落一样，Y村的常住人口老龄化程度高，村中青壮年大多谋求向外发展。中青年与老年人之间的代际沟通主要通过电话、网络以及年轻人回乡探亲等方式。在民间信仰方面，该地信仰具有较强的包容性，村民部分信仰基督教，同时又有祖先崇拜。当地民众认为清明节是敦亲祀祖、慎终追远的重要节日，因此每年都会以家庭为单位进行上坟、扫墓、踏青等节俗活动。2023年笔者在该村进行田野工作时发现，"闰月清明不上坟，上坟祸事就临门"的谣言对当地的清明节俗产生了诸多影响。本研究以Y村为田野点，探究谣言这一日常交流实践如何影响民众的节俗选择，揭示其背后的现实归因，以期丰富谣言的个案研究。

二、谣言冲击下Y村分化的群体类型

2023年清明节所在月份是闰月。在3月中下旬，"闰月清明不上坟，上坟祸事就临门"的说法被包装成民俗禁忌甚嚣尘上。随着互联网和新媒体的快速传播，此类谣言在抖音、今日头条、微信群聊等网络平台屡见不鲜。据统计，互联网上关于此类谣言的流传内容主要有三种，分别为：

版本一：闰月即霉月说。这种说法认为闰月就是"霉月"，很不吉利。闰月在天干地支里面，是并不存在的，被称为"没（méi）

月"。因"没（méi）月"与"霉月"同音，民间认为，这代表着闰月的时候倒霉的事情比较多，在闰月的清明节扫墓，算是比较不吉利的行为。①

版本二：闰月虚无说。此说法认为扫墓的时候，会准备祭品、香烛纸钱进行祭拜。而九泉之下没有闰月，或者说闰月的时候，地府的大门是关闭的。如果在闰月的时候去扫墓，祖先是收不到祭品的。这样一来，就相当于今年没有祭祖，祖先自然就会生气，认为子孙不孝，不再保佑后世子孙。②

版本三：闰月扫墓"犯重"说。即闰月是重复的一个月份，被称为"重（chóng）月"。如果在闰月里面结婚、过寿、乔迁、上坟、立碑、迁坟等都不适合。因为，这样属于"犯重"，会导致"犯冲"，比较不吉利。③

这些谣言经过网络快速传播，对农村地区的节俗产生了影响。以Y村为例，随着谣言在互联网蔓延开来，"闰月清明不上坟"的言论逐渐成为村民茶余饭后讨论的热点话题。其中，闰月清明上坟会"犯冲"和"倒霉"的说法对Y村影响较大。

在谣言的流传中，Y村并非均质的个体。对Y村村民进行分类，有利于观察该谣言在村落内部的互动过程。卡普费雷在研究个案时认为谣言中存在着9个角色：挑唆者、代言人、舆论引导者、普及者、推进者、机会主义者、调情者、消极的中转站、抵

---

① 《"闰月清明不上坟，易把灾祸惹上门"，为啥不上坟？终于有答案了》，2023年3月24日，百度百家号：https://baijiahao.baidu.com/s?id=176142998076 6483882&wfr=spider&for=pc，访问日期：2023年5月25日。

② 《"闰月清明不上坟，易把灾祸惹上门"，为啥不上坟？终于有答案了》，2023年3月24日，百度百家号：https://baijiahao.baidu.com/s?id=176142998076 6483882&wfr=spider&for=pc，访问日期：2023年5月25日。

③ 《"闰月清明不上坟，易把灾祸惹上门"，为啥不上坟？终于有答案了》，2023年3月24日，百度百家号：https://baijiahao.baidu.com/s?id=176142998076 6483882&wfr=spider&for=pc，访问日期：2023年5月25日。

抗谣言者。① 在对 Y 村的谣言传播情况进行群体分类时，本文部分借用卡普费雷提出的谣言角色概念作为参照。Y 村谣言传播关系图，如图 1 所示：

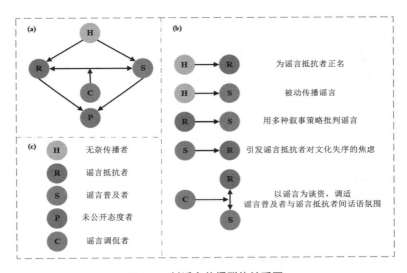

图 1　Y 村谣言传播群体关系图

［(a) 为 Y 村全体谣言流传过程关系图；(b) 为不同群体间具体关系图；(c) 为不同群体图例说明］

（一）宁可信其有：受制于无意识的谣言普及者

谣言始于非官方的传播媒介，首先在意气相投者和亲友们所形成的圈子里流传。② 在 Y 村，"闰月清明不上坟"这一谣言首先

<hr />

① 让－诺埃尔·卡普费雷：《谣言：世界最古老的传媒》，郑若麟译，上海人民出版社，2008，第 105–106 页。
② 让－诺埃尔·卡普费雷：《谣言：世界最古老的传媒》，郑若麟译，上海人民出版社，2008，第 73 页。

在亲友间小范围流传。接着这一话题在宗教聚会①结束后，成为村民之间"聒谈"②的核心话题。如 S1 在聚会结束后的聒谈中提到：

我儿子（S2）今早打电话回来说，他看网上讲今年闰二月清明不能上坟，要不然会倒大霉。他讲清明又没有小长假③，今年清明就不回来了。④

当笔者问及 S1 是否认同其子所传达的"闰月清明上坟要倒霉"这一说法时，她秉持宁可信其有的想法：

我也不知道会不会倒霉，但是万一去上坟然后倒霉怎么搞？我前两天听 S3（Y 村村民，S1 的好友）说今年这个闰月好像是没月，就是倒霉月份的意思，她也讲不能上坟，现在儿子媳妇不回来上坟了，我也不去了。⑤

S4 也认同这种说法，他提到：

我也在网上听说闰二月是重复的月份，去上坟要犯冲。听网上说以前闰月清明有一家人不怕犯冲，都去上坟，结果在回来的路上这家人的小女儿的鞋子突然丢了。小女孩大叫妈妈，在妈妈回头的时候，女孩就消失了，只有地上有一摊血迹，家人根本没此块找她（寻人未果），以后每到清明去上坟都能听到小女孩的

---

① 该村有部分群众自发信仰基督教，所以这些皈信基督教的信众会在每周三、周日聚集在某位村民家中诵读《圣经》、祷告，这一活动被称为"聚会"。聚会结束后村民会留下来交流日常生活，也有非教徒前来参与聒谈。

② "聒谈"的"谈"音同淡，当地方言闲谈的意思。作为一种语言行为，是当地一种常见的日常生活叙事。

③ 国务院 2022 年 12 月 8 日公告规定，2023 年清明节放假一天，不调休。《关于 2023 年部分节假日安排的通知》，2022 年 12 月 8 日，国务院办公厅，https://www.gov.cn/gongbao/content/2023/content_5736714.htm，访问日期：2023 年 5 月 28 日。

④ 访谈人：魏静；访谈对象：S1，女，67 岁；访谈时间：2023 年 4 月 2 日；访谈地点：A 家中。

⑤ 访谈人：魏静；访谈对象：S1，女，67 岁；访谈时间：2023 年 4 月 2 日；访谈地点：A 家中。

哭声。①

这些恐怖叙事渲染了闰月清明上坟的诡异气氛，为谣言蒙上了一层可怖的色彩。紧接着他又提到：

这东西讲不好，平时过年过节或者家里有大事也会去上坟。这次清明我们家就不打算去了，万一有影响就不好了。再讲了，清明就放一天假，两头跑小孩他们上班也赶不及，太麻烦了。②

学者罗婷认为谣言认同包括对谣言文本的叙事认同和迅速传播谣言的行为认同。③在面对谣言时，Y村部分村民通过传播、普及谣言进行行为认同。实际上，谣言传播的背后还有一个"无意识的他者"。拉康认为，语言能指需要先"内化"为无意识才能作用于主体，那么无意识的形成就意味着主体的构成，语言能指在主体间流转实际上是受制于无意识的支配。④在Y村这些谣言普及者的叙事中，不论是S2还是S4提到的"在网上听说"还是S1提到的"听S3说""我儿子打电话回来说"，都反映了这背后有一个"他者"。"他者"的存在以及主体间的交流促成了谣言普及者的谣言认同。

（二）坚持传统：文化失序焦虑的谣言抵抗者

谣言普及者⑤同谣言完全合二为一，该群体的叙事在村民的

---

① 访谈人：魏静；访谈对象：S4，男，57岁；访谈时间：2023年4月2日；访谈地点：A家中。

② 访谈人：魏静；访谈对象：S4，男，57岁；访谈时间：2023年4月2日；访谈地点：A家中。

③ 罗婷：《谣言认同：叙事、实践与意义再生产——基于"吃鸡蛋"谣言的考察》，《民族艺术》2021年第5期。

④ 程中兴：《谣言、流言研究——以话语为中心的社会互动分析》，博士学位论文，上海大学文学院，2007，第36—40页。

⑤ 让－诺埃尔·卡普费雷：《谣言：世界最古老的传媒》，郑若麟译，上海人民出版社，2008，第105—106页。

日常交流中招致反对谣言急先锋——谣言抵抗者[①]这一群体的反击。抵抗者运用了不同的叙事策略回应谣言普及者。如 R1 在听到 S4 对谣言的看法后，显示出了反感。他采取强调清明节传统的叙事策略：

闰月清明不上坟，根本没有这种说法，都是在糟带（胡说），都是他们这些小的不想从外地回来上坟瞎谣，谣来的。哪有清明不到坟茔去上坟的？听谣的没去上坟，让先人（故去的人）白等一天吗？老传统丢了怎搞？[②]

R1 的观点很快得到了一些认同的声音。R2 采用强调本地村落文化传统的叙事策略说道：

什么闰月霉月的，旁的此块（其他地区）我不知道，我们 Y 村根本没有这种讲法。到什么山上唱什么歌，今年该上坟肯定还要去的，一代代传下来的，你们（指前面谣言普及者）要还是这个村子的就应该跟着老传统走。[③]

还有村民从中国历法置闰的原因，指出聒谈现场谣言普及者说法的荒谬，如 R3 说：

阴历年跟阳历年差大概十几天，我们用的是阴阳合历，十九年七个闰月，跟倒不倒霉有什么关系？不存在的，今年清明该怎么过还是怎么过，传统肯定是不能丢的。[④]

R1、R2、R3 等谣言抵抗者为了增强自身观点的权威性，采用强调村落文化传统（"Y 村根本没有这种讲法""到什么山上唱什么歌"）、传统文化（"老传统"）、村落共同体（"你们要还是这

① 让－诺埃尔·卡普费雷：《谣言：世界最古老的传媒》，郑若麟译，上海人民出版社，2008，第 105–106 页。
② 访谈人：魏静；访谈对象：R1，女，72 岁；访谈时间：2023 年 4 月 2 日；访谈地点：A 家中。
③ 访谈人：魏静；访谈对象：R2，男，58 岁；访谈时间：2023 年 4 月 2 日；访谈地点：A 家中。
④ 访谈人：魏静；访谈对象：R3，男，68 岁；访谈时间：2023 年 4 月 2 日；访谈地点：A 家中。

个村子的")这样的叙事策略，给谣言普及者施压，批判谣言的荒谬。从某种程度上说，在谣言冲击下，这样的叙事策略折射出他们对清明节文化传统可能面临的失序而感到焦虑。

（三）饭后谈资：以谣言取乐的调侃者

在谣言的传播过程中，有些人不相信谣言，但却津津有味地玩赏谣言，他们对在自己周围传谣觉得很好玩，在自己的听众中间引起小小的骚乱，从中得到很大的乐趣。[①] 在 Y 村这场关于谣言的互动中，谣言抵抗者与谣言普及者之间剑拔弩张，而一些村民则将谣言当作饭后谈资，以谣言取乐。如 C 说：

> 这些都是乌里八九糟（乱七八糟）的，也不知道是哪个讲的，真赞来（反讽，类似于阴阳怪气说真有意思）。今年闰二月不上坟，没人去看先人，搞不好先人一头火，就找那造谣的麻烦，这才嘿人（吓人）。

话一结束，现场哄堂大笑，C 的脸上也带着得意的笑。紧接着她又笑着说：

> 照网上讲的，那闰五月端午节过不过？这么多忌讳干脆日子都不要过了。[②]

从 C 的叙事中可以看出，她的内心是并不认同这一谣言的。她将谣言当作茶余饭后的谈资，用语言打趣、反讽造谣者以及谣言普及者，从而调适了聚会现场谣言普及者与谣言抵抗者之间充满张力的氛围，并为自己的观点赢得大家的笑声而高兴。

[①] 让 - 诺埃尔·卡普费雷：《谣言：世界最古老的传媒》，郑若麟译，上海人民出版社，2008，第 105–106 页。让 - 诺埃尔·卡普费雷在书中将这一群体称为 le flirteur，意为调情者。结合本研究中村民 C 对谣言的态度，笔者将 C 所代表的这一群体定义为以谣言取乐的调侃者。

[②] 访谈人：魏静；访谈对象：C，女，56 岁；访谈时间：2023 年 4 月 2 日；访谈地点：A 家中。

（四）信与不信：未公开表态的普通民众

除了在 Y 村中积极发声的各个主体，还有一些并未表态的群体。他们按照认同谣言与否分为三部分：

一部分村民在听过谣言普及者与谣言抵抗者激烈的争论后，认可谣言抵抗者的观点，不相信谣言。在前文提及的谣言抵抗者中，R1 的身份较为特殊。一方面，她是 Y 村教会主要负责人之一，主要负责联络聚会场地、采买宗教活动所需物品等工作。另一方面，由于这一地区教会中大部分信徒文化水平低，而 R1 是信徒中为数不多有初中文化水平的人，因此她在教会中还承担着讲解教义、教信徒唱歌等工作，拥有一定的"文化资本"。她还经常为教会奉献自己的个人财产。因此在该地区教会内部具有一定的影响力和威望。R1 采用"老传统"等具有权威性的叙事策略，使得未公开发声的村民中有将近一半被说服。这实际上也是话语背后隐藏权力的反映。

一部分村民对谣言将信将疑。他们一方面害怕谣言文本叙事中提到的"倒霉"，另一方面又觉得老传统不能丢，因此摇摆不定。于是这部分群体通过各种其他方式来求证关于"闰月清明不能上坟"这一言论的真假。如村民 P1 对谣言半信半疑，他也在今日头条、微信群聊等不同平台看到了这类说法，当时内心中就存在一定的质疑。但是后来在听完村民们的聊谈后，又加剧了内心的疑惑。对此，他选择通过刷抖音、今日头条试图寻找更加权威的说法来消除心中的疑惑。他表示：

> 那天聊谈，我感觉 R1（谣言抵抗者）、S4（谣言普及者）说的都有道理。回来我又刷了手机，有一些抖音就讲这都没有什么科学依据。所以我也不怎么相信这个了，该怎么上坟还怎么搞。①

随着"闰月清明不上坟"谣言愈演愈烈，网络平台辟谣的信息也越来越多。这些辟谣的声音扫清了 P1 心中的疑惑，让他做出否

---

① 访谈人：魏静；访谈对象：P1，男，52 岁；访谈时间：2023 年 4 月 5 日；访谈方式：电话访谈。

认谣言的选择。

还有一部分人选择认同谣言。这部分村民在谣言普及者的叙事影响下，生成了对谣言的认同，更加偏向于相信闰月清明上坟会遭祸端。如 P2 认为：

S4 讲的真嘿人（吓人），这些东西虽然也不懂，今年清明就不去了，万一出了什么岔子（坏事发生）就不好了。①

这些未在公开场合表态的普通民众，分别做出了对"闰月清明不上坟，上坟祸事就临门"这一言论的判断。

（五）辟谣与传谣：无可奈何的传播者

随着谣言在网上蔓延，许多媒体纷纷开始辟谣。Y 村的谣言抵抗者也利用官方话语去批判谣言，进一步否定谣言普及者的观点。如 R3（谣言抵抗者之一）表示他曾拿着手机中一些媒体辟谣的内容去找 S4（谣言普及者之一）：

我当时让他望望瞧，什么闰月清明节不能上坟，都是假的，人家都讲了②根本没有科学依据，他还是不信。这人尽搞些封建迷信，他不信就算了。③

官方辟谣在此被谣言抵抗者用来增加自身立场的正当性，为谣言抵抗者正名，增强其观点的权威性。"从被动的维度来说，官方的辟谣往往会加速谣言的传播，因为所有的辟谣都会让那些本来不知道谣言的人知道谣言……虽然官方本意是为了辟谣，却无可奈何地成为传谣者。因此，纯粹从传播的维度来说，官方辟谣

---

① 访谈人：魏静；访谈对象：P2，女，55 岁；访谈时间：2023 年 4 月 4 日；访谈方式：P2 家中。

② R3 表示，他当时拿给 S4 看的是一条科普性质的抖音视频。《科普时间到·第 91 期"闰月清明不上坟，上坟祸事就临门"？》，2023 年 4 月 3 日，广西壮族自治区科学技术协会官方抖音号，https://v.douyin.com/UXyx6jA/，访问日期：2023 年 5 月 28 日。

③ 访谈人：魏静；访谈对象：R3，男，68 岁；访谈时间：2023 年 4 月 3 日；访谈地点：R3 家中。

摆脱不了谣言传播者的角色。"① 笔者向 S1 之子 S2 询问他是在哪里看到"闰月清明不能上坟"这种说法时，S2 说：

> 我刷微信视频号，看到有个视频在讲这个事，我看评论区的时候，有人评论讲清明祭祀，闰月不利……

S2 提到的视频是合肥广播电视台交通广播邀请历史学教授王长丰通过短视频的形式讲述清明节历史、闰月的来历，否定闰二月清明不能扫墓的说法并建议民众遵循历史传统"该扫墓扫墓，该踏青踏青"②。这是一条通过专家发声、运用官方媒体平台进行辟谣的视频，但也正是这条辟谣视频使 S2 知晓了这一谣言：

> 然后我就在抖音上开始搜这个，有好多讲这个闰月清明不能上坟的忌讳，说得有鼻子有眼的，有点怕。你知道的，在抖音上，你刷什么东西，会给你越推越多。抖音（类似视频）有好多，你自己搜搜看，好像有个抖音评论区 ③ 里有个人就讲，今天一家子去上坟，回来就病倒了。④

官方辟谣为个体关注到谣言叙事提供了契机。这是官方媒体话语"无奈"兼具传谣特性的显著体现。由于许多辟谣视频的评论区是开放性的，网民可以通过评论区进行谣言再生产。这使官方媒体的辟谣工作存在徒劳的风险。此外有研究分析认为，短视频

---

① 程中兴：《谣言、流言研究——以话语为中心的社会互动分析》，博士学位论文，上海大学文学院，2007，第 10 页。
②《清明临近民间流传着这样的说法——"闰月清明不上坟，上坟祸事就临门"。很多人因此选择提前祭祖上坟，这种说法有依据吗？》，2023 年 3 月 30 日，合肥交通广播微信视频号，访问日期：2023 年 4 月 8 日。
③ S2 提到的抖音以及评论，指的是上海电视台《上海早晨》栏目官方抖音账号发布的抖音视频评论区中一位名叫"吴家三少"的网友评论："一家去上坟，回来后全都病倒了"。《主播说新闻 闰月清明不上坟？没有科学依据！》，2023 年 4 月 5 日，上海广播电视台《上海早晨》栏目官方抖音账号，https://v.douyin.com/Ua8BLF7/，访问日期：2023 年 5 月 31 日。
④ 访谈人：魏静；访谈对象：S2，男，40 岁；访谈时间：2023 年 4 月 5 日；访谈方式：电话访谈。

推荐算法存在同类推送和信息窄化现象，并由此可能产生信息茧房效应。[①]为辨别谣言真假，民众通过网络搜索相关内容时，短视频媒体平台的算法机制采用相似性推荐的方式则进一步深化了民众对民间谣言的相信程度。

三、Y村趋于分化的清明节俗及其集体心理

实践民俗学是民俗学面向当下生活进行研究时的视角转换和理论重构。[②]"闰月清明不上坟"的谣言作为一种实践性叙事体裁[③]，使清明节俗分化为三类：一是坚持传统清明节习俗；二是试图运用地方性知识在谣言认同与坚守传统之间找到平衡；三是认同谣言、放弃遵从传统。

（一）坚持传统清明节的习俗

以"谣言抵抗者"以及被"谣言抵抗者"彻底说服的村民为代表的群体在节日这天坚定选择赓续清明传统。不论是前期祭品的准备、节日当天的祭拜方式，还是祭拜结束之后插柳踏青的习俗，相较于前些年都没有变化。如R4说：

> 看网上那东西（谣言）没多大意思哦，现在网上都在乱扯什么，祖宗都不尊重，像什么样子。什么上坟要倒霉啊，不存在的。我看根本没事，我们家就要去（上坟）！今年买了一些鲜花，带了几挂炮仗，带了大扫把和铁锹把坟茔的路好好平一下（修整路上杂草，把路整理平整）。[④]

---

① 温凤鸣、解学芳：《短视频推荐算法的运行逻辑与伦理隐忧——基于行动者网络理论视角》，《西南民族大学学报（人文社会科学版）》2022年第2期。

② 刘铁梁：《个人叙事与交流式民俗志：关于实践民俗学的一些思考》，《民俗研究》2019年第1期。

③ 刘文江：《作为实践性体裁的传说、都市传说与谣言研究》，《民俗研究》2012年第2期。

④ 访谈人：魏静；访谈对象：R4，男，57岁；访谈时间：2023年4月5日；访谈地点：R4家中。

R4 在其叙事过程中，坚定地表达了坚守传统习俗的立场。在谣言影响下，选择践行传统的背后反映了以下两个方面原因：

1. 谣言冲击激发村民的民俗认同

民俗认同指以民俗为核心来构建与维系认同和传承传统的意识与行为。[①] 在谣言冲击下，Y 村清明节面临文化失序的威胁，这激发了附着于传统之上的民俗认同。部分村民通过"不像话""网上在乱扯""老传统丢了怎么搞"等批判谣言，实现语言层面上对清明节的民俗认同，并通过坚持传统，实现实践层面上的民俗认同。

2. 清明节传统的文化生命力

一旦民俗传统生成，就会根植于民众心中并不断发挥其影响力。谣言抵抗者批判谣言的背后，反映出民众对崇祖敬宗、慎终追远这一清明节重要文化内涵的坚守。清明节作为中国节日体系中重要的节日之一，在历史发展中积淀了深厚的文化底蕴。村民坚持清明节俗也反映出民俗作为一种"软控制"其背后的生命力。

总而言之，谣言冲击下附着于传统之上的民俗认同被激发，清明节作为传统文化具有强大的生命力，推动了部分村民选择坚守传统节俗。

（二）寻求谣言与节俗的平衡

实践民俗学认为生活实践的主体是普通民众，而不是以"民俗主义"或"传统的发明"为理论依据的民俗操弄者。[②] 在"闰月清明不上坟"的谣言冲击下民众并不是被动的，R1 提出了一些自己的看法：

---

① 张举文：《民俗认同：民俗学关键词之一》，《民间文化论坛》2018 年第 1 期。
② 刘铁梁：《个人叙事与交流式民俗志：关于实践民俗学的一些思考》，《民俗研究》2019 年第 1 期。

该上坟肯定还是要去的，先人会保佑我们的。^①夏至送夏的时候打伞可以挡掉不好的东西，你们要怕的就上坟路上打伞挡一下，主也会保佑我们的，感谢神！^②

R1 提到的打伞指的是当地夏至"送夏"习俗。夏至来临，即将结婚的男方父母要给未过门的媳妇买衣服、伞、绿豆饼、新鞋，托媒人替男方送到女方家去，俗谓"送夏"。伞在当地被认为可以挡掉一切不好的东西，具有庇护保佑、驱邪挡灾的文化意义。针对这一建议，村民 B 认为：

其实我也听人讲了今年闰月不能去上坟，要不然要倒霉，我咋晓得到底真的假的。上坟老传统了，不去（祭拜先祖）总感觉有一桩事撂在心里没做，想想还是去吧，打把伞能挡一挡（灾），我们这边结婚不也是要打伞吗？R1 懂得比我们多，我觉得她讲的有道理。^③

面对谣言冲击，村民调用地方性知识积极应对，以平衡谣言认同与节俗习惯。R1 提出的建议，在其自身拥有的"文化资本"加持下，被部分村民认可并采纳。陈泳超曾将"地方精英"这个概念略加改造，把那些仅限于在特定民俗事项中发挥支配性作用的人称为"民俗精英"。^④在这里，R1 扮演了类似"民俗精英"的角色。而"伞"作为 Y 村当地婚嫁习俗中具有禳灾功能的"物"，被 R1 提出用以驱邪避凶。在闰月清明这天，打伞上坟的观点被 Y 村部分村民认同并采纳，以应对谣言恐慌。这一形式呈现了民俗之"民"

① 笔者在对该村落的基督教皈信的教徒进行调查时，发现该群体在信仰耶稣基督的同时，又有祖先神信仰，反映了当地信仰的包容性。

② 访谈人：魏静；访谈对象：R1，女，72 岁；访谈时间：2023 年 4 月 2 日；访谈地点：A 家中。值得注意的是，提出这一方法的 R1 本人并没有在 4 月 5 日清明节当天使用这个方法，而是像往常一样带上爆竹、鲜花和食物酒水等前去上坟。

③ 访谈人：魏静；访谈对象：B，女，69 岁；访谈时间：2023 年 4 月 6 日；访谈地点：B 家中。

④ 陈泳超：《背过身去的大娘娘》，北京大学出版社，2015，第 148-158 页。

作为生活实践主体的能动性与自主性。

（三）认同谣言、放弃遵从传统

在"闰月清明不上坟"的谣言冲击下，谣言普及者以及被其叙事说服的部分村民，基于对谣言的认同选择遵从谣言、放弃清明节上坟的节俗。S4 表示：

今天就不去了，小伢们（孩子）也都没回来。去了（去上坟）万一犯冲怎搞呢？①

在访问 Y 村村民 S5 时，她也选择不回来上坟：

虽然我也看到有新闻在辟谣，但是玄学这个事，科学怎么能解释呢？不都说科学的尽头是玄学吗？再说了，今年清明又只有一天假，最近工作实在太多，我实在来不及从北京赶回来，趁着放假，好好休息一下。尊敬老祖宗论心不论迹吧。②

而谣言冲击下，村民选择认同谣言、放弃遵从清明节习俗的原因主要有以下几个方面：

1. 集体心理作用下的趋利避害策略

在 Y 村，"闰月清明不上坟，上坟祸事就临门"这一谣言先在亲友圈小范围传播，通过当地聚会后的日常交流——聒谈，几乎在全村范围内传播。同时网络世界中，对于谣言叙事的再生产，渲染了谣言文本的恐怖色彩。基于"怕倒霉""怕犯冲"这样的集体心理，谣言认同得以在民众内心生成，从而放弃了遵从清明节习俗。谣言冲击下，民众对节俗做出的调整并不是对风俗的移易，而是他们面对谣言无所适从，从而采取趋利避害的策略。

2. 现代性冲击下的文化流失危机

清明节拥有深刻的文化内涵，是包含中国本土知识、世界观

---

① 访谈人：魏静；访谈对象：S4，男，57 岁；访谈时间：2023 年 4 月 5 日；访谈地点：S4 家中。
② 访谈人：魏静；访谈对象：S5，女，31 岁；访谈时间：2023 年 4 月 8 日；访谈方式：电话访谈。

以及价值观的符号意义体系。作为中国传统节日，清明节既是指导农业生产、影响民众日常生活的节气，又是慎终追远、尊祖敬宗的节日。但在现代性的冲击下，民众生活大都围绕公历展开，对中国传统历法中置闰的原因不甚了解。部分民众对清明节、中国历法背后的传统文化知之甚少，很容易被一些包装成民俗文化的谣言影响。"闰月清明不上坟"这一谣言能让 Y 村部分民众放弃清明节俗，反映了传统文化面临流失危机的现状。

3. 生活革命影响下的个体选择

随着社会发展，传统文化与现代生活不可避免发生冲突。生活革命已经到来，在遵从传统与适应现代社会、追寻美好生活之间，许多人会选择后者。谣言永远不是独立思考的产物，谣言是对世俗观念和世俗生活的谄媚迎合。① 从一定程度上来说，这则谣言迎合了民众在短期假日希冀美好生活的心理追求与现实需要。这印证了鲍辛格的眼中，民间文化不再是与现代社会和当代生活隔离并且格格不入的遗留物，传统也不再是死东西，而是充满各种动力和张力、向历史和现实敞开大门的文化潜力和动态过程。②

总的来说，在现代性冲击下，以清明节为代表的传统面临文化流失危机。民众对传统节日背后的文化内涵了解不足，又对美好生活有着积极的追求。部分村民基于趋利避害的集体心理，做出了认同谣言、放弃清明节传统的选择。

四、结　语

Y 村在"闰月清明不上坟，上坟祸事就临门"谣言的影响下，基于不同认知与判断，产生了不同类型的群体，即谣言普及者、谣言抵抗者、谣言调侃者、无可奈何的传播者和未公开表态的普通村民。不同群体塑造了趋于分化的清明节俗面貌：一部分村民

---

① 施爱东：《谣言作为民间文学的文类特征》，《民族艺术》2016 年第 3 期。
② 户晓辉：《民俗学如何成为一门现代学科——赫尔曼·鲍辛格给实践民俗学带来的理论启迪》，《民俗研究》2022 年第 3 期。

在谣言冲击下坚持传统习俗，否认谣言，抨击谣言并激发了民俗认同，一定程度推进了民众的文化自觉。一部分民众调用地方知识，力求在谣言认同与传统之间寻求平衡，显现了民众在谣言冲击下民俗之"民"的主体能动性。另有一部分村民因对传统文化知之甚少，从而使谣言"有机可乘"，基于趋利避害的集体心理，选择"宁可信其有"，背离传统，相信谣言。

对民间谣言进行民俗学视角的剖析，可以更好地理解在谣言冲击下，各方民众主体的互动过程与实践逻辑。从普通民众的角度来看，相较于民俗学者关注传统节日的前途命运以及未来发展，他们更加关注自身现实生活。民俗学者应以"民"之立场，对其选择与追求加以深刻的理解，并予以更多学术关怀，而运用"感受生活的民俗学"① 能够更加深刻、合理地考察当下的民俗现象与节日变化、变异与变迁。

---

① 刘铁梁:《感受生活的民俗学》,《民俗研究》2011 年第 2 期。

豫东胡勋村丧葬方式中的多重需求
与社会关系

才 晶 [①]

（浙江师范大学国际文化与社会发展学院，浙江金华，321004）

摘 要： 丧葬习俗不仅提供了民间普遍认可的精神信念，同时体现了日常生活中的人际交往规范。豫东地区的胡勋村村民对于不同丧葬方式的选择是村民多重需求的体现，展现了村落内个人行为对于村落关系情感结构的影响。本文基于礼物交换理论研究视角，运用田野调查的方法进行研究，着眼于村民在丧葬方式中的选择性行为，将个人、家庭、家族不同层次的身份角色在一个特定场域中的行为作为讨论重点，探讨村落社会关系等方面的问题，理解并解释村落社会中村民行为的产生逻辑以及表现形式。

关键词： 胡勋村；丧葬方式；多重需求；社会关系

丧葬仪式是埋葬逝者的一系列仪式和活动，包括初死时对尸体的处理、哀悼以及之后的埋葬、祭奠等活动，是对死亡的一种社会性确认。作为一种传统文化习俗，它对社会的折射是全面而深刻的，可以从侧面反映出一个时间段、一个地区人们的价值观念、思想文化和行为逻辑。民俗学界对于丧葬仪式的研究覆盖了

---

① 作者简介：才晶，浙江师范大学国际文化与社会发展学院民俗学专业硕士研究生。

丧葬礼俗文化、丧葬文化历史、少数民族丧葬文化、地方葬俗等多个方面。[①] 随着社会发展以及丧葬研究的深入，特别是殡葬改革、火葬推行等政策，学者的研究视野也在不断变化。以丧葬仪式为切入点，分析仪式背后人情往来的研究较多。这一类研究主要从礼物理论、互动仪式理论出发，结合乡土社会差序格局、人情观等角度探讨丧葬仪式中的人际关系互动形态与变迁等问题。[②]

丧葬是每个家庭、每个阶层都会遇到且慎重对待的大事，虽在不同地区有所差异，但都有固定的流程及规范，也都涉及血缘与亲族关系，更包含了区域性人际关系互动。商丘地貌以平原为主，人均耕地面积较少，地处河南省东部，是豫、鲁、苏、皖四省交界处。豫东地区地理位置上的复杂性也体现在其文化上，该地丧葬仪式在吸收其他地区文化基础上自成一格，具有典型性。本论文的田野调查点胡勖村，位于豫东地区商丘市睢阳区西南部的毛堌堆镇，是一座普通的平原村落。村民在丧葬方式的相关选择性行为过程中的角色互动和人情交往，对村落内部关系情感结构产生了深刻影响。

---

① 如陈华文：《论吴越丧葬文化的区域性特征》，《广西民族学院学报（哲学社会科学版）》2003 年第 3 期；陈华文：《关注人类的最终归处——以 20 年来丧葬文化研究著作为例》，《民俗研究》2004 年第 1 期；张佩国：《汉人的丧葬仪式：基于民族志文本的评述》，《民俗研究》2010 年第 2 期；刘铭、徐传武：《"七七"丧俗考源》，《民俗研究》2010 年第 2 期；龙晓添、萧放：《丧礼知识传统的当代民俗实践——以湖南湘乡礼生"喊礼"为例》，《中央民族大学学报（哲学社会科学版）》2015 年第 5 期；陈华文：《浙江墓葬形制、分布及文化意义》，《文化学刊》2018 年第 5 期等。

② 如杨善华、侯红蕊：《血缘、姻缘、亲情与利益——现阶段中国农村社会中"差序格局"的"理性化"趋势》，《宁夏社会科学》1999 年第 6 期；黄玉琴：《礼物、生命仪礼和人情圈——以徐家村为例》，《社会学研究》2002 年第 4 期；董敬畏：《关中地区丧葬中互惠共同体——以临潼区 S 村的丧葬仪式为例》，《西北民族研究》2008 年第 3 期；赵旭东、张洁：《"差序"秩序的再生产——围绕皖南一村落丧葬仪式的时空过程而展开》，《民俗研究》2019 年第 3 期。

一、调查地点及研究对象

胡勋村位于豫东平原商丘市睢阳区西南部毛堌堆镇，村子呈南北纵向分布，北部与邻村以池塘为界。东、西、南三部分与邻村无明显分割线，主要以田埂分割，有村民在田埂附近种树以明确位置，但树荫影响作物收成，多以石头、小树杈作为分界线。该村占地约 700 亩，可耕地 500 亩，以旱地为主。户籍登记在册人员约 1100 人，常住人口 800 多人，人均耕地面积不足一亩。截至 2022 年 8 月初，村中坟头共计 91 个，每个坟头占地 1 厘①。村中有四块公用坟地，均为 20 世纪 90 年代前统一建成，每块占地约两分，其余的坟地分落在各农户自家地，其中也有少数自家坟头在他家的情况。

胡勋村是一个单姓村，据家谱记载，胡勋村祖上在毛堌堆南街的"才楼"，后因外出谋生，作为佃户落户到如今的"胡勋"。祖上由一门分成六门，五门分散在其他村落。胡勋村一门发展到如今一共有四门，每一门是一个紧密联系的独立小团体，同时四门之间又有着互助关系，具有典型的熟人社会特征。

随着殡葬改革的进行，一些地区已经废弃传统的墓葬方式。但笔者在调查过程中发现胡勋村绝大多数村民认为下葬时必须有棺材，下葬方式同土葬一样，把骨灰放在棺材里起坟。这种方式本质上与传统土葬无差别。坟头这一墓葬形制既是一种文化传承，也是当地村民的自主选择，背后也体现着乡土社会的关系网络与情感结构。

二、多重需求下的丧葬方式

丧葬方式主要指对逝者的处理方式，在胡勋村，除了土葬、

---

① 胡勋村村民日常话语中的土地测量单位，1 亩 = 10 分 = 100 厘 = 666.6666 平方米。

火葬，还有二次葬①的丧葬方式。就这三种主要的下葬方式而言，胡勋村的调查样本显示②：有64%的村民选择二次葬，其原因主要是相关政策要求火葬以及下葬方式需同大家保持一致；有34%的村民选择土葬，其原因主要是相关政策放松以及节约丧葬成本；该样本中只有一位村民选择火葬，其父去世后被葬入公墓，原因为其父是工人，家里地少且窄，不宜下葬。③

该样本中调查对象年龄平均在40岁左右，逝者也大都是20世纪90年代之后下葬的。由此可以看出该村在这一群体及时间段对于二次葬的方式选择最多。此外，殡葬改革之前，胡勋村所在地区极少火葬。从1958年人民公社化以来到2000年，去世的人有100多个，其中不超过5个火葬。④笔者从村民的现实需求、心理需求和人际需求三方面对于丧葬方式的选择加以分析与阐述。

（一）现实需求

殡葬改革主张摒弃土葬、提倡火葬的理由之一是传统土葬方式浪费土地资源。陈华文在殡葬与资源浪费的讨论中提出："相对于房地产开发面积而言，农村人口土葬200年的占地面积只占极小部分比例。而土葬浪费土地资源，与活人争夺生存空间这一

---

① 原指"一种对死者的尸体和遗骨进行两次或两次以上分别处理的方式"。该定义引自陈华文：《丧葬史》，上海文艺出版社，1999，第165页。本文指火葬之后将骨灰盒放进棺材中再做坟头的下葬形式，即火葬、土葬相结合的形式。
② 调查者：才晶；调查时间：2021年8月2日。本次调查收集到50份有效家庭样本，每份代表一户家庭。
③ 访谈人：才晶；访谈对象：长风；访谈时间：2021年8月2日；访谈地点：浙江省金华市；访谈形式：电话访谈。
④ 访谈人：才晶；访谈对象：归农；访谈时间：2022年7月26日；访谈地点：商丘市睢阳区胡勋村。该访谈对象是前一任村主任，现年78岁，从1980年开始任职到2020年。笔者访谈时未得到明确数值，相关资料未曾记录，该数据也是访谈对象估计所得。

问题也值得甄别。"① 就土葬与胡勋村土地资源的关系而言，胡勋村可耕地 500 亩，所有坟头一共占地 1 亩，仅占可耕地总面积的 2‰。从这一数据来看，土葬对于胡勋村实际土地资源没有较大影响。考虑到胡勋村村民的具体情况和其他资源需求，笔者对于胡勋村土葬、火葬、二次葬的具体开销做了相关调查，结果如下（见表 1）。

表 1　胡勋村不同丧葬方式开销情况 ②

单位：元

丧葬方式	总金额	具体开销
土葬	4800	4500（购买杉木棺材）；300（吊车拉棺材）
火葬	19000	18000（购买公墓）；1000（购买骨灰盒）
二次葬	5300	400（火化费）；100（给火化工红包）；4500（购买杉木棺材）；300（吊车拉棺材）

从经济角度而言，土葬是最为经济的一种下葬方式。火葬是花费最高的下葬方式，由于胡勋村没有集中下葬的墓地，只能选择在城郊购买公墓。二次葬比土葬主要多了火化费的开销，其中在火化环节除了支付火化费还要另外给火化工红包。总的来说，二次葬环节比土葬多，且涉及与火化工的经济交易，相关政策一旦放松，村民便会选择土葬。

土葬之所以被认为占用土地资源，最显著的特点就是下葬后在土地上做坟包。胡勋村的坟包外形一般都比较简单，只在坟地周边留出一圈空地，少有墓碑石刻，也少有松树柏树。地里种树不仅影响庄稼收成，在机器收割时也比较麻烦。而墓碑石刻则需

---

① 陈华文：《殡葬改革：土地、木材和金钱浪费及其讨论》，《民俗研究》2020 年第 1 期。

② 制表人：才晶；制表时间：2023 年 3 月 23 日。该表格只针对火化、买棺材、买公墓等直接跟下葬方式有关的开销。该表格数据提供者为胡江，其父母棺材都为杉木，父亲 10 年前去世，下葬方式为二次葬，母亲 3 年前去世，下葬方式为土葬。

要去外村请专门人士做，除了生前有一定业绩之人或外来户的后代子孙会刻墓碑以作纪念，其他都较少刻墓碑。

当农田收入在村民收入中占比越来越少时，村民更倾向于选择传统土葬方式，除坟头本身占地资源较少之外，其他丧葬方式的开销以及其中的经济交易让村民面临更紧迫的现实。在胡勋村这样一个变动缓慢的村落结构里，传统的形式很难得到本质上的改变，比如下葬必须起坟，即使是火葬，也要把骨灰放在棺材里做坟。村庄土地资源稀缺、公用坟地缺失的现实因素让村民在做坟时一切从简；与此同时，相对于火葬和二次葬而言，土葬成为村民更为实际的选择。

（二）心理需求

村民在遗体火化时会给火化工红包，红包价格不等，一般是五十或者一百块，其目的是让火化工在开关火化电炉时注意时间的把控。时间短，火化程度就会比较轻，就会有遗体骨头的残留，而非全部骨灰。之后家属会将骨灰和骨头一起放进棺材里，继而土葬。

当地人认为只有穷凶极恶的人死后会被挫骨扬灰、不入轮回转世，更无法荫庇后代。按照当时政策规定，死后必须火化，而村民短时间内无法接受某种意义上的"挫骨扬灰"，却又不得不遵循政策方针。村民与火化工进行经济交易的行为是传统"灵魂观念"在村民行为方式上的一种体现，更是亲人对逝者生前品行的肯定与维护，并希望逝者能够保佑后代。于村民而言，逝者无论火化与否，最重要的是要有棺材，否则逝者会化作肥料。棺材就像是阳间的房子，逝者住棺材，逝者安，生者也安，在村民看来这才叫"入土为安"。

除了棺材，逝者还需要坟包。胡勋村村民所做的坟，叫作馒头坟，外形像馒头，是中原地区封土墓的一种。无论是直接土葬还是"火土"结合，都需做这种坟，这种丧葬方式与传统的封土墓紧密相关。林留根认为："封土墓起源于江南的土墩墓，土墩墓在发展过程中被赋予丰富的文化内涵，如灵魂不死、死而复生、祝殖功能、祖先崇拜和社土崇拜等。"① 夫妻双方都去世后，胡勋村村民会将其进行合葬，同时在地面做两座坟，其原因一是地面的新坟表示对逝者的尊重，二是希望去世父母一起保佑子孙延绵、后代繁荣昌盛。有的村民将父母葬在祖父母旁边，四五个坟连在一起叫作"守祖"，希望死后能和祖先重聚。胡勋村的坟头除了下葬封土，每年除夕及清明都会上坟添"土"。"土"承载现世人的全部，养育一代又一代生命，给旧坟每年添新"土"，意味着生者与逝者新的联系与沟通，也意味着生与死的不断更迭。

无论是"二次葬"还是"封土做坟"，都承载着民众的传统价值观念，即希望逝者能够一直与后代有联系，而且是积极的、美好的联系，从而传递一种逝者在阴间生活富足、生者在阳间生生不息的文化心理。

（三）人际需求

丧葬仪式从逝者死亡那一刻就已经展开，从为逝者洗身穿衣，到设置灵堂、子孙谢孝②，再到之后的村民及其他亲属前来吊唁、选定日期下葬等仪式活动，都需要村民的共同参与。在仪式过程中遵从固有的形式流程，但也随时面临着不确定因素，是村民关系重新确定也是村落关系重组的一个过程。正如格尔兹所说，仪式中出现的冲突、混乱、分裂与不和谐局面，乃文化与社会体系的不协调所致。在社会结构上是'法理社会'，但在文化层次上依旧持守在乡村社会指导他们或他们父母一生的象征符号。③

丧葬仪式本身是一种传承下来的象征符号，同时被村民赋予

---

① 林留根：《论中国墓葬封土之源流》，《东南文化》1996 年第 4 期。
② 指孝子家中人向吊唁者行礼。胡勋村村民在家人去世时，会找主事人带领亲属在村庄绕圈，主事人边走边喊"某某谢孝啦"，村民听到后前去吊唁，并帮忙处理丧事。
③ 克利福德·格尔兹：《文化的解释》，纳日碧力戈等译，上海人民出版社，1999，第 189、193 页。

一定的社会意义，成为村落构成、保持稳定的一部分。笔者在访谈中听到最多的回答是："做坟是祖辈留下来的，别人都是这么做的，政策要求的，不能搞特殊。"① 在一个较为传统的村落中，搞特殊意味着打破原有的小团体，成为村落中的边缘人，与其他村民的交往将面临被中断，家中若是出了事情，也没人帮忙，没有人愿意冒这样的风险。胡勋村关于丧葬仪式有个不成文规定，即某家户有人去世，只要是在家的男丁（平辈或晚辈）都要过去帮忙，下葬那天在家的村里人都需参加，给丧礼增添"人气"。

胡勋村丧葬仪式中很少出现不和谐场面，即使涉及子孙利益纠葛的家庭，在下葬当天通常表现的也是兄友弟恭、悲恸欲绝。整个丧葬仪式过程体现的是村落关系的再次整合，往往全村的人都成为一场葬礼的在场者，主家对于丧礼的操办形式与规格也在接受着村民的审视。

三、坟地类型与社会关系

礼物交换是维持人际关系的表现形式之一，"礼物"作为一种恩惠和情感，其形式除了传统意义上的礼品，也可以是金钱、土地等更直接的形式。通过"礼物"寻求关系的拓展是民众的需求，通过"礼物"维持关系的平衡则是民众的内在要求。对于胡勋村村民而言，坟地选择过程中将面临家族关系、血缘关系（在本文中主要表现为兄弟关系）以及邻里关系。如何维持这一系列关系的平衡，以此在村里保持甚至提升自己的地位，每个村民心中都有一杆秤。

胡勋村近代以来丧葬地点的选取与该地区生产关系变革② 有密切联系，可分为四个阶段：1912 年民国以来到新中国成立之前，

---

① 访谈人：才晶；访谈对象：胡江；访谈时间：2022 年 7 月 27 日；访谈地点：商丘市睢阳区胡勋村。

② 商丘县志编纂委员会编：《商丘县志》，生活·读书·新知三联书店，1991，第 104 页。

该地区实行土地私有制，40%的土地掌握在地主与富农手中。据老者反映，新中国成立以前，胡勋村的地主都是本家，家谱由地主掌管，其地位相当于族长，坟头有较集中的一块地，同时与地主不同门的葬在其他田地。①20世纪50年代初商丘县实行土地改革，全县普及，胡勋村的土地也在这一阶段发生大的变动，地主被取缔，土地分割，坟地开始散落在各家田地。1958年毛堌堆镇的临镇勒马，建立起商丘县第一个"人民公社"。胡勋村处在两镇的交界点，也迅速响应号召，公社化开始。大队安排四块农田给胡勋村"四门"，每门去世的人下葬到对应的地方。1978年全国推行家庭联产承包责任制，1979年夏季毛堌堆镇正式推行"大包干"②，土地回归到农民手中。政策实行前几年，每门有去世的人依旧埋在公社时期分的公田里，后期各自葬到自己农田里。目前，胡勋村的丧葬地点选择主要有家族坟地、从家庭内耕地选取和与其他家庭换地做坟三种形式。

（一）公共坟地与家族关系

胡勋村有五处大块坟地，其中一块是整个村落统一的年代较久远的坟地，其余四块是人民公社时期大队给单独划出来的，每门一块，坟地选在当时每门聚居的周边。之后，每门有人去世，就分别葬在各门坟地。直到20世纪80年代"家庭联产承包责任制"施行，这四块公用坟田，除去坟头折合成可耕地分给村民，各门再有人去世葬在各自私家农田。刚分地前两年，有人去世依旧埋在里面，因为要"守祖"，另一层次原因是刚分地，人多地少，土地资源紧缺，土地粮食除去自家吃喝，一部分还需上交大

---

① 访谈人：才晶；访谈对象：重阳；访谈时间：2021年8月2日；访谈地点：浙江省金华市；访谈形式：电话访谈。

② 即生产队把土地承包到户耕种，把牲口、农具包到户使用，定上交、定提留的一种人民公社向家庭联产承包责任制过渡时期施行的制度。当时流行的农民歌谣："大包干、大包干，直来直去不拐弯，交够国家的、留给集体的，剩下都是自己的。"

队与国家。

20世纪90年代末，受外出打工浪潮影响，胡勋村村民也开始走上打工之路。直至21世纪初，外出打工人员越来越多，收入增多，农田收入的重要性有所下降。2006年"公粮制度"①彻底废除，自此之后不再有人葬在此处，被分到此处坟地的本家也不再选择此处下葬，且较少栽种庄稼，多是树木。这四块地在村子里也像是单独分出去的，逢年过节每门各自祭奠。殡葬改革严格执行的90年代，以及"平坟运动"时期，村里有一些坟头被平，主要是无人认领的坟头，此五处坟地未有任何影响，一直延续至今。

家族坟地是胡勋村存在的一种象征，是村落文化与村民认同感的体现。王明珂认为，从人类学与口述历史的研究中我们知道，当个人或一群人透过族谱、历史或传说来叙述与他或他们祖先源流有关的"过去"时，所反映的往往并不完全是历史事实。为何无论是在口述还是在文献记载中，"族源"都常有如此的虚构性质？这是因为，"起源"对于许多社会人群的凝聚都太重要了。②现实中存在的家族坟地是村落"族源"的体现，也是村民凝聚力的来源之一。

（二）耕地做坟与家庭关系

20世纪80年代以前，农村家庭出生的孩子比较多，胡勋村这一时代出生的孩子，每家都在两个以上。笔者的调查对象之一是一位有兄弟六人的老者，在交谈中，笔者发现家庭坟地的选取并非一定要埋在长子地里，也并非全靠风水，且在分家分地时父母不会对葬在哪儿、被葬的地给予什么补偿等做要求，一切身后事都交给子女（主要是儿子）。据老者介绍，他的五个哥哥均已去世，前四个哥哥经过看风水埋在了长子地里，第五个哥哥埋在了别人地里。他百年之后打算火葬埋在外边，因为自家地较窄不好

---

① 即农业税，2005年12月宣布取消农业税，2006年1月1日全国施行。

② 王明珂：《华夏边缘：历史记忆与族群认同》，社会科学文献出版社，2006，第52页。

下葬，也不想让孩子欠人情埋在别人地里。①

对于被葬之地的补偿问题，老者介绍道，别的地方会给钱或者给粮食，如果兄弟的田地相邻，会分出一条地予以补偿。但他们这一门在一开始就做了不予赔偿的约定，家门也从未出现过因坟地争吵的事件。他们认为父母去世后坟地的选取首先交由风水先生决定，一般情况下是葬在长子的田地里，这也通常是几个儿子商量的结果。② 在家庭选坟地过程中，风水先生与长子的提议和决策有较强的对应关系，同时兼顾其他兄弟的意见。

这里的"家庭"概念，从更深层意义上来说，是费孝通在《乡土中国》中提出的"小家族"概念。通过这一概念，费孝通总结出中国乡土社会家庭的特点：中国的家庭从"父母子"三角的基础结构推出，沿着一贯的、单系的差序格局向外扩大；不仅承担生育功能，还担负政治、经济、宗教等功能，是绵延性的事业社群；家庭的规模和结构富有弹性，依事业的大小而定，小的是家庭，大的是家族；与父母子三角家庭的临时性相比，小家族具有长期性；家庭成员之间讲求纪律而不是感情。③

老者所讲述的案例中，每个家庭至少有两个以上的儿子，家中老人去世下葬时，每个儿子也都已结婚生子，甚至儿子已经有了孙子。这一家庭结构变得更加复杂，涉及多个家庭分支，老人的去世意味着原来家长式的家庭结构形式发生改变，展现为以长子为首小家族的重构。小家族在办理丧葬仪式过程中，也更强调纪律性，以维持整个小家族的长期性与稳定。这一家庭结构使他们在面临坟地的选择时已经有了预先的设定，再加之与风水先生沟通，一般情况下会选择在长子的田地中。倘若长子的田地中已

---

① 访谈人：才晶；访谈对象：重阳；访谈时间：2021 年 8 月 2 日；访谈地点：浙江省金华市；访谈形式：电话访谈。

② 访谈人：才晶；访谈对象：重阳；访谈时间：2021 年 8 月 2 日；访谈地点：浙江省金华市；访谈形式：电话访谈。

③ 费孝通：《乡土中国》，人民出版社，2015，第 45–49 页。

有别的坟地，或恰好对着自家及别家门户，此时风水师将再次发挥其勘测风水、确认坟地、沟通兄弟的作用，选择的坟地也更易于接受，从而减少小家族的不稳定因素。

（三）换地做坟与人际关系

在以小农经济为主的农业社会，无论是统治者还是平民百姓均对土地有着特殊的感情，也都遵循着尊宗敬祖的宗法制度，对于祖先的丧葬与祭祀事宜极为重视，对于祖先坟地的选取也格外看重。坟地已经不仅是墓葬之用地，更多的是维系家族命脉及带来实际收益的"风水宝地"。

胡勋村换地做坟的行为主要发生在 80 年代家庭联产承包责任制施行之后的几年间，这一时期村庄田地被打乱重分，公田坟地也被分出去，原本的家族坟地不再轻易被允许加入新坟。一些村民仍想葬在该处，同祖辈在一起，或是双亲一方先去世埋在此处，另一方后去世要求两者合葬。这种情况下就需与坟地周围田地持有者协商，或是两家地离得近"割"出一条地做交换，或是给予一定的经济补偿或粮食等其他方式补偿。即使两者达成友好协商，也是欠了对方人情，之后一来二往，关系逐渐密切。随着坟地周围可用地越来越少，该处坟地不再下葬新坟。

近些年该村换地做坟现象较少，人们都选择在自家坟地下葬，但也有极少数出于现实原因选择在别家田地下葬。去年有一家户老人去世后葬在了侄子家地里，原因是老人自家田地少且窄，不适合做坟。老人妻子告诉笔者，早在几年前他们便把农田租给侄子耕种，但不收租金，因为他们身体不便，儿子不在身边，家里的侄子经常帮忙，他们对此予以感谢。① 他们在下葬选坟地时最初考虑的是田地旁边的家户，处理起来比较方便，但该家户家中也

---

① 访谈人：才晶；访谈对象：彭芝；访谈时间：2021 年 8 月 3 日；访谈地点：浙江省金华市；访谈形式：电话访谈。

有老人，不同意别人的坟做在自己地里。① 他们反复协商依旧不妥，才决定葬在侄子地里。此外，老人妻子百年之后也要在侄子地里做坟。在这一案例中，侄子并未接受换地，也没有其他直接经济补偿，其原因一是两家在做坟之前一直有非现金交易的人情往来，二是老人的儿子在事后给侄子的儿子找了份工作。

阎云翔在《礼物的流动》中提到："人情可被看作一种资源，比如一种恩惠或一个礼物，可被用作一种社会交换的媒介。最后，在特定的情境中，人情被用作关系的同义词。"② 去世老人生前免费租地给侄子，侄子也因老人的租地行为而感激。"土地"这一礼物以及"换地做坟"这一行为，成为两家进行物质及情感交换的媒介。这不仅创造了"给者"与"受者"之间的物质联系，也创造了一种精神联系，使得两家之间的关系更加紧密。

四、结　语

在丧葬仪式中，礼物交换围绕逝者这一核心展开，形成以现实社会为基础的人情往来体系。礼物的实际接收者从逝者转换成生者，"给者"与"回者"因为丧葬仪式重新确立人际关系。胡勋村村民下葬方式及下葬地点的选取，体现在典型的熟人社会中，每一个村民都充当着参与者的角色，村民所做的每一个仪式性行为背后都有其可探究之处，或是现实需求，或是心理需求，抑或人际需求。当实际需求与情感需求产生冲突时，村民主动打破平衡以寻求解决之法，进而确立一种新的人际交往模式。村民的个体需求与家族乃至村落的整体需求相互交织，在互惠原则、差序格局与私人情感的多重因素作用下塑造并不断重塑胡勋村的关系网络。

---

① 访谈人：才晶；访谈对象：宝树；访谈时间：2021 年 8 月 3 日；访谈地点：浙江省金华市；访谈形式：电话访谈。

② 阎云翔：《礼物的流动——一个中国村庄中的互惠原则与社会网络》，李放春、刘瑜译，上海人民出版社，2017，第 132 页。

非物质文化遗产展演民间参与缺失困境与解决路径

——基于马街云上书会的调查 [①]

王淑慧　周　波 [②]

（辽宁大学文学院，辽宁沈阳，110000，信阳师范大学大别山乡村振兴研究院，河南信阳，464000）

摘　要：自非遗保护运动开展以来，以产业化为主要形式的活态保护与文化内涵传承往往处于不均衡的发展状态，作为保护主体的官方与民间如何更好地合作是其中的关键问题。在"互联网＋非遗"热潮下，通过互联网形式来弘扬和传承非遗成为常见的保护方式。以马街书会为例，政府主导下的"互联网＋马街书会"为马街书会走出去提供了新的契机和动力，但在这一过程中，民间主体参与的不足使得非遗展演并未达到预期。民间的积极参与是马街书会持续传承的内生动力，因此通过探索非遗保护多元主体分工与合作的可行性，提出应对民间保护主体赋权，并借助空间分配文化权利的途径，从而推动民间参与的回归，最终实现

---

① 基金项目：教育部 2020 年度人文社会科学研究青年基金项目"乡村振兴的文化动力及其困境研究——以河南许昌'同乡同业'现象为例"（项目编号：20YJC850019）和信阳师范大学"南湖学者奖励计划"青年项目。
② 作者简介：王淑慧，辽宁大学文学院民俗学专业硕士研究生；周波，信阳师范大学大别山乡村振兴研究院副研究员。

"互联网＋非遗"时代非遗产业化和文化内涵传承的共同发展。

关键词：马街书会；民间参与；活态保护；民间赋权

当前国内非物质文化遗产保护倾向于"传承文化内涵＋发展产业经济"的理念。此理念虽兼顾非遗保护的文化效益和经济效益，但非遗保护往往处于多元利益主体博弈的复杂情境中，不容易同时实现。作为共同体的公共文化①，在非遗保护过程中，需要重视多元主体的参与性。只有注意平衡商业、政府、学术、民众等多方立场，才能推动非遗保护的可持续发展。② 事实上，将较大力量放在非遗的展演活动成为地方政府的文化管理部门的一个认识误区，③ 现代社会的高度市场化亦使得非遗传承人受到外部环境的深刻影响，④ 因此，如何协调多元主体在非物质文化遗产保护过程中共同合作，推动非遗产业化和非遗的文化内涵传承的共同发展，始终是个十分重要的问题。笔者在本文中主要以河南省宝丰县马街书会的保护为例来回应该问题。

马街书会产生于民间并流传七百多年。在农耕时代，民间社会在马街书会的发展过程中发挥了重要作用；而在成为国家级非物质文化遗产后，马街书会既受到了多元主体的共同保护，又面临着民间参与的不足而导致文化与经济不均衡发展的困境。马街书会面临的困境亦是当前大多数非遗所面临的难题，因此将马街书会作为一个案例来探讨非遗活态保护和文化内涵传承如何调和的问题，既可以为非物质文化遗产的展演研究提供鲜活案例，相

---

① 高丙中：《非物质文化遗产：作为整合性的学术概念的成型》，《河南社会科学》2007 年第 2 期。

② 刘魁立：《非物质文化遗产及其保护的整体性原则》，《广西师范学院学报》2004 年第 4 期。

③ 刘锡城：《非物质文化遗产保护的一个认识误区》，《江南大学学报（人文社会科学版）》2012 年第 1 期。

④ 刘晓春：《非物质文化遗产传承人的若干理论与实践问题》，《思想战线》2012 年第 6 期。

关建议又可为非遗保护提供一定的参考。

一、马街云上书会展演与民间的缺席

马街书会，俗谓"十三马街会"，是全国民间曲艺的盛会。每年正月十三至正月十六，全国各地的说书艺人汇聚到河南省平顶山市宝丰县城南马街村的田野上表演说唱，演出内容包括河南坠子、道情、琴书等曲种，形成了民间艺术的奇伟景观。

在今天"互联网+"的时代大势下，非遗的展示方式、保护传承方式乃至产业化进入了一个数字化新阶段。自 2020 年至 2022 年，由于全国新冠疫情的反复，许多非遗活动不得不停办，马街书会也依托互联网开展"云上书会"①。在网络空间塑造书会并向外界进行文化展示是马街书会走出去的新方式。依照主办方的安排，云上书会主打线上曲艺展演，兼带民俗活动展示。②

虽然主办方进行了精心准备，云上书会仍然面临"形散神散"的困境：在形式上没能营造出书会浓厚的文化氛围和优势特色，在内容上没能凸显和发扬书会的文化内涵。这些未被解决的问题导致云上书会热度不高，没能如河南春晚一般爆火出圈③。云上书会的效果其实与云上书会的筹办和展演过程直接相关，而在云上书会的筹办过程中，就笔者调查到的情况而言，民间组织、民间艺人和观众的参与度都比较低。

首先，笔者在采访马街书会理事会会长孙青④和马街书会说书研究会会长张满堂⑤时，当问到民间组织有没有参与马街书会线

---

① 云上书会：主办方借助互联网进行书会内容展演的相关线上活动。

② 新冠疫情结束之后，云上书会仍在继续进行。

③ 2021 年河南卫视春节联欢晚会节目借助对中华传统文化的复刻与创新，从同质化严重的节日晚会中脱颖而出，深受观众好评并多次登上热搜。

④ 访谈人：王淑慧；访谈对象：孙青；访谈时间：2022 年 2 月 9 日下午；访谈地点：马街村孙青家。

⑤ 访谈人：王淑慧；访谈对象：张满堂；访谈时间：2022 年 2 月 13 日下午；访谈地点：马街村张满堂家。

上活动的筹划，得到的回答是最近几年的线下活动一般都是政府主办，民间组织偶尔会配合政府，"线上活动我们也管不住"①。因此，民间组织在线上活动中的参与处于缺席状态，其文化创意和文化想法很少被政府采纳和应用。

其次，民间艺人也被诸多条件限制在云上书会的大门外。信息壁垒导致一些民间艺人接收不到消息而无法参加活动。一位艺人之家家主李天一告诉笔者，这几年一直都有老艺人不知道书会已经取消，还是会过来参加线下书会。②笔者在采访时，恰好碰到鲁山县辛集乡的艺人胡邦来到艺人之家询问今年书会是否如期举行，当他得知书会取消之后，只好失望地离开。

再次，设备条件不足也使得一些艺人无法参与云上书会。笔者在调查时曾经帮助民间艺人张彩红录制演唱视频。她擅长说评书，还得过奖。2022 年 2 月 12 日下午，我们翻来覆去录制了好几遍，终于选好一条视频发给他人点评，却得到了"精神不佳"的评价。其实这是因为人机互动的单向性导致一些艺人无法参与虚拟情景的演绎。张彩红在拍摄过程中，最开始时信心满满，而看见视频效果之后开始焦虑，在后面的表演中就没有刚开始那么自信了。张彩红无奈地说："咱以前去书会上唱，哪有这么麻烦？"③因此，线上书会对于传统民间艺人而言的确存在操作上的困难。

最后，马街书会的魅力不仅仅在于其丰富的曲艺文化，更在于其热闹的民俗文化活动氛围，相比前者来说，后者对年轻的观众而言可能更具吸引力。传统马街书会之所以火爆是因为其满足了受众的不同需求。说唱活动满足爱听戏的老一辈人的需求，祭祀活动满足了善男信女们的信仰需求，书会上的魔术表演和杂技

---

① 访谈人：王淑慧；访谈对象：孙青；访谈时间：2022 年 2 月 9 日下午；访谈地点：马街村孙青家。

② 访谈人：王淑慧；访谈对象：李天一；访谈时间：2022 年 2 月 10 日上午；访谈地点：马街村李天一家。

③ 访谈人：王淑慧；访谈对象：张彩红；访谈时间：2022 年 2 月 12 日上午；访谈地点：宝丰县为民路安居小区。

满足了年轻人的喜好。换言之，马街书会是一个融合了多元活动的集会，将其说唱活动从整体活动中解构出来，以局部代替整体呈现在网络空间的话，自然无法让全部的观众产生共鸣。观众群体也是马街书会的重要构成要素，观众与艺人的互动、观众的行为本身就在建构书会的景象。而在云上书会，互动并未频繁发生。

主办方对书会中的个别文化事象进行抽离文化语境的操作加之民间组织和民间艺人对云上书会的低参与度，使马街云上书会从线下多主体互动的热闹民俗盛会变成了线上单向曲艺表演展览会，陷入了"曲高和寡"的传播困境。

在"互联网+非遗"成为新时期非遗传承主要平台的大势下，如何借助网络促进非物质文化遗产活态保护和传承，是眼下乃至未来非遗传承所面临的一个艰巨任务。民间是蕴藏着丰富资源的智库，从马街书会的历史来看，官方与民间在其发展的过程中都不同程度地发挥着作用。接下来笔者将对这段历史进行再梳理，以与当下的现状形成对照。

二、马街书会发展史中的官方与民间参与

马街书会的发展可以分为农耕时代的马街书会和非遗时代的马街书会，前一个时期形成了民间主导、官方支持的模式，而非遗时代以来，则逐渐形成了官方主导的模式，民间逐渐处于失语状态，进而造成马街云上书会事倍功半的效果。

（一）农耕时代的马街书会

马街村自古以来交通便利，是"古代洛阳至南阳、禹州至襄樊的重要集镇，也是伏牛山区通往豫东平原的门户之一"[1]。便利的交通有利于艺人前来赶会，减少艺人舟车劳顿；马街村位于应河[2]流域边上，曾是应河古镇之一，街市繁荣，商贸发达，过往客人

---

① 樊玉生：《马街书会记忆》，南方出版社，2021，第5页。
② 应河发源于河南省平顶山市伏牛山东麓，流经马街，最终流入汝河。在春秋时期该河主要流域在应（通"鹰"）国境内，因此该河亦称应河。

繁多，为艺人写书卖艺提供巨大的潜在客户；马街村及周边村落散布着众多庙宇，每年都吸收大量男女信众参加庙会，为马街书会引流的同时，也为艺人开拓新业务，带起了还愿书①市场。交通方便、业务市场广阔，集会时间又属于农闲时间，在多重条件的综合作用下，书会应运而生。

马街书会历经七百余年而不息，除了良好的文化生态环境，人的力量亦不可忽视。马街至今流传十种关于马街书会的起源说法②，其所包含的当地人的心理期待、行为和目的是马街书会世代相传的动力。而这种文化自觉心理的产生、形成和发展与当地民间组织的行动有重要关系。

历史上的马街书会曾活跃着众多群体和组织。除了各类民间社火组织③，有两个对书会发展起直接作用的组织——三皇社④和火神社⑤。其中，艺人管理由艺人自发形成的三皇社负责，其通过严格的师徒制、社团规定以及相关民俗活动进行说唱技艺传承、艺人行为规范、民俗文化创作、曲艺交易活动等。火神社则负责书会管理、资金筹集、活动策划、矛盾调解等事务。马街书会上的祭火神活动和对戏活动所代表的祭拜仪式与民间风俗不仅达成了形式与内容的统一，体现了文化多样性，而且体现了中原民众

---

① 还愿书：百姓为兑现自己曾经在神灵面前许下的承诺而把艺人请来酬神还愿的曲艺活动。
② 关于马街书会的十种起源说法分别是：悼师说、禳灾说、歌德说、还愿说、会艺说、除恶说、祭祖说、祈雨说、度荒说、皇恩说。参考樊玉生：《马街书会记忆》，南方出版社，2021，第6页。
③ 民间社火组织主要是火神社、牛王社、娃娃社、老君社等。在过去，民间社火组织一般会在春节集资聚会，请说书艺人为所敬奉的神明说唱以娱神娱人，但现在已经很少见了。
④ 三皇社是艺人自发成立的社团组织，以天皇、地皇、人皇（伏羲、女娲、神农）为祖先并敬奉，成立时间不详。
⑤ 火神社是由火神庙的管理者和信奉火神的信众一起组成的社团组织，成立时间不详。

丰富的文化情感和文化自觉。在民俗活动中形成的感情与信仰仿佛是刻在百姓和艺人骨子里面的基因，一直支持着他们去继续兴办书会。

像马街书会这类地域性民俗文化活动，往往在特定区域构建文化场域，于民间语境中创作优秀文化，在民间实践活动中进行传播及传承，体现了深厚的民间色彩。就马街书会来说，农耕时代的民间组织对于其兴办和发展发挥了重要的作用。而今，三皇社和火神社这两大组织虽已解散，但组织者们筹办管理马街书会的民间智慧和经验影响了后来者的文化心理、角色定位和行动原则，无论是当代的民间组织抑或是政府都在积极践行之。

（二）非遗时代马街书会的民间自救

随着时代变迁和社会变革，马街书会如其他不少非遗项目一样面临发展困境。进入 20 世纪 90 年代后，由于城镇化过程逐渐影响和改变了农村传统的生产生活方式，以电视媒体和互联网为代表的新型文化娱乐活动也逐渐进入人们的日常生活，新兴的文化生活导致群众对马街书会的需求和热情的退化，人口流动和家庭规模的缩小亦使得传统民间信仰的影响力逐渐衰弱。马街书会群众基础的逐渐薄弱使马街书会面临严峻的传承和发展危机。

不过，人类社会文化危机的产生使得人们开始对传统文化重视起来，于是在多元主体的推动下，非遗保护热潮兴起。民间率先采取行动保护马街书会。民间对马街书会的自救性行动是在马街书会理事会和马街说书研究会两个民间组织的领导下开展的。通过对马街书会理事会会长孙青[①]和马街说书研究会会长张满堂[②]的访谈，笔者总结出这两大民间组织行动的特点是：研究马街书会的历史和现状，积极探讨说书发展新形式，为马街说书的市场

[①] 访谈人：王淑慧；访谈对象：孙青；访谈时间：2022 年 2 月 9 日下午；访谈地点：马街村孙青家。

[②] 访谈人：王淑慧；访谈对象：张满堂；访谈时间：2022 年 2 月 13 日下午；访谈地点：马街村张满堂家。

化发展做尝试性探索。具体而言，体现在以下几大方面。

1. 帮扶艺人群体

民间组织十分关注民间艺人，对艺人团体开展诸多帮扶，积极构建"艺人友好"文化环境。如孙青和张满堂针对民间艺人因写书市场衰落，凑不齐路费和住宿费而不再来赶会这一现实困境，积极与当地村民一起建设艺人之家①，为前来赶会的艺人提供无偿住宿饮食服务，并为生活困难或者写不出书②的艺人提供物质帮助。这些举措使艺人对马街充满了归属感和感激之情，也换来了民间艺人对书会的继续参与和支持。此外，张满堂还自费在村中举办多次说书交流会和擂台赛，一直不间断举办传统活动"三月三摆社"③，鼓励艺人借助比赛切磋技艺，借助文化传统的恢复来增强艺人的职业认同。

2. 民间活动民间办

民间组织坚持民间活动民间办，在活动策划与实施过程中征集广大群众的文化创意，借助历史文化事件的重现来唤醒集体记忆。马街说书研究会曾经于 2007 年举办马街火神庙祭祀仪式中已多年不曾举行的游神活动，在当地引起巨大反响，群众纷纷出谋划策并积极参与活动。马街书会理事会还曾经举行过募捐活动，当地民众纷纷解囊相助，帮助理事会开展活动。通过这些活动，民间社会共建共创共享文化成果的同时加深加强了地方文化认同。如外界曾经提出要将马街书会转移到别的地方举办，遭到了马街人的强烈抵制，他们坚持"马街书会马街办"，最终这个提议不了

---

① 艺人之家：马街旧时有免费接待艺人的传统，村民以接待说书先生为荣。后来孙青、李天一、张满堂等人为使艺人安心到书会表演，主动将自己家设置成接待艺人的专门机构，免费接待艺人吃住。

② 书：指的是艺人的说唱表演。写不出书：指艺人的说唱内容卖不出去，无人付费邀请艺人表演。

③ 摆社：从三皇社时期流传下来的艺人聚会活动。传说三月三是艺人们的祖先"三皇爷"的生日，所以艺人们在农历三月三这一天聚集在一起祭拜祖先。

了之。①

3. 文化传承要创新

民间组织关注文化资料的收集与整合，并积极创新文化传承方式与表现形式。如马街书会理事会创建会刊《书山曲海》，对马街的老人进行深入访谈，研究挖掘马街书会的历史起源和文化内容。马街说书研究会则通过走访艺人，摄制收集大量的说唱影像资料。2006年，张满堂自主创办"马街书会民俗文化网"作为马街书会的宣传平台，做出了"非遗数字化"的率先尝试。这些行动，丰富了马街书会的内涵与意义，保存了马街书会的历史文化记忆，并为相关研究提供了重要参考。

4. 产业规划"引进来，走出去"

民间组织积极探求"引进来，走出去"的发展方式。"引进来"是指强调丰富书会内容，吸引更多人到书会参观游玩。如理事会孙青提出成立马街书会研究开发公司，以公司形式推动书会运行，修建相关基础设施，打造民间游园会。"走出去"则强调扩大马街书会的实践空间，让马街书会在各地都有表演。马街说书研究会将自身定位于经纪人组织，为艺人介绍生意并协助艺人创作新曲目。张满堂曾经成立"马街书韵"艺术演出团并承包剧场，探索以外出卖艺的方式宣传马街书会，以打开外部市场。

在不同年代，马街书会理事会和马街说书研究会组织者虽然没有很高的文化学历，但他们懂得借鉴历史实践去复兴书会。他们以农村社区群众对书会的记忆和所经历过的故事为基础，自主琢磨想象书会的文化语境和实践场景，在顺应时代变化和社会转型的同时创造性继承和转化了旧组织的部分传统和功能，借用前人传承书会的实践经验，为还原记忆中的马街书会而做出不懈的

---

① 孙青在采访时告诉笔者，文化局领导曾经想要将马街书会会址转移到宝丰县文笔山遗址上，以整合资源，促进文旅产业发展，但因遭到马街人的全面反对而不了了之。

探索和尝试。可以说正是因为马街书会理事会和马街说书研究会的大胆探索和坚持运营，马街书会最终等来了非遗的春天。就马街书会而言，民间组织所希望的是努力做到在文化内涵传承的基础上寻找新的发展契机，在不消解内涵的情况下，"保证非遗产业化与现实生活的深度接轨"①。这种在变革中自我调适的主动性，做到了"在承认文化变化的同时，保证文化的变化保持在一个同质限度内"②的文化内涵传承要求，体现了《保护非物质文化遗产公约》（2003）中所强调的"让非物质文化遗产世代相传，在各社区和群体适应周围环境以及与自然以及历史的互动中，被不断地再创造"③的宗旨，因而是十分可贵的民间性的弘扬。

（三）非遗时代马街书会的产业化运作

除了民间外，政府亦是书会传承的重要力量之一。政府在非遗保护上采取"两步走"战略：2004—2010年，政府主攻马街书会的申遗，为马街书会造势，让马街书会成为品牌；2010年至今，政府大力发展文旅产业，实施"曲艺搭台，经济唱戏"战略。具体来看，政府对马街书会实施常态化治理，积极构建满足多元文化需要的文化生态环境，协调公共文化建设、非遗保护、文化产业有机共存并创新传统民俗与网络社会的线上运行模式。

相较而言，民间行动和政府行动各有侧重，民间在非遗内涵建设方面付出更多，政府则吸收民间资源并积极创造良好的外部条件，借助产业化手段积极推动非遗向外发展。民间和政府各自借助对方的优势开展自己的行动，都取得了良好的效果。

---

① 张俊福：《非物质文化遗产保护与传承的城镇化路径——以河州花儿为例》，《西北民族大学学报（哲学社会科学版）》2021年第6期。

② 刘魁立：《非物质文化遗产的共享性、本真性与人类文化多样性发展》，《山东社会科学》2010年第3期。

③《保护非物质文化遗产公约》（2003），中国非物质文化遗产网·中国非物质文化遗产数字博物馆，2003年12月8日，https://www.ihchina.cn/Article/Index/detail?id=11668，访问时间：2022年4月10日。

这样看来，马街书会似乎可以在政府和民间合力的基础上得到复兴与发展。但笔者在进行调查之后，发现马街书会的繁荣背后还存在着隐忧，具体而言，主要体现在政府参与马街书会管理后，政府和民间组织未能充分进行沟通而导致的马街书会的发展困境。

表象和内容的失衡是今天很多非遗面临的困境，马街书会也不例外。政府基于经济导向下的保护实践往往更加倾向于如何利用书会促进经济的发展，而市场机制的引入会干扰非遗原有的运行模式，进而对非遗保护产生不良影响。

利用非遗资源进行商业化和产业化运作无可厚非，但如果将非遗资源当作一种营销噱头而未真正理解并利用其文化内涵，在某种程度上其实是在破坏非遗保护的成就。

七百多年来，艺人们"年年书会来相聚"的最大动力，莫过于在书会这个文化集市上将自己的商品即"说唱表演"给卖出去。可以说，艺人的说唱表演是马街书会从其他民间集会脱颖而出的优势，是马街书会最突出的特征。但书会的商业化运作淡化了书会"文化集市"的属性，一定程度上忽视了书会本身的文化市场，也在一定程度上破坏了马街书会传统的民间运行机制。此外，因为商业化未能解决马街书会写书传统逝去的问题，马街书会很难再为艺人提供谋生机会，艺人的说唱表演和马街书会最根本最紧密的内在联系正在减弱。可民间艺人的说唱表演作为马街书会文化的核心符号这一特点，决定了地方组织和政府无论如何都要保证其延续下去。但由于政府和地方民众对马街书会的认知水平、情感态度等程度不一，双方采取的策略并不总能保持一致。马街民间组织沿着传统的思考模式，认为必须激活传统的写书市场，让艺人能从中谋生，这样马街书会才能长久延续下去。而政府则倾向于先让书会活下来，采取各种措施把书会热热闹闹地办起来，再从中寻找使其可持续发展的策略。因为政府早期在政策执行上存在经验不足的情况，且与民间交流过少，引发了一些问题，因而为民间所诟病。

如为保证艺人参会人数，政府在补助艺人之家^①的同时，只为接待来自宝丰县外艺人的艺人之家提供补助，县内艺人接待不提供补助^②，这就侵蚀了艺人之家所承载的传统民风民情，且不利于艺人之家内部的和谐；再如对来赶会艺人的补贴也按照地域远近进行发放，不以艺人演出质量为标准，导致一些艺人滥竽充数，"领钱的人一堆又一堆，你让他唱两句他又不会了，要么拿着录音机唱双簧（假唱）"^③。除了赶会艺人乱象导致书会的说唱质量大大下降外，还有为了解决"写书"市场萎缩问题而采取的"分书到单位"措施，虽然能解决燃眉之急，但却违背了市场运行规律，强制要求各单位写书的措施亦有"拔苗助长"之嫌，并不利于民间写书市场的发展繁荣。

笔者在田野调查时，访谈对象包括民间组织会长、艺人之家家主，他们都曾与政府接触过，因而上述这些情况也的确是政府早期在介入马街书会时由于经验不足而引发的负面后果。但在今天这些情况已经得到改善，因为民间组织还在积极跟政府进行沟通。在民间组织和民间艺人的争取下，现在宝丰籍艺人去赶会也能得到一定的补助了。

笔者对于民间和政府的争议持中立态度，并能理解双方的苦衷。以政府对艺人的路费补贴为例，民间艺人和社区组织认为宝丰县艺人在马街书会衰微时积极支援马街书会，理应得到更多补助而不能因为距离近就没有补助。但政府出于扩大书会知名度的考虑，尽己所能地邀请全国艺人前来书会（按照距离远近补贴路费）。双方思维的不一致会带来一定的冲突，引发民间组织对政府的误解并导致行动上的不配合。比如前文提到的马街书会理事会

---

① 艺人之家是指书会期间马街村内免费接待艺人吃住的部分家庭。

② 访谈人：王淑慧；访谈对象：李天一（马街艺人之家家主）；访谈时间：2022年2月10日；访谈地点：马街村李天一家。

③ 访谈人：王淑慧；访谈对象：李天一（马街艺人之家家主）；访谈时间：2022年2月10日；访谈地点：马街村李天一家。

会长孙青，就解散了民间组织，并不再参与马街书会的任何事务。由此可见，民间和政府的沟通十分重要。

三、民间参与的回归：活态保护与文化传承的
融合路径探究

通过上文对马街书会线上线下发展困境的分析，我们认为马街书会的民间参与遭到一定程度上的削弱甚至丧失，而民间参与的缺席又反过来影响着马街书会的发展。实际上类似以非遗产业化运作为主的保护导致非遗面临文化内涵遭破坏的危机，文化内涵被破坏又导致非遗传承缺乏动力的问题早在新冠疫情之前就存在着。

非遗的活态保护与文化传承的两难困境亦是长期存在的问题，而新冠疫情的暴发和"互联网＋非遗"的趋势不过是凸显了这个困境。为什么非遗保护会出现关于活态保护和文化传承的矛盾？其实这与快速发展的时代和社会的急剧转型有关。在农耕时代，文化与社会处于互为镜像的同构模式中，文化与社会保持平衡的状态。而在全球化、工业化、信息化的今天，文化与社会互为变量不断变迁已是常态。[①] 在动态发展的社会，非遗保护的各参与方所持有的资源、理念会随着环境的变化而变化，其行动目标和行动结构也会相应地发生变化，进而影响着非遗的传承方式。

在官方的主导下，马街书会走向了产业化，但这种产业化离生产性保护还有距离，因为生产性保护"是按照非物质文化遗产本身发展的规律来实施的一种保护方式"[②]。忽视了民间参与的话，就会使得非遗保护事倍功半，产生新的传承困境，如王明月和马知遥所说，"从本质上来讲，国家、地方政府、市场和民俗生活之

① 马翀炜、夏禾：《坐看云起时："云上"开秧门与非物质文化遗产保护传承的图像化路径》，《西北民族研究》2021 年第 4 期。
② 徐艺乙：《传承人在非物质文化遗产生产性保护中的作用》，《贵州社会科学》2012 年第 12 期。

间的逻辑欠协调正是导致非遗保护困境的根本原因"[1]。

从马街书会各方的保护实践中，我们可以发现，政府想要在非遗保护的基础上发展文化产业进而实现对非遗可持续的生产性保护，但由于与民间交流较少，未能准确定位民间组织和民间艺人的角色，忽视了书会的民间参与，因而在行动过程中出现了偏差，导致书会保护和产业化出现了事倍功半的问题。相较而言，民间组织依赖地方社会的关系网络收集关于非遗的第一手民俗资料并号召群众恢复还原民俗活动，在保护非遗方面更有优势，但是在促进非遗的产业化和市场化方面，民间却往往会因为思想滞后、缺乏机遇、资源短缺等，落入无资源、无人脉、无技术的"三无困境"，无力进行产业化运作。

活态保护与文化传承这两个行动系统如同非遗事业的一体两翼，需要不同的角色分工精准把控，接着合力共同推动非遗走得更好更远。要实现这种协调，首先需要让不同参与主体发挥所能，为非遗赋能，其次是要找到一个机制促使这些不同的行动能够形成合力。以空间为载体，再通过主体赋权进行文化权利的分配，是促使不同实践主体既能发挥各自作用赋予非遗价值又能找到一个发力点让多重力量合为一体的可行方式。具体而言，我们一方面需要考虑怎样建构空间去促进非遗内价值和外价值和谐发展的问题，另一方面我们需要注意到今天"互联网＋非遗"的发展趋势并去思考非遗如何在网络社会空间传播和发展的问题。基于此，接下来笔者将从线上和线下两个维度提供相关建议。

（一）线下主体赋权——构建社区参与非遗保护新模式

当前学界已经注意并强调非遗保护过程中社区参与的重要性，如安德明结合人类命运共同体建设论述了以社区为中心原则的合

---

① 王明月、马知遥:《"非遗"代表性传承人制度的逻辑困境与设计改进》,《文化遗产》2022 年第 2 期。

理性与重要性①，同时他还强调普通村民具有传统重建和再创造的力量②。郑文清认为，非物质文化遗产无法脱离赖以存在的社区背景单独存续，保护实践应建立在以社区为中心的保护体系中，确保各参与方之间及非遗项目之间的平等关系。③作为社区内的非遗实践者，民间社会在生活实践中产生的智慧和对非遗的实际价值的认知与使用是保证非遗内涵永续传承的重要力量。

　　而如今民间由于难以适应时代发展和社会变革，因而在政府、市场介入非遗保护后，缺乏资源和表达空间，处于话语权的弱势地位。"以前我看着马街书会萧条，眼泪直往外头流，现在看着马街书会，眼泪却在往心里流。"④这位民间人士的话语，反映出民间社会已经意识到在今天的产业化运作下，非遗存在内涵消解的危机和风险。这种敏锐感源于民间社会基于生活实践对非遗现有传承方式和产业化实践的自觉思考，以及对参与非遗保护和管理方面的强烈信念和积极性。马街书会理事会会长孙青在访谈中亦表示，希望政府可以让民间组织参与管理书会。⑤

　　赋权原本是社会工作领域的概念，本意是强调帮助处于弱势地位的个人、团体、组织和社区获得控制自身环境、行使权利和实现目标的能力，其实这个理论同样可以指导非遗保护行动。

　　基于民间在非遗保护话语体系中处于弱势地位的现实状况和

---

① 安德明：《以社区参与为基础构建人类命运共同体——社区在非物质文化遗产保护中的重要地位》，《西北民族研究》2018 年第 2 期。

② 安德明：《非物质文化遗产社区的能动性与非均质性——以街亭村民间信仰重建过程中村民互动为例》，《云南师范大学学报（哲学社会科学版）》2017 年第 6 期。

③ 郑文清：《非物质文化遗产的社区属性与地方性的内在联系》，《浙江工贸职业技术学院学报》2018 年第 3 期。

④ 访谈人：王淑慧；访谈对象：张满堂；访谈时间：2022 年 2 月 13 日下午；访谈地点：马街村张满堂家。

⑤ 访谈人：王淑慧；访谈对象：孙青；访谈时间：2022 年 2 月 9 日下午；访谈地点：马街村孙青家。

民间所具有的资源和优势，民间不仅需要获取相关资源、学习技术提升能力，其实更需要渠道去表达意见、实施行动。因此可以构建文创空间，在文创空间里，民众是文化创客，政府是资源介绍者，文投公司等市场代表是投资者。民众发挥自主性和创造性去生产文化产品或举办相应文化活动，政府充当中介人为民间提供学习资源以及介绍雇主，企业向民间提出自己的需求并进行相关投资，由民间进行设计和实施。民间、政府和企业可以实现互动共融多元协作，实现非遗保护和产业化的良性发展。

总之，在非遗保护运动中为民间群体赋权，不仅要强调资金、技术层面的支持援助，更需要构建一个非遗保护各参与主体相互协作的第三空间[1]，借助空间位置的转换和空间关系的再造，合理控制分配资源，重构权力关系和社会关系，实现民间与其他非遗保护主体的平等互动与共融。

（二）线上空间互动——多元主体共谋非遗发展新路径

张颖从后全球化时代"边界消解、主体重叠"的社会与文化特征出发，提出要更多关注人们"对于共享性遗产的具体理解以及动态性、创造性的赋能行动"。[2] 在当今"互联网＋非遗"时代，关于非遗的线上呈现与传承不仅仅是一种潮流，更是一项不可避开的任务。那么我们该如何借助网络空间去推动非遗的多元主体互动进而促进非遗的创新发展？笔者认为可以从变革展演表现方式、营造个性文化情景和构建创意社区空间这三大维度展开，消解非遗多元主体之间的界限，让网络"民间"亦回归到非遗事业中。

---

① 第三空间，即由社会空间之间相互隔离而产生的边缘空间。参考爱德华·索杰：《第三空间——去往洛杉矶和其他真实和想象地方的旅程》，陆扬等译，上海教育出版社，2005，第 87 页。
② 张颖：《回归生活本身——后全球化时代文化遗产"地方转向"的理念与方法》，《贵州社会科学》2021 年第 1 期。

1. 变革传统展示方式，加强非遗主客体互动

非遗展示要构建起非遗和受众之间的双向沟通，让受众在对非遗的个性化理解和创造性运用中，创造出属于自身的使用意义和价值，实现与非遗的可持续联结，让非遗融入生活空间，实现生活属性与传承属性、生活空间与传承空间的有机结合，达到"通过不同的文化空间满足不同人群对于非遗的想象"①。

2. 营造非遗的文化场域，在情景中展开活动

开拓非遗的网络阵地要从整体性视角出发，将非遗的地域性元素以及文化内涵用可视化的载体展示出来，比如用动漫展示当地非遗发展历史，借助互联网媒介将观众带入相应的文化时空，体会非遗所代表的地域文化以及精神内涵。

3. 构建网络"理念池"，发挥受众文化创意

广大网民的智慧亦是非遗保护与传承的重要资源，因此要构建民间虚拟智库，吸收多元主体的创意点子。与非遗相关的多元主体本身就是非遗意义和价值的生产者，且个体的思维差异正意味着多维资源的存在。因此借助虚拟民间智库，在特定文化情境中通过空间内多元主体的互动，可形成受众的动态创意反馈系统，从而为非遗的传承提供源源不断的创意反馈。

总而言之，在非遗活动的筹备计划阶段，要充分给予社区参与的空间和权利，确保非遗的内在价值不因外在的产业化而发生改变或消散。同时在网络社会空间之中，非遗的传播和运营则需要加强与广大网民群体的互动，在多元主体互动过程中增强受众对非遗保护的认可和认同，并充分发挥网络"民间"对于非遗传承的创造性和创新性。

---

① 周波：《从"身份认同"到"文化认同"——论"非遗"代表性传承人制度设计新面向》，《文化遗产》2022 年第 2 期。

四、结　语

在不同年代，马街书会的民间组织牢牢扣住民俗文化的根与魂，积极构建马街书会的文化语境和实践场景，在顺应时代变迁的同时积极谋求创新发展。这些行动及其背后的故事、意识、情感十分重要，正如刘朝晖所言，"那些源于社区、群体、个人持续的生活实践才是真实性的非物质文化遗产永续发展的源头活水"①。从马街书会的起源、发展、衰落和挽救的过程中，我们可以看见民间主体发挥着重要且持续的作用。但在马街云上书会的展演过程中，我们发现，民间主体的缺席对于马街书会的传承所带来的负面影响，因此应对民间主体进行赋权并借助空间分配文化权利，从而推动民间参与的回归。

面对时代变革和社会转型，非遗保护应积极探索包括民间在内的多元主体协作模式，以及活态保护和文化内涵传承的融合路径。在顺应社会变化发展的同时，牢牢把握住其精神文化内涵和传承规律，时刻反思非遗保护运动是否做到了对于文化的"自知、自审、自觉"。唯有如此，非物质文化遗产方可发挥其作为乡村文化振兴资源的应有作用和价值。

---

① 刘朝晖：《谁的遗产？商业化、生活态与非遗保护的专属权困境》，《文化遗产》2021 年第 5 期。

地域文化视角下杭州小热昏的
社会文化功能探析

楼竹君 ①

（浙江师范大学国际文化与社会发展学院，浙江金华，321004）

提　要：杭州小热昏作为杭州本土的民间曲艺，是杭州地域民俗文化的重要载体，在市民生活中发挥着特定意义的社会文化功能。本文将杭州小热昏放置于市民的生活实践中加以关照，探析了杭州小热昏在传播新闻时事、存续地域特色、抒发民众情感和塑造民众道德，以及休憩养心和幽默逗趣方面等功能，展示了杭州小热昏在历史与现实中的地方意义和文化价值。

关键词：杭州小热昏；地域文化；社会文化功能

杭州小热昏，又称"卖梨膏糖"，起源于清末杭州街头的"说朝报"。宣统年间，在苏州学艺归来的杭州卖糖人杜宝林为了招徕顾客，把杭州本土的说朝报的形式运用到卖糖上来，形成了独特的民间曲艺——杭州小热昏。杭州小热昏作为曲艺类项目，于2005年入选浙江省省级非物质文化遗产代表性项目名录，于2006年入选国家级非物质文化遗产代表性项目名录，被作为"非遗"保护起来，至今仍活跃在大大小小的舞台上。在《中国曲艺史》一书

---

① 作者简介：楼竹君，浙江师范大学国际文化与社会发展学院民俗学专业硕士研究生。

中，杭州小热昏被归类为杭州本土的民间曲艺。"曲艺是我国各种说唱艺术的统称，是以'口语说唱'来叙述故事、塑造人物、表达思想感情、反映社会生活的表演艺术门类。"[①] 杭州小热昏孕育于清末民初的杭州，上承苏州戏曲，下启独脚戏、滑稽戏，至今已百年有余，在杭州的历史上留下了浓墨重彩的一笔。[②] 无论是过去还是现在，对于杭州市民而言，杭州小热昏始终发挥着特有的社会文化功能：其一在于传播和存续信息，从民间视角和官方视角两个面向出发，传播新闻时事讯息，留存历史文化记忆；其二在于抒发思想感情，陶染道德风化；其三在于修性养心，娱乐民众。

一、杭州小热昏的信息传播与存续功能

若论杭州小热昏的信息传播功能，则要从它的历史源流谈起。杭州小热昏始于清末民初，其前身为"说朝报"。旧时，民众识字率不高，报房的报纸质量较差，生意不好，卖报人就在读过当日的朝报之后，在街头边敲小锣边用方言念出报纸上的主要新闻，以此招徕顾客。后来，在说的基础上又加入了唱的元素，艺术性进一步增强。杭州小热昏的祖师杜宝林在师父陈长生处学得制作梨膏糖和唱曲卖糖等技艺后，回到杭州，匠心独运地将"卖梨膏糖"与"说朝报"结合在一起，并对表演的外延进行了极大的拓展。如今，这种传播新闻时事的功能也产生了创新，其中一部分与方言类电视新闻节目相结合，一部分与官方宣传话语相结合，对于民众生活中的民俗事项和地方方言等起到了留存文化记忆、存续地域特色的作用。

（一）传播新闻时事

杭州小热昏源于说朝报、唱新闻，发展至如今的方言新闻节

---

① 蔡源莉、吴文科：《中国曲艺史》，文化艺术出版社，1998，第1页。
② 陈建一主编，杭州市文化广电新闻出版局编：《杭州小热昏》，上海文艺出版社，2006，第3~26页。

目与官方宣传话语，其表演内容有了极大的拓展。过去，它发挥着传播新闻时事的作用，即新闻性是传统杭州小热昏最明显的特性之一。清末民初，世纪之交，时局动荡，国家大事也与普通民众的生活息息相关。民众有着关心国家、关心社会的强烈意愿，但当时的传媒手段远不如现今这般多样且高效。不识字或是缺乏消息来源的民众需要得到每日最新的社会讯息，其中一个渠道便是说朝报式的表演。其中，以小热昏艺人为最。杜宝林坚持"即兴编演"，把最新的社会新闻以口头艺术表演形式带给观众。小热昏除了关心国家大事，也表演生活小事，把当时发生在民众身边的社会趣事逸闻加以艺术创作，形成有一定人物、情节的完整故事。通过这种生动的口头展演，民众获得了一个探知社会的窗口，跨越不能识文断字或活动半径小所形成的壁垒，既是以听众的姿态，也是以参与者的姿态，进入更广阔的社会生活。

当下的民众已然不需要通过街头巷尾的小热昏艺人来知晓社会上最时兴的新闻逸事。一方面，杭州小热昏艺人参与到地方电视台的方言新闻节目与曲艺节目的制作中去；另一方面，受到政府的鼓励与支持，杭州小热昏艺人踊跃地以亚运会等活动为题材进行创作，以精微的民间视角切入宏大叙事，化官方的政治话语为亲切的乡音笑谈。举例来说，小热昏艺人周志华在一场以"反邪同行，平安护'杭'"为主题的活动中，表演了作品《你准备好了吗》，宣传反邪平安的理念，在党的二十大和亚运会即将召开的背景下，发出了全民热心参与建设美好杭州的号召。官方的政治宣传话语经由小热昏艺人的匠心之手糅入了艺术的创作，运用了亲切熟悉的杭州方言表达形式，展现了平实质朴的民间视角。作品主旨其一在于传播讯息，其二在于号召民众成为上述大事件中的"参与者"。

这类创作在民间艺人与人民政府之间架起一座桥梁。对于政府来说，政治话语与社会热点的宣传得到了切实的正向推进，以民众更容易接受的方式深入民间。对于民众来说，能够从更多渠道得到社会热点讯息，积极参与到公共生活当中来，在美好社会环境的建设中发挥作用。对于小热昏艺人来说，这为他们提供了更多的演出机会，提升了他们的社会地位，得到了官方的肯定与支持，为其在新时代的创新与发展提供了可能性。

（二）存续地域文化特色

杭州小热昏有保存信息、存续记忆的功能。作为一项民间曲艺，杭州小热昏的表演内容包罗万象，其中有相当一部分内容生动地展现了当时的社会风貌与民俗事项。这些宝贵的生活图景通过杭州小热昏的传播与存续保留了下来，为后人研究当时的民众生活提供了生动而可靠的素材。杭州小热昏使用杭州方言进行说唱，起到了传播和传承地方方言的作用。

以小热昏艺人俞康发的作品《城隍山庙会》为例。该作品主题是回忆中华人民共和国成立后首次杭州吴山庙会的情景，艺人用精练而道地的表达，勾勒出了包括唱小热昏售卖梨膏糖在内的庙会火热图景。[①] 又如，由顾锡东创作、安忠文改编的作品《比媳妇》，讲述了三位老太太在一起争论谁家的媳妇更优秀，[②] 展现了当时农业生产合作社热火朝天的时代背景下杭州民众的生产生活方式与思想感情，将宝贵的文化记忆以曲艺作品的形式留存下来。

杭州小热昏所使用的语言是杭州方言，即杭州话，承载着杭州市民的城市记忆和独特文化。"杭州话属于吴方言，吴方言分为北吴语和南吴语，杭州话属于北吴语太湖片中的杭州小片，使用范围很小。东部及南部到钱塘江边，西至九溪、转塘、留下一带，北经拱辰桥至三墩附近，东北经笕桥至乔司之间，范围比城市行政区要小得多。"[③] 一方面，据学者徐越的研究，杭州方言对于宋韵文化具有无可取代的重要价值和特殊意义，是特定历史条件下官

---

① 由小热昏艺人俞康发提供，作于 2018 年 6—9 月。

② 陈建一主编，杭州市文化广电新闻出版局编：《杭州小热昏》，上海文艺出版社，2006，第 208–214 页。

③ 魏勤、杜亚雄：《杭州"小热昏"初探》，《文化艺术研究》2009 年第 1 期。

话与吴语珠联璧合的产物，承载了独特而厚重的宋韵历史文化。[①]另一方面，杭州方言面临着极其严峻的传承困境，随着城市化和现代化的不断推进，杭州话面临着传承断层的风险。如要展示杭州的文脉传承与文化核心，便不能绕开宋韵文化，而要想掌握宋韵文化的精髓，便不能绕开杭州方言。因此，切实地展开对杭州方言的研究、保护与弘扬是势在必行的。杭州小热昏恰恰是杭州方言最具活力和生命力的形式之一。

杭州小热昏使用杭州方言进行说唱，以极其具有代表性的儿缀词群为例。与北京话的儿化音不同，杭州方言使用"儿"这一后缀是自成一个音节的。例如周志华和徐筱安的作品《婚礼变奏曲》中用到的"姑娘儿""男伢儿""新娘子儿""新郎倌儿""相貌儿"等皆是如此，诸如此类语言特色与方言特有词汇在杭州小热昏中得到了充分展示。杭州方言不同于主流文化所使用的普通话，是在民间沃土中经过漫长的历史过程自然而然形成的。诸如"搞七捻三""赤佬头""沃逢几糟"等语，生动总结了民众生活中的种种现象与情态，映照出杭城百姓日常生活的缩影。

杭州小热昏有着丰富的文化内涵和多样的社会文化功能，作为地方历史文化记忆的重要载体，以独特的民间视角留下了宝贵的材料，在地方方言的传承与保护上发挥了重要作用。杭州小热昏这一民间曲艺发挥着存续文化记忆、保护地域特色的独特社会文化功能，作为一根纽带联结着同一个都市空间中民众的过去与现在，并将文化的触角延伸到未来。

二、杭州小热昏的抒情与教化功能

杭州小热昏作为杭州本土的民间曲艺，凝聚了杭州市民对日常生活的思考，抒发了杭州市民的情志意趣，表达了杭州市民的思想观念。对于民众而言，杭州小热昏帮助民众宣泄了积郁于心

---

① 徐越:《杭州方言是宋韵文化的主要载体和历史坐标》,《浙江社会科学》2022 年第 9 期。

而不能发于外的思想感情，强化了民众朴素的道德伦理观念，有抒情达意、道德教化的功能。

（一）抒发民众情感

杭州小热昏不是表演者个人的艺术，而是民众共同参与创造的，是借艺人之口，抒民众之情。这项民间曲艺深刻体现着民众独特的民间视角，展现了对杭州市民生产生活实践的真切关照，表达了民众朴素而强烈的情感取向，蕴含了民众对美好生活的追求。

在社会动荡的清末民初，民众对于腐败狷獗的政治势力敢怒不敢言，而杭州小热昏在当时那个"莫谈国事"的时代，成为民众激烈情感的出口。"热昏"意为头脑发热发昏，自称小热昏，意思就是本人头脑发热发昏了，讲的都是昏话、胡话、"大头天话"，是当不得真的。表演中种种辛辣、粗鄙之语，便可以热昏为借口讲出来了，一来是以自嘲将自己的冒犯讽刺之语幽默化，二来是在黑暗的政治时局中求自保。这项曲艺是借艺人之口述民众之心声，针砭时弊，入情入理。小热昏艺人对当日新闻或时闻逸事进行加工，以幽默有趣的方式说唱出来，并加以辛辣的讽刺和评价，亦庄亦谐，嬉笑怒骂，褒善而贬恶。例如"小卖口"《六天六地》，是艺人杜宝林在浙江省反动警察厅厅长夏超调离杭州前夜所表演的，嘲讽夏超昏庸贪腐，调离杭州是让百姓欢天喜地的好消息。又如"锣先锋"《法海投胎》，是把军阀孙传芳攻占杭州一事与雷峰塔倒塌联系起来，说成是白娘娘出来报仇，讽刺孙传芳是贼秃和尚法海投胎。[①] 民众对反动当局的种种所为愤懑不平，民怨积压已久。由小热昏艺人用辛辣幽默的语言和生动有趣的情节设计把民众心声唱了出来，民众既可以从中得到娱乐和放松，又抒发了因时局黑暗而积郁于心的愤懑之情。

---

① 陈建一主编，杭州市文化广电新闻出版局编：《杭州小热昏》，上海文艺出版社，2006，第32-33页。

现今，杭州小热昏在这一点功能的发挥上并没有改变，仍然承载着丰富而朴素的民众情感。所不同的是民众情感的底色，少了对乱世悲歌的无奈和痛恨，多了对和平生活中酸甜苦辣百般滋味的调侃，呈现出更为积极而轻松的情感状态。以小热昏艺人周志华、徐筱安的作品《婚礼变奏曲》为例，该作品调侃了婚礼中各种令人啼笑皆非的有趣现象，加以幽默的讽刺。"新郎和新娘，要到饭店门口去站岗，新郎倌儿穿西装，新娘子儿披婚纱，立在饭店门口好像两根门栓杆，点头哈腰欢迎客人来捧场，作孽啊，六月里大头痱子要焐出毛牢牢，十二月里手脚冻得冰冰凉。"[1]艺人用幽默的语言描述出了新人在婚礼中所经历的一系列或苦或甜的事件，其中有对于新人哭嫁和迎亲刁难等啼笑皆非之事的讽刺，也有对于杭州人惯爱去太子湾公园拍婚纱照等事的表现，深切地贴合了民众的生活。

（二）强化民众道德

杭州小热昏的功能不仅仅是抒发胸臆、宣泄情感，更有道德教化的意义。杭州小热昏形成与发展的时代背景特殊，使之具有"醒世谈笑"的特点。《毛诗序》中说诗歌有"经夫妇，成孝敬，厚人伦，美教化，移风俗"之能，作为民间曲艺的杭州小热昏也同样发挥着这种"化民成俗"的作用。与古代由官及民的"上所施下所效"略有不同，杭州小热昏是来自民间又归于民间的，强调民本位的民众视角。其表演内容集中反映了杭州市民的世情风化与道德伦理观念，通过表演者之口，以顺应民众思考逻辑且符合民众普遍观念的方式，达到褒善贬恶、规劝民众的效果。杭州小热昏以细致入微的观察和真实的体悟为内容提供支撑，提炼了市民在日常生活中的种种经验，用典型的事件与人物描摹出真实的生活相，阐扬了民众朴素的道德伦理观念。

---

[1] 周志华、徐筱安：《婚礼变奏曲》，2021年11月27日，https://www.bilibili.com/video/BV1vf4y1K7 zF/?spm_id_from=333.337.search-card.all.click，访问日期：2023年7月9日。

虽然民众普遍有着朴素而自然的道德观念，但社会上显然存在着各种有违朴素道德观的现象。小热昏艺人便是以这样一个社会正义的立场出现，代表广大民众对不义的、寡助的个别现象加以批判和讽刺。以小热昏艺人周志华创作的《没有拆迁的"拆迁户"》作品为例，该作品讲述了一个杭州本地市井气很重的老妇与三个不孝儿女的故事。"老太婆"本人，是个喜欢搓麻将、跳交谊舞的"呆鹎鸪"，一个非常生动而典型的杭州老太太形象。长子是一副官架子十足的道貌岸然相，扯出为国为公的虎皮大旗，大旗下全然是私欲私心，表达了民众对尸位素餐、无德无能干部的不满；次子是个体户，一副掉进钱眼儿里的市侩样，对母亲态度蛮横无理，其中表达了民众对此类轻义重利的不肖子孙的批判；唱到女儿，女儿言必提丈夫与儿子，丈夫家暴，儿子又需要学区房，以死相逼要母亲让出中山路的房子，批判了不孝子女逼迫母亲的道德乱象。杭州小热昏通过朴素的道德伦理观念，对三个不孝子女施以调侃与讽刺，以及批判了摆官架子的"干部"、势利蛮横的"个体户"和自甘为丈夫儿子奴隶的"出嫁女"。这个作品还体现了小热昏艺人的民间定位，以一个仗义执言的民众的口吻来唱，结尾段落这样唱道："这一天，老太婆啰里啰唆告诉我，我气得鼻头里面都冒火。我说道，大妈呀，我不怕他们官儿大，也不怕他们钞票多，不怕他们会开后门，张冠李戴把你来欺侮，我要把你的故事写成一段小锣书，叮铃铛啷敲铜锣，我要唱给大家听，问大家，是不是应该让你回中山路！今朝就民意测验试一试，（插白）'来，同意这位老太婆回中山路的……'我们一致拍手算通过。"[1]由此可以看出，小热昏艺人在其中是一个惩恶扬善、保护弱小、伸张正义的角色。通过向观众发出号召，进一步带动观众的情绪，深化了这个故事的道德风化意蕴，强化了表演的道德教化功能。

杭州小热昏从不把大道理直白而粗暴地灌输给观众，而是借

---

① 陈建一主编，杭州市文化广电新闻出版局编：《杭州小热昏》，上海文艺出版社，2006，第284页。

·417·

着各种故事笑话的躯壳，以民众喜闻乐见也惯于接受的形式缓缓铺开，最终达到使正义与善深入民心的效果。小热昏艺人走街串巷，把各种逸事趣事罗织成有人物有情节的完整故事，或加以夸大，或把数件事杂糅到一起。他们深谙"话须通俗方传远，事必关风始动人"之道，所选的素材皆是与民众的日常生活息息相关的，是民众身边的事，是民众真正关心的事。上至国家时政，下至家长里短、市井矛盾，种种发人深省的笑话、故事、新闻或者以民间传说故事为蓝本编排过的长篇，艺人皆信手拈来，侃侃而谈，最终形成具有道德教化意义的成熟艺术作品。借由小热昏艺人之口，民众的道德伦理追求通过这一位的"打抱不平"得以抒发，民众对于共见共闻之事的观点和情感得以共鸣。

三、杭州小热昏的休闲娱乐功能

作为民间曲艺的"杭州小热昏"凝聚了杭州市民的日常生活智慧，是地方民俗文化的重要载体，同时发挥休闲娱乐功能。"宁可一日不吃荤，不可一日不听小热昏。"这句话形象地表达出了杭州小热昏在杭州市民心目中的特殊地位。郝佩林认为，民间艺术展演的实践功能"除了指向生活与生产的需要，更会指向包括休闲在内的乡民精神需求"①。对于都市环境中的杭州小热昏而言，也同样承载着民众丰富的精神追求，参与建设了民众的美好精神家园。

（一）休憩养心

杭州小热昏既有挥斥方遒的一面，也有宽柔和缓的一面，为民众带去了休闲娱乐的独特体验。杭州是一座有着悠然闲适的独特气质的城市，一座座矮小的山峰卧在繁华的主城区中，西湖、钱塘江、中河、西溪等河湖溪流连通城市的东西南北，为市民营造了休闲惬意、清净素朴的生活氛围。杭州市民会在茶余饭后或

---

① 郝佩林：《苏州评弹与近代江南乡镇生活》，博士学位论文，苏州大学社会学院，2018，第263页。

华灯初上时，来到街头巷尾，听一段杭州小热昏。表演者会在讲完一段长篇之后卖个关子，并与看客相约明日，老时间老地方，便可"书接上回"。如今，杭州小热昏除了在庙会等活动中的露天场地表演以外，还在戏院和茶馆中进行演出，对杭州市民而言无疑是一种娱心悦目的休闲方式。

　　杭州小热昏的休闲娱乐功能并不在于为民众提供一个躲避生活压力的避风港，其一，它显然没有这样强大的功效，其二，这项饱含民间智慧的曲艺也志不在此。李哲罕指出，从马克思主义视角来看，将休闲视为逃避工作求取片刻安宁是不正确的。那是"外在的"和"异化的"休闲，无异于饮鸩止渴，对于人的整体境况提升并无积极的意义。① 而杭州小热昏带给民众的娱乐体验，就在于从审美心理和生活态度入手，将知足常乐的悠闲生活观念融通于艺术的展演之中，润物无声地涵养民众的性情。以小热昏艺人徐筱安的作品《想得开》为例，这个作品中总结幸福的诀窍是要"想得开"。"家有金山和银山，一天也吃三顿饭，你吃山珍和海味，我粗茶淡饭味道鲜，不会吃出三高来，腰身也不会粗起来。"② 艺人和着乐声将"知足常乐"的道理娓娓道来，亲切的口吻仿佛是一位老友，一下子拉近了与观众的心理距离。作品带给观众以熨帖、舒心的体验，也帮助民众调整心态，以更积极、宽厚的心态面对生活中的酸甜苦辣。

　　民众在听杭州小热昏的过程中体验被弱化的钟表时间和充满休憩意义的社会娱乐时间，调节着生活的节奏。学者王加华提出，在现代社会之中，与传统乡民社会不一样，就时间而言"是个体嵌入集体而非集体嵌入个体"③，只有完成学校、公司等公共领域的

---

① 李哲罕：《论"劳动"与"休闲"及其之间的辩证关系——以现代社会中人本质的"异化"与"复归"为焦点》，《理论探讨》2022 年第 4 期。
② 徐筱安：《想得开》，2021 年 11 月 5 日，https://www.bilibili.com/video/BV1Kb4y1876Y/?spm_id_from=333.337.search-card.all.click，访问日期：2023 年 7 月 9 日。
③ 王加华：《被结构的时间：农事节律与传统中国乡村民众时间生活——以江南地区为中心的探讨》，《民俗研究》2011 年第 3 期。

任务之后，剩余的时间才是属于个人的。"而现代城市生活则完全不同，其所依据的主要标准是时钟时间，与自然节律无涉，在此时间成为一种机械的秩序。人们的具体时间生活节奏越来越趋同化，地域差异越来越不明显。"① 现代都市生活时间的结构与乡土社会是截然不同的，人们依照机械的钟表时间来安排一天的起居作息。李向振在评价王加华《被结构的时间》一书时谈到："当人们把时间赋予为可以量化的金钱意义时，'争分夺秒' 就已经不仅仅是对于生命的一种珍惜了，而是嵌入了获取更多的社会资源的意义。"② 而喝茶听曲，恰恰是一桩不讲究钟表时间的事。

杭州小热昏作为民众所喜闻乐见的民间艺术，有着调节生活节奏、休养民众生息的作用，释放着契合民众生活观念与审美意趣的信号，带给人修性养心的和缓舒畅体验。无论是百年前，还是现如今，尽管时代不断变化，城市飞速发展，但民众对于日常休闲的需要从来没有消失过。这也是为什么越是在生活节奏紧凑的今天，杭州市民就越需要这样的民间曲艺来帮助打造美好的精神家园。

（二）幽默逗趣

幽默逗趣、娱乐观众是杭州小热昏极其重要的一个功能。听杭州小热昏作为杭州市民茶余饭后的消遣娱乐活动，从观看和参与展演的过程中获得趣味的体验对于观众来讲是十分重要的事情。首先，杭州小热昏有着鲜明的逗趣性。例如在"小卖口"和"锣先锋"中，小热昏艺人们便都使出浑身解数力图逗乐观众，编演各种笑话、趣事已达到炒热场子的效果。其次，笑声与掌声是来自观众最真实的反应，民众对于杭州小热昏的逗趣性十分买账。

旧时，在老城区的繁华路段，小热昏艺人们锣声板声人声一

---

① 王加华：《被结构的时间：农事节律与传统中国乡村民众年度时间生活——以江南地区为中心的研究》，上海古籍出版社，2015，第 114 页。
② 李向振：《在社会史研究中发现"时间"——评王加华〈被结构的时间〉》，《民间文化论坛》2017 年第 1 期。

响，招徕顾客。最初，杭州小热昏是在街头巷尾表演的，没有固定的演出场所，通常是城市中心地带的人流密集处。"据不完全统计，20世纪20至30年代，杭州城内说唱小热昏的场地，有孝女路的江北大世界、井亭桥畔、龙翔桥边、拱宸桥张大仙庙等。"① 艺人唱得好，说得妙，听众便拊掌叫好，开怀大笑。《杭俗遗风》这样描绘杭州小热昏鼎盛时期的盛景："有以说笑话、唱东乡调，借此号召买主而卖糖者，其人混名为小热昏，一时颇负盛名，杭人妇孺亦无不知有小热昏者，足见其魔力大矣。唱卖时，不论何处空场中，己则立于一长凳上，旁置糖若干，先鸣小戏锣一次，听者云集，然后说唱一次，卖糖一次。有欲听其再唱者，遂连购其糖，因而糖之生涯鼎盛。一日，余偶过其侧，见围而听者，众以千计。若老若少若男若女若村若俏，无一人不吻张颐动，目注神凝。"② 根据刘廷新、李红兵二人的考据："上述文字出自1928年版的《杭俗遗风》中，原著为同治三年（1864）范祖述撰写的手抄本，在原著的'声色类'中原本没有小热昏的记载。1928年再版的版本中，由杭县人洪如嵩补辑了小热昏内容。"③ 根据这个时间，可以推断这段文字描绘的正是杜宝林从艺时期，小热昏广受民众喜爱的景象。无论是过去还是现今，杭州小热昏都十分讲求逗趣性。杭州市民喜欢杭州小热昏，一个很质朴也很实在的理由，就是它能带给人恣意畅怀的感受，满足了民众对于快乐的需求。

在杭州小热昏的展演空间中，围拢叫好的民众与卖力唱演的艺人形成了一个充满互动关系与生命活力的文化场域，不仅仅是艺人幽默逗趣的笑话、段子、故事带给观众以快乐的体验，包括所有人在内的这个共同在场的火热文化场域也带给参与者以酣畅淋漓的快乐感受。骆凡提出，民间诙谐文艺也是一种中国的狂欢

---

① 陈建一主编，杭州市文化广电新闻出版局编：《杭州小热昏》，上海文艺出版社，2006，第19页。

② 范祖述：《杭俗遗风》，上海文艺出版社，1989，第57页。

③ 刘廷新、李红兵：《江浙沪小热昏的史学考论》，《曲艺》2021年第6期。

形态。在广场这一狂欢空间中，人们通过"笑"这一显著的狂欢体验特征体验奔腾恣肆的生命感受。① 杭州小热昏也有着同样的勃发生命力，在街头巷尾或戏楼茶馆，民众借由小热昏艺人之身，获得滑稽逗趣与冒犯讽刺等多种强烈而刺激的快乐体验。

四、结　语

　　杭州小热昏作为杭州民间曲艺，承载了杭州市民共同的历史文化记忆，鲜明的地域文化特色，以及浓烈的民众思想感情，在杭州市民的生活实践中发挥着重要的社会文化功能。尽管时移势迁，此刻相较于百年前的光景已然大不相同，但杭州小热昏是拥有蓬勃的生命力的民间曲艺，在不同的时代背景下寻找着楔入民众生活的新角度，以不忘文化底蕴的初心和紧跟时代潮流的能力不断创新，不断发展。就实际情况而言，杭州小热昏并不处于巅峰时期，但也并没有就此走向衰落，而是在政府的支持、传承人的坚持和民众的热爱之中持续探索新的道路。杭州小热昏需要杭州民众才能生生不息地传承发展下去，而通过对其社会文化功能的认识，也可知杭州民众需要杭州小热昏来创造更美好的生活。

---

① 骆凡:《中国式"狂欢"与清代说书》，博士学位论文，扬州大学文学院，2016，第 69 页。

《非物质文化遗产研究集刊》稿约

　　《非物质文化遗产研究集刊》是由浙江师范大学浙江省非物质文化遗产研究基地全力打造的学术交流平台。本集刊立足浙江，面向全国，长期关注非遗领域发展动态，既重视非遗理论研究，亦重视个案和田野调查。本集刊自 2008 年以来已出版 15 辑，收录了一系列观点鲜明、见解独特的文章，在学界已有一定影响。

　　为继续展示非遗研究成果、传播非遗保护理念、促进非遗研究深入发展，本集刊长期面向省内外诚征稿件。投往本集刊的稿件须是未公开发表、符合学术规范的文章；文末请附作者简介和联系方式；本集刊审稿周期为 2 个月，逾期可自行处理，来稿均不收取审稿费和版面费。

　　凡文章被录用者，图书出版后均邮寄样书 2 册。

　　投稿邮箱：fy@zjnu.cn

　　联系电话：0579-82297930

《非物质文化遗产研究集刊》
版权声明